HISTOIRE

DE

LA JACQUERIE

D'APRÈS DES DOCUMENTS INÉDITS

PAR

Siméon LUCE

MEMBRE DE L'INSTITUT

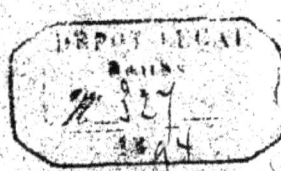

NOUVELLE ÉDITION

CONSIDÉRABLEMENT AUGMENTÉE

ET PRÉCÉDÉE D'UNE BIBLIOGRAPHIE DES TRAVAUX DE L'AUTEUR

PARIS

HONORÉ CHAMPION, LIBRAIRE

9, QUAI VOLTAIRE, 9

1895

HISTOIRE

DE

LA JACQUERIE

D'APRÈS DES DOCUMENTS INÉDITS

PAR

Siméon LUCE

MEMBRE DE L'INSTITUT

NOUVELLE ÉDITION

CONSIDÉRABLEMENT AUGMENTÉE

ET PRÉCÉDÉE D'UNE BIBLIOGRAPHIE DES TRAVAUX DE L'AUTEUR

PARIS

HONORÉ CHAMPION, LIBRAIRE

9, QUAI VOLTAIRE, 9

1894

BESANÇON. — IMP. & STÉRÉOT. DE PAUL JACQUIN

AVERTISSEMENT

L'histoire de la Jacquerie est le travail par lequel Siméon Luce, de très regrettée mémoire, a débuté dans la carrière où il obtint de si éclatants et si légitimes succès. Il en recueillit les matériaux pendant qu'il était encore sur les bancs de l'École des chartes. Ce fut la recherche des documents propres à fixer la chronologie des terribles événements de l'année 1358, à révéler les noms et la condition des acteurs ou des comparses, et à délimiter le théâtre de l'action, qui l'amena à dépouiller les registres du Trésor des chartes, et ceux du Parlement, dont il devait, dans la suite, faire un si fructueux usage pour commenter les Chroniques de Froissart et pour peindre l'état de la France au temps de Du Guesclin. Ce fut, d'autre part, le besoin de saisir l'impression laissée sur l'imagination des contemporains par les sinistres épisodes de la Jacquerie qui lui fit lire et comparer les récits des chroniqueurs, et lui fit reconnaître l'importance d'une œuvre, jusqu'alors oubliée, qu'il devait bientôt publier pour la Société de l'histoire de France, sous le titre de « Chronique des quatre premiers Valois. »

Le résultat dépassa les espérances qu'avait pu concevoir le jeune élève de l'École des chartes. La thèse qu'il soutint au mois de novembre 1858, pour obtenir le diplôme d'archiviste-paléographe, fut remarquée par les examinateurs. Elle ne tarda pas à être imprimée : présentée sous cette forme à la Faculté des lettres de Paris, avec une dissertation latine sur le poème de Gaidon, elle valut à son auteur le grade de docteur.

Siméon Luce ne s'était pas laissé aveugler par l'accueil que le public éclairé avait fait à son Essai sur l'histoire de la Jacquerie. Il lui sembla que, pour mieux justifier les jugements flatteurs dont ce petit livre avait été l'objet, il devait le reprendre en sous-œuvre, et en développer les différentes parties. Il ne perdit jamais de vue ce projet, et il amassa patiemment les matériaux qui, dans sa pensée, devaient le mettre à même de refondre son travail primitif, et de tracer, dans la maturité de son talent, un tableau de la Jacquerie qui aurait dignement tenu sa place à côté de la Jeunesse de Du Guesclin et de Jeanne d'Arc à Domremy.

La rédaction n'en était pas commencée quand une mort soudaine et prématurée a détruit toutes les espérances que nous étions en droit de fonder sur l'ardeur et l'activité de l'éminent historien.

Il importait cependant de faire jouir le public d'une partie au moins du travail auquel Siméon Luce s'était livré en vue d'une seconde édition de l'Histoire de la Jacquerie. Nous avons dû reproduire le corps de l'ouvrage tel qu'il avait paru en 1859. On y trouvera seulement quelques modifications de détail, dont la plupart avaient été marquées par l'auteur sur les marges de son exemplaire; les citations ont été mises en harmonie avec les éditions des Chroniques de Froissart, de la Chronique des quatre premiers Valois, et de la Chronique normande du xive siècle, publiées par la Société de l'histoire de France depuis l'apparition de l'Histoire de la Jacquerie. Rien d'essentiel n'a été changé, ni dans le récit des événements, ni dans les jugements portés sur les causes et le caractère des insurrections populaires qui troublèrent si profondément plusieurs de nos provinces au cours de l'année 1358. Mais l'Appendice, qui forme la seconde partie du volume, constitue une œuvre tout à fait nouvelle et dont le germe seul existait dans la première édition. Nous en avons trouvé tous les éléments dans les papiers de Siméon Luce, qui avait copié ou fait copier dans les registres du Trésor des chartes tous les documents se rapportant directement ou indirectement à la Jacquerie. Les plus curieux ont été reproduits textuellement; l'analyse des autres a permis de signaler en détail une foule de petits épisodes de la Jacquerie, qui ont leur place marquée dans les annales de beaucoup de localités de l'Ile-de-France, de la Picardie et de la Champagne. Ces analyses ont été disposées suivant l'ordre alphabétique des noms des villes et villages qu'elles concernent. Elles remplacent une simple nomenclature, qui, sous le titre de « Tableau des principales localités qui furent le théâtre des effrois, » occupait quatre pages de la première édition.

A l'aide d'une aussi riche collection de textes nouveaux, que de scènes curieuses et variées Siméon Luce aurait fait passer sous nos yeux, avec la vigueur, la vivacité et l'accent patriotique qui donnent tant d'attrait aux récits des épisodes traités dans les deux charmants volumes intitulés : « La France pendant la guerre de Cent ans! »

La vue de ces matériaux à peine dégrossis ravivera les regrets que la mort de l'auteur a inspirés à tous les amis de l'histoire du xiv° et du xv° siècle. Elle rappellera le soin minutieux avec lequel il préparait tous ses travaux, même ceux qui à la solidité du fond joignent l'élégance de la forme et l'éclat du coloris.

Des voix autorisées ont rendu hommage aux qualités supérieures dont les écrits de Siméon Luce portent l'empreinte, et au dévouement dont il a fait preuve dans ses fonctions d'archiviste et de professeur; elles ont rappelé en termes touchants la noblesse et la fermeté de son caractère, son admiration, poussée jusqu'à l'enthousiasme, pour les actes héroïques et pour les belles œuvres d'art, de littérature ou de simple érudition, son ardent désir de faire le bien et de venir en aide à tous ceux qui recouraient à lui.

Nous avons donc cru pouvoir nous dispenser de renouveler ici l'expression de sentiments que partagent tous ceux qui ont eu le bonheur de connaître Siméon Luce et qui s'associent au deuil d'une famille cruellement éprouvée. Nous nous bornerons à mettre en tête du présent volume la liste chronologique des écrits de l'ami dont la mémoire nous est chère à tant de titres.

Léopold DELISLE.

BIBLIOGRAPHIE DES TRAVAUX

DE SIMÉON LUCE

N. B. — Cette liste est dressée suivant l'ordre chronologique de publication des différents ouvrages ou opuscules. On n'y a pas compris les simples comptes rendus bibliographiques qui ne renferment pas d'observations originales et propres à l'auteur.

A la liste chronologique est jointe une table alphabétique par noms de sujets.

1. Le rôle politique de Jean Maillart en 1358.

Bibliothèque de l'École des chartes, 1857, 4° série, t. III, p. 415-426.

2. Du désastre de La Hougue, d'après des documents inédits (les Mémoires de l'intendant Foucault).

Annuaire du département de la Manche, 1858, p. 62-72.

3. Un nouveau membre de l'Institut.

Ibid., p. 105-109. — Reproduction d'un article que Siméon Luce fit insérer dans le Journal de Coutances, du 20 décembre 1857, à l'occasion de mon entrée à l'Académie des inscriptions. Ce n'est pas sans une vive émotion que j'enregistre ici ce premier témoignage d'une amitié que la mort seule a pu rompre.

4. Du progrès social en France sous Napoléon III, par Siméon Luce. — Paris, Lesigne [1858]. In-8 de 71 p.

5. D'un emploi du point souscrit dans les manuscrits français.

Bibliothèque de l'École des chartes, 1858, 4° série, t. IV, p. 360-363.

6. Étude historique sur la Jacquerie, d'après des documents en

grande partie inédits, par Siméon Luce. [Positions d'une thèse soutenue à l'École des chartes, le 15 novembre 1858.]

P. 43-45 du fascicule intitulé : « École impériale des chartes. Thèses soutenues par les élèves de la promotion 1857-1858.... » — Paris, Renou et Maulde, 1858. In-8.

7. Visites par les prieurs de Barbezieux et de Saint-Sauveur de Nevers, des monastères de la congrégation de Cluny situés dans la province de Poitou, 1292.

Bibliothèque de l'École des chartes, 1859, 4ᵉ série, t. V, p. 237-246.

8. Quittances de Georges de La Tremoïlle et d'Étienne de Vignolles, dit Lahire.

Bibliothèque de l'École des chartes, 1859, 4ᵉ série, t. V, p. 510-512.

9. Histoire de la Jacquerie, d'après des documents inédits, par Siméon Luce. — Paris, A. Durand, 1859. In-8 de ix et 257 p.

C'est la thèse que l'auteur avait présentée en 1858 à l'École des chartes et qui lui valut en 1860 le grade de docteur ès lettres de la Faculté de Paris.

9 *bis*. Nouvelle édition, considérablement augmentée et précédée d'une bibliographie des travaux de l'auteur. — Paris, librairie Champion, 1894. In-8. (C'est le présent volume.)

10. De Gaidone carmine gallico vetustiore disquisitio critica, auctore S. Luce. — Lutetiæ Parisiorum, F. Vieweg et A. Durand, 1860. In-8 de iii et 107 p.

11. Pièces inédites relatives à Étienne Marcel et à quelques-uns de ses principaux adhérents.

Bibliothèque de l'École des chartes, 1860, 5ᵉ série, t. I, p. 73-92.

12. Examen critique de l'ouvrage intitulé : « Étienne Marcel et le gouvernement de la bourgeoisie au xivᵉ siècle (1356-1358), par F.-T. Perrens. » Par M. Siméon Luce. — Paris, A. Durand, 1860. In-8 de 42 p.

Extrait de la *Bibliothèque de l'École des chartes*, 1860, 5ᵉ série, t. I, p. 241-282.

13. Gaydon, chanson de geste, publiée pour la première fois, d'après les trois manuscrits de Paris, par MM. F. Guessard et S. Luce. — Paris, librairie A. Franck, 1862. In-16 de cxxxv et 364 p.

Volume de la collection intitulée : « Les anciens poètes de la France, publiés sous les auspices de S. Exc. M. le ministre d'État et sous la direction de M. F. Guessard. »

14. Chronique des quatre premiers Valois (1327-1393), publiée pour la première fois pour la Société de l'histoire de France, par M. Siméon Luce. — Paris, veuve Jules Renouard, 1862. In-8 de LXI et 355 p.

15. Table méthodique des articles contenus dans les vingt premiers volumes de la Bibliothèque de l'École des chartes.

P. 69-80 du fascicule intitulé : « Bibliothèque de l'École des chartes : Table des dix volumes formant la 3e et la 4e série, 1849-1859. » Paris, Herold, 1862.

16. Jean-François Millet, de Gréville.

Annuaire de la Manche, année 1862, p. 83-86. — Reproduit en 1887 en tête du mémoire sur Philippe Le Cat; voyez plus loin, n° 62.

17. De l'utilité matérielle et pratique, de l'importance historique et scientifique, de la portée morale et sociale des travaux d'archives, à propos d'un discours de Son Excellence M. le comte de Persigny.

Bibliothèque de l'École des chartes, 1863, 5e série, t. IV, p. 237-251.

18. Le Journaliste. — [Paris, imp. de Ch. Lahure.] In-8 de 16 p.

Lettre adressée le 19 janvier 1869 à M. Francisque Sarcey, suivie d'une réponse de M. F. Sarcey.

19. Chroniques de J. Froissart publiées pour la Société de l'histoire de France, par Siméon Luce.

Tome I. 1307-1340. Depuis l'avènement d'Édouard II jusqu'au siège de Tournay. — Paris, veuve J. Renouard, 1869. In-8 de CCLVI et 511 p.

Tome II. 1340-1342. Depuis les préliminaires du siège de Tournay jusqu'au voyage de la comtesse de Montfort en Angleterre. — 1870. In-8 de LIX et 420 p.

Tome III. 1342-1346. Depuis la trêve entre Jeanne de Montfort et Charles de Blois jusqu'au siège de Calais. — 1872. In-8 de LXIII et 454 p.

Tome IV. 1346-1356. Depuis le siège de Calais jusqu'à la prise de Breteuil et aux préliminaires de la bataille de Poitiers. — 1873. In-8 de LXXI et 421 p.

Tome V. 1356-1360. Depuis les préliminaires de la bataille de Poitiers jusqu'à l'expédition d'Édouard III en Champagne et dans l'Ile-de-France. — 1874. In-8 de LXXI et 428 p.

Tome VI. 1360-1366. Depuis les préliminaires du traité de Brétigny jusqu'aux préparatifs de l'expédition du prince de Galles en Espagne. — 1876. In-8 de XCVI et 384 p.

Tome VII. 1367-1370. Depuis l'expédition du prince de Galles en Espagne jusqu'à la nomination de B. Du Guesclin à la charge de connétable de France. — 1878. In-8 de CXVI et 433 p.

Tome VIII. 1370-1377. Depuis le combat de Pontvallain jusqu'à la prise d'Ardres et d'Audruicq.

Première partie. Sommaire et commentaire critique, par Siméon Luce. — 1878. In-8 de CLXIII p.

Deuxième partie. Texte et variantes par Gaston Raynaud. — 1888. In-8 de 329 p.

Il a été tiré à part des exemplaires de :

Introduction au premier livre des Chroniques de J. Froissart. — Paris, imp. de Ch. Lahure, 1869. In-8 de CXXXIV p.

Commentaire critique sur quatre années des Chroniques de J. Froissart et du règne de Charles V (1367-1370), précédé de quelques mots sur la méthode historique, par Siméon Luce. — Paris, lib. Renouard, 1878. In-8 de CXVI p.

20. (Compte rendu du livre de M. Perrens : « Démocratie en France au moyen âge. »)

Revue critique d'histoire et de littérature, 2 août 1873, p. 82-87.

21. (Compte rendu de l'ouvrage de M. Guibal : « Histoire du sentiment national en France pendant la guerre de Cent ans. »)

Revue critique d'histoire et de littérature, 24 juillet 1875, p. 53-57.

22. Louis, duc d'Anjou, s'est-il approprié, après la mort de Charles V, une partie du trésor laissé par le roi son frère ?

Bibliothèque de l'École des chartes, 1875, t. XXXVI, p. 299-303.

23. Négociations des Anglais avec le roi de Navarre pendant la révolution parisienne de 1358, par Siméon Luce. — Paris, 1875. In-8 de 19 p.

Extrait des *Mémoires de la Société de l'histoire de Paris,* t. I, p. 113-131. Voyez plus loin, n°⁸ 70 et 71, art. 3.

24. Notice sur Guillaume l'Aloue. — Nogent-le-Rotrou, imp. de A. Gouverneur, 1875. In-8 de 8 p.

Extrait du *Bulletin de la Société de l'histoire de France*, année 1875, p. 149-156. — Voyez plus loin, n°ˢ 70 et 71, art. 5.

25. Histoire de Bertrand Du Guesclin et de son époque, par Siméon Luce. La Jeunesse de Bertrand (1320-1364). — Paris, librairie Hachette, 1876. In-8 de 625 p.

26. — Deuxième édition. — Paris, librairie Hachette, 1882. In-16 de 420 p. (Ne contient pas les pièces justificatives.)

27. Bertrand et Olivier Du Guesclin en Touraine dans les premiers mois de 1359.

Bulletin de la Société archéologique de Touraine, t. III, p. 455-462.

28. De l'exploitation des mines et de la condition des ouvriers mineurs en France au xvᵉ siècle.

Revue des questions historiques, 1ᵉʳ janvier 1877, t. XXI, p. 189-203.— Voyez plus loin, n°ˢ 70 et 71, art. 18.

29. (Compte rendu du livre de M. l'abbé Pechenard sur Jean Juvenal des Ursins.)

Revue historique, 1877, t. V, p. 186-189.

30. Le Maine sous la domination anglaise en 1433 et 1434, par M. Siméon Luce. — Paris, V. Palmé, 1878, in-8 de 20 p.

Tiré à 50 exemplaires. Extrait de la *Revue des questions historiques*, juillet 1878, p. 226-241. — Voyez plus loin, n°ˢ 70 et 71, art. 16.

31. Les Juifs sous Charles V et le fonds hébraïque du Trésor des chartes, en 1372.

Revue historique, 1878, t. VII, p. 362-370. — Voyez plus loin, n°ˢ 70 et 71, art. 9.

32. Le Trésor anglais à Paris en 1431 et le procès de Jeanne d'Arc.

Mémoires de la Société de l'histoire de Paris, 1878, t. V, p. 299-307.

33. Les clercs vagabonds à Paris et dans l'Ile-de-France sous Louis XI. — Nogent-le-Rotrou, imp. de Daupeley [1878], in-8 de 8 p.

Voyez *Bulletin de la Société de l'histoire de Paris*, septembre-octobre 1878, t. V, p. 130-131.

34. Chronique du Mont-Saint-Michel (1343-1468), publiée avec notes et pièces diverses relatives au Mont-Saint-Michel et à la défense nationale en Basse-Normandie pendant l'occupation anglaise, par Siméon Luce.

Tome I. — Librairie de Firmin Didot, 1879. In-8 de xxiii et 323 p.

Tome II. — 1883. In-8 de 350 p.

Collection de la Société des anciens textes français.

35. Société des anciens élèves de l'École nationale des chartes. Banquet du 28 mai 1879. — Nogent-le-Rotrou, imp. Daupeley-Gouverneur [1879]. In-8 de 8 p.

Cette pièce est entièrement consacrée au discours que prononça Siméon Luce, président de la Société, pour l'année 1878-1879.

36. Pierre Gilles. (Arrêt du parlement, du 11 juillet 1355, relatif à ce personnage.)

Bulletin de la Société de l'histoire de Paris, novembre-décembre 1879, t. VI, p. 162-164. — Voyez plus loin, n°ˢ 70 et 71, art. 2.

37. Documents nouveaux sur Étienne Marcel.

Mémoires de la Société de l'histoire de Paris, 1879, t. VI, p. 305-324.

38. L'administration intérieure de l'Hôtel-Dieu de Paris en 1368 et 1369.

Bulletin de la Société de l'histoire de Paris, septembre-octobre 1880, t. VII, p. 137-144. — Voyez plus loin, n°ˢ 70 et 71, art. 6.

39. Note sur Raoul Tainguy, copiste des poésies d'Eustache Deschamps.

Œuvres complètes d'Eustache Deschamps, publiées d'après le manuscrit de la Bibliothèque nationale par le marquis de Queux de Saint-Hilaire [tome II]. Paris, 1880, in-8, p. vi-xvi. — Voyez plus loin, n°ˢ 70 et 71, art. 13.

40. (Compte rendu de l'édition donnée par la Société des anciens textes français du Débat des hérauts d'armes de France et d'Angleterre.)

Revue historique, 1880, t. XII, p. 196-202.

41. Jeanne d'Arc et les Ordres mendians.

Revue des Deux Mondes. 1ᵉʳ mai 1881. 3ᵉ période, t. XLV, p. 65-103.

42. Assemblée générale de la Société de l'histoire de France tenue le mardi 3 mai 1881. Discours de M. S. Luce, président de la Société. — Paris, 1881. In-8 de 16 p.

Extrait de l'*Annuaire-bulletin de la Société de l'histoire de France*, année 1881, p. 82-95.

43. L'Entrevue d'Ardres, 1396. (Document publié par M. Paul Meyer, d'après un manuscrit d'Oxford, et annoté par M. Siméon Luce.)

Annuaire-bulletin de la Société de l'histoire de France, année 1881, p. 209-224.

44. Catalogue des documents du Trésor des chartes relatifs aux Juifs sous le règne de Philippe le Bel.

Revue des études juives, t. II, 1881, p. 15-72.

45. De l'élection au scrutin de deux chanceliers de France sous le règne de Charles V.

Revue historique, 1881, t. XVI, p. 91-102. — Voyez plus loin, n°s 70 et 71, art. 10.

46. Société de l'histoire de Normandie. Assemblée générale du 21 mars 1882. Discours prononcé par M. Siméon Luce, président d'honneur. Rouen, imp. E. Cagniard [1882]. In-8 de 31 p.

Extrait du *Bulletin de la Société de l'histoire de Normandie*, années 1880-1883, p. 105-134 Ce discours a pour objet un emprunt forcé que le roi Charles V leva sur la ville de Rouen, 1370. Le rôle de l'emprunt est joint au Discours. — Réimprimé avec des modifications, mais sans le rôle, dans le recueil indiqué ci-dessous, n°s 70 et 71, art. 8.

47. Les menus du prieur de Saint-Martin des Champs, en 1438 et 1439.

Mémoires de la Société de l'histoire de Paris, 1882, t. IX, p. 223-238. — Une analyse de ce morceau avait été insérée dans les *Comptes rendus des séances de l'Académie des inscriptions*, année 1882, p. 111-117.— Voyez plus loin, n°s 70 et 71, art. 17.

48. (Rapport sur l'ouvrage de M. l'abbé Albanès : Le couvent royal de Saint-Maximin, en Provence.)

Revue des sociétés savantes, 1882, 7e série, t. VI, p. 115-122.

49. (Rapport sur la publication proposée par M. Demay d'un Catalogue des sceaux de la collection de Clairambault.)

Bulletin du Comité des travaux historiques et scientifiques, section d'histoire, année 1882, p. 50-55.

50. Jeanne d'Arc et le culte de saint Michel.

Revue des Deux Mondes, 1er décembre 1882, 3e période, t. LIV, p. 627-656.

51. Cours d'étude critique des sources de l'histoire de France, professé à l'École des chartes, par M. Luce. Leçon d'ouverture. — [Paris, 1882.] In-8 de 14 p.

Extrait de la *Bibliothèque de l'École des chartes*, t. XLIII, p. 653-666.

52. Société des antiquaires de Normandie. Séance publique du jeudi 23 novembre 1882. Discours prononcé par M. Siméon Luce, membre de l'Institut, directeur. — Caen, imp. Le Blanc-Hardel, 1883. In-8 de 41 p.

Bulletin de la Société des antiquaires de Normandie. — Ce discours, qui a pour objet les préliminaires de la bataille navale de l'Écluse, est suivi de 29 pièces justificatives relatives à la marine normande en 1340. — Voyez plus loin, n°s 70 et 71, art. 1.

53. Rapport sur une délibération des consuls de Saint-Affrique, en date du 7 septembre 1418, relative aux obsèques de Bernard VII, comte d'Armagnac, célébrées à l'abbaye de Bonneval, le 15 septembre 1418.

Bulletin du Comité des travaux historiques et scientifiques, année 1883, p. 76-79.

54. Rapport sur une communication de M. Pouy, concernant une ordonnance de Charles VI, relative à une expédition projetée en Angleterre.

Bulletin du Comité des travaux historiques et scientifiques [section d'histoire], année 1883, p. 153-155.

55. La continuation d'Aimoin et le manuscrit latin 12711 de la Bibliothèque nationale.

Notices et documents publiés pour la Société de l'histoire de France, à l'occasion du cinquantième anniversaire de sa fondation, 1884, p. 57-70.

56. Jeanne d'Arc à Domremy.

Revue des Deux Mondes, 1er mai 1885, 3e période, t. LXIX, p. 50-99.

57. Rapport de M. Siméon Luce sur un projet de publication de M. Ernest Petit (Itinéraires et séjours des ducs de Bourgogne, Philippe le Hardi et Jean sans Peur).

Bulletin historique et philologique du Comité des travaux historiques, année 1885, p. 191-193.

58. Jeanne d'Arc à Domremy. Recherches critiques sur les origines de la mission de la Pucelle, accompagnées de pièces justificatives, par Siméon Luce. — Paris, H. Champion, 1886. In-8 de cccxv et 416 p.

59. — Deuxième édition. — Paris, librairie Hachette, 1887. In-16 de 334 p. (Ne contient pas les pièces justificatives.)

60. Germain Demay. — [Paris, 1886.] In-8 de 16 p.

Extrait de la *Bibliothèque de l'École des chartes*, t. XLVII, année 1886, p. 473-488.

61. Société des anciens textes français. Assemblée générale du 13 juillet 1887. Discours de M. Siméon Luce, membre de l'Institut, président de la Société. [Le Puy, 1887.] In-8 de 12 p.

Extrait du *Bulletin de la Société des anciens textes français*, année 1887, p. 40-51. — Reproduit dans la *Bibliothèque de l'École des chartes*, t. XLVIII, année 1887, p. 616-622.

62. Philippe Le Cat. Un complot contre les Anglais à Cherbourg, à l'époque de la mission de Jeanne d'Arc, par Siméon Luce. — Caen, Henri Delesques, 1887. Grand in-8 de 30 p.

Voyez plus loin, n°° 70 et 71, art. 15.

63. Les origines de « la Pucelle » de Voltaire.

Le Correspondant, 10 novembre 1888, t. CLIII, p. 474-492.

64. Jean, duc de Berry, d'après des documents nouveaux.

Le Correspondant, 25 avril 1889, t. CLV, p. 275-287. — Voyez plus loin, n°° 70 et 71, art. 11.

65. Académie des inscriptions et belles-lettres. Rapport fait au nom de la Commission des antiquités de la France sur les ouvrages envoyés au concours de l'année 1890, par M. Siméon Luce; lu dans la séance du vendredi 11 juillet 1890. — Paris, typographie de Firmin Didot, 1890. In-4 de 22 p.

Reproduit dans les *Comptes rendus de l'Académie des inscriptions*, année 1890, p. 340-356, et dans la *Bibliothèque de l'École des chartes*, t. LI, année 1890, p. 353-364.

66. Jeanne d'Arc : son lieu natal et ses premières années, d'après des documents nouveaux.

Le Correspondant, 25 juillet 1889, t. CLVI, p. 286-300. — Voyez plus loin, n°° 70 et 71, art. 14.

67. De quelques jeux populaires de l'ancienne France, à propos d'une ordonnance de Charles V.

Académie des inscriptions et belles-lettres. Séance publique annuelle du vendredi 22 novembre 1889 (Paris, typographie de Firmin Didot, 1889, in-4), p. 50-72. — Reproduit dans les *Comptes rendus des séances de l'Académie des inscriptions*, année 1889, p. 499-519. — Voyez plus loin, n°⁵ 70 et 71, art. 7.

68. Les jeux populaires dans l'ancienne France, et notamment au xɪᵛᵉ siècle.

Le Correspondant, 25 novembre 1889, t. CLVII, p. 634-648.

69. (Collaboration à la Revue mensuelle intitulée : « Le cidre et le poiré, » publiée à Argentan.)

Dans le numéro du 1ᵉʳ mai 1889 (p. 12-15), lettre sur les perfectionnements à apporter à la fabrication du cidre. — Dans celui du 1ᵉʳ juin 1889 (p. 53-59), morceau intitulé : « Les grands crus du Cotentin; François Iᵉʳ et le cidre de Morsalines; » ce devait être l'un des chapitres d'une « Histoire du pommier et du cidre en Normandie. »

70. La France pendant la guerre de Cent ans. Épisodes historiques et vie privée aux xɪᵛᵉ et xᵛᵉ siècles, par Siméon Luce. — Paris, librairie Hachette, 1890. In-16 de vi et 396 p.

Table des morceaux contenus dans ce volume : 1° La marine normande à la bataille de l'Écluse. — 2° Un des meneurs de la commune de Paris en 1358 : Pierre Gilles. — 3° Les Anglais et le roi de Navarre en 1358. — 4° La famille d'Étienne Marcel et les créanciers de sa succession. — 5° Guillaume L'Aloue et le Grand Ferré. — 6° L'Hôtel Dieu de Paris sous Charles V. — 7° Les jeux ou divertissements populaires au xɪᵛᵉ siècle. — 8° Charles V et les Rouennais. — 9° Les Juifs sous Charles V. — 10° Le principe électif, les traductions d'Aristote et les parvenus au xɪᵛᵉ siècle. — 11° Jean, duc de Berry, d'après des documents nouveaux. — 12° Du Guesclin, dixième preux. — 13° Un copiste interpolateur sous le règne de Charles VI : Raoul Tainguy. — 14° Jeanne d'Arc : Son lieu natal et ses premières années, d'après des découvertes récentes. — 15° Philippe Le Cat : un complot contre les Anglais à Cherbourg à l'époque de la mission de Jeanne d'Arc. — 16° Le Maine sous la domination anglaise. — 17° Les menus du prieur de Saint-Martin des Champs. — 18° L'exploitation des mines et la condition des ouvriers mineurs au xᵛᵉ siècle. — 19° Louis XI et les chiens de guet du Mont-Saint-Michel.

71. Seconde édition. — Paris, librairie Hachette, 1890. In-16 de vi et 396 p.

72. Rapport de M. Siméon Luce sur une communication de M. Pélicier. (Une émeute à Châlons sous Philippe IV le Bel.)

Bulletin historique et philologique du Comité des travaux historiques, année 1890, p. 138-142.

73. Louis d'Estouteville, le bâtard d'Orléans et la défense du Mont-Saint-Michel.

Le Correspondant, du 25 septembre 1890, t. CLX, p. 1024-1054. — Voyez plus loin, n° 85, art. 8.

74. Jeanne d'Arc, dixième preuse.

Comptes rendus de l'Académie des inscriptions, année 1890, p. 323-324.

75. (Lettre au président de l'Académie des Inscriptions sur une brique émaillée paraissant provenir du tombeau de Louis d'Estouville, sire de Hambie.)

Ibid., p. 374-375.

76. L'Hôtel de Bertrand Du Guesclin à Paris.

Le Correspondant, 10 mars 1891, t. CLXII, p. 938-956.

77. Société d'économie sociale. F. Le Play : La vieille France, l'École des chartes et la Société d'économie sociale. Discours prononcé le 25 mai 1891 à la séance d'ouverture du congrès de l'École de la paix sociale, par M. Siméon Luce. — Paris, 1891. In-8 de 32 p.

Extrait de la *Réforme sociale*, 3° série, t. II, p. 21-50.

78. Du Guesclin au siège de Rennes [1357].

Bibliothèque de l'École des chartes, t. LII, année 1891, p. 615-618.

79. Deux documents inédits relatifs à frère Richard et à Jeanne d'Arc (pièces trouvées à la Bibliothèque impériale de Vienne, par M. Bougenot).

Revue politique et littéraire, Revue bleue, 13 février 1892, t. XLIX, p. 201-204. — Voyez plus loin, n° 85, art. 6.

80. (Compte rendu de l'édition du Viandier de Guillaume Tirel dit Taillevent, publiée par le baron Jérôme Pichon et Georges Vicaire.)

Romania, avril 1892, t. XXI, p. 306-309.

81. Une pièce de vers sur le siège d'Orléans. (D'après la première édition de cette pièce, publiée par le comte de Blangy.)

Revue politique et littéraire, Revue bleue, 8 octobre 1892, t. L, p. 473 et 474. — Voyez plus loin, n° 85, art. 7.

82. La mort de Charles V.

Le Correspondant, du 10 octobre 1892, t. CLXIX, p. 21-46. — Voyez plus loin, n° 85, art. 3.

83. Jeanne Paynel à Chantilly, par M. Siméon Luce. — Paris, Imprimerie nationale, 1892. In-4 de 119 p.

Extrait des *Mémoires de l'Académie des inscriptions et belles-lettres*, t. XXXIV, 1re partie, p. 301-415. — Voyez plus loin, n° 85, art. 4.

84. Du Guesclin en Normandie. Le siège et la prise de Valognes.

Revue des questions historiques, 1er avril 1893, nouvelle série, t. IX, p. 372-411.

85. La France pendant la guerre de Cent ans. Épisodes historiques et vie privée aux xive et xve siècles, par Siméon Luce. Seconde série. — Paris, librairie Hachette, 1893. In-16 de xv et 281 p.

Ce volume, en tête duquel se trouvent une lettre de François Coppée et une préface de Léon Gautier, renferme les morceaux suivants :

1° Le soufflet de l'Écluse et la chanson des Pastoureaux normands. — 2° Les origines militaires de Jacques Bonhomme. — 3° La Mort de Charles V. — 4° Jeanne Paynel à Chantilly. — 5° Perrette de La Rivière, dame de La Roche-Guyon. — 6° Deux documents inédits relatifs à frère Richard et à Jeanne d'Arc. — 7° Une pièce de vers sur le siège d'Orléans. — 8° Louis d'Estouteville et la défense du Mont-Saint-Michel.

TABLE ALPHABÉTIQUE PAR NOMS DE SUJETS

Aimoin (Continuation d'). 55.
Albanès (l'abbé) : son Histoire de Saint-Maximin. 48.
Anciens textes français (Discours à la Société des). 61.
Anglais (Négociations des) avec le roi de Navarre 23, 70 (^{3}), 71 (^{3}). — Occupation de la Normandie par les Anglais. 34. — Trésor anglais à Paris, en 1431. 34. — Complot contre les Anglais à Cherbourg. 62, 70 (^{15}), 71 (^{15}). — Domination anglaise dans le Maine. 36, 70 (^{16}), 71 (^{16}).
Antiquaires de Normandie (Discours à la Société des). 52.
Antiquités de la France (Rapport sur le concours des). 65.
Archives (Utilité des travaux d'). 17.
Ardres (Entrevue d'). 43.
Aristote (Traductions d'). 70 (^{10}), 71 (^{10}).
Armagnac (Obsèques de Bernard VII, comte d'). 53.
Bibliothèque de l'École des chartes (Table de la). 15.
Bourgogne (Itinéraires des ducs de). 57.
Cent ans (La France pendant la guerre de). 70, 71, 84. — Le sentiment national pendant cette guerre. 21.
Châlons (Émeute à) sous Philippe le Bel. 72.
Chanceliers de France (Élection de deux). 45, 70 (^{10}), 71 (^{10}).
Chanson des pastoureaux normands, 85 (^{1}).
Chantilly (Jeanne Paynel à). 83, 85 (^{1}).
Charles V. Élection de deux chanceliers de ce roi. 45, 70 (^{10}), 71 (^{10}). — Charles V et les Rouennais. 46, 70 (^{8}), 71 (^{8}). — Les jeux sous Charles V. 67, 68, 70 (^{7}), 71 (^{7}). — Les Juifs sous Charles V. 31, 70 (^{9}), 71 (^{9}). — La mort de Charles V. 82, 85 (^{3}). — Son trésor. 22.
Charles VI. Son projet d'expédition en Angleterre. 54.
Charles le Mauvais, roi de Navarre. Ses négociations avec les Anglais. 23, 70 (^{3}), 71 (^{3}).
Cherbourg (Complot contre les Anglais à). 62, 70 (^{15}), 71 (^{15}).
Chronique des quatre premiers Valois. 14.

Chronique du Mont-Saint-Michel. 34.
Chroniques de J. Froissart. 19.
Cidre (le) et le poiré : collaboration à cette Revue. 69.
Chiens (les) du guet du Mont-Saint-Michel. 70 ([19]), 71 ([19]).
Clercs (les) vagabonds sous Louis XI. 33.
Cluny (Visites des maisons de) en Poitou. 7.
Copiste interpolateur. 39, 70 ([13]), 71 ([13]).
Débat (le) des hérauts d'armes de France et d'Angleterre. Compte rendu. 40.
Delisle (Léopold). 3.
Demay (Germain). 60. — Son catalogue des sceaux de Clairambault. 49.
Démocratie au moyen âge. Voyez Perrens.
Du Guesclin (Bertrand). La jeunesse de Du Guesclin. 25, 26. — Du Guesclin au siège de Rennes. 78. — Du Guesclin en Touraine. 27. — Du Guesclin en Normandie : siège de Valognes. 84. — Hôtel de Du Guesclin à Paris. 76. — Du Guesclin dixième preux. 70 ([12]), 71 ([12]).
École des chartes. La vieille France et l'École. 77. — Cours d'étude critique des sources de l'histoire de France. 51. — Discours au banquet de la Société. 35. — Table de la Bibliothèque. 15.
Économie sociale (Discours à la Société d'). 77.
Élection de deux chanceliers de France. 45. — Le principe électif au XIVᵉ siècle. 70 ([10]), 71 ([10]).
Estouteville (Louis d'), et la défense du Mont-Saint-Michel. 73, 85 ([8]). — Brique paraissant provenir du tombeau de L. d'E. 75.
France (la) pendant la guerre de Cent ans. 70, 71, 85.
Froissart (Jean). Chroniques. 19.
Gaydon. Édition de cette chanson de geste. 13. — De Gaidone disquisitio critica. 10.
Gilles (Pierre). 30, 70 ([2]), 71 ([2]).
Grand Ferré (le). 24, 70 ([5]), 71 ([5]).
Guibal (M). Critique de son Histoire du sentiment national en France pendant la guerre de Cent ans. 21.
Histoire de France (Société de l'). Discours à l'assemblée du 3 mai 1881. 42.
Histoire de Normandie (Société de l'). Discours à l'assemblée du 21 mars 1882. 46.
Hôtel-Dieu (l') de Paris, en 1368 et 1369. 38, 70 ([6]), 71 ([6]).
Jacquerie (la). 6, 9, 9 *bis*.
Jacques Bonhomme (Origines militaires de). 85 ([2]).
Jean duc de Berry. 64, 70 ([11]), 71 ([11]).
Jeanne d'Arc : son lieu natal et ses premières années. 66, 70 ([14]), 71 ([14]). — Jeanne d'Arc et les ordres mendians. 41. — Jeanne d'Arc et le

culte de saint Michel. 50. — Jeanne d'Arc à Domremy. 56. — Jeanne d'Arc à Domremy : Recherches critiques sur les origines de la mission de la Pucelle. 58, 59. — Documents sur Jeanne d'Arc trouvés à Vienne. 79, 85 ([6]). — Procès de Jeanne d'Arc. 32. — Jeanne d'Arc dixième preuse. 74.

Jeux populaires de l'ancienne France. 67, 68, 70 ([7]), 71 ([7]).

Journaliste (le). 18.

Juifs (les) sous Philippe le Bel. 44. — Sous Charles V. 34, 70 ([9]), 71 ([9]).

Juvenal des Ursins (Jean). Voyez Pechenard.

Lahire (Quittance de). 8.

La Hougue (Désastre de). 2.

L'Aloue (Guillaume). 24, 70 ([5]), 71 ([3]).

La Rivière (Perrette de), dame de La Roche-Guyon. 85 ([5]).

La Trémoïlle (Georges de) : Quittance. 8.

Le Cat (Philippe) : un Complot contre les Anglais à Cherbourg. 62, 70 ([15]), 71 ([15]).

L'Écluse (Bataille de). La marine normande à cette bataille. 52, 70 ([1]), 71 ([1]). — Le Soufflet de l'Écluse. 85 ([1]).

Le Play (F.). 77.

Louis XI et les chiens du Mont-Saint-Michel. 70 ([19]), 71 ([19]).

Louis, duc d'Anjou, s'est-il approprié le trésor de Charles V ? 22.

Maillard (Jean). Son rôle politique. 1.

Maine (le) sous la domination anglaise. 30, 70 ([16]), 71 ([16]).

Marcel (Étienne). Examen du livre de M. Perrens. 12. — Pièces inédites sur Étienne Marcel. 41. — Documents nouveaux. 37. — La famille d'Étienne Marcel et les créanciers de sa succession. 70 ([4]), 71 ([4]).

Marine (la) normande en 1340. 52, 70 ([1]), 71 ([1]).

Menus (les) du prieur de Saint-Martin des Champs. 47, 70 ([17]), 71 ([17]).

Millet (Jean-François) de Gréville. 16.

Mines (Exploitation des) au xve siècle. 28, 70 ([18]), 71 ([18]).

Mont-Saint-Michel (le). Chronique. 34. — Défense. 73, 85 ([8]). — Les chiens du guet. 70 ([19]), 71 ([19]).

Napoléon III (le Progrès social sous). 4.

Navarre (le roi de). Voyez Charles le Mauvais.

Normandie. La marine en 1340. 52, 70 ([1]), 71 ([1]). — Pastoureaux normands. 85 ([1]). — Du Guesclin en Normandie. 84. — Défense nationale en Basse Normandie. 34.

Orléans (Pièce de vers sur le siège d'). 81.

Paris. Événements de 1358. Voyez Charles le Mauvais, Gilles, Maillard, Marcel. — Hôtel de B. Du Guesclin. 76. — Le trésor anglais à Paris. 32. — Clercs vagabonds à Paris. 33. Voyez Hôtel-Dieu, Saint-Martin des Champs.

Parvenus (les) au xiv° siècle. 45, 70 ([10]) 71 ([10]).
Pastoureaux normands (Chanson des). 85 ([1]).
Paynel (Jeanne) à Chantilly. 83, 85 ([4]).
Pechenard (l'abbé) : son livre sur Jean Juvenal des Ursins. 29.
Pelicier (M. P.) : son travail sur une émeute à Châlons. 72.
Perrens (M.) : son livre sur Étienne Marcel. 12. — Son livre sur la Démocratie en France au moyen âge. 20.
Petit (M.) : ses Itinéraires des ducs de Bourgogne. 57.
Philippe le Bel (les Juifs sous). 44. — Émeute à Châlons sous Philippe le Bel. 72.
Point souscrit dans les manuscrits français. 5.
Poitou (Visites des maisons de Cluny en). 7.
Pony (M.) : communication sur la descente en Angleterre projetée par Charles VI. 54.
Pucelle (la) de Voltaire : ses origines. 63.
Quatre premiers Valois (Chronique des). 14.
Rennes (Du Guesclin au siège de). 78.
Richard (Frère) : documents relatifs à ce religieux et à Jeanne d'Arc. 79, 85 ([6]).
Rouen. Charles V et les Rouennais. 46, 70 ([8]), 71 ([8]).
Saint-Maximin. Voyez Albanès.
Sceaux de la collection Clairambault. 49.
Soufflet (le) de l'Écluse. 85 ([1]).
Sources de l'histoire de France (Cours sur les). 51.
Taillevent (Le Viandier de). 80.
Tainguy (Raoul), copiste interpolateur. 39, 70 ([13]), 71 ([13]).
Touraine (Bertrand et Olivier Du Guesclin en). 27.
Trésor anglais (le) à Paris. 32.
Trésor des chartes. Documents relatifs aux Juifs sous Philippe le Bel. 44. — Fonds de manuscrits hébraïques. 31, 70 ([3]), 71 ([9]).
Valognes (Siège de) par Du Guesclin. 84.
Valois (Chronique des quatre premiers). 14.
Viandier de Taillevent. 80.
Visites des maisons de Cluny en Poitou. 7.

AVERTISSEMENT

L'histoire de la Jacquerie est le travail par lequel Siméon Luce, de très regrettée mémoire, a débuté dans la carrière où il obtint de si éclatants et si légitimes succès. Il en recueillit les matériaux pendant qu'il était encore sur les bancs de l'École des chartes. Ce fut la recherche des documents propres à fixer la chronologie des terribles événements de l'année 1358, à révéler les noms et la condition des acteurs ou des comparses, et à délimiter le théâtre de l'action, qui l'amena à dépouiller les registres du Trésor des chartes, et ceux du Parlement, dont il devait, dans la suite, faire un si fructueux usage pour commenter les Chroniques de Froissart et pour peindre l'état de la France au temps de Du Guesclin. Ce fut, d'autre part, le besoin de saisir l'impression laissée sur l'imagination des contemporains par les sinistres épisodes de la Jacquerie qui lui fit lire et comparer les récits des chroniqueurs, et lui fit reconnaître l'importance d'une œuvre, jusqu'alors oubliée, qu'il devait bientôt publier pour la Société de l'histoire de France, sous le titre de « Chronique des quatre premiers Valois. »

Le résultat dépassa les espérances qu'avait pu concevoir le jeune élève de l'École des chartes. La thèse qu'il soutint au mois de novembre 1858, pour obtenir le diplôme d'archiviste-paléographe, fut remarquée par les examinateurs. Elle ne tarda pas à être imprimée : présentée sous cette forme à la Faculté des lettres de Paris, avec une dissertation latine sur le poème de Gaidon, elle valut à son auteur le grade de docteur.

Siméon Luce ne s'était pas laissé aveugler par l'accueil que le public éclairé avait fait à son Essai sur l'histoire de la Jacquerie. Il lui sembla que, pour mieux justifier les jugements flatteurs dont ce petit livre avait été l'objet, il devait le reprendre en sous-œuvre, et en développer les différentes parties. Il ne perdit jamais de vue ce projet, et il amassa patiemment les matériaux qui, dans sa pensée, devaient le mettre à même de refondre son travail primitif, et de tracer, dans la maturité de son talent, un tableau de la Jacquerie qui aurait dignement tenu sa place à côté de la Jeunesse de Du Guesclin et de Jeanne d'Arc à Domremy.

La rédaction n'en était pas commencée quand une mort soudaine et prématurée a détruit toutes les espérances que nous étions en droit de fonder sur l'ardeur et l'activité de l'éminent historien.

Il importait cependant de faire jouir le public d'une partie au moins du travail auquel Siméon Luce s'était livré en vue d'une seconde édition de l'Histoire de la Jacquerie. Nous avons dû reproduire le corps de l'ouvrage tel qu'il avait paru en 1859. On y trouvera seulement quelques modifications de détail, dont la plupart avaient été marquées par l'auteur sur les marges de son exemplaire; les citations ont été mises en harmonie avec les éditions des Chroniques de Froissart, de la Chronique des quatre premiers Valois, et de la Chronique normande du xive siècle, publiées par la Société de l'histoire de France depuis l'apparition de l'Histoire de la Jacquerie. Rien d'essentiel n'a été changé, ni dans le récit des événements, ni dans les jugements portés sur les causes et le caractère des insurrections populaires qui troublèrent si profondément plusieurs de nos provinces au cours de l'année 1358. Mais l'Appendice, qui forme la seconde partie du volume, constitue une œuvre tout à fait nouvelle et dont le germe seul existait dans la première édition. Nous en avons trouvé tous les éléments dans les papiers de Siméon Luce, qui avait copié ou fait copier dans les registres du Trésor des chartes tous les documents se rapportant directement ou indirectement à la Jacquerie. Les plus curieux ont été reproduits textuellement; l'analyse des autres a permis de signaler en détail une foule de petits épisodes de la Jacquerie, qui ont leur place marquée dans les annales de beaucoup de localités de l'Ile-de-France, de la Picardie et de la Champagne. Ces analyses ont été disposées suivant l'ordre alphabétique des noms des villes et villages qu'elles concernent. Elles remplacent une simple nomenclature, qui, sous le titre de « Tableau des principales localités qui furent le théâtre des effrois, » occupait quatre pages de la première édition.

A l'aide d'une aussi riche collection de textes nouveaux, que de scènes curieuses et variées Siméon Luce aurait fait passer sous nos yeux, avec la vigueur, la vivacité et l'accent patriotique qui donnent tant d'attrait aux récits des épisodes traités dans les deux charmants volumes intitulés : « La France pendant la guerre de Cent ans! »

La vue de ces matériaux à peine dégrossis ravivera les regrets que la mort de l'auteur a inspirés à tous les amis de l'histoire du xiv° et du xv° siècle. Elle rappellera le soin minutieux avec lequel il préparait tous ses travaux, même ceux qui à la solidité du fond joignent l'élégance de la forme et l'éclat du coloris.

Des voix autorisées ont rendu hommage aux qualités supérieures dont les écrits de Siméon Luce portent l'empreinte, et au dévouement dont il a fait preuve dans ses fonctions d'archiviste et de professeur; elles ont rappelé en termes touchants la noblesse et la fermeté de son caractère, son admiration, poussée jusqu'à l'enthousiasme, pour les actes héroïques et pour les belles œuvres d'art, de littérature ou de simple érudition, son ardent désir de faire le bien et de venir en aide à tous ceux qui recouraient à lui.

Nous avons donc cru pouvoir nous dispenser de renouveler ici l'expression de sentiments que partagent tous ceux qui ont eu le bonheur de connaître Siméon Luce et qui s'associent au deuil d'une famille cruellement éprouvée. Nous nous bornerons à mettre en tête du présent volume la liste chronologique des écrits de l'ami dont la mémoire nous est chère à tant de titres.

Léopold DELISLE.

BIBLIOGRAPHIE DES TRAVAUX

DE SIMÉON LUCE

N. B. — Cette liste est dressée suivant l'ordre chronologique de publication des différents ouvrages ou opuscules. On n'y a pas compris les simples comptes rendus bibliographiques qui ne renferment pas d'observations originales et propres à l'auteur.

A la liste chronologique est jointe une table alphabétique par noms de sujets.

1. Le rôle politique de Jean Maillart en 1358.

Bibliothèque de l'École des chartes, 1857, 4° série, t. III, p. 415-426.

2. Du désastre de La Hougue, d'après des documents inédits (les Mémoires de l'intendant Foucault).

Annuaire du département de la Manche, 1858, p. 62-72.

3. Un nouveau membre de l'Institut.

Ibid., p. 105-109. — Reproduction d'un article que Siméon Luce fit insérer dans le Journal de Coutances, du 20 décembre 1857, à l'occasion de mon entrée à l'Académie des inscriptions. Ce n'est pas sans une vive émotion que j'enregistre ici ce premier témoignage d'une amitié que la mort seule a pu rompre.

4. Du progrès social en France sous Napoléon III, par Siméon Luce. — Paris, Lesigne [1858]. In-8 de 71 p.

5. D'un emploi du point souscrit dans les manuscrits français.

Bibliothèque de l'École des chartes, 1858, 4° série, t. IV, p. 360-363.

6. Étude historique sur la Jacquerie, d'après des documents en

grande partie inédits, par Siméon Luce. [Positions d'une thèse soutenue à l'École des chartes, le 15 novembre 1858.]

P. 43-45 du fascicule intitulé : « École impériale des chartes. Thèses soutenues par les élèves de la promotion 1857-1858.... » — Paris, Renou et Maulde, 1858. In-8.

7. Visites par les prieurs de Barbezieux et de Saint-Sauveur de Nevers, des monastères de la congrégation de Cluny situés dans la province de Poitou, 1292.

Bibliothèque de l'École des chartes, 1859, 4ᵉ série, t. V, p. 237-246.

8. Quittances de Georges de La Tremoïlle et d'Étienne de Vignolles, dit Lahire.

Bibliothèque de l'École des chartes, 1859, 4ᵉ série, t. V, p. 510-512.

9. Histoire de la Jacquerie, d'après des documents inédits, par Siméon Luce. — Paris, A. Durand, 1859. In-8 de ix et 257 p.

C'est la thèse que l'auteur avait présentée en 1858 à l'École des chartes et qui lui valut en 1860 le grade de docteur ès lettres de la Faculté de Paris.

9 *bis*. Nouvelle édition, considérablement augmentée et précédée d'une bibliographie des travaux de l'auteur. — Paris, librairie Champion, 1894. In-8. (C'est le présent volume.)

10. De Gaidone carmine gallico vetustiore disquisitio critica, auctore S. Luce. — Lutetiæ Parisiorum, F. Vieweg et A. Durand, 1860. In-8 de iii et 107 p.

11. Pièces inédites relatives à Étienne Marcel et à quelques-uns de ses principaux adhérents.

Bibliothèque de l'École des chartes, 1860, 5ᵉ série, t. I, p. 73-92.

12. Examen critique de l'ouvrage intitulé : « Étienne Marcel et le gouvernement de la bourgeoisie au xivᵉ siècle (1356-1358), par F.-T. Perrens. » Par M. Siméon Luce. — Paris, A. Durand, 1860. In-8 de 42 p.

Extrait de la *Bibliothèque de l'École des chartes*, 1860, 5ᵉ série, t. I, p. 241-282.

13. Gaydon, chanson de geste, publiée pour la première fois, d'après les trois manuscrits de Paris, par MM. F. Guessard et S. Luce. — Paris, librairie A. Franck, 1862. In-16 de cxxxv et 364 p.

Volume de la collection intitulée : « Les anciens poètes de la France, publiés sous les auspices de S. Exc. M. le ministre d'État et sous la direction de M. F. Guessard. »

14. Chronique des quatre premiers Valois (1327-1393), publiée pour la première fois pour la Société de l'histoire de France, par M. Siméon Luce. — Paris, veuve Jules Renouard, 1862. In-8 de LXI et 355 p.

15. Table méthodique des articles contenus dans les vingt premiers volumes de la Bibliothèque de l'École des chartes.

P. 69-80 du fascicule intitulé : « Bibliothèque de l'École des chartes : Table des dix volumes formant la 3e et la 4e série, 1849-1859. » Paris, Herold, 1862.

16. Jean-François Millet, de Gréville.

Annuaire de la Manche, année 1862, p. 83-86. — Reproduit en 1887 en tête du mémoire sur Philippe Le Cat; voyez plus loin, n° 62.

17. De l'utilité matérielle et pratique, de l'importance historique et scientifique, de la portée morale et sociale des travaux d'archives, à propos d'un discours de Son Excellence M. le comte de Persigny.

Bibliothèque de l'École des chartes, 1863, 5e série, t. IV, p. 237-251.

18. Le Journaliste. — [Paris, imp. de Ch. Lahure.] In-8 de 16 p.

Lettre adressée le 19 janvier 1869 à M. Francisque Sarcey, suivie d'une réponse de M. F. Sarcey.

19. Chroniques de J. Froissart publiées pour la Société de l'histoire de France, par Siméon Luce.

Tome I. 1307-1340. Depuis l'avènement d'Édouard II jusqu'au siège de Tournay. — Paris, veuve J. Renouard, 1869. In-8 de CCLVI et 511 p.

Tome II. 1340-1342. Depuis les préliminaires du siège de Tournay jusqu'au voyage de la comtesse de Montfort en Angleterre. — 1870. In-8 de LIX et 420 p.

Tome III. 1342-1346. Depuis la trêve entre Jeanne de Montfort et Charles de Blois jusqu'au siège de Calais. — 1872. In-8 de LXIII et 454 p.

Tome IV. 1346-1356. Depuis le siège de Calais jusqu'à la prise de Breteuil et aux préliminaires de la bataille de Poitiers. — 1873. In-8 de LXXI et 421 p.

Tome V. 1356-1360. Depuis les préliminaires de la bataille de Poitiers jusqu'à l'expédition d'Édouard III en Champagne et dans l'Ile-de-France. — 1874. In-8 de LXXI et 428 p.

Tome VI. 1360-1366. Depuis les préliminaires du traité de Brétigny jusqu'aux préparatifs de l'expédition du prince de Galles en Espagne. — 1876. In-8 de XCVI et 384 p.

Tome VII. 1367-1370. Depuis l'expédition du prince de Galles en Espagne jusqu'à la nomination de B. Du Guesclin à la charge de connétable de France. — 1878. In-8 de CXVI et 433 p.

Tome VIII. 1370-1377. Depuis le combat de Pontvallain jusqu'à la prise d'Ardres et d'Audruicq.

Première partie. Sommaire et commentaire critique, par Siméon Luce. — 1878. In-8 de CLXIII p.

Deuxième partie. Texte et variantes par Gaston Raynaud. — 1888. In-8 de 329 p.

Il a été tiré à part des exemplaires de :

Introduction au premier livre des Chroniques de J. Froissart. — Paris, imp. de Ch. Lahure, 1869. In-8 de CXXXIV p.

Commentaire critique sur quatre années des Chroniques de J. Froissart et du règne de Charles V (1367-1370), précédé de quelques mots sur la méthode historique, par Siméon Luce. — Paris, lib. Renouard, 1878. In-8 de CXVI p.

20. (Compte rendu du livre de M. Perrens : « Démocratie en France au moyen âge. »)

Revue critique d'histoire et de littérature, 2 août 1873, p. 82-87.

21. (Compte rendu de l'ouvrage de M. Guibal : « Histoire du sentiment national en France pendant la guerre de Cent ans. »)

Revue critique d'histoire et de littérature, 24 juillet 1875, p. 53-57.

22. Louis, duc d'Anjou, s'est-il approprié, après la mort de Charles V, une partie du trésor laissé par le roi son frère?

Bibliothèque de l'École des chartes, 1875, t. XXXVI, p. 299-303.

23. Négociations des Anglais avec le roi de Navarre pendant la révolution parisienne de 1358, par Siméon Luce. — Paris, 1875. In-8 de 19 p.

Extrait des *Mémoires de la Société de l'histoire de Paris*, t. I, p. 113-131. Voyez plus loin, n°⁸ 70 et 71, art. 3.

24. Notice sur Guillaume l'Aloue. — Nogent-le-Rotrou, imp. de A. Gouverneur, 1875. In-8 de 8 p.

Extrait du *Bulletin de la Société de l'histoire de France*, année 1875, p. 149-156. — Voyez plus loin, n°ˢ 70 et 71, art. 5.

25. Histoire de Bertrand Du Guesclin et de son époque, par Siméon Luce. La Jeunesse de Bertrand (1320-1364). — Paris, librairie Hachette, 1876. In-8 de 625 p.

26. — Deuxième édition. — Paris, librairie Hachette, 1882. In-16 de 420 p. (Ne contient pas les pièces justificatives.)

27. Bertrand et Olivier Du Guesclin en Touraine dans les premiers mois de 1359.

Bulletin de la Société archéologique de Touraine, t. III, p. 455-462.

28. De l'exploitation des mines et de la condition des ouvriers mineurs en France au xve siècle.

Revue des questions historiques, 1ᵉʳ janvier 1877, t. XXI, p. 189-203. — Voyez plus loin, n°ˢ 70 et 71, art. 18.

29. (Compte rendu du livre de M. l'abbé Pechenard sur Jean Juvenal des Ursins.)

Revue historique, 1877, t. V, p. 186-189.

30. Le Maine sous la domination anglaise en 1433 et 1434, par M. Siméon Luce. — Paris, V. Palmé, 1878, in-8 de 20 p.

Tiré à 50 exemplaires. Extrait de la *Revue des questions historiques*, juillet 1878, p. 226-241. — Voyez plus loin, n°ˢ 70 et 71, art. 16.

31. Les Juifs sous Charles V et le fonds hébraïque du Trésor des chartes, en 1372.

Revue historique, 1878, t. VII, p. 362-370. — Voyez plus loin, n°ˢ 70 et 71, art. 9.

32. Le Trésor anglais à Paris en 1431 et le procès de Jeanne d'Arc.

Mémoires de la Société de l'histoire de Paris, 1878, t. V, p. 299-307.

33. Les clercs vagabonds à Paris et dans l'Ile-de-France sous Louis XI. — Nogent-le-Rotrou, imp. de Daupeley [1878], in-8 de 8 p.

Voyez *Bulletin de la Société de l'histoire de Paris*, septembre-octobre 1878, t. V, p. 130-131.

34. Chronique du Mont-Saint-Michel (1343-1468), publiée avec notes et pièces diverses relatives au Mont-Saint-Michel et à la défense nationale en Basse-Normandie pendant l'occupation anglaise, par Siméon Luce.

Tome I. — Librairie de Firmin Didot, 1879. In-8 de XXIII et 323 p.

Tome II. — 1883. In-8 de 350 p.

Collection de la Société des anciens textes français.

35. Société des anciens élèves de l'École nationale des chartes. Banquet du 28 mai 1879. — Nogent-le-Rotrou, imp. Daupeley-Gouverneur [1879]. In-8 de 8 p.

Cette pièce est entièrement consacrée au discours que prononça Siméon Luce, président de la Société, pour l'année 1878-1879.

36. Pierre Gilles. (Arrêt du parlement, du 14 juillet 1355, relatif à ce personnage.)

Bulletin de la Société de l'histoire de Paris, novembre-décembre 1879, t. VI, p. 162-164. — Voyez plus loin, n°° 70 et 71, art. 2.

37. Documents nouveaux sur Étienne Marcel.

Mémoires de la Société de l'histoire de Paris, 1879, t. VI, p. 305-324.

38. L'administration intérieure de l'Hôtel-Dieu de Paris en 1368 et 1369.

Bulletin de la Société de l'histoire de Paris, septembre-octobre 1880, t. VII, p. 137-144. — Voyez plus loin, n°° 70 et 71, art. 6.

39. Note sur Raoul Tainguy, copiste des poésies d'Eustache Deschamps.

Œuvres complètes d'Eustache Deschamps, publiées d'après le manuscrit de la Bibliothèque nationale par le marquis de Queux de Saint-Hilaire [tome II]. Paris, 1880, in-8, p. VI-XVI. — Voyez plus loin, n°° 70 et 71, art. 13.

40. (Compte rendu de l'édition donnée par la Société des anciens textes français du Débat des hérauts d'armes de France et d'Angleterre.)

Revue historique, 1880, t. XII, p. 196-202.

41. Jeanne d'Arc et les Ordres mendians.

Revue des Deux Mondes, 1er mai 1881, 3e période, t. XLV, p. 65-103.

42. Assemblée générale de la Société de l'histoire de France tenue le mardi 3 mai 1881. Discours de M. S. Luce, président de la Société. — Paris, 1881. In-8 de 16 p.

Extrait de l'*Annuaire-bulletin de la Société de l'histoire de France*, année 1881, p. 82-95.

43. L'Entrevue d'Ardres, 1396. (Document publié par M. Paul Meyer, d'après un manuscrit d'Oxford, et annoté par M. Siméon Luce.)

Annuaire-bulletin de la Société de l'histoire de France, année 1881, p. 209-224.

44. Catalogue des documents du Trésor des chartes relatifs aux Juifs sous le règne de Philippe le Bel.

Revue des études juives, t. II, 1881, p. 15-72.

45. De l'élection au scrutin de deux chanceliers de France sous le règne de Charles V.

Revue historique, 1881, t. XVI, p. 91-102. — Voyez plus loin, n°ˢ 70 et 71, art. 10.

46. Société de l'histoire de Normandie. Assemblée générale du 21 mars 1882. Discours prononcé par M. Siméon Luce, président d'honneur. Rouen, imp. E. Cagniard [1882]. In-8 de 31 p.

Extrait du *Bulletin de la Société de l'histoire de Normandie*, années 1880-1883, p. 105-134. Ce discours a pour objet un emprunt forcé que le roi Charles V leva sur la ville de Rouen, 1370. Le rôle de l'emprunt est joint au Discours. — Réimprimé avec des modifications, mais sans le rôle, dans le recueil indiqué ci-dessous, n°ˢ 70 et 71, art. 8.

47. Les menus du prieur de Saint-Martin des Champs, en 1438 et 1439.

Mémoires de la Société de l'histoire de Paris, 1882, t. IX, p. 223-236. — Une analyse de ce morceau avait été insérée dans les *Comptes rendus des séances de l'Académie des inscriptions*, année 1882, p. 111-117. — Voyez plus loin, n°ˢ 70 et 71, art. 17.

48. (Rapport sur l'ouvrage de M. l'abbé Albanès : Le couvent royal de Saint-Maximin, en Provence.)

Revue des sociétés savantes, 1882, 7ᵉ série, t. VI, p. 115-122.

49. (Rapport sur la publication proposée par M. Demay d'un Catalogue des sceaux de la collection de Clairambault.)

Bulletin du Comité des travaux historiques et scientifiques, section d'histoire, année 1882, p. 50-55.

50. Jeanne d'Arc et le culte de saint Michel.

Revue des Deux Mondes, 1ᵉʳ décembre 1882, 3ᵉ période, t. LIV, p. 627-656.

51. Cours d'étude critique des sources de l'histoire de France, professé à l'École des chartes, par M. Luce. Leçon d'ouverture. — [Paris, 1882.] In-8 de 14 p.

Extrait de la *Bibliothèque de l'École des chartes*, t. XLIII, p. 653-666.

52. Société des antiquaires de Normandie. Séance publique du jeudi 23 novembre 1882. Discours prononcé par M. Siméon Luce, membre de l'Institut, directeur. — Caen, imp. Le Blanc-Hardel, 1883. In-8 de 41 p.

Bulletin de la Société des antiquaires de Normandie. — Ce discours, qui a pour objet les préliminaires de la bataille navale de l'Écluse, est suivi de 29 pièces justificatives relatives à la marine normande en 1340. — Voyez plus loin, nᵒˢ 70 et 71, art. 1.

53. Rapport sur une délibération des consuls de Saint-Affrique, en date du 7 septembre 1418, relative aux obsèques de Bernard VII, comte d'Armagnac, célébrées à l'abbaye de Bonneval, le 15 septembre 1418.

Bulletin du Comité des travaux historiques et scientifiques, année 1883, p. 76-79.

54. Rapport sur une communication de M. Pouy, concernant une ordonnance de Charles VI, relative à une expédition projetée en Angleterre.

Bulletin du Comité des travaux historiques et scientifiques [section d'histoire], année 1883, p. 153-155.

55. La continuation d'Aimoin et le manuscrit latin 12711 de la Bibliothèque nationale.

Notices et documents publiés pour la Société de l'histoire de France, à l'occasion du cinquantième anniversaire de sa fondation, 1884, p. 57-70.

56. Jeanne d'Arc à Domremy.

Revue des Deux Mondes, 1ᵉʳ mai 1885, 3ᵉ période, t. LXIX, p. 50-99.

57. Rapport de M. Siméon Luce sur un projet de publication de M. Ernest Petit (Itinéraires et séjours des ducs de Bourgogne, Philippe le Hardi et Jean sans Peur).

Bulletin historique et philologique du Comité des travaux historiques, année 1885, p. 191-193.

58. Jeanne d'Arc à Domremy. Recherches critiques sur les origines de la mission de la Pucelle, accompagnées de pièces justificatives, par Siméon Luce. — Paris, H. Champion, 1886. In-8 de cccxv et 416 p.

59. — Deuxième édition. — Paris, librairie Hachette, 1887. In-16 de 334 p. (Ne contient pas les pièces justificatives.)

60. Germain Demay. — [Paris, 1886.] In-8 de 16 p.

Extrait de la *Bibliothèque de l'École des chartes*, t. XLVII, année 1886, p. 473-488.

61. Société des anciens textes français. Assemblée générale du 13 juillet 1887. Discours de M. Siméon Luce, membre de l'Institut, président de la Société. [Le Puy, 1887.] In-8 de 12 p.

Extrait du *Bulletin de la Société des anciens textes français*, année 1887, p. 40-51. — Reproduit dans la *Bibliothèque de l'École des chartes*, t. XLVIII, année 1887, p. 616-622.

62. Philippe Le Cat. Un complot contre les Anglais à Cherbourg, à l'époque de la mission de Jeanne d'Arc, par Siméon Luce. — Caen, Henri Delesques, 1887. Grand in-8 de 30 p.

Voyez plus loin, n⁰ˢ 70 et 71, art. 15.

63. Les origines de « la Pucelle » de Voltaire.

Le Correspondant, 10 novembre 1888, t. CLIII, p. 474-492.

64. Jean, duc de Berry, d'après des documents nouveaux.

Le Correspondant, 25 avril 1889, t. CLV, p. 275-287. — Voyez plus loin, n⁰ˢ 70 et 71, art. 11.

65. Académie des inscriptions et belles-lettres. Rapport fait au nom de la Commission des antiquités de la France sur les ouvrages envoyés au concours de l'année 1890, par M. Siméon Luce; lu dans la séance du vendredi 11 juillet 1890. — Paris, typographie de Firmin Didot, 1890. In-4 de 22 p.

Reproduit dans les *Comptes rendus de l'Académie des inscriptions*, année 1890, p. 340-356, et dans la *Bibliothèque de l'École des chartes*, t. LI, année 1890, p. 353-364.

66. Jeanne d'Arc : son lieu natal et ses premières années, d'après des documents nouveaux.

Le Correspondant, 25 juillet 1889, t. CLVI, p. 286-300. — Voyez plus loin, n⁰ˢ 70 et 71, art. 14.

67. De quelques jeux populaires de l'ancienne France, à propos d'une ordonnance de Charles V.

Académie des inscriptions et belles-lettres. Séance publique annuelle du vendredi 22 novembre 1889 (Paris, typographie de Firmin Didot, 1889, in-4), p. 50-72. — Reproduit dans les *Comptes rendus des séances de l'Académie des inscriptions*, année 1889, p. 499-519. — Voyez plus loin, n°⁸ 70 et 71, art. 7.

68. Les jeux populaires dans l'ancienne France, et notamment au xiv° siècle.

Le Correspondant, 25 novembre 1889, t. CLVII, p. 634-648.

69. (Collaboration à la Revue mensuelle intitulée : « Le cidre et le poiré, » publiée à Argentan.)

Dans le numéro du 1ᵉʳ mai 1889 (p. 12-15), lettre sur les perfectionnements à apporter à la fabrication du cidre. — Dans celui du 1ᵉʳ juin 1889 (p. 53-59), morceau intitulé : « Les grands crus du Cotentin ; François Iᵉʳ et le cidre de Morsalines ; » ce devait être l'un des chapitres d'une « Histoire du pommier et du cidre en Normandie. »

70. La France pendant la guerre de Cent ans. Épisodes historiques et vie privée aux xiv° et xv° siècles, par Siméon Luce. — Paris, librairie Hachette, 1890. In-16 de vi et 396 p.

Table des morceaux contenus dans ce volume : 1° La marine normande à la bataille de l'Écluse. — 2° Un des meneurs de la commune de Paris en 1358 : Pierre Gilles. — 3° Les Anglais et le roi de Navarre en 1358. — 4° La famille d'Étienne Marcel et les créanciers de sa succession. — 5° Guillaume L'Aloue et le Grand Ferré. — 6° L'Hôtel Dieu de Paris sous Charles V. — 7° Les jeux ou divertissements populaires au xiv° siècle. — 8° Charles V et les Rouennais. — 9° Les Juifs sous Charles V. — 10° Le principe électif, les traductions d'Aristote et les parvenus au xiv° siècle. — 11° Jean, duc de Berry, d'après des documents nouveaux. — 12° Du Guesclin, dixième preux. — 13° Un copiste interpolateur sous le règne de Charles VI : Raoul Tainguy. — 14° Jeanne d'Arc : Son lieu natal et ses premières années, d'après des découvertes récentes. —15° Philippe Le Cat : un complot contre les Anglais à Cherbourg à l'époque de la mission de Jeanne d'Arc. — 16° Le Maine sous la domination anglaise. — 17° Les menus du prieur de Saint-Martin des Champs. — 18° L'exploitation des mines et la condition des ouvriers mineurs au xv° siècle. — 19° Louis XI et les chiens de guet du Mont-Saint-Michel.

71. Seconde édition. — Paris, librairie Hachette, 1890. In-16 de vi et 396 p.

72. Rapport de M. Siméon Luce sur une communication de M. Pélicier. (Une émeute à Châlons sous Philippe IV le Bel.)

Bulletin historique et philologique du Comité des travaux historiques, année 1890, p. 138-142.

73. Louis d'Estouteville, le bâtard d'Orléans et la défense du Mont-Saint-Michel.

Le Correspondant, du 25 septembre 1890, t. CLX, p. 1024-1054. — Voyez plus loin, n° 85, art. 8.

74. Jeanne d'Arc, dixième preuse.

Comptes rendus de l'Académie des inscriptions, année 1890, p. 323-324.

75. (Lettre au président de l'Académie des Inscriptions sur une brique émaillée paraissant provenir du tombeau de Louis d'Estouteville, sire de Hambie.)

Ibid., p. 374-375.

76. L'Hôtel de Bertrand Du Guesclin à Paris.

Le Correspondant, 10 mars 1891, t. CLXII, p. 938-956.

77. Société d'économie sociale. F. Le Play : La vieille France, l'École des chartes et la Société d'économie sociale. Discours prononcé le 25 mai 1891 à la séance d'ouverture du congrès de l'École de la paix sociale, par M. Siméon Luce. — Paris, 1891. In-8 de 32 p.

Extrait de la *Réforme sociale*, 3ᵉ série, t. II, p. 21-50.

78. Du Guesclin au siège de Rennes [1357].

Bibliothèque de l'École des chartes, t. LII, année 1891, p. 615-618.

79. Deux documents inédits relatifs à frère Richard et à Jeanne d'Arc (pièces trouvées à la Bibliothèque impériale de Vienne, par M. Bougenot).

Revue politique et littéraire. Revue bleue, 13 février 1892, t. XLIX, p. 201-204. — Voyez plus loin, n° 85, art. 6.

80. (Compte rendu de l'édition du Viandier de Guillaume Tirel dit Taillevent, publiée par le baron Jérôme Pichon et Georges Vicaire.)

Romania, avril 1892, t. XXI, p. 366-369.

81. Une pièce de vers sur le siège d'Orléans. D'après la première édition de cette pièce, publiée par le comte de Laurys.

Revue politique et littéraire. Revue bleue, 8 octobre 1892, t. L, p. 470 et 471. — Voyez plus loin, n° 85, art. 7.

82. La mort de Charles V.

Le Correspondant, du 10 octobre 1892, t. CLXIX, p. 21-46. — Voyez plus loin, n° 85, art. 3.

83. Jeanne Paynel à Chantilly, par M. Siméon Luce. — Paris, Imprimerie nationale, 1892. In-4 de 119 p.

Extrait des *Mémoires de l'Académie des inscriptions et belles-lettres*, t. XXXIV, 1re partie, p. 301-415. — Voyez plus loin, n° 85, art. 4.

84. Du Guesclin en Normandie. Le siège et la prise de Valognes.

Revue des questions historiques, 1er avril 1893, nouvelle série, t. IX, p. 372-411.

85. La France pendant la guerre de Cent ans. Épisodes historiques et vie privée aux xive et xve siècles, par Siméon Luce. Seconde série. — Paris, librairie Hachette, 1893. In-16 de xv et 281 p.

Ce volume, en tête duquel se trouvent une lettre de François Coppée et une préface de Léon Gautier, renferme les morceaux suivants :

1° Le soufflet de l'Écluse et la chanson des Pastoureaux normands. — 2° Les origines militaires de Jacques Bonhomme. — 3° La Mort de Charles V. — 4° Jeanne Paynel à Chantilly. — 5° Perrette de La Rivière, dame de La Roche-Guyon. — 6° Deux documents inédits relatifs à frère Richard et à Jeanne d'Arc. — 7° Une pièce de vers sur le siège d'Orléans. — 8° Louis d'Estouteville et la défense du Mont-Saint-Michel.

TABLE ALPHABÉTIQUE PAR NOMS DE SUJETS

Aimoin (Continuation d'). 55.
Albanès (l'abbé) : son Histoire de Saint-Maximin. 48.
Anciens textes français (Discours à la Société des). 61.
Anglais (Négociations des) avec le roi de Navarre 23, 70 (^{3}), 71 (^{3}). — Occupation de la Normandie par les Anglais. 34. — Trésor anglais à Paris, en 1431. 34. — Complot contre les Anglais à Cherbourg. 62, 70 (^{15}), 71 (^{15}). — Domination anglaise dans le Maine. 36, 70 (^{16}), 71 (^{16}).
Antiquaires de Normandie (Discours à la Société des). 52.
Antiquités de la France (Rapport sur le concours des). 65.
Archives (Utilité des travaux d'). 17.
Ardres (Entrevue d'). 43.
Aristote (Traductions d'). 70 (^{10}), 71 (^{10}).
Armagnac (Obsèques de Bernard VII, comte d'). 53.
Bibliothèque de l'École des chartes (Table de la). 15.
Bourgogne (Itinéraires des ducs de). 57.
Cent ans (La France pendant la guerre de). 70, 71, 84. — Le sentiment national pendant cette guerre. 21.
Châlons (Émeute à) sous Philippe le Bel. 72.
Chanceliers de France (Élection de deux). 45, 70 (^{10}), 71 (^{10}).
Chanson des pastoureaux normands, 85 (^{1}).
Chantilly (Jeanne Paynel à). 83, 85 (^{4}).
Charles V. Élection de deux chanceliers de ce roi. 45, 70 (^{10}), 71 (^{10}). — Charles V et les Rouennais. 46, 70 (^{8}), 71 (^{8}). — Les jeux sous Charles V. 67, 68, 70 (^{7}), 71 (^{7}). — Les Juifs sous Charles V. 31, 70 (^{9}), 71 (^{9}). — La mort de Charles V. 82, 85 (^{3}). — Son trésor. 22.
Charles VI. Son projet d'expédition en Angleterre. 54.
Charles le Mauvais, roi de Navarre. Ses négociations avec les Anglais. 23, 70 (^{3}), 71 (^{3}).
Cherbourg (Complot contre les Anglais à). 62, 70 (^{15}), 71 (^{15}).
Chronique des quatre premiers Valois. 14.

Chronique du Mont-Saint-Michel. 34.
Chroniques de J. Froissart. 19.
Cidre (le) et le poiré : collaboration à cette Revue. 69.
Chiens (les) du guet du Mont-Saint-Michel. 70 ([19]), 71 ([19]).
Clercs (les) vagabonds sous Louis XI. 33.
Cluny (Visites des maisons de) en Poitou. 7.
Copiste interpolateur. 39, 70 ([13]), 71 ([13]).
Débat (le) des hérauts d'armes de France et d'Angleterre. Compte rendu. 40.
Delisle (Léopold). 3.
Demay (Germain). 60. — Son catalogue des sceaux de Clairambault. 49.
Démocratie au moyen âge. Voyez Perrens.
Du Guesclin (Bertrand). La jeunesse de Du Guesclin. 25, 26. — Du Guesclin au siège de Rennes. 78. — Du Guesclin en Touraine. 27. — Du Guesclin en Normandie : siège de Valognes. 84. — Hôtel de Du Guesclin à Paris. 76. — Du Guesclin dixième preux. 70 ([12]), 71 ([12]).
École des chartes. La vieille France et l'École. 77. — Cours d'étude critique des sources de l'histoire de France. 51. — Discours au banquet de la Société. 35. — Table de la Bibliothèque. 15.
Économie sociale (Discours à la Société d'). 77.
Élection de deux chanceliers de France. 45. — Le principe électif au xive siècle. 70 ([10]), 71 ([10]).
Estouteville (Louis d'), et la défense du Mont-Saint-Michel. 73, 85 ([8]). — Brique paraissant provenir du tombeau de L. d'E. 75.
France (la) pendant la guerre de Cent ans. 70, 71, 85.
Froissart (Jean). Chroniques. 19.
Gaydon. Édition de cette chanson de geste. 13. — De Gaidone disquisitio critica. 10.
Gilles (Pierre). 30, 70 ([2]), 71 ([2]).
Grand Ferré (le). 24, 70 ([5]), 71 ([5]).
Guibal (M). Critique de son Histoire du sentiment national en France pendant la guerre de Cent ans. 21.
Histoire de France (Société de l'). Discours à l'assemblée du 3 mai 1881. 42.
Histoire de Normandie (Société de l'). Discours à l'assemblée du 21 mars 1882. 46.
Hôtel-Dieu (l') de Paris, en 1368 et 1369. 38, 70 ([6]), 71 ([6]).
Jacquerie (la). 6, 9, 9 bis.
Jacques Bonhomme (Origines militaires de). 85 ([2]).
Jean duc de Berry. 64, 70 ([11]), 71 ([11]).
Jeanne d'Arc : son lieu natal et ses premières années. 66, 70 ([14]), 71 ([14]).
— Jeanne d'Arc et les ordres mendians. 41. — Jeanne d'Arc et le

culte de saint Michel. 50. — Jeanne d'Arc à Domremy. 56. — Jeanne d'Arc à Domremy : Recherches critiques sur les origines de la mission de la Pucelle. 58, 59. — Documents sur Jeanne d'Arc trouvés à Vienne. 79, 85 ([6]). — Procès de Jeanne d'Arc. 32. — Jeanne d'Arc dixième preuse. 74.

Jeux populaires de l'ancienne France. 67, 68, 70 ([7]), 71 ([7]).

Journaliste (le). 18.

Juifs (les) sous Philippe le Bel. 44. — Sous Charles V. 31, 70 ([9]), 71 ([9]).

Juvenal des Ursins (Jean). Voyez Pechenard.

Lahire (Quittance de). 8.

La Hougue (Désastre de). 2.

L'Aloue (Guillaume). 24, 70 ([5]), 71 ([5]).

La Rivière (Perrette de), dame de La Roche-Guyon. 85 ([6]).

La Trémoïlle (Georges de) : Quittance. 8.

Le Cat (Philippe) : un Complot contre les Anglais à Cherbourg. 62, 70 ([15]), 71 ([15]).

L'Écluse (Bataille de). La marine normande à cette bataille. 52, 70 ([1]), 71 ([1]). — Le Soufflet de l'Écluse. 85 ([1]).

Le Play (F.). 77.

Louis XI et les chiens du Mont-Saint-Michel. 70 ([19]), 71 ([19]).

Louis, duc d'Anjou, s'est-il approprié le trésor de Charles V ? 22.

Maillard (Jean). Son rôle politique. 1.

Maine (le) sous la domination anglaise. 30, 70 ([16]), 71 ([16]).

Marcel (Étienne). Examen du livre de M. Perrens. 12. — Pièces inédites sur Étienne Marcel. 11. — Documents nouveaux. 37. — La famille d'Étienne Marcel et les créanciers de sa succession. 70 ([4]), 71 ([4]).

Marine (la) normande en 1340. 52, 70 ([1]), 71 ([1]).

Menus (les) du prieur de Saint-Martin des Champs. 47, 70 ([17]), 71 ([17]).

Millet (Jean-François) de Gréville. 16.

Mines (Exploitation des) au xvᵉ siècle. 28, 70 ([18]), 71 ([18]).

Mont-Saint-Michel (le). Chronique. 34. — Défense. 73, 85 ([8]). — Les chiens du guet. 70 ([19]), 71 ([19]).

Napoléon III (le Progrès social sous). 4.

Navarre (le roi de). Voyez Charles le Mauvais.

Normandie. La marine en 1340. 52, 70 ([1]), 71 ([1]). — Pastoureaux normands. 85 ([1]). — Du Guesclin en Normandie. 84. — Défense nationale en Basse Normandie. 34.

Orléans (Pièce de vers sur le siège d'). 81.

Paris. Événements de 1358. Voyez Charles le Mauvais, Gilles, Maillard, Marcel. — Hôtel de B. Du Guesclin. 76. — Le trésor anglais à Paris. 32. — Clercs vagabonds à Paris. 33. Voyez Hôtel-Dieu, Saint-Martin des Champs.

Parvenus (les) au xiv⁰ siècle. 45, 70 (¹⁰) 71 (¹⁰).
Pastoureaux normands (Chanson des). 85 (¹).
Paynel (Jeanne) à Chantilly. 83, 85 (⁴).
Pechenard (l'abbé) : son livre sur Jean Juvenal des Ursins. 29.
Pelicier (M. P.) : son travail sur une émeute à Châlons. 72.
Perrens (M.) : son livre sur Étienne Marcel. 12. — Son livre sur la Démocratie en France au moyen âge. 20.
Petit (M.) : ses Itinéraires des ducs de Bourgogne. 57.
Philippe le Bel (les Juifs sous). 44. — Émeute à Châlons sous Philippe le Bel. 72.
Point souscrit dans les manuscrits français. 5.
Poitou (Visites des maisons de Cluny en). 7.
Pouy (M.) : communication sur la descente en Angleterre projetée par Charles VI. 54.
Pucelle (la) de Voltaire : ses origines. 63.
Quatre premiers Valois (Chronique des). 14.
Rennes (Du Guesclin au siège de). 78.
Richard (Frère) : documents relatifs à ce religieux et à Jeanne d'Arc. 79, 85 (⁶).
Rouen. Charles V et les Rouennais. 46, 70 (⁶), 71 (⁸).
Saint-Maximin. Voyez Albanès.
Sceaux de la collection Clairambault. 49.
Soufflet (le) de l'Écluse. 85 (¹).
Sources de l'histoire de France (Cours sur les). 51.
Taillevent (Le Viandier de). 80.
Tainguy (Raoul), copiste interpolateur. 39, 70 (¹²), 71 (¹³).
Touraine (Bertrand et Olivier Du Guesclin en). 27.
Trésor anglais (le) à Paris. 32.
Trésor des chartes. Documents relatifs aux Juifs sous Philippe le Bel. 44. — Fonds de manuscrits hébraïques. 31, 70 (⁹), 71 (⁹).
Valognes (Siège de) par Du Guesclin. 84.
Valois (Chronique des quatre premiers). 14.
Viandier de Taillevent. 80.
Visites des maisons de Cluny en Poitou. 7.

PRÉFACE DE LA PREMIÈRE ÉDITION

A côté des chroniques et des mémoires, dont les récits sont la matière la plus ordinaire que l'historien met en œuvre, un autre moyen de s'éclairer, offert aux explorateurs du passé, consiste dans l'étude des pièces de chancellerie dont tous nos grands corps politiques, judiciaires et administratifs d'autrefois nous ont laissé des recueils : tels sont les registres du Trésor des Chartes, du Parlement, de la Chambre des Comptes, et une foule d'autres. Cette source d'informations, la plus précise, sinon la plus abondante de toutes, n'en a pas moins été jusqu'ici à peu près complètement négligée. Cependant, comme tous les événements de quelque importance ont donné lieu à l'expédition d'un plus ou moins grand nombre de chartes et d'actes officiels, on peut sans trop de peine, en recourant à ces documents avec un discernement vraiment critique et à l'aide d'une familiarité acquise de longue main, renouveler les questions historiques les plus usées, éclairer davantage les mieux connues et féconder les plus arides en apparence [1]. C'est un champ si fertile que les plus humbles adeptes de la science y trouvent encore à glaner quelques épis, alors même que les plus grands maîtres ont fait la moisson. Telle est du moins la pensée qui nous a animé et soutenu, en traitant à notre tour un sujet abordé, nous le savions, par des savants du premier ordre. Personne n'ignore que l'époque qui vit apparaître la Jacquerie a occupé, pendant la plus grande partie de sa carrière, l'un des érudits les plus laborieux, les plus exacts et les plus sagaces du dernier siècle [2]. Eh bien, la source de lumières et de renseignements qui jaillit des actes de ce temps est si abondante que Secousse lui-même ne l'avait pas, croyons-nous, épuisée. Cet ouvrage fournira, nous l'espérons du moins, la preuve de ce que nous venons d'avancer.

[1] « Je l'ai déjà dit plus d'une fois, et je ne craindrai point de le répéter trop souvent : ceux qui travaillent sur l'histoire et sur des matières qui sont fondées sur des faits, ne peuvent jamais être sûrs de ceux qu'ils trouvent dans les historiens même contemporains et dans les autres auteurs ; ce n'est que dans les titres et dans les autres pièces originales qu'ils peuvent tirer des connaissances exactes et approfondies. » Secousse, *Histoire de Charles le Mauvais*, t. I, p. 236.

[2] Secousse, *Histoire de Charles le Mauvais, roi de Navarre*, 2 vol. in-4 ; t. II et III du *Recueil des ordonnances des rois de France*. Du reste, la seule monographie dont la Jacquerie ait été l'objet à notre connaissance, est celle qu'a publiée, il y a quelques années, le libraire Hachette, sans nom d'auteur. Destiné à fournir un aliment à la curiosité des voyageurs et des gens du monde, ce petit livre, écrit d'ailleurs avec une fermeté judicieuse et non sans élégance, n'est point une œuvre de critique.

PREMIÈRE PARTIE

DES CAUSES ET DE L'OCCASION
DE LA JACQUERIE

INTRODUCTION

**Origine et étymologie du mot Jacquerie. —
Objet de ce travail.**

Le mot Jacquerie, qui est devenu en quelque sorte le nom générique des insurrections de paysans, ne doit s'appliquer, à vrai dire, qu'au terrible soulèvement du peuple des campagnes qui désola une partie de la France en 1358. Un curieux passage du second continuateur de Nangis nous permet de fixer l'époque où, selon cet annaliste [1], le mot Jacques (d'où est venu le substantif Jacquerie) commença à être employé pour désigner les paysans : « A cette époque, dit ce chroni-

---

[1] La vérité est qu'on trouve déjà dans des fabliaux du XIIIe siècle le mot de Jacques Bonhomme employé pour désigner les paysans.

queur [1], les nobles, pour tourner en dérision la simplicité des paysans et des pauvres gens, leur donnaient le nom de *Jacques Bonhomme*. De là vint que, cette année (il s'agit de l'année 1356), les paysans, qui se montraient à la guerre inhabiles au maniement des armes, en butte aux risées et au mépris de leurs compagnons, reçurent de ceux-ci le sobriquet de *Jacques Bonhomme*. On ne les connut plus que sous ce nom, qui, dans la suite, servit fort longtemps, tant parmi les Anglais que parmi les Français, à désigner la classe entière des paysans. »

Le mot Jacques était au xiv° siècle un de ces prénoms malheureux et frappés de ridicule, tels que Benoît [2] au moyen âge, et Jean [3] encore de nos jours ; il fut appliqué par cette raison et avec cette intention méprisante aux vilains par les nobles. C'est donc à tort que quelques savants ont pensé que les paysans révoltés prirent le nom de Jacques, parce que leur chef avait nom Jacques Bonhomme. Ces érudits, parmi lesquels on peut citer Borel [4], ont été induits en erreur par Froissart [5] et par l'auteur anonyme d'une vie d'Innocent VI [6],

---

[1] *Altera contin. Guill. de Nangis*, dans d'Achery, *Spicileg.*, t. III, p. 114, col. 2.

[2] De là notre mot *benêt*, forme normande de Benoît.

[3] On appelait par dérision les paysans Jacques Bonhomme, comme nous appelons Jeanjean nos conscrits. Les autres étymologies sont ridicules. (Michelet, *Hist. de France*, t. III, p. 407.)

[4] *Tresor des recherches et antiquitez gauloises et françoises*, par P. Borel, 1655, au mot Jacques bonshommes.

[5] *Chron.*, édit. de Luce, t. V, p. 100.

[6] « Insurrexerunt cives et populares Parisienses, adhærentibus sibi et consentientibus fere omnibus aliis ejusdem status linguæ gallicanæ ; et, facto sibi capitaneo, dicto Jacques Bonhomme, ipsum ducem ac sibi assistentes juraverunt interficere. » (Baluze, *Vitæ paparum ave-*

qui donnent au chef des insurgés du Beauvaisis le nom de Jacques Bonhomme, tandis qu'il s'appelait en réalité Guillaume Cale. Jacque servit bientôt à désigner par extension une pièce de l'habillement que les paysans portaient à la guerre : c'était une sorte de chemisette d'étoffe ou de plastron couvrant le buste et rembourré de laine, d'étoupe, de coton ou de soie. Ce vêtement était l'armure défensive par excellence des vilains, comme le haubert celle des chevaliers. Nicole Gilles [1], Nicot et Le Duchat [2] ont prétendu, je le sais, que cette partie du costume des paysans appelée jacque [3], loin d'avoir emprunté son nom de ceux qui la portaient, le leur avait au contraire prêté. Cette hypothèse est défectueuse en ce qu'elle ne nous apprend rien sur l'étymologie du mot jacque en lui-même. De plus, nous sommes en droit de la repousser, tant qu'on ne nous aura pas montré ce mot employé au sens de pièce d'habillement dans les textes français antérieurs à l'époque de la Jacquerie. Jusque-là nous continuerons de croire que c'est le prénom Jacques qui, appliqué comme sobriquet pendant le cours de la première moitié du XIVe siècle aux vilains et aux gens des campagnes, donna presque aussitôt naissance, d'abord au mot

niomensium, t. I, p. 333 et p. 945, en note. Voy. aussi Ducange, au mot *Jaquei*.)

[1] « ... Et la dicte assemblée de Beauvoisin, qu'on appelloit la Jacquerie, parce qu'ils estoient tous habillez de jaques. » (*Les chron. et annal. de France*, par Nicole Gilles, in-fol., 1572, p. 221.)

[2] « A l'égard de Jacques bons-homs, ce sont les bonnes gens ou habitans de la campagne, auxquels nos vieux romans donnent toujours pour habit un jaque, c'est-à-dire une chemisette de coton. » (Rabelais, 1741, t. II, p. 31, note 88, nouv. prol. du 4e l.)

[3] Notre mot *jaquette* est un diminutif de *jacque* pris en ce sens.

jacque employé pour désigner une pièce de l'habillement des paysans, ensuite au mot jacquerie, qui n'a pas cessé depuis lors d'être synonyme d'insurrection rustique.

Quoi qu'il en soit de l'origine et de l'étymologie du nom sous lequel elle est connue, l'insurrection rustique de 1358 est certainement un des épisodes les plus singuliers et les plus curieux de l'histoire de France au XIV° siècle ; c'est aussi, il faut le dire, l'un des moins bien connus. Comment pourrait-il en être autrement? Les chroniques contemporaines, où nos historiens ont puisé tout ce qu'ils ont dit de la Jacquerie, ne fournissent sur ce grand événement que des renseignements tout à fait insuffisants : des imprécations banales contre les horreurs qui se commirent alors, des indications vagues et générales y tiennent lieu de données exactes et de faits précis. On peut donc affirmer qu'une étude sérieuse, approfondie de cette mémorable insurrection de 1358, est encore à faire.

Sans parler des causes générales et indirectes de la Jacquerie que les historiens n'ont pu méconnaître, mais qu'ils n'ont pas suffisamment approfondies, il reste à signaler les circonstances particulières, jusqu'ici inaperçues, qui furent l'occasion directe de ce soulèvement ; à rechercher pourquoi il sévit dans certaines provinces à l'exclusion des autres ; à circonscrire, avec plus de précision qu'on ne l'a fait encore, le théâtre où il étendit ses ravages ; il reste à faire connaître les incidents les plus marquants, le caractère et les principaux acteurs de cette atroce guerre civile ; il reste surtout à constater et à déterminer la part qu'y prit le fameux prévôt des marchands de Paris, Étienne Marcel ; il reste enfin à voir quels fruits les paysans recueillirent de leur révolte : tel est l'objet de cette thèse.

CHAPITRE PREMIER

Des Grandes Compagnies, de la puissance et du crédit de leurs chefs. — Du redoublement de leurs ravages après la bataille de Poitiers. — De la Jacquerie des brigands, première cause de la Jacquerie des paysans.

La misère affreuse du peuple des campagnes en France, au moment où éclata la Jacquerie, doit certainement être regardée comme l'une des causes intimes et profondes de cette insurrection. Cette misère avait elle-même, en grande partie, pour principe les ravages que commirent les Grandes Compagnies sous Philippe de Valois et sous le roi Jean, surtout après la bataille de Poitiers. On peut dire, en ce sens, qu'une véritable Jacquerie de gens d'armes précéda et prépara la Jacquerie des paysans. Aussi il y aurait à la fois omission et injustice à passer légèrement sur le premier de ces faits, dans un travail spécialement consacré à l'étude du second : car il existe entre eux une relation de cause à effet, et les violences exercées par les brigands sont l'explication naturelle, sinon l'excuse, des représailles atroces qu'exerça le peuple des campagnes.

Au XIVe siècle, on donnait le nom de brigands aux soldats mercenaires [1], qui, comme on sait, combattaient

---

[1] C'est par suite des excès de ces soldats mercenaires que *brigand* ne tarda pas à perdre son sens particulier, pour prendre l'acception

presque tous à pied, et étaient généralement armés à la légère : ils portaient, entre autres armures, une petite et mince cotte de mailles, qui prit d'eux le nom de brigantine [1].

Ces gens d'armes à gages, cessant d'être soudoyés pendant les trèves ou dans l'intervalle des expéditions, cherchaient alors leurs moyens d'existence dans l'exercice journalier de la rapine et du pillage, qui leur rapportait plus que leur solde. Une foule d'aventuriers et de gens sans aveu venaient se joindre à eux, et, dans le nombre, on comptait beaucoup de gentilshommes.

Au reste, le passage suivant de Froissart va mieux faire connaître que tout ce que nous pourrions dire, de quelle manière les brigands exerçaient leur terrible profession :

« Et touldis gagnoient pauvres brigands [2] à derober et piller villes et chasteaux, et y conqueroient si grant avoir que c'estoit merveille, et en devenoient les uns si riches, par especial ceux qui se faisoient maistres et capitaines des autres brigands, que il y en avoit de tels qui avoient bien la finance de quarante mille escus. Au voir dire et raconter, c'estoit grand merveille de ce qu'ils faisoient : ils espioient, telle fois estoit et bien

---

plus générale, mais défavorable, dans laquelle il s'emploie aujourd'hui.

[1] L'auteur anonyme du petit livre intitulé *la Jacquerie*, publié en 1853 chez le libraire Hachette, prétend, au contraire, que les soldats de profession prirent le nom de brigands, parce qu'ils étaient armés d'une brigantine. Quand donc ce genre d'étymologies sera-t-il passé de mode ?

[2] Alliance de mots charmante et assez fréquente dans Froissart : « En sa route estoit Robert Canolle, le plus aimé de tous *povres compagnons*. » (*Chron.*, liv. II, 2ᵉ partie, ch. 21.)

souvent, une bonne ville ou un bon chastel, une journée ou deux loin; et puis s'assembloient vingt brigands ou trente, et s'en alloient, tant de jour que de nuit, par voies couvertes, que ils entroient dans cette ville ou en ce chastel que espié avoient, droit sur le point du jour, et boutoient le feu en une maison. Et ceux de la ville cuidoient que ce fussent mille armures de fer, qui vouloient ardoir leur ville : si s'enfuyoient, qui mieux mieux, et ces brigands brisoient maisons, coffres et escrins, et prenoient quant qu'ils trouvoient, puis s'en alloient leur chemin, chargés de pillage [1]. »

En dépit de ces horreurs, je ne crains pas de me tromper en disant que nulle profession n'était plus avantageuse et même plus honorée au xive siècle que celle de brigand. Je demande la permission de citer à l'appui de cette assertion quelques preuves empruntées aux chroniqueurs du temps; on s'expliquera plus aisément et mieux, ce me semble, à l'aide de ces données générales, l'énormité et l'impunité des excès auxquels les brigands se livrèrent dans quelques-unes de nos provinces, après la bataille de Poitiers.

Froissart nous parlait, il n'y a qu'un instant, de chefs de bande qui parvenaient à amasser, par leurs rapines, une fortune de 40,000 écus. Mais le métier de brigand ne procurait pas seulement ces avantages très solides et très palpables : il avait encore ce qu'on peut appeler ses bonnes fortunes de passion et de sentiment. On pouvait, paraît-il, gagner, en l'exerçant avec éclat,

---

[1] Froissart, *Chron.*, édit. de Luce, t. IV, p. 67.

des faveurs très recherchées, surtout par des chevaliers du xiv° siècle, je veux dire l'amour des nobles dames. Du moins l'anecdote suivante, racontée par Froissart, semblerait prouver que les châtelaines de cette époque avaient un faible pour les brigands d'élite.

Un jeune gentilhomme du Hainaut, nommé messire Eustache d'Aubrecicourt, capitaine d'une troupe de brigands établie en Champagne et en Brie, ravageait cette province avec tant d'entrain et d'ardeur, rançonnait nobles et manants avec tant de succès, détroussait tous les voyageurs avec une audace si chevaleresque, qu'une haute et noble princesse, madame Isabelle de Juliers, entendant parler des prouesses de ce brigand, s'éprit d'amour pour lui [1] : « Si estoit cette dame jeune, et avoit inamouré monseigneur Eustache, pour les grands bacheleries et appertises d'armes qu'il faisoit, et dont elle en oioit tous les jours recorder. Et le temps que messire Eustache se tenoit en Champagne, ladite dame lui envoya haquenées et coursiers plusieurs, et lettres amoureuses, et grands signifiances d'amour, par quoi ledit chevalier en estoit plus hardi et plus courageux, et faisoit de grands appertises d'armes, que chacun parloit de lui. » Ainsi l'opinion, la sympathie des femmes, cette dernière consolation qui ne manque presque jamais aux malheureux, était ici tout entière contre les opprimés en faveur de leurs oppresseurs.

La royauté elle-même, dont c'était le devoir de prendre en main la défense des paysans, se montrait empressée

[1] Froissart, *Chron.*, liv. I, édit. de Luce, t. V, p. 159.

à faire des avances aux brigands et à récompenser leurs étranges exploits. Philippe de Valois proposa à Croquart [1], fameux chef de brigands cantonné en Bretagne, de le faire chevalier, de le marier très richement et de lui payer une rente annuelle de 2,000 livres, s'il voulait se mettre à son service. Le même roi, ayant appris avec quelle merveilleuse habileté un autre brigand, nommé Bacon [2], qui infestait le Languedoc, avait surpris le château de Chambon en Limousin, voulut avoir auprès de lui un si audacieux et si rusé capitaine : il fit de lui son huissier d'armes, et le combla d'honneurs.

Si parfois les rois furent animés de louables intentions, elles furent presque toujours frappées d'impuissance. Philippe de Valois, informé des ravages qu'exerçait en Bourgogne un capitaine de Grande Compagnie, Perrot de Savoie, si connu sous le nom de Petit Meschin, fit marcher contre lui une bande d'Espagnols, qui se trouvait alors en Berry. Malheureusement, ceux qui furent envoyés, remarque Villani, qui nous a rapporté ce fait, faisaient autant de mal à leurs amis qu'à leurs ennemis [3].

On voit que cet effort fut aussi infructueux dans ses effets qu'excellent dans son principe. Mais le plus souvent les rois n'essayaient même pas de protéger les malheureuses victimes des brigands. Au contraire, ils

---

[1] Froissart, *Chron.*, édit. de Luce, t. IV, p. 69. *Altera contin. G. de Nangis*, dans d'Achery, *Spicil.*, t. III, p. 134.

[2] Froissart, *Chron.*, édit. Luce, t. IV, p. 68 et 69.

[3] Villani, l. X, ch. 92, dans le XIIIe vol. des *Hist. ital.* de Muratori.

travaillaient, dans le même temps, à consommer la ruine de leurs sujets, celle des paysans notamment, en autorisant l'abus du droit de prise, et surtout en élevant ou en diminuant arbitrairement le titre des monnaies, selon qu'ils avaient à percevoir des impôts ou à payer leurs dettes [1].

Le roi Jean rendit plusieurs ordonnances pour défendre aux seigneurs de se faire la guerre les uns aux autres, tant qu'il serait lui-même en guerre avec ses ennemis. Mais ces ordonnances ne furent jamais observées, et le prince qui les avait rendues semblait lui-même inviter les nobles à n'en tenir aucun compte par l'indulgence excessive, par la faiblesse coupable dont il usait en toute occasion envers les contrevenants [2].

Lorsque les gens des campagnes, « pour racheter le feu et leurs corps [3], » selon les énergiques expressions des lettres de rémission, c'est-à-dire pour échapper à

---

[1] « Il y eut, pendant le regne du roy Jean, dit Leblanc, d'etranges desordres dans les monnoyes, on les affoiblit plusieurs fois, et leur dernier affoiblissement étoit toujours plus grand que le precedent. Le prix des monnoyes aussi bien que celuy du marc d'argent changeoit presque toutes les semaines, et mesme quelquefois plus souvent; les ordonnances des monnoyes marquent que tous ces divers changemens étoient causez par la guerre des Anglois. Mais ce qui est de remarquable, c'est que le roi tâchoit quelquefois d'en derober la connoissance au public. » (Leblanc, *Trait. hist. des monnoyes*, éd. de Paris, 1690. p. 258.)

[2] L'abus des guerres privées, les excès du brigandage, la faiblesse avec laquelle la royauté essayait de réprimer ces deux fléaux, tout cela est retracé avec les plus curieux détails dans des lettres de rémission octroyées par le régent à deux gentilshommes. On en trouvera le texte dans nos pièces justificatives.

[3] « Et menaçoient d'ardoir lesdictes villes, se ils ne se rançonnoient à eulx et rachetoient le feu et leurs corps. » (*Reg.* 86 *du Trés. des Chart*, f° 172. p. 486.)

l'incendie et à la mort, payaient de grosses sommes aux
brigands, ils ne faisaient que porter la peine de l'impuissance ou de l'incurie de la royauté. Évidemment,
ce n'était pas la faute de ces malheureux paysans, si le
pouvoir central, qui avait mission de les protéger, les
laissait exposés sans défense aux coups de leurs ennemis, et les mettait ainsi dans la nécessité de subir
d'onéreuses conditions dictées par la convoitise, appuyées par la menace et la violence, imposées par la
force. Il n'en est pas moins vrai que la royauté faisait
un crime aux gens des campagnes de ces rançons extorquées par leurs oppresseurs, ou plutôt trouvait dans
ces rapines, commises et restées impunies par sa faute,
un prétexte pour battre monnaie à son tour aux dépens
des mêmes victimes. Le berger, qui avait été assez
faible, assez négligent ou assez lâche pour laisser dépouiller son troupeau, se vengeait sur ses brebis en
leur enlevant le peu que les voleurs avaient pu leur
laisser. En d'autres termes, les vilains, les manants,
après avoir été contraints à composer avec les brigands,
parce que le pouvoir central ne les protégeait pas, devaient financer de plus belle avec le représentant de ce
même pouvoir, parce qu'ils avaient eu le malheur d'être
réduits à agir comme gens sans défense qui sont à la
merci du plus fort. Tous les habitants des hameaux,
villages, bourgs, convaincus d'avoir payé rançon aux
brigands, étaient réputés coupables du crime de lèse-majesté et pouvaient encourir les poursuites et les châtiments de la justice, tant que le roi ne leur avait point
octroyé de lettres de rémission ou de grâce : or, chacun

sait que la chancellerie royale ne délivrait et n'entérinait de pareilles lettres qu'à beaux deniers comptants [1]. Les battus payaient l'amende.

L'autorité spirituelle ne montrait pas pour les brigands une moins lâche et moins coupable condescendance que le pouvoir temporel. Un fait mentionné par Froissart à la date de 1357 nous en fournit un exemple frappant. Il s'agit de ce trop fameux Regnaut de Cervole [2], dit l'Archiprêtre, qui est assurément, avec Rodrigue de Villandrando [3], le type le plus saillant de ce qu'on peut nommer le brigandage chevaleresque.

Ce chef de bande, auquel la trêve conclue après la défaite de Poitiers avait donné des loisirs, crut ne pouvoir mieux les employer qu'à ravager la Provence. Il s'avança dans le cours de ses incursions jusqu'aux portes de la ville d'Avignon, qui était alors, comme on sait, la résidence de la cour pontificale. De là grande frayeur du Saint-Père et des cardinaux. Mandé au palais papal par Innocent VI, qui voulait obtenir à tout prix un arrangement, Regnaut de Cervole, dit Froissart [4], « y fut aussi reveremment reçu comme s'il eust esté fils

---

[1] On compte par centaines les pièces de ce genre qui se trouvent dans les registres du Trésor des Chartes à cette date. Il y en a des exemples dans nos pièces justificatives.

[2] Voir l'analyse d'un Mémoire de Zurlauben, dans le tome XXV de l'*Histoire de l'Académie des Inscriptions*, p. 155, et le livre de M. Chérest sur l'*Archiprêtre* (Paris, 1879, in-8).

[3] *Bibliothèque de l'École des Chartes*, mémoire de M. Jules Quicherat t. VI, ann. 1844, p. 119-168 et p. 197-238. — Ce mémoire a été depuis développé par l'auteur en un volume intitulé : *Rodrigue de Villandrando, l'un des combattants pour l'indépendance française au XVe siècle*. Paris, 1879, in-8.

[4] Froissart. *Chron*., l. I, chap. 380, éd. de Luce, t. V, p. 94.

au roi de France, et disna par plusieurs fois au palais avec le pape et les cardinaux, et lui furent pardonnés tous ses péchés ; et au partir lui fit delivrer quarante mille escus, pour les departir à ses compagnons. »

Tout se réunissait donc pour faire de la profession de brigand une profession recherchée et enviée. L'existence ne semblait-elle pas sourire à ces aventuriers? N'avaient-ils pas à souhait ce qui rend la vie douce, facile et glorieuse : la richesse, l'amour, la faveur des papes et des rois? Aussi le métier était-il cher à ceux qui l'avaient une fois embrassé, et n'y renonçaient-ils qu'avec la plus grande peine. On pourra s'en convaincre en lisant les lignes suivantes de Froissart. Ce chroniqueur y met en scène un célèbre brigand, Aimerigot Marchès, qui, après avoir vendu au comte d'Armagnac le château d'Alleuze en Auvergne, d'où il tenait à sa discrétion depuis plusieurs années tout le pays des environs, se repent d'avoir conclu ce marché, et se rappelle, avec l'accent du regret, les avantages et les charmes de la vie à laquelle il vient de renoncer.

« Si.... imaginoit en soi que trop tost il s'estoit repenti de faire bien, et que de piller et rober en la manière que devant il faisoit et avoit faict, tout consideré, c'estoit bonne vie. A la fois il s'en devisoit aux compagnons, qui lui avoient aidié à mener ceste ruse, et disoit : « Il n'est temps, esbatement ni gloire en ce monde, que de gens d'armes, de guerroyer par la manière que nous avons faict! Comment estions-nous resjouis, quand nous chevauchions à l'avanture et nous pouvions trouver sur les champs ung riche abbé, ung riche prieur, marchand ou une route de mulles de Montpellier, de Narbonne, de Limoux, de Fougans, de Béziers, de Toulouse et de Carcassonne, chargées de draps de Bruxelles ou de Moustier-Villiers, ou de pelleterie venant de la foire au Lendit, ou d'espiceries venant de Bruges, ou de draps de soye de Damas ou d'Alexandrie ? Tout estoit nostre ou rançonné à nostre volonté. Tous les jours nous avions nouvel argent. Les villains d'Auvergne et de Limousin nous pourveoient et nous amenoient en nostre chastel les bleds, la farine, le pain tout cuit, l'avoine pour les chevaux et la litière, les bons vins, les bœufs, les brebis et les moutons tous gras, la poulaille et la volaille. Nous estions gouvernés et estoffés comme rois, et quand nous chevauchions, tout le pays trembloit devant nous. Tout estoit nostre, allant et retournant. Comment prismes-nous Carlat, moi et le Bourg de Companes ? et Chalusset, moi et Perrot le Bearnois ? Comment eschelasmes-nous, vous et moi, sans autre aide, le fort chastel de Merquel, qui est au comte Dauphin ? Je ne le tins que cinq jours, et si en receus, sur une table, cinq mil frans. Et encores quictai-je mil pour l'amour du comte Dauphin. Par ma foi, ceste vie estoit bonne et belle [1]. »

Qui ne sent combien il y a, dans ce passage, de chaleur, d'élan et de sincère enthousiasme ! Le regret de son affreux métier a inspiré à un capitaine de bandits,

[1] Froissart, *Chron.*, l. IV, chap. 14, édit. de Buchon, t. XII, p. 188, 189 et 190. Beaucoup de ces chefs de bande étaient des cadets des plus grandes maisons. Ils se contentaient de prendre un sobriquet, et à l'aide de ce commode subterfuge, sauvaient l'honneur de leur blason.

ou plutôt à Froissart qui le fait parler, une verve presque lyrique. Mais que cette sombre poésie du brigandage, si piquante aujourd'hui pour nous, a coûté cher à nos pères!

Tels étaient les hommes auxquels la défaite de Poitiers acheva de livrer notre pays. Ce désastre eut pour effet immédiat de changer un fléau encore purement local en une maladie contagieuse qui étendit bientôt ses ravages sur la France tout entière. Jusque-là, en effet, les brigands avaient formé des bandes isolées, éparses, et le mal qu'ils faisaient, circonscrit dans des limites assez étroites, avait à peine attiré de temps à autre l'attention des annalistes et des chroniqueurs; mais, aussitôt après l'échec de Poitiers, et à la faveur de l'anarchie qui en fut la suite, on voit le brigandage se propager, grandir, s'organiser, devenir un corps immense, j'allais dire une institution. C'est alors aussi que ces bandes dévastatrices apparaissent, à vrai dire, pour la première fois au grand jour, et prennent une place si considérable dans l'histoire sous le nom sinistre de Grandes Compagnies.

L'armée anglaise, qui avait combattu à Poitiers sous les ordres du prince de Galles, se composait en grande partie de brigands, c'est-à-dire de soldats mercenaires brabançons, flamands, gallois ou bretons, hainuyers, gascons et allemands. Après la victoire décisive du 19 septembre 1356, et la conclusion de la trêve de deux ans signée à Bordeaux le 23 mars 1357, le prince de Galles n'eut rien de plus pressé que de congédier ces troupes soudoyées dont il n'avait plus besoin. Dans une telle conjoncture, que restait-il à faire à ces soudards, sinon à piller et à dévaster, les armes à la main, « le bon et plentiveux pays [1], » ainsi qu'ils appelaient la France?

L'occasion était d'ailleurs trop favorable pour ne pas tenter leur cupidité et leur passion des aventures. Le roi Jean était captif; les membres les plus influents et les plus puissants de la noblesse avaient succombé ou avaient été faits prisonniers à Poitiers; le pouvoir central, représenté par un dauphin de dix-neuf ans, et tout absorbé par le soin de sa propre défense, avait bien de la peine à se tirer des embarras que lui suscitait alors Étienne Marcel, le célèbre prévôt des marchands, au nom de la commune de Paris. Les brigands avaient donc libre champ : ils en profitèrent.

Tandis que Robert Knolles s'établissait en Normandie, où il trouva le moyen de gagner, en très peu de temps, 100,000 écus, un Gallois, nommé Ruffin [2], capitaine d'une autre troupe de brigands, jeta son dévolu sur le pays compris entre la Seine et la Loire. Il réussit à se rendre si bien maître de toutes les communications dans cette région, que nul ne pouvait plus aller, soit de Paris à Vendôme, soit de Paris à Orléans, soit de Paris à Montargis, s'il n'avait la précaution de se munir d'un sauf-conduit, délivré moyennant finance par Ruffin. Les poursuites et les attaques étaient plus

---

[1] Froissart, *Chron.*, éd. de Luce, t. V, p. 191. Les Grandes Compagnies appelaient aussi la France leur *chambre*, tant elles étaient habituées à y vivre à discrétion.

[2] Froissart, *Chron.*, éd. de Luce, t. V, p. 94 et 95. Barnés appelle ce capitaine Griffith.

particulièrement dirigées contre les « gens qui portoient malettes, » pour me servir des expressions de Froissart, c'est-à-dire contre les marchands ou autres personnes munies de fortes sommes d'argent. Ces brigands chevauchaient par bandes de vingt, trente, quarante. Ils allaient piller les paysans jusque dans leurs demeures, et massacraient impitoyablement ceux qui refusaient de leur payer rançon ; ils n'épargnaient pas même les religieux. Aussi vit-on bientôt accourir à Paris [1], pour y chercher un asile, non seulement des troupes de villageois, avec leurs femmes, leurs enfants, et tout ce qu'ils pouvaient emporter de leurs biens, mais encore les sœurs de Poissy et de Longchamp, les religieuses de Maubuisson et de Saint-Antoine, les minorites de Saint-Marcel, les dames de Montmartre, enfin tous les religieux ou religieuses des environs qui n'habitaient pas des villes fortifiées.

Dans le même temps [2], messire Pierre d'Audley, chevalier anglais, qui avait combattu à Poitiers, exerçait le brigandage entre Châlons-sur-Marne et Troyes. Un autre chevalier, messire Eustache d'Aubrecicourt, Hainuyer, qui avait aussi combattu à Poitiers dans les rangs des Anglais, s'était cantonné, à la tête d'une troupe de 500 brigands, à Nogent-sur-Seine et à Pont-sur-Seine.

---

[1] *Altera cont. G. de Nangis*, d'Achery, *Spicil.*, t. III, p. 116, col. 1 p. 118, col. 2, et 119, col. 1.

[2] Ce n'est qu'à la date des derniers mois de l'année 1358 que Froissart fait mention des incursions de Pierre d'Audley, d'Eustache d'Aubrecicourt et d'Albrest de Buef. Mais tout nous porte à croire que ces trois chefs de bande durent, ainsi que Ruffin, commencer leurs brigandages au temps où le prince de Galles licencia ses mercenaires, c'est-à-dire quelques mois après la bataille de Poitiers.

Damery, Luzy, Saponay, Torcy-le-Grand, Plancy et tout le pays des environs reconnaissaient sa loi.

Un troisième chevalier, messire Albrest de Buef, qui avait servi, comme les deux précédents, sous l'étendard du prince de Galles, dans la journée du 19 septembre 1356, en qualité de capitaine de gens d'armes soudoyés, avait pris ses quartiers tout le long du cours de la Marne, depuis Château-Thierry jusqu'à Vitry-le-François : les environs de Reims, Épernay, Vertus, Bosnay, Hans et Sainte-Menehould en Perthois avaient été successivement en butte à ses ravages. Ces trois capitaines tenaient, tant dans la haute que dans la basse Champagne, plus de soixante châteaux et places fortes, et pouvaient mettre en campagne plus de 2,000 combattants [1].

On voit que l'Ile-de-France et la Champagne, haute et basse, sont les pays qui eurent le plus à souffrir des incursions et des ravages des brigands. Il n'est pas sans intérêt de faire cette remarque; car c'est précisément dans ces provinces que nous allons bientôt voir éclater la Jacquerie.

Dans la Champagne, comme dans l'Ile-de-France, comme aussi dans la Picardie, nul ne pouvait alors faire le moindre voyage, sans acheter de quelque capitaine de brigands un sauf-conduit, qui, bien souvent, ne l'exemptait pas d'être pillé ou massacré par un autre. Une forte rançon était imposée aux villages habités par des paysans riches ; les hameaux trop pauvres pour se

---

[1] Froissart, *Chron.*, édit. Luce, t. V, p. 135.

racheter étaient livrés aux flammes. La vente de ces sauf-conduits et de ces sauvegardes était tellement lucrative, qu'un capitaine de brigands, messire Fordrigais, se fit ainsi, pendant un court séjour à Creil, une somme de 100,000 francs. Un autre chef de bande, ce Croquart dont nous avons déjà parlé, devint également si riche à ce métier, qu'il avait bien, raconte Froissart, 60,000 écus, sans compter les chevaux dont ses étables étaient pleines.

Lorsque des brigands étaient fatigués de rançonner, de piller et de dévaster un pays, et que, s'étant gorgés de butin, ils se trouvaient assez riches, alors ils vendaient à d'autres brigands la forteresse qui leur servait à la fois de repaire et de centre d'opérations. Ces nouveaux possesseurs, exploitant à leur tour les campagnes des environs, en tiraient, par tous les moyens possibles, de nouvelles dépouilles et de nouvelles richesses. Cette particularité curieuse nous est attestée par Froissart [1] : « .... Et vendoient, dit ce chroniqueur, les uns aux autres, ces capitaines des garnisons, leurs forts et leurs pourveances, et eschangeoient, et donnoient sommes d'argent ensemble, aussi bien comme de leur heritage. » Grâce à ce système aussi ingénieux que lucratif de relais dans l'oppression, les victimes n'avaient pas de relâche dans leurs maux, pas même celui qu'aurait dû amener tôt ou tard la lassitude des malfaiteurs.

Les brigands ne se contentaient pas d'extorquer l'ar-

[1] Froissart, *Chron.*, éd. Luce, t. V, p. 176. Voyez aussi les chap. 70, 80, 23 et 24 du livre III de la même chronique.

gent des vilains ; ils faisaient aussi couler leur sang. Ce n'était pas assez pour eux d'incendier les moissons, de couper par le pied les arbres et les vignes : ils égorgeaient encore les adolescents, les femmes, les vieillards et les enfants à la mamelle ; ils attentaient à l'honneur des vierges et des religieuses ; ils violaient les mères de famille, les emmenaient avec eux, pour les employer à leur service, et les forçaient, sans avoir égard ni au sexe ni à la faiblesse physique, à porter leurs armes [1].

C'est en vain d'ailleurs qu'on essaierait de récuser ces témoignages, en les taxant d'exagération. Que l'on prenne la peine de parcourir, seulement un instant, les lettres de rémission du Trésor des Chartes qui se rapportent aux années 1356 et 1357, et le brigandage se présentera sous des couleurs moins sombres peut-être, mais presque aussi odieuses. Quelques traits pris au hasard parmi ceux dont fourmillent les documents de ce genre suffiront, je pense, pour en convaincre le lecteur.

[1] Ces détails, que nous trouvons dans une *grande bulle* d'Urbain V, donnée par ce pape à Avignon, le 9 juin 1365, contre les Compagnies, sont confirmés par la plupart des chroniqueurs contemporains, entre autres par Froissart, *Chron.*, éd. de Luce, t. V, p. 157 et 175. — Jean Cabaret d'Orreville nous apprend qu'à Beauvoir, en Bourbonnais, les brigands avaient creusé une énorme fosse, nommée l'*Enfer*, parce qu'un grand feu y brûlait sans cesse. Quand un de leurs prisonniers ne se voulait ou pouvait racheter de leurs mains en payant rançon, ils donnaient l'ordre de le jeter tout vivant dans cette fosse, en disant : « *Menez-le en enfer.* » La crainte d'un si épouvantable supplice, ajoute l'historien, saisissait tellement ceux qui en étaient menacés, que tous, pour y échapper, consentaient volontiers à faire aux brigands l'abandon de la totalité de leurs biens. (*La Chronique du bon duc Loys de Bourbon*, éd. de Chazaud, p. 19.) — Voyez aussi Froissart, *Chron.*, l. III, ch. 61 et 90.

Ici, deux routiers, après avoir enlevé un troupeau de pourceaux, se saisissent, pour les engraisser, du peu de grain destiné à la nourriture des pauvres laboureurs qu'ils dépouillent [1]. Là, ce sont les vaches des paysans, que les brigands tuent, pour en manger la viande. Il paraît même que, dans ce cas, les chefs de bande, comme les héros dans Homère, avaient de plus fortes portions que les simples compagnons qui marchaient sous leurs ordres [2].

Ailleurs une poignée de ces aventuriers menace d'incendier une grange, pleine de gerbes de blé, sise à la Ferté-sous-Jouarre. Cette grange appartenait à un chevalier, messire Regnaut de Trie, seigneur de Plessier; mais elle était tenue à ferme par un certain Perrot de Croy [3]. Celui-ci, afin de désarmer la fureur de ces brigands, s'engage à leur payer une rançon de 45 écus. Toutefois, comme il se trouve hors d'état de leur verser immédiatement cette somme en argent, il les prie de vouloir bien accepter en échange une quantité de gerbes de blé d'une valeur équivalente. Mais ces pillards ne veulent entendre aucune explication. Ils répondent au malheureux fermier que du blé en gerbes n'est point du tout leur affaire, et lui signifient qu'il ait à le battre et à le moudre sous le plus bref délai pour en faire du pain, et à leur apporter lui-même ce pain tout cuit à la Ferté-sous-Jouarre.

Un seigneur laissait prendre son château par les en-

---

[1] Archives nationales, *Trés. des Chart.*, reg. 90, p. 443.
[2] *Trés. des Chart.*, reg. 91, p. 168.
[3] *Ibid.*, reg. 90, p. 209.

nemis trois ou quatre fois en quelques années ; il le rachetait avec l'argent des hommes de sa seigneurie. Vers 1357 [1], une troupe de brigands, Anglais de nation, cantonnés au Neubourg et commandés par Thomas Wisse, Raulin Waleton et Guillaume Winsselore, s'empara du château de Poix ; il appartenait à Jean dit Tyrel, seigneur de Poix et de Mareuil. Ce gentilhomme ne put rentrer en possession de son château qu'en s'obligeant à payer aux Anglais 15,000 deniers d'or au mouton. Cette somme fut levée, est-il besoin de l'ajouter, sur le clergé et menu peuple de la seigneurie dont le château était ainsi racheté [2]. Les Anglais étaient à peine partis que les gens du roi de Navarre se rendirent maîtres à leur tour du château de Poix ; ils l'occupaient au mois d'août de l'année 1358. Pour les décider à lui abandonner cette forteresse, Raoul de Renneval, lieutenant du roi en Picardie et en Beauvaisis, dut leur accorder un prix de rachat égal à celui qu'avaient exigé les premiers détenteurs. Cette nouvelle somme de 15,000 deniers d'or au mouton fut levée, comme la première, sur les hommes de la seigneurie, qui consentirent à la payer, à condition toutefois qu'on démolirait de fond en comble le château, source de tant de malheurs et occasion de tant d'exactions [3]. Informé de cette

---

[1] Archives nationales. *Jugés du Parlement*, X, 17.

[2] « Quæ summa quindecim millium denariorum auri ad mutonem levata fuit super clerum et patriam circumvicinam et soluta dictis Anglicis. » (*Ibid.*, X, 17, f° 275.)

[3] « Et quæ summa fuit promissa de quindecim mille mutonibus auri levanda super patriam, interveniente consilio et assensu cleri, nobilium, bonarum villarum et populi, dum tamen dictum castrum funditus demoliretur, et taliter quod per illud deinceps non posset fieri ma-

convention, le seigneur de Mareuil promit à Raoul de Renneval de lui verser 6,000 moutons, s'il voulait bien sauver de la destruction la forteresse de Poix. Le lieutenant du roi accepta cette proposition, malgré la parole qu'il avait donnée et les murmures du peuple [1]. Mais le seigneur de Mareuil n'ayant pu parvenir à se procurer la somme promise, la seigneurie de Poix fut mise aux enchères. Au mois d'octobre 1361, elle fut adjugée au comte de Saint-Paul, qui l'acheta 5,000 deniers d'or au mouton, se promettant bien sans doute de se faire rembourser au centuple, à force d'exactions, par les hommes de cette seigneurie, l'argent qu'elle lui coûtait [2].

Une pareille oppression n'avait d'égale que la terreur dont elle frappait le peuple des campagnes. Une anxiété de tous les instants venait ainsi s'ajouter au dénuement pour le rendre plus insupportable. Les paysans de ces temps malheureux, se sentant exposés sans défense à tous les coups de main, ne vivaient pas, à vrai dire; ils séchaient d'angoisse. « Dans cette année 1358, dit le second continuateur de Nangis [3], beaucoup de villages, dépourvus de fortifications, se firent de vraies citadelles de leurs églises, en creusant autour d'elles des fossés, et en garnissant les tours et les

lum in patria, quia populus clamabat quod jam tertio fuerat per inimicos captum. » (F° 277.)

[1] « Licet populus multum indignaretur super hoc et murmuraret. » F° 227.)

[2] Cf. Froissart, *Chron.*, l. IV, ch. 2. Dom Plancher, *Hist. de Bourgogne*, III, 10, 11; *ibid.*, Preuves, p. x.

[3] *Altera Cont. G. de Nangis*, dans d'Achery, *Spicil.*, t. III, p. 122, col. 1.

clochers de machines de guerre, de pierres et de balistes, afin de se défendre, si les brigands venaient les attaquer, ce qui arrivait, à ce qu'il paraît, fort souvent. Pendant la nuit, des sentinelles étaient chargées de veiller sur le haut de ces tours ; des enfants s'y tenaient debout, pour avertir de l'approche des ennemis. Du plus loin qu'ils les apercevaient, ils sonnaient de la trompe et faisaient retentir les cloches. A ce signal, les paysans, quittant leurs maisons et leurs champs, se réfugiaient au plus vite dans l'église. D'autres, sur les bords de la Loire, allaient passer la nuit, loin de leurs chaumières, avec leurs familles et leurs troupeaux, dans les îles du fleuve ou dans des bateaux amarrés au milieu de son cours. »

Dans quelques provinces du Nord, notamment en Picardie, les populations cherchaient un refuge dans des cavernes profondes et dans des souterrains. Mais malheur, quand ils étaient découverts ou forcés, à ceux qui avaient tenté de se dérober ainsi à la tyrannie de leurs oppresseurs [1] !

Toutefois, on cite des occasions où les gens des campagnes essayèrent, avec succès, de repousser leurs ennemis et de se défendre contre leurs attaques. Qui n'a lu, par exemple, dans le second continuateur de Nangis, et qui n'a présent à l'esprit un incident de ce genre, raconté avec une verve chaudement sympathique par ce chroniqueur : deux cents brigands accourus pour surprendre une forteresse des environs de Com-

---

[1] L'abbé Lebeuf, *Mém. de l'Acad. des Inscript.*, t. XXVII, p. 179.

piègne, où un grand nombre de laboureurs s'étaient réfugiés avec la permission du duc de Normandie, furent mis en fuite et « battus comme blé en grange » par un campagnard, d'une taille et d'une force colossales, surnommé le Grand Ferré. N'y a-t-il pas, dans cette populaire et patriotique légende, un portrait fidèle du paysan français, tel qu'il était au xiv° siècle, tel qu'il est encore de nos jours : rude, brave jusqu'à l'héroïsme, patriote du fond de l'âme, bon dans sa misère? Ces laboureurs qui sont obligés de quitter les paisibles travaux des champs pour se mettre à l'abri des attaques des gens d'armes, et qui demandent humblement la permission de le faire; ce bon serviteur de Guillaume-aux-Alouettes, le Grand Ferré, qui ne s'aperçoit de ses forces gigantesques qu'au moment où il faut venger la mort de son maître et repousser les agresseurs, dont quarante tombent sous ses coups; puis qui, rentré chez lui, tout inondé de sueur, avale une jarre d'eau froide pleine, pour apaiser sa soif; qui, plus tard, atteint de la fièvre par suite de son imprudence et étendu sur son grabat, sait retrouver un instant sa vigueur première pour se débarrasser de douze ennemis, et qui meurt bientôt après avoir bu de nouveau de l'eau froide : tous ces traits ne composent-ils pas un tableau naïf et touchant? Ne prouvent-ils pas aussi, mieux que les plus longues apologies, combien il y avait dans le cœur de ces paysans du xiv° siècle de sentiments nobles et généreux qui ne demandaient qu'à se faire jour, si l'oppression la plus abrutissante n'avait, pour ainsi dire, pris à tâche de les refouler et de les éteindre?

CHAPITRE II

De la décadence de la chevalerie française au xiv⁰ siècle. — Du redoublement de l'oppression seigneuriale qui suivit le désastre de Poitiers. — De la haine et de l'indignation des vilains contre les nobles, surtout après cette défaite.

A l'époque dont nous nous occupons, la noblesse française, on ne saurait se le dissimuler, était déjà en pleine décadence. Tandis que, dans d'autres pays, l'aristocratie et la plèbe continuaient de marcher, unies de sentiments et d'aspirations, à l'accomplissement régulier, pacifique et progressif de leurs destinées, en France, au contraire, s'était opérée, dès le xiv⁰ siècle, cette scission regrettable et funeste entre la noblesse et le peuple, assurément l'un des faits moraux et politiques les plus graves de nos annales. Après avoir été une des causes de la Jacquerie, cette haine héréditaire devait, en s'accroissant avec le temps, creuser à la fin, entre les deux classes ennemies, l'abîme où, quelques siècles plus tard, sous la Terreur, faillit s'engloutir la France.

Cette animosité réciproque des paysans et des nobles commença à se manifester avec une force singulière et de plus en plus alarmante sous les premiers Valois. Si l'on en recherche le premier principe et le point de départ, on le trouvera dans les revers réitérés que la chevalerie française subit pendant la première moitié du xiv° siècle. Ces revers tenaient eux-mêmes en grande partie, selon nous, à une particularité de la stratégie française de cette époque, sur laquelle on ne saurait trop appeler l'attention.

Tout le monde sait que, dès la première moitié du xiv° siècle, les armées des deux plus redoutables puissances adverses que la France eut alors à combattre ne se composaient plus exclusivement de chevaliers et de gens de guerre pesamment armés. En effet, les communiers, avec leurs hallebardes et leurs maillets de plomb, faisaient le fond des milices des Flandres ; de même que les soldats mercenaires armés à la légère, c'est-à-dire les brigands et les archers des bonnes villes, avec leurs flèches et leurs pieux ou piques, composaient la principale force des armées anglaises. La chevalerie française, seule, dans sa présomption et son arrogant mépris pour les vilains, jugea indigne d'elle de s'adjoindre un corps de troupes prises dans la roture [1].

---

[1] Ainsi, à Courtray, en 1302, les pauvres fantassins français se battaient comme des lions et avaient déjà repoussé les Flamands, lorsque messire de Valepayelle dit au comte d'Artois :

<blockquote>
Sire, cil vilain tant feront
Que l'onneur en emporteront ;
</blockquote>

alors les hommes d'armes, se précipitant en avant, entr'ouvrent les rangs de leurs arbalétriers, les renversent et les étouffent. — A Crécy, Philippe de Valois fait tailler en pièces ses arbalétriers, en s'écriant : « Or, tôt, tuez toute cette ribaudaille qui nous empêche la voie sans raison. »

Il n'en était pas ainsi en Angleterre. Dans ce pays, les hommes de pied avaient été relevés à leurs propres yeux, et les nobles, qui, en s'appuyant sur le peuple, avaient obtenu la déclaration de la Grande Charte, au lieu de dédaigner la *piétaille*, comme on appelait en France l'infanterie, tenaient à honneur de combattre à sa tête.

Seule, elle se fit longtemps un ridicule point d'honneur de rejeter, ou du moins de rendre inutile l'usage des armes à feu, ainsi que tous les perfectionnements introduits à cette époque dans l'art de combattre. De cruels revers, éprouvés coup sur coup à Courtray, à Crécy [1], à Poitiers, vinrent la punir d'un si sot orgueil. Aussitôt, il est vrai, qu'une nécessité impérieuse la forçait d'accepter l'aide et le renfort des arbalétriers des communes françaises, comme à Cassel, la victoire se rangeait sous ses bannières. Tant il est vrai que les défaites citées plus haut doivent être attribuées surtout à la cause que nous signalons!

Quelle qu'en fût la source, ces revers répétés eurent pour la noblesse française deux conséquences également désastreuses. D'abord ils la dépouillèrent d'un prestige qui était la plus grande partie de sa force, le prestige militaire. En second lieu, faits prisonniers en masse dans toutes ces batailles, les seigneurs, pour trouver l'argent nécessaire à leur rançon, durent recourir à des exactions qui poussèrent à bout la patience de leurs vassaux. Déjà méprisés, ils devinrent encore plus odieux.

La noblesse ne pouvait même plus, d'ailleurs, revendiquer le mérite du désintéressement dans la défense du pays. Commençant à vivre loin de leurs châteaux, près du roi, les chevaliers se mirent à prendre en retour les allures serviles et mercenaires des courtisans.

---

[1] Les communes combattirent à Crécy, et même avec tant de courage que les bourgeois d'Orléans arrêtèrent un instant les Anglais victorieux. Mais tout fut perdu par l'ardeur désordonnée et la témérité des chevaliers français.

Ils ne voulurent plus servir gratis. En 1338, les nobles du Languedoc se plaignirent de ce que les gages qu'on leur avait payés pendant la guerre de Gascogne n'étaient pas proportionnés à ceux qu'ils avaient reçus dans les autres campagnes faites en ce pays. On était au moment de la reprise de la guerre contre les Flamands et les Anglais. Philippe de Valois dut s'exécuter. A compter de ce moment, le chevalier banneret eut vingt sous tournois par jour; le simple chevalier, dix; les autres gens d'armes reçurent une indemnité proportionnelle à leur rang [1]. Mais toutes ces soldes ne tardèrent pas à être doublées sous le roi Jean. M. Michelet [2] fait remarquer avec raison que c'était là le pire des systèmes : féodal et mercenaire tout à la fois, il réunissait les inconvénients des deux autres. J'ajoute que, par une singulière coïncidence, les nobles choisissaient, pour exiger une solde qui était une innovation, le moment même où, par leurs fautes et leurs insuccès militaires, ils la méritaient le moins. Il y avait dans ce rapprochement, pour les non-nobles, qui voyaient l'argent de leurs subsides employé à la fois aussi mal et d'une façon aussi insolite, un double sujet de plainte. Ainsi se forma chez nous, sous l'influence de toutes ces causes réunies, entre l'aristocratie et le peuple, surtout le peuple des campagnes, exposé sans défense à l'oppression seigneuriale, cette haine si regrettable d'où nous allons tout à l'heure voir sortir la Jacquerie. La défaite de Poitiers fut la première occasion qui commença à la faire éclater.

[1] *Ordonn*., t. II, p. 120-130.
[2] Michelet, *Hist. de France*, t. III, p. 299.

Jamais la noblesse n'avait encore éprouvé un pareil désastre. Dans ses autres mauvais jours, à Courtray, à Crécy, si elle s'était montrée imprudente et téméraire, du moins elle avait fait preuve d'une bravoure incontestable : elle avait tout perdu, fors l'honneur, selon le mot prêté plus tard à François Ier. A Poitiers, pour la première fois, elle se laissa prendre lâchement, au lieu de se faire tuer. Sans doute beaucoup de morts jonchèrent le champ de bataille ; mais il y eut encore plus de fuyards. On vit les ennemis embarrassés de savoir où ils mettraient leurs prisonniers. Un seul chevalier de l'armée victorieuse en eut cinq sous sa lance et à sa merci. Du plus loin qu'un chevalier français apercevait un homme d'armes anglais, il lui tendait son épée pour demander quartier. Les bourgeois de Poitiers, du haut de leurs remparts, furent témoins de ce sauve-qui-peut honteux. Cette nouvelle fut bientôt répandue par tout le pays, on peut penser de quelle tristesse et de quelle indignation elle pénétra tous les cœurs.

Toutefois, la noblesse ne garda pour elle que la honte d'un tel échec : elle en rejeta tout le poids sur ses vassaux. Force fut à ceux-ci de payer la rançon de ces fuyards, de ces chevaliers qui n'avaient montré d'ardeur et d'audace que pour pressurer leurs hommes, et dont le courage avait failli quand il s'était agi de défendre le pays contre l'invasion. Les prêteurs ordinaires, les Juifs, les Lombards, étaient alors proscrits, dispersés. Les nobles, quand même ils auraient consenti à vendre leurs terres, leurs fiefs, n'auraient pas trouvé d'acquéreurs. Et cependant il y avait des milliers de rançons à payer : le paysan dut suffire à tout.

Ces exactions lui pesèrent d'autant plus que la noblesse, qui tirait ainsi jusqu'à la dernière goutte de son sang, ne fit que redoubler à cette époque de tyrannie, de faste et d'insolence. Écoutons à ce sujet le témoignage d'un chroniqueur contemporain : « Après la bataille de Poitiers, dit le second continuateur de Nangis [1], les affaires du royaume commencèrent à prendre une fâcheuse tournure ; l'État fut en proie à l'anarchie ; les brigands se répandirent par tout le royaume. Les nobles, redoublant de haine et de mépris envers les vilains, se mirent à faire bon marché des intérêts de la Couronne et de ceux de leurs vassaux : ils pillaient et opprimaient leurs hommes et en général les gens de campagne ; ils laissaient le pays exposé sans défense aux attaques des ennemis ; ils le foulaient eux-mêmes et y exerçaient des rapines et des brigandages, sans que le régent fît semblant d'y prendre garde, comme il était aisé de s'en apercevoir. — En cette même année, ajoute ailleurs Jean de Venette [2], le faste et la dissolution se répandirent généralement parmi les nobles et les hommes de guerre ; ils avaient déjà, comme je l'ai dit [3], adopté la mode de vêtements si courts que la

---

[1] *Altera Contin. G. de Nangis*, dans d'Achery, *Spic.*, t. III, p. 115, col. 2.

[2] D'Achery, *Spicil.*, t. III, p 124, col. 2.

[3] Jean de Venette rapporte, dans le passage rappelé ici, que ces robes étaient si courtes que l'on voyait presque les fesses et les parties du corps qui doivent être cachées. — Dans la suite (nous sommes en 1340), fait remarquer amèrement ce chroniqueur, beaucoup de ceux qui les

décence en était choquée. Mais cette année ils se mirent à se surcharger, avec un luxe plus insolent encore, de perles, de bijoux, de pierres précieuses sur leurs chaperons et leurs ceintures tout étincelantes d'or et d'argent [1]. Tous, depuis le plus grand jusqu'au plus petit, donnaient dans ces fantaisies efféminées avec tant de passion, que le prix des perles et des pierres précieuses haussa beaucoup, et qu'à peine pouvait-on en trouver à Paris. Je me rappelle avoir vu vendre alors, au prix de deux mille livres, deux perles qui n'avaient coûté, il n'y avait pas longtemps, que huit deniers. Les nobles se mirent aussi dans le même temps à porter des plumes d'oiseaux à leur coiffure, à s'abandonner avec excès aux plus grossiers plaisirs, à passer des journées et des nuits entières à jouer aux dés et à la paume. C'est pourquoi les gens du commun avaient lieu de gémir et gémissaient en effet de voir dissiper à ces jeux et à ces vaines parures les sommes si péniblement fournies par eux pour les besoins de la guerre. »

Les gens du peuple, les paysans surtout, avaient, on en conviendra, de trop justes sujets de plainte [2]! Jamais les campagnes ne présentèrent un aspect plus désolé. Pendant les deux années qui s'écoulèrent entre la dé-

---

portaient n'en furent que plus prompts à fuir devant l'ennemi, comme l'événement le prouva. » (D'Achery, *Spicil.*, t. III, p. 105, col. 1.)

[1] Le même reproche est adressé aux nobles dans une curieuse complainte sur la bataille de Poitiers, publiée par M. Charles de Beaurepaire. (Voy. *Bibl. de l'École des Chartes*, t. XII, p. 257-263.)

[2] Voy. les complaintes latines publiées dans le tome V de la *Collection* de Petitot, p. 181 et 182. Beaucoup de documents de ce genre sont encore inédits sans doute.

faite de Poitiers et le mouvement de la Jacquerie, cette désolation s'accrut encore, s'il était possible. Elle était portée à son comble en 1358. « En cette année, dit le chroniqueur [1] déjà cité, les vignes, source de cette liqueur bienfaisante qui réjouit le cœur de l'homme, ne furent pas cultivées ; les champs ne furent ni ensemencés ni labourés ; les bœufs ni les brebis n'allaient plus au pâturage. Les églises et les maisons, tombant de délabrement, présentaient partout les traces des flammes dévorantes, ou des ruines tristes et fumantes encore. L'œil n'était plus réjoui comme autrefois par la vue de vertes prairies et de moissons jaunissantes, mais plutôt affligé par l'aspect des ronces et des chardons qui se dressaient de toutes parts. Les cloches ne sonnaient plus joyeusement pour appeler les fidèles à l'office divin, mais seulement pour donner l'alarme et le signal de la fuite aux paysans à l'approche des ennemis. Que dirai-je encore? La misère la plus complète régnait partout, principalement parmi le peuple des campagnes ; car les seigneurs le surchargeaient de souffrances, lui extorquant sa substance et sa pauvre vie. Quoiqu'il restât bien peu de bétail, grand ou petit, les seigneurs exigeaient encore une redevance pour chaque tête, dix sous par bœuf, quatre ou cinq par brebis ; et, malgré cela, ils ne se mettaient que rarement en peine de protéger leurs vassaux contre les incursions et les attaques des ennemis. »

Le principal grief des vilains contre les nobles était

[1] *Altera Cont. G. de Nangis*, dans d'Achery, t. III du *Spicil.*, p. 124, col. 3.

la complicité trop ordinaire de ceux-ci avec les brigands. Tandis que les malfaiteurs des Grandes Compagnies torturaient les manants, ou les massacraient s'ils ne se pouvaient racheter, « ils rançonnoient cortoisement les chevaliers à mise d'argent, ou à coursiers, ou à roncins ; et d'un povre gentilhomme qui n'avoit de quoy rien payer, ils prennoient bien le service un quartier d'an ou deux, ou trois, ainsi qu'ils estoient d'accord [1]. » Tant il était facile alors, dit à ce propos un écrivain contemporain [2], de faire d'un gentilhomme un brigand ! On passait par une transition insaisissable de l'une à l'autre existence, et il y avait un brigand de plus sans qu'il y eût un gentilhomme de moins. Souvent encore, sans se confondre intimement, gentilshommes et brigands s'associaient et marchaient tous ensemble à la proie de compte à demi [3].

C'est cette dernière situation qu'un des continuateurs de Guillaume de Nangis a voulu retracer en racontant la fable du loup et du chien. On sent que le moine qui a écrit cette page peut à peine contenir son indignation ; et toutes ses expressions respirent l'ironie la plus amère.

« A cette époque, dit ce chroniqueur, ceux qui auraient dû protéger le peuple ne lui faisaient pas subir moins de vexations que ses ennemis ; on eût dit que se véri-

---

[1] Froissart, *Chron.*, t. 1, 2ᵉ part., ch. 76.
[2] M. Bonnemère, *Histoire des paysans*, 2 vol. in-8. t. 1, p. 192. Il est regrettable que les connaissances spéciales et l'usage des documents manuscrits aient manqué à l'auteur de ce livre consciencieux et plein de pages heureuses.
[3] Dom Vaissete, *Histoire de Languedoc*, t. XXI. 294.

fiait la fable du loup et du chien. Il y avait en effet autrefois un chien très fort, dans lequel son maître avait pleine confiance, espérant qu'il défendrait vigoureusement ses brebis contre les attaques du loup ; et ce fut ce qui arriva plusieurs fois. Enfin, avec le temps, le loup devint l'ami intime du chien, qui lui dit alors d'attaquer sans crainte et d'enlever les brebis, ajoutant que lui, chien, ferait semblant de le poursuivre avec zèle comme pour reprendre la brebis et la rendre à son maître. Mais lorsqu'ils furent l'un et l'autre près du bois et loin des yeux du berger, ils dévorèrent la brebis tout entière. Cette manœuvre se renouvela souvent ; et toujours le chien recevait les éloges de son maître, qui était persuadé qu'en courant après le loup, le fidèle animal avait fait son possible pour sauver la brebis. Ce fut ainsi que ce chien maudit sut déguiser sa malice : et il fit si bien, à la fin, qu'aidé par son compagnon, il dévora frauduleusement et méchamment toutes les brebis de son maître [1]. »

Dans ce petit drame et sous le voile transparent d'un apologue, Jean de Venette a peint avec une vérité saisissante la situation sociale au xiv° siècle. Qui n'a reconnu la royauté de Philippe de Valois et de Jean dans ce maître insouciant et aveugle ? Le loup dévorant, ce sont les Anglais et les brigands. Ce chien maudit qui devient l'ami intime du loup et fait franche lippée avec le ravisseur, au lieu de lui disputer ou de lui arracher sa proie, c'est la noblesse, dont le devoir était de proté-

---

[1] *Altera Contin. G. de Nangis*, d'Achery, *Spicil.*, t. III, p. 131. *Bibl. de l'École des Chartes*, t. III, an. 1841, p. 14.

ger le peuple, et qui la plupart du temps s'entendait avec ses oppresseurs pour en partager les dépouilles.

L'état des campagnes et de l'agriculture ne pouvait être brillant au milieu de tels abus. Les brigands passaient, pillant, dévastant, brûlant tout, et laissaient derrière eux un désert fait de main d'homme, le plus effroyable de tous les déserts. Les gens d'armes, sans distinction de parti, mettaient le feu aux moissons et détruisaient les récoltes : les Anglais et les Navarrais, pour appauvrir et ruiner la France ; les troupes du régent, pour affamer leurs ennemis. S'il faut en croire Froissart, il y avait, en 1358, deux ans que l'on n'avait pas labouré sur le plat pays.[1] Le même chroniqueur nous dit que les paysans découragés suspendirent leurs travaux, que les campagnes devinrent incultes et que les terres restaient en friche de tous côtés. Le mal en était venu à ce point que les seigneurs et les moines craignaient de périr de faim, faute de bras pour cultiver leurs terres.

Un si déplorable état de choses avait dû nécessairement se produire. Le paysan pouvait-il avoir à cœur de cultiver ses champs, alors que le seigneur et le brigand se partageaient le produit de ses sueurs et que, malgré son travail, la faim ne venait pas moins torturer dans leur misérable réduit sa femme et ses petits ? Sa condition était donc telle qu'il était à peu près impossible qu'elle empirât beaucoup. Puis il se disait que, quand il n'aurait plus rien, ses oppresseurs perdraient

---

[1] Froissart, Chron., ed. Luce, t. V, p. 122 et 137.

la faculté de se gorger injustement de ses dépouilles, et verraient à leur tour la pâle famine frapper à la porte de leurs châteaux.

D'ailleurs, les moyens et les instruments nécessaires à la culture, le paysan ne les avait même plus. Les brigands étaient venus lui prendre sa semence dans les mains; ils avaient saisi ses charrettes pour transporter les fruits de leurs rapines; ils s'étaient emparés de ses chevaux de labour, afin de s'élancer plus vite au brigandage, au meurtre et à l'incendie; ils avaient enlevé le soc de sa charrue, pour le forger en fer de lance [1].

Non contents de pressurer eux-mêmes et de laisser pressurer par les autres les malheureux habitants des campagnes, les nobles joignaient encore aux exactions le mépris le plus profond, l'insulte et les railleries. Ils opprimaient les vilains, non seulement par haine et par aveugle fureur, mais encore par système et par calcul. C'était un dicton entre eux [2] : « Oignez vilain, il vous poindra; poignez vilain, il vous oindra. » — « Jacques Bonhomme a bon dos, disaient-ils encore [3], il souffre tout. » Jacques Bonhomme avait bon dos sans doute. Toutefois, le moment n'était pas éloigné où il allait à son tour montrer à ses oppresseurs que, si son dos supportait bien les coups, son bras aussi, quand une fois sa patience était à bout, savait encore mieux les donner. En d'autres termes, ces exactions diverses et sans cesse renaissantes, ces mépris d'une noblesse qui n'avait

[1] *Très. des Chart*., reg. 86, p. 420.
[2] Michelet, *Hist. de France*, t. III, p. 407.
[3] H. Martin, *Hist. de France*, t. V, p. 541.

plus même pour elle le prestige de la gloire militaire, cette oppression qui était devenue un système avoué, tout cela devait provoquer une aveugle et brutale vengeance : ce fut la Jacquerie.

Mais, indépendamment de cette violente et passagère revanche des gens du peuple contre leurs seigneurs, quand on considère les grands événements qui signalèrent la fin du xiv° siècle et la première moitié du siècle suivant, on est tenté de croire qu'il entra dans les desseins de la Providence de châtier l'insolente oppression des nobles et de relever les vilains aux yeux de leurs oppresseurs.

Pendant le cours de cette désastreuse période, la noblesse française fut presque constamment vaincue par l'étranger, quand elle ne se fit pas sa complice. On peut dire qu'elle contribua à perdre la France ; et, quand des jours meilleurs vinrent luire enfin pour notre pays, elle n'eut pas l'honneur de le sauver, ou du moins d'être le premier et principal instrument de son salut. On avait tout fait, ce semble, pour abrutir le peuple, pour abreuver son âme de fiel, de désespoir et de haine, pour lui rendre la vie amère et dure, le sol natal odieux ; il se trouva pourtant qu'à l'heure critique cet amour de la patrie qui enfante des miracles, absent des châteaux, s'était réfugié sous l'humble chaume, et vivait avec une force incomparable, un empire irrésistible, dans le cœur des malheureux, des simples et des petits. Dieu voulut que la gloire de délivrer la France fût réservée à la fille de ces vilains tant opprimés, tant honnis : il mit à la tête d'une noblesse, qui devait la trahir, une jeune paysanne, Jeanne d'Arc.

CHAPITRE III

Des principaux incidents qui signalèrent la lutte, d'abord sourde, puis ouverte, entre le régent et la commune de Paris, représentée et dirigée par Étienne Marcel. — De l'incident de cette lutte qui fut l'occasion de la Jacquerie.

Grâce aux développements dont se composent les deux chapitres précédents, nos lecteurs sont en mesure, ce nous semble, de juger en parfaite connaissance de cause ce qu'était devenue, sous la double oppression des brigands et des seigneurs, la condition du peuple des campagnes, au commencement de l'année 1358. Nous ne doutons pas que ce seul exposé ne leur ait fait comprendre et pressentir aussi qu'une telle situation ne pouvait durer longtemps. Le mal qui rongeait la société était désormais arrivé à un trop haut degré de gravité et de violence, pour que la crise terrible que l'on a nommée Jacquerie tardât à éclater. Il ne fallait plus qu'une occasion, elle se présenta bientôt; voici à la suite de quelles circonstances.

Nous venons de voir naître et se développer au sein des populations rurales l'irritation et la haine, signes avant-coureurs de la Jacquerie. Pendant le même temps et sous l'empire de circonstances et de sentiments analogues, des idées de réforme se faisaient jour parmi la bourgeoisie des villes. Des tendances de ce genre s'étaient déjà manifestées en 1355, lorsque le roi Jean avait convoqué les états généraux, afin de leur demander les subsides nécessaires pour continuer la guerre contre les Anglais. L'année 1356 fut marquée par l'abaissement de la royauté et de la noblesse après la honteuse défaite de Poitiers, par la captivité du roi Jean, que remplaçait à la tête du gouvernement un dauphin de dix-neuf ans, par de grands embarras financiers : qui ne voit combien toutes ces circonstances étaient propres à accroître la hardiesse des novateurs ? Aussi les états de la Langue d'oïl qui se tinrent à Paris, d'abord au mois d'octobre 1356, puis au mois de février 1357, allèrent-ils beaucoup plus avant dans la voie des réformes que ceux de l'année précédente.

Dans cette assemblée, composée de huit cents membres environ, quatre cents représentaient les communes et se trouvaient placés sous l'influence de Robert le Coq, évêque de Laon, et d'Étienne Marcel, prévôt des marchands de Paris, qui avait déjà figuré à la tête des députés des villes aux états généraux de 1355. Robert le Coq était le chef d'un parti qui voulait porter sur le trône Charles le Mauvais, gendre du roi Jean, petit-fils par sa mère de Louis le Hutin, et par suite représentant des droits de la branche féminine de la maison capétienne ; c'était l'âme damnée du roi de Navarre. Quant à Étienne Marcel, son but, du moins à l'origine, paraît avoir été de saper par la base les abus de l'arbitraire royal, en faisant reconnaître l'autonomie des communes de France, constituées en confédération sur le modèle des bonnes villes des Flandres, et ayant à leur tête la commune de Paris, sauf le droit de haute suzeraineté politique du roi. Les guerres privées interdites aux nobles ; la solde, l'équipement de l'armée, et, ce qui est plus encore, l'opportunité de poursuivre la guerre ou de la suspendre soumise à l'arbitrage des états ; les dons sur le domaine faits depuis le règne de Philippe le Bel révoqués ; le cumul et le fermage des offices de justice défendus ; la sécurité des sujets mise à couvert contre l'abus des jugements par commission : le commerce délivré d'une inégale et ruineuse concurrence, par l'interdiction aux magistrats de faire du négoce ; la perception des deniers votés soustraite à l'obscure comptabilité des agents du fisc pour être remise à des fonctionnaires élus par les états et contrôlée par des délégués tirés de leur sein ; la royauté mise en demeure de ne plus altérer les monnaies et de renoncer à l'abus du droit de prise ; enfin, le gouvernement confié, dans l'intervalle des assemblées, au roi, assisté de trente-quatre membres du conseil des états, dix-sept de l'ordre du tiers état, onze de l'ordre du clergé, six de l'ordre de la noblesse [1] : telles sont les mesures louables assurément, admirables même, si l'on considère l'époque où elles parurent, qui furent décrétées par les états, dans l'ordonnance [2] du 30 mars 1357, grâce à l'initiative de Robert le Coq et d'Étienne Marcel.

Mais bientôt le dauphin, fatigué de la surveillance

[1] *Bibl. de l'École des Chartes*, t. II, an. 1840-1841, p. 382 et 383.
[2] *Ordonn. des rois de France*, t. III, p. 121-146.

des trente-quatre commissaires, voulut s'en affranchir et leur défendit de s'assembler ; alors les murmures du peuple et l'épuisement des finances le forcèrent à convoquer de nouveau les états généraux, le 7 novembre 1357.

Jusqu'à ce moment, Marcel avait procédé, dans son œuvre de réformateur, avec trop de violence peut-être, et s'était montré, comme on dirait aujourd'hui, trop radical ; cependant il semblait animé des intentions les plus généreuses, et n'avait eu recours encore, pour parvenir à ses fins, qu'aux voies légales. Somme toute, à qui ne considérerait que cette première et plus glorieuse partie de sa carrière, ce prévôt des marchands devrait apparaître, selon nous, comme un grand citoyen [1]. Ici va commencer ce qu'on peut appeler la phase révolutionnaire de sa vie politique. Il poursuit toujours un noble but ; mais il emploie pour l'atteindre d'indignes moyens. Il reste le soldat d'une belle cause ; mais il la compromet en subissant en son nom une alliance équivoque.

[1] Pour être juste envers Marcel, il faut, selon nous, distinguer trois périodes dans sa vie : la première, qui commence avec sa vie publique et finit à l'époque du meurtre des maréchaux de Champagne et de Normandie ; la deuxième, qui s'étend entre ce moment et la formation du complot ayant pour but de livrer Paris au roi de Navarre ; la troisième enfin, qui va de là jusqu'à la mort de Marcel. J'accorde à M. Jules Quicherat que Marcel fut un grand citoyen dans la première de ces périodes, et je l'admire avec le pénétrant biographe du *Plutarque français* ; à M. Joseph Naudet, que ce prévôt des marchands joua le rôle de tribun révolutionnaire dans la seconde, et dès lors je me joins à l'auteur d'une *Conjuration contre l'autorité royale*, pour désapprouver la conduite de Marcel. Le tort de ces érudits a été d'attribuer à la carrière tout entière du célèbre prévôt ce qui ne convient qu'à une période particulière de sa vie.

C'est ainsi que, le lendemain de l'ouverture des états généraux, le roi de Navarre, Charles le Mauvais, fut délivré de sa prison d'Arleux et salué comme roi de France par ses partisans, toujours dirigés par Robert le Coq et Jean de Picquigny, qui avaient concerté ce coup de main avec le prévôt des marchands. Bientôt même on vit Étienne Marcel, après avoir fait mettre à mort, sans forme de justice, un avocat du roi au parlement, maître Regnaut d'Acy, forcer, à la tête d'une multitude furieuse, le palais du dauphin, et massacrer sous les yeux de ce prince les maréchaux de Champagne et de Normandie, ses favoris et ses plus intimes conseillers.

Dès lors, il n'y eut plus de rapprochement possible entre le régent et le prévôt des marchands : le sang répandu les sépara pour jamais. Le dauphin, indigné d'avoir vu à la fois braver ainsi son autorité et insulter la majesté royale, quitta aussitôt Paris, la rage dans le cœur, et ne respirant que la vengeance. D'un autre côté, la province, révoltée par le despotisme et la violence de la commune de Paris, prit parti contre celle-ci et se rallia à la cause royale. Les états de Champagne, réunis à **Provins** le 9 avril et à **Vertus** le 29, irrités du meurtre de leur maréchal, se déclarèrent contre Marcel et excitèrent eux-mêmes le duc de Normandie à la vengeance en lui promettant de le seconder. Bientôt l'occupation du Louvre par Marcel et la saisie de toutes les pièces d'artillerie qui s'y trouvaient, la tentative infructueuse du prévôt des marchands sur Meaux, enfin la lettre violente qu'il écrivit au régent, en date du 18 avril, achevèrent de mettre ces deux personnages en guerre ouverte l'un contre l'autre.

Ce fut sur ces entrefaites que les états de Vermandois s'ouvrirent à Compiègne, le 4 mai, en présence du régent : il n'y vint personne des villes qui tenaient pour Marcel ; le roi de Navarre n'y parut pas davantage, il était à Paris ; l'évêque de Laon seul s'y était rendu, mais bientôt, menacé de mort par les nobles, il fut obligé de prendre la fuite. On ne sera donc pas surpris d'apprendre que la plupart des mesures prises par ces états furent dirigées contre Marcel et la commune de Paris. Parmi ces mesures, il en est une que nous devons surtout étudier : c'est elle, en effet, qui fut, selon nous, l'occasion directe de la Jacquerie.

Voulant en finir à tout prix avec les rebelles de Paris, le régent crut que le meilleur moyen d'atteindre ce but était de cerner étroitement cette capitale, et de la réduire à la famine, afin d'irriter contre ses meneurs la partie pauvre de la population. En même temps il voulait se ménager des intelligences parmi les nobles et les bourgeois [1]. Mais ce plan, fort habilement conçu sans aucun doute, ne pouvait réussir qu'à une condition : c'était que les forteresses qui commandaient les trois rivières par où s'approvisionne Paris, la Seine, la Marne et l'Oise, fussent mises en état de défense et occupées par des partisans du régent. Tel est précisément le but

---

[1] Voy. notre mémoire sur Jean Maillart, *Bibl. de l'École des Chartes*, mai et juin 1857, et les pièces relatives à Etienne Marcel et à ses adhérents que nous avons publiées dans la livraison de septembre et octobre 1859.

de l'ordonnance rendue par les états de Compiègne, le
14 mai, ordonnance dont l'article 5 est ainsi conçu :
« Pour ce que plusieurs chastiaux, fors maisons et autres forteresces, estanz ou dit royaume, ont esté perdus
par deffaut de garde, et ancores sont plusieurs en doubte
de perdicion, dont grans dommages sont venuz et ancores pourroient venir plus grans, se brief remede n'y
estoit mis, nous avons ordené et ordenons que chascun
capitaine, ou pays où il sera deputez, appellez avec lui
bonnes, sages et loyaux personnes de l'estat de l'É-
glise, des nobles et des bonnes villes en ce cognoissans,
iront veoir et visiter les chastiaux, forteresces et fors
maisons du pays où il sera capitaine; et se il y en a aucuns qui ne soient garniz et en estat de deffense, le capitaine contraindra ou fera contraindre ceuls à qui les
diz chastiaux, forteresces et fors maisons seront, à iceuls
mettre *ou faire mettre en estat de deffense*, et à les
garnir et garder suffisament, senz grant grief de ceuls
à qui ils seront, euls de ce sommez avant toute œuvre.
Et se de ce sont refusanz, desobeissans ou deffaillans,
par quoi il puisse apparoir ou qu'il soit doubte que dommage n'en adveigne ou pays, le capitaine *les fera emparer et mettre en estat de deffense, et iceuls garder
bien et diligemment aus frais et despens de ceuls à
qui il appartiendra*... Et ou cas qu'ils trouveront que
ceuls à qui iceuls chastiaux, forteresces et fors maisons
seront, ne les voudront ou pourront mettre en estat de
deffense et les garnir, garder *ou faire garder*, et que
l'en ne treuve ou pays de leurs biens pour ce faire, en
temps deu et senz delai, nous voulons et ordenons que

les diz capitaines, chascun ou pays ou il sera deputez, les abatent ou facent abattre et araser, si que dommage n'en viegne ; et declarons que, se en ce a deffaut par faveur ou negligence, les capitaines seront de ce puniz. »

Nous avons cité cet article en entier, parce que la mesure qui s'y trouve prescrite fut, à notre sens, comme nous l'avons dit plus haut, l'occasion directe, immédiate, de la Jacquerie. Ainsi, ces châteaux, ces forteresses qui, loin de protéger les paysans, étaient le boulevard et le repaire de leurs plus mortels ennemis, on voulait les rendre plus redoutables encore, aux dépens de ceux mêmes qu'elles devaient servir à mieux opprimer. On voulait contraindre les vilains à river de leurs mains leurs propres chaînes. Comment une telle prétention n'aurait-elle pas poussé à bout leur patience ? Du reste, nous n'en sommes pas réduits sur ce point à de simples probabilités. L'auteur d'une chronique contemporaine déclare expressément que cette exigence tyrannique donna lieu au soulèvement qui a reçu le nom de Jacquerie :

« Lors [1] fu le régent conseillié que il mandast aux chevaliers de France et de Beauvoisin qui avoient forteresses, que briefment ilz meissent des garnisons dedens grant planté, pour destraindre la ville de Paris, que vivres ne marchandise n'y peussent entrer pour la ville gouverner. Lors fut fait ce mandement à pluseurs chevaliers. Et ceulz qui forteresses avoient s'assemblèrent ensemble pour savoir comment ilz pourroient

---

[1] *Chronique normande du XIVe siècle*, éd. Molinier, p. 127.

acomplir le mandement du regent. Car li pluseur n'avoient mie pourvoiance pour les chasteaux garnir. Et eurent conseil que ceulz qui pourvoiance n'avoient en preinssent sur leurs hommes. Par ce conseil prindrent aucuns des biens de leurs hommes oultrageusement, tant que les paisans distrent que les chevaliers, qui les devoient garder, avoient prins conseil de leur oster touz leurs biens. Pour ce fait, se mistrent les paisans moult merveilleusement, et coururent sur les chevaliers et sur touz les nobles, et mesmes sur leurs seigneurs. »

Toutes les circonstances de temps et de lieu s'accordent d'ailleurs parfaitement avec l'opinion émise par le chroniqueur sur l'incident qui provoqua l'insurrection de 1358. Ainsi, l'ordonnance dont nous avons détaché un article ayant été rendue le 14 mai, on dut essayer de la mettre à exécution immédiatement à Compiègne et aux environs de cette ville. Or, c'est sept jours seulement après cette date, c'est-à-dire le 21 mai, et précisément aux environs de Compiègne, que les *effrois* [1] commencèrent, selon la plupart des chroniqueurs [2]. Une

---

[1] Les scènes terribles auxquelles l'explosion de la Jacquerie donna lieu ne sont pas désignées autrement dans les *lettres de rémission du Trésor des Chartes*. Bien que le pluriel *effrois* soit aujourd'hui hors d'usage, comme ce mot est énergique et n'a point d'équivalent parfait, nous avons cru pouvoir nous en servir ici avec le sens particulier et tout historique que nous lui donnons.

[2] Selon Froissart, la Jacquerie *advint assez tost après la délivrance du roy de Navarre*. Mais ce chroniqueur se trompe évidemment, puisque le roi de Navarre sortit de prison dans la nuit du 8 au 9 novembre 1357. La *Chronique normande du XIV⁰ siècle* (p. 136) dit que la Jacquerie commença la première semaine de juin. Les divers mss. des *Grandes Chroniques de Saint-Denis* ne sont pas d'accord sur ce

autre remarque à faire, qui ne nous paraît pas moins concluante dans le même sens, c'est que la Jacquerie étendit presque exclusivement ses ravages dans les provinces qui avaient envoyé des députés aux états de Vermandois, et qui partant furent seules mises en demeure de subir les conséquences de l'ordonnance portée par ces états.

Les vilains se soulevèrent-ils de leur propre mouvement, ou ne furent-ils dans cette circonstance que les instruments d'un homme appartenant à une classe supérieure ? Marcel était dans ce moment même à bout de ressources et réduit à la situation la plus critique. Ne dut-il pas exploiter dans l'intérêt de son propre parti l'exaspération des paysans, alors portée à son comble, et profiter de son autorité, du prestige de sa position et de son nom, pour entraîner les manants et les décider à la révolte ? Ces questions, plus faciles à poser qu'à résoudre, nous nous proposons de les débattre plus loin dans le plus grand détail [1]. Mais quelle que soit l'opinion que l'on adopte à cet égard, il n'en faut pas moins reconnaître que l'article 5 de l'ordonnance du 14 mai fut l'occasion directe, immédiate, de la Jacquerie. Si l'on admet l'hypothèse qui rapporte l'émeute de paysans à l'initiative d'Étienne Marcel, on concevra avec

point ; les uns font commencer la Jacquerie le 28 mai, les autres le 21 du même mois. Cette dernière date est la vraie : elle est la seule qui se concilie bien avec plusieurs dates fournies par des titres et autres pièces originales et authentiques.

[1] Voir le 1er chapitre de notre 3e partie, où nous avons renvoyé tout ce qui est relatif au rôle d'Étienne Marcel dans la Jacquerie. On y trouvera développé ce que le plan et l'économie de ce travail nous ont permis seulement d'indiquer ici.

quel empressement ce prévôt des marchands dut s'emparer d'un prétexte aussi favorable que la mesure prescrite par cet article pour faire éclater ce soulèvement terrible, utile à sa politique.

DEUXIÈME PARTIE

DES EFFROIS

CHAPITRE PREMIER

Du caractère général de la Jacquerie, d'après les chroniqueurs contemporains et surtout d'après Froissart. — De la condition des personnes qui y participèrent. — Des localités qui furent le théâtre de cette insurrection.

Nous savons maintenant quelles causes produisirent la Jacquerie, quelle occasion servit à la faire éclater ; le moment est venu d'exposer les incidents qui signalèrent ce soulèvement redoutable. Nous avons puisé les éléments de cette seconde partie de notre thèse dans les arrêts et mandements de la collection dite des *Jugés du Parlement*, et surtout dans les lettres de rémission pour fait de participation aux effrois insérées au Trésor des Chartes. C'est à l'aide de cette dernière classe de documents, jusqu'à ce jour peu explorés, que nous avons pu pénétrer dans les plus intimes détails de cette lutte terrible, et en reconstituer, pour ainsi dire pièce à pièce, l'intéressante histoire. Toutefois, l'emploi de ces lettres de grâce, comme source d'information historique, donne lieu à une objection que l'on pourrait nous adresser, et qu'il est de notre devoir de prévenir. Ces lettres ont été délivrées en faveur de personnes coupables ou du moins soupçonnées d'avoir trempé dans la Jacquerie. En butte à la rancune et aux poursuites des nobles, elles avaient sollicité des lettres de rémission et les avaient fait enregistrer à la chancellerie royale afin de ne plus être inquiétées. Il suit de là qu'elles avaient eu intérêt à altérer la vérité, c'est-à-dire à atténuer, sinon à nier absolument, la part qu'elles avaient pu prendre part aux effrois. Ces documents sont donc forcément, par leur nature même, des pièces à décharge.

Tout cela est vrai; mais cet inconvénient que nous venons de faire ressortir, comme on le voit, dans toute sa force et de mettre dans tout son jour, était, à vrai dire, inévitable. En effet, si l'on excepte les lettres de rémission, la Jacquerie ne nous est connue que par les chroniques contemporaines. Or, ces chroniques, dans leur récit nécessairement court et un peu vague, s'en tiennent aux généralités; elles ne font aucunement mention de ces particularités, de ces incidents, dont les lettres de rémission du Trésor des Chartes nous ont seules conservé le souvenir. Le contrôle des faits qui émanent de cette dernière source est donc impossible.

Devions-nous pour cela nous priver des précieuses lumières qui ne pouvaient nous être fournies que par ce genre de documents? Nous ne l'avons pas pensé. Nous avons pris ce parti avec d'autant moins de scrupule que ce qui nous intéresse le plus dans les lettres de rémission est précisément ce que les parties qui se les firent délivrer avaient le moins intérêt à dénaturer ou simplement à altérer dans leurs dépositions. Que, par exemple, tel ou tel paysan, presque toujours inconnu, ait joué un rôle plus ou moins considérable dans la Jacquerie, que sa complicité dans les effrois ait été plus ou moins grande, que nous importe? Ce que nous cherchons surtout, pour ne pas dire uniquement, ce sont les grands épisodes, les incidents principaux nécessairement rappelés à propos du rôle joué par ce paysan, incidents alors trop notoires pour que celui-ci pût les présenter sous un jour faux, sans risquer de se compromettre, et qu'il n'avait d'ailleurs aucun intérêt à déguiser, du moins dans leur contexture générale.

La curieuse révélation des principales scènes et des situations les plus intéressantes du drame de la Jacquerie, tout rôle des acteurs et personnes mis à part, voilà donc seulement ce qu'il faut chercher, et, j'ajoute, ce qu'on est sûr de trouver dans les lettres de grâce relatives aux effrois. Quant à la vérité de l'ensemble, c'est-à-dire à l'atrocité trop réelle, qui fut malheureusement le caractère distinctif de cet épouvantable soulèvement, ne la cherchez pas dans les documents dont je viens de parler, elle est ailleurs. Elle est dans les chroniqueurs du temps, dans Pierre d'Orgemont, dans Jean de Venette; elle est surtout dans Froissart, qui a tracé de la Jacquerie ce tableau empreint d'une si naïve et si éloquente horreur :

DES EFFROIS.

« Assés[1] tost après la delivrance du roy de Navarre, avint une merveilleuse grande tribulacion en pluseurs parties du royaume de France, si comme en Biauvesis, en Brie et sus la rivière de Marne, en Laonnois, en Valoys, en la terre de Couchy et entour de Soissons. Car aucunes gens des villes champestres sanz chief s'assemblèrent en Biauvesis. Et ne furent mie .c. hommes les premiers. Et distrent que touz les nobles du royaume de France, chevaliers et escuiers, honnissoient et trahissoient le royaume, et que ce seroit grant bien qui tous les destruiroit. Et chacun d'eulz dist : « Il dist voir, il dist voir. Honnis soit cil par qui il demourra que tous les gentilz hommes ne soient destruis! » Lors se cueillirent et s'en alèrent, sanz autre conseil, et sanz nulle armeure fors que de bastons ferrez et de cousteaux, en la maison d'un chevalier qui près de là demoroit. Si brisièrent la maison et tuèrent le chevalier, la dame et les enfans, petis et grans, et ardirent la maison. Secondement il en alèrent à un autre fort chastel et firent pis assés. Car il prisrent le chevalier et le lièrent à une estache bien et fort, et violèrent sa femme et sa fille les pluseurs, voiant le chevalier. Puis tuèrent la dame, qui estoit enchainte, et sa fille et tous les enfans, et puis le dit chevalier à grant martyre, et ardirent et abatirent le chastel. Ainsi firent-ils en pluseurs chastiaux et bonnes maisons, et multiplièrent tant qu'il furent bien VI^m. Et par tout là où il venoient, leur nombre croissoit, car chascun de leur semblance les suivoit. Si que chascuns chevaliers, dames, escuiers, leurs fames et leurs enfans les fuioient; et enportoient les dames et les domoiselles leurs enfans .x. ou .xx. lieues loing, où il se povoient garantir, et laissoient leurs maisons toutes vagues et leur avoir dedens. Et ces mescheans gens assemblés, sanz chief et sanz armeures, roboient et ardoient tout et occioient touz gentilz hommes que il trouvoient; et enforçoient et violoient toutes dames et pucellez sanz pitié et sanz merci, ainsi comme chiens esragiés. Certes onques n'avint entre Crestiens ne Sar-

---

[1] D'après le ms. français 2655 de la Bibliothèque nationale. — Ce chapitre se trouve dans l'édition de la Société de l'histoire de France. t. V, p. 99 et suiv.

rasins telle forsennerie que ces gens faisoient. Car qui plus faisoit de maulx ou plus vilains faiz, telz faiz que creature ne devroit oser penser, aviser ne resgarder, cil estoit le plus prisié entr'eulx et le plus grant maistre. Je n'oseroie escrire ne raconter les orribles faiz et inconvenables que il faisoient aux dames. Mais entre les autres desordenances et villainz faiz, ils tuèrent .i. chevalier et boutèrent en .i. hastier, et tournèrent au feu et le rostirent au feu, voiant la dame et ses enfans. Après ce que .x. ou .xii. eurent la dame efforciée et violée, il les en vorrent faire mangier par force et puis les tuèrent et les firent morir de male mort. Et avoient fait .i. roy entre eulz qui estoit, comme on disoit adonc, de Clermont en Biauvesis. Et le eslisirent le pieur des pieurs, et ce roy on l'apelloit le roy Jaque Bonhomme. Ces mescheans gens ardirent et abatirent ou païs de Biauvoisis, et environ Corbie et Amiens et Montdidier, plus de .xl. bonnes maisons et fors chastiaux. Et se Diex n'eust mis remède par sa grace, le meschief fust si multiplié que toutez communautés eussent destruit sainte Eglise après et toutes riches gens par tout païs. Car tout en telle manière si faites gens faisoient ens ou païs de Brie et de Partois. Et convint toutes les dames et les domoiselles du païs et les chevaliers et les escuiers qui eschaper leur povoient à fuir à Miaux en Brie, l'un après l'autre, enpurs leur cottes, ainsi que elles povoient, auxi bien la duchesse de Normendie et la duchesse d'Orliens et foison de hautes dames comme autres, se elles se voloient garder d'estre violées et enforciées et puis après tuées et murdries. Tout en semblable manière si faites gens se maintenoient entre Paris et Noion, et entre Paris et Soissons, et entre Soissons et Ham en Vermandois, et par toute la terre de Couchi. Là estoient les grans violeurs et maufaiteurs. Et essilièrent que entre la terre de Couchi, que entre la conté de Valoys, que en l'eveschié de Laon, de Soissons et de Noion, plus de .c. chastiaux et bonnes maisons de chevaliers et d'escuiers. Et tuoient et roboient quanqu'il trouvoient. Mais Dieu par sa grace y mist tel remède, de quoy on l'en doit bien regracier, si comme vous orrez ci après.

Quant les gentilz hommes de Biauvesis, de Corbiois, de Vermandois, de Valoys et des terres où ces mescheans gens conversoient et faisoient leur forsennerie, virent ainsi leur maisons destruitez et leurs amis tués, ils mandèrent secours à leurs amis en Flandres, en Haynau, en Braiban et en Hesbaing. Si en y vint tantost assés de tous costés. Si s'assemblèrent les gentilz hommes estranges et cilz du pais qui les menoient. Si commencièrent auxi à tuer et à decoper ces meschans gens sanz pitié et sanz merci, et les pendoient par fous aus arbres, où il les trouvoient. Meismement le roy de Navare en mist .I. jour à fin plus de .III^m. assés près de Clermont en Biauvesis. Mais il estoient jà tant multipliez que, se il fussent tous ensemble, il eussent bien esté .c^m. hommes. Et quant on leur demandoit pour quoy il faisoient ce, il respondoient qu'il ne savoient, mais il veoient les autres faire, si le faisoient auxi. Et pensoient que il deussent en telle manière destruire touz les nobles et gentilz hommes du monde, par quoy nul n'en peust estre. »

Nous avons rapporté en entier ce passage, parce qu'il nous représente sous des couleurs aussi sombres que fidèles les cruautés commises par les Jacques, ainsi que les désastres auxquels donna lieu leur soulèvement. C'est en vain, d'ailleurs, qu'on voudrait taxer cet écrivain d'exagération. Son témoignage est confirmé par tous les chroniqueurs du temps, et notamment par Pierre d'Orgemont [1] et par Jean de Venette [2]. Tous signalent, d'un commun accord, les horribles excès dont les paysans rebelles se rendirent coupables. Notre vœu serait que chacun de nos lecteurs se pénétrât bien vivement du passage de Froissart, cité plus haut, afin de teindre ensuite de ses fortes couleurs les esquisses ternes et à dessein très effacées que nous ont fournies

---

[1] *Grandes Chroniques de France*. Voir l'excellente édition de M. P. Paris, in-fol., chap. 74 et 75, p. 1471 et 1472.
[2] *Altera Contin. G. de Nangis*, dans d'Achery. *Spicil.*, t. III, p. 119.

les lettres de rémission du Trésor des Chartes. Grâce à cette précaution, on connaîtra la Jacquerie dans ses plus profonds et ses plus minutieux détails, sans pour cela se faire une idée moins juste et moins vraie de l'ensemble et du caractère général de cette sauvage vengeance.

L'atrocité de ces représailles cause moins de surprise, quand on considère combien étaient ignorants, abrutis, grossiers, les hommes qui les exercèrent. L'immense majorité de ceux qui trempèrent dans la Jacquerie appartenaient à la classe des paysans. Il n'en faut pas d'autre preuve que ce considérant, qui termine presque toutes les lettres de rémission : « Comme il soit homme de labour, qui a à cueillir et mettre à sauveté ses biens [1]. » Toutefois, les Jacques ne se recrutèrent pas seulement parmi les paysans. S'il faut en croire les Grandes Chroniques de Saint-Denis, des membres de la bourgeoisie, et peut-être même de la noblesse, vinrent grossir la foule des hommes de labour : « Et en ces assemblées avoit gens de labour le plus, et si y avoit de riches hommes, bourgeois et autres [2]. » Des gens des métiers, bouchers [3], tonneliers [4], charrons [5], des marchands d'œufs, de volaille, de fromage et autres denrées de la campagne [6], se joignirent aussi aux laboureurs. On vit même des prévôts [7], des ser-

---

[1] *Trés. des Chart.*, reg. 86, p. 309.
[2] *Gr. Chron. de France*, édit. de M. Paris. p. 1472, ch. 76.
[3] *Trés. des Chart.*, reg. 90, p. 244.
[4] *Ibid.*, *ibid.*, p. 425.
[5] *Ibid.*, *ibid.*, p. 82.
[6] *Ibid.*, *ibid.*, reg. 86, p. 430.
[7] *Ibid.*, *ibid.*, p. 425.

gents [1] et autres officiers royaux [2], donner la main aux rebelles, et se rendre complices de l'insurrection. Ce qui pourra paraître plus surprenant encore, c'est que les Jacques, qui déclarèrent une guerre ouverte, au moins dans certains pays, dans la prévôté de Vitry par exemple, aux prêtres [3] aussi bien qu'aux nobles, n'en comptèrent pas moins des membres du clergé dans leurs rangs. Un prêtre, nommé messire de Verrigues, est mentionné comme ayant proféré contre le régent les injures les plus grossières [4]. Un autre prêtre, Jean Nerenget [5], curé de Gelicourt, dans le comté de Valois, dut faire insérer au Trésor des Chartes une lettre de grâce qui lui avait été octroyée sur le fait de sa participation aux effrois. Deux clercs, Jean Doublet le jeune [6], et Guilbert Doublet, son frère, comparurent, en 1360, devant l'official de Beauvais : on les accusait d'avoir été, au temps du soulèvement contre les nobles, complices, chefs et capitaines des gens du plat pays dans les diocèses de Beauvais et d'Amiens, et d'avoir pris une part active à la destruction des châteaux d'Aumale et de Poix.

Mais le fait le plus curieux en ce genre arriva à Blacy [7], en Champagne, dans la prévôté de Vitry. Dans

[1] *Trés. des Chart.*, reg. 86, p. 171, 223 et 456.
[2] *Ibid., ibid.*, p. 397.
[3] *Ibid., ibid.*, p. 357 : « .... Pluseurs conspiracions, alliences et monopoles encontre les nobles et *clergié* du pais.... »
[4] Voici ces injures qui trahissent bien la brutalité des mœurs et du langage de ce temps : « .... Fil de putain, merde, laronchel.... » (*Trés. des Chart.*, reg. 90, p. 55.)
[5] *Trés. des Chart.*, reg. 86, p. 386.
[6] *Ibid.*, reg. 87, p. 1.
[7] Voir aux pièces justificatives la lettre de rémission de J. Morel.

ce pays, comme nous avons déjà eu l'occasion de le faire remarquer, on croyait généralement que les curés étaient de connivence avec les nobles ; partant on les détestait à l'égal de ces derniers. Ainsi en était-il de Jean Morel, curé de Blacy. Ses paroissiens l'accusaient, entre autres choses, d'avoir vendu aux nobles les cloches de Blacy. Ils firent tant, par leurs menaces et leurs injures, que le pauvre curé se vit forcé de se rendre un beau jour avec eux, sur son cheval, à une assemblée générale, faite par les communes du plat pays de Perthois à Saint-Vrain ; il portait pour toute arme un court bâton. Arrivé au lieu de réunion, et voulant sans doute distraire les Jacques des pensées sanguinaires qu'ils nourrissaient, il ordonna pour la danse ses paroissiens, et dansa lui-même avec eux ; il formait leurs rangs avec son bâton et les encourageait à rire et à se divertir. Cependant, la présence du curé au camp des Jacques, et ses démonstrations de bienveillance pour leur cause, n'empêchèrent pas ceux de ses paroissiens qui étaient restés à Blacy de s'emparer de ses grains, et les nobles de confisquer ses biens à la fin des troubles.

Si l'on sait parfaitement à quelle classe de la population appartenaient en général ceux qui s'insurgèrent en 1358, ce que l'on connaît beaucoup moins, ce sont les noms des diverses localités qui furent le théâtre de la Jacquerie, ainsi que les incidents par lesquels elle y signala son passage. Les chroniqueurs ont été à peu près seuls consultés jusqu'ici sur ce point, et les données très insuffisantes qu'ils nous fournissent manquent d'ailleurs complètement de précision. Ils vous apprennent bien que l'insurrection de 1358 éclata et sévit presque simultanément en Picardie, en Champagne et dans l'Ile-de-France, mais ne leur demandez pas autre chose. L'histoire de cette partie de la Jacquerie est tout entière dans les lettres de rémission pour cause de participation aux effrois. C'est d'après ces documents que nous avons tracé le tableau aussi complet que possible des localités où la Jacquerie exerça ses ravages [1]. C'est encore en recourant à la même source que nous allons exposer les incidents principaux qui marquèrent l'explosion des effrois dans les villes et villages [2]. Pour plus de netteté, nous suivrons dans cet exposé l'ordre topographique, en procédant du nord au sud.

[1] Voir à la fin de ce volume le tableau des localités qui furent le théâtre des effrois.
[2] Dans la troisième partie de cet ouvrage, il sera question des villes et villages de l'Ile-de France et du comté de Meaux, à propos de la part que Marcel prit à la Jacquerie.

CHAPITRE II

Des effrois dans la Basse-Normandie, le Ponthieu et la Picardie.

Il ne semble pas que la Jacquerie ait sévi en Basse-Normandie. Cependant on peut signaler une tentative d'insurrection qui se produisit à Caen. Elle avait pour auteur un certain Pierre de Montfort [1], un de ces esprits jaloux et turbulents, toujours prêts à prêcher la révolte contre l'autorité. Tous ses efforts tendaient depuis longtemps à semer la division entre le menu peuple et les puissants de la ville. Aussi, quand éclata le soulèvement du Beauvaisis, s'empressa-t-il de mettre à exécution ses projets de discorde. On le vit se promener par les rues de Caen, portant sur son chapeau, en guise de plumet, un modèle de charrue, et criant qu'il était du parti de Jacques, que ceux qui aimaient ce parti eussent à le suivre. Mais le bon sens du peuple de cette cité sut résister à cet appel séditieux, et l'agitateur périt lui-même misérablement, quelque temps après, sous les coups de trois bourgeois qu'il avait insultés [2].

L'insurrection de 1358 ne pénétra pas davantage en Artois et en Ponthieu. Toutefois, un certain Alleaume

[1] L'acte qui le concerne est aux pièces justificatives.
[2] Trés. des Chart., reg. 87, p. 321, f° 205.

de Maresquel [1] fut cité en 1360, pour fait de Jacquerie, devant Anglebert Lanchart, sénéchal du Ponthieu. Voici les chefs d'accusation qui étaient dirigés contre lui : il avait combattu contre les nobles dans les rangs des *Hurons, nommés Jacques Bonshommes ;* il leur avait prêté main-forte pour tuer, piller et rober messire Testart de Picquigny, chevalier ; il avait fait cuire du pain, pour les nourrir, à Arras, et avait engagé plusieurs personnes de cette ville à marcher avec eux ; enfin, il avait fourni aux Jacques des harnais et armures, pour faire la guerre aux nobles. Un nommé Michelet [2] de Saint-Omer fut pendu par les ordres de Thibaut de Mareuil, comme convaincu de participation aux effrois.

Mais c'est dans l'Amiénois que la Jacquerie commença à se signaler par des ravages considérables. Un renfort de gens d'armes fut envoyé par la commune d'Amiens [3], de l'avis du maire et des échevins, aux paysans du Beauvaisis, qui venaient de se soulever ; mais ceux qui le composaient s'arrêtèrent à quatre ou cinq lieues de la ville, puis retournèrent sur leurs pas, sans coup férir. Le maire et les échevins ayant appris, d'un autre côté, qu'un certain nombre de bourgeois d'Amiens étaient sortis en armes pour dévaster les maisons des nobles et piller leurs biens, dépêchèrent une troupe à la poursuite de ces maraudeurs, avec mission de les arrêter ; quelques-uns de ces pillards fu-

---

[1] *Trés. des Chart.*, reg. 89, p. 377.
[2] *Ibid.*, reg. 86, p. 534.
[3] *Ibid., ibid.*, p. 239, et *Chron. de Flandre*, publ. par Sauvage. p. 196-197.

rent tués en essayant de résister ; les autres furent condamnés par jugement à perdre la tête.

Les habitants de Montdidier [1] trempèrent beaucoup plus dans la Jacquerie que ceux d'Amiens. Sous les ordres de Jean le Boulanger, leur capitaine, ils pillèrent, puis démolirent les châteaux et maisons appartenant à messire Raoul de Raynneval, seigneur de Pierrepont et panetier de France [2]. Ils commirent presque tous les excès qui signalèrent les effrois : on put leur reprocher d'avoir assassiné les nobles, pillé les biens de leurs victimes, brûlé ou renversé leurs châteaux. Mais, placés sur la frontière, et toujours en butte aux incursions des ennemis de la France, contre lesquelles il leur fallait se mettre à couvert à grands frais, ils obtinrent, eu égard à ces circonstances exceptionnellement défavorables et malheureuses, les lettres de rémission qui leur furent octroyées.

Les habitants de Fontaine-sous-Montdidier [3] se signalèrent surtout dans cette croisade contre les nobles. Après avoir tué à Saint-Leu-d'Esserent messire Raoul de Clermont et de Nesle, ces furieux pillèrent, brûlèrent et détruisirent les maisons que ce seigneur et sa mère possédaient à Fontaine, ainsi qu'un hôtel situé à Courtemanche et appartenant à messire Jean de Clermont et de Nesle, dit Maugoubert, écuyer, frère de Raoul. Ces deux gentilshommes, outre leur titre de nobles, avaient

---

[1] *Trés. des Chart.*, reg. 86. p. 437. Ces lettres ont été publiées par M. de Beauvillé, dans son *Histoire de Montdidier*. 3 vol. in-4. t. I. p. 119-121.

[2] *Reg. du Parl.*, X. 17. f° 284.

[3] Voy. V. de Beauvillé. *Hist. de Montdidier*, 2ᵉ édition. t. I, p. 119.

le malheur d'être les neveux du maréchal Robert de Clermont, qu'Étienne Marcel avait fait mettre à mort dans le palais royal même, en présence du dauphin. Les Jacques du Beauvaisis, qui étaient d'intelligence avec le prévôt des marchands, ne pouvaient pardonner à ces deux seigneurs une telle parenté. Plus tard, Jean de Clermont ayant voulu exiger des habitants de Fontaine-sous-Montdidier la réparation des dommages qu'ils lui avaient causés, ceux-ci refusèrent obstinément d'obtempérer à sa demande ; et deux d'entre eux, les nommés Henniquet père et fils, ne craignirent pas d'accompagner ce refus des plus grossières injures. Messire Jean de Clermont, transporté de fureur, prit avec lui plusieurs nobles de ses amis, Jacquemart de Pontruel, Guillaume de Sapigneul, Jean de la Motte, Vast de Buscoy dit Angoulant, et, ainsi escorté, se rendit à Fontaine-sous-Montdidier. Là, il se saisit des deux Henniquet qui l'avaient insulté et leur fit couper les jarrets, « non pas en entencion de les tuer, ajoutent les lettres de rémission, mais que pour les mutiler, *pour les quelles navreures ils saignèrent tant que mort s'ensuy assez tost après.* » Nous avons cité ces derniers mots parce qu'ils nous offrent un exemple curieux des grossiers artifices, des mensonges à l'aide desquels ceux qui se faisaient délivrer des lettres de grâce essayaient de pallier leurs actes de violence. A les entendre, ils n'ont jamais fait à leur adversaire qu'une simple piqûre ; seulement, il arrive presque toujours, on ne sait comment, que cette piqûre amène la mort de la victime.

C'est au sud-ouest d'Amiens et sur les confins du

Beauvaisis, premier foyer de la sédition, que les effrois éclatèrent de la façon la plus terrible. Environ trois mille Jacques [1] s'assemblèrent sur les champs en armes aux alentours de Poix et de Lignières. Ils nommèrent malgré lui leur capitaine, Simon Doublet [2], de Grandvilliers. Celui-ci avait en vain essayé, à plusieurs reprises, de décliner ce périlleux honneur : force lui fut, à la fin, de se mettre à leur tête. Il marcha donc avec eux, pendant plusieurs journées, et les vit accomplir en sa présence, sans pouvoir les en empêcher, les excès les plus monstrueux. En vain s'échappa-t-il de leur compagnie aussitôt qu'il put : il n'en fut pas moins recherché plus tard par les nobles, qui, pour le punir, brûlèrent ou renversèrent ses maisons et s'emparèrent de ses biens.

Les Jacques de la Picardie, quand Simon Doublet les eut quittés, nommèrent capitaine à sa place un certain Jean le Freron [3], de Catheux en Beauvaisis : il avait été désigné à leur choix par Achard de Bulles, alors capitaine des gens du plat pays de Beauvaisis. Ce fut sous les ordres de ce nouveau chef que ces furieux allèrent abattre et brûler le château de Catheux, puis ceux de Mesnil-Saint-Firmin, de Thoix, de Poix et et d'Auffay. Mathieu de Roye [4], chevalier, parvint à préserver et à défendre contre leurs attaques son château du Plessier, mais ils brûlèrent et dévastèrent tous les

---

[1] *Chronique normande du XIV⁰ siècle*, p. 129.
[2] *Trés. des Chart.*, reg. 86, p. 392.
[3] *Trés. des Chart.*, reg. 90, p. 294.
[4] *Ibid.*, reg. 86, p. 131.

bourgs et villages des environs à cinq lieues à la ronde.

Un autre chevalier, Jean de Crevecœur [1], fut moins heureux. Les Jacques brûlèrent sept de ses maisons, pillèrent et emportèrent tous les biens meubles qui s'y trouvaient. Les pertes que ce noble éprouva furent telles que le régent, pour le dédommager, crut devoir concéder, en sa considération, à la ville de Thoix, dont il était le seigneur, le privilège d'un marché hebdomadaire, fixé au samedi de chaque semaine, et d'une foire franche, qui se tiendrait à la Saint-Martin d'hiver de chaque année et qui durerait trois jours. La charte de concession est du mois de juillet 1358; elle est datée du camp devant Paris, où Jean de Crevecœur était venu servir la cause du dauphin, à la tête de vingt hommes d'armes entretenus à ses frais et dépens.

Ici se place l'épisode de la Jacquerie de Picardie le plus important par ses conséquences.

Nos trois mille Jacques venaient de détruire le château de Poix; ils marchaient sur Aumale [2], et ils étaient arrivés à quelque distance de Lignières [3], lorsqu'ils rencontrèrent cent vingt hommes d'armes normands et picards, commandés par messire Guillaume de Picquigny. Celui-ci s'étant présenté, avant le combat, pour parlementer, au moment où il parlait à ses ennemis, un des Jacques, nommé Jean Petit Cardaine, le tua par trahison. Les gens d'armes de Guillaume, indignés de cette

---

[1] *Trés. des Chart.*, reg. 86, p. 173.
[2] *Trés. des Chart.*, reg. 86, p. 165, f° 54 v°.
[3] Lignières, et non Limers, comme Secousse a lu, par erreur. (*Hist. de Charles le Mauvais*, t. I, p. 239.)

violation du droit des gens, se jetèrent sur les Jacques, qui furent défaits, et dont plus de deux mille restèrent sur le champ de bataille.

Toutefois, le meurtrier de Guillaume de Picquigny, Jean Petit Cardaine, réussit à échapper au désastre. Accompagné d'un autre Jacque, nommé Jacquet de Fransures, il se rendit à Contre, en Beauvaisis, dans l'intention de mettre à mort et de piller Colart d'Estrées, gardien de la haute justice pour l'abbaye du Pré, sise en ce lieu; mais, ayant trouvé des préparatifs de défense plus forts qu'ils ne s'y attendaient, les deux bandits se retirèrent, sans avoir rien fait. Aussitôt qu'il eut nouvelle de leur présence, Colart d'Estrées se mit à leur poursuite : Jean Petit Cardaine parvint à se cacher dans les bois ; quant à Jacquet de Fransures, il fut pris et mis en prison. Tandis qu'on battait les bois pour découvrir son compagnon, il s'étrangla avec la corde dont on s'était servi pour l'attacher à un poteau par les épaules. Ce qui a lieu de surprendre, c'est que le sire de Conty, Jean du Hamel, autrement dit Maillard, fit rechercher, quelque temps après, pour ces faits, Colart d'Estrées; à ce point que celui-ci, qui servait alors le régent au camp devant Paris, eut besoin, pour échapper aux poursuites de ce seigneur, d'obtenir du dauphin des lettres de grâce.

Le meurtre de Guillaume de Picquigny fut un événement funeste, et l'on peut dire mortel, pour la Jacquerie. Guillaume de Picquigny appartenait sans doute à la même famille que Jean de Picquigny, seigneur picard, l'âme damnée du roi de Navarre ; peut-être même était-il le frère de ce chevalier. Le lâche assassinat du parent de l'un de ses plus zélés partisans fut très probablement une des causes qui déterminèrent Charles le Mauvais à prendre les armes contre les Jacques.

En ce temps, vivait à la Warde-Mauger, près de Montdidier, un vilain nommé Fremy Houdrier [1], dit Leboucher : il s'était marié à une femme noble d'origine. Sitôt qu'il fut informé de cette circonstance, le capitaine des Jacques, assemblés pour lors à Breteuil en Beauvaisis, manda près de lui Fremy Houdrier. Quand celui-ci se fut présenté, les Jacques le sommèrent d'aller avec eux brûler les châteaux des nobles, lui signifiant qu'en cas de refus, ils mettraient le feu à toutes les maisons qui lui appartenaient du chef de sa femme. Fremy Houdrier, voyant bien que le plus sage parti était de faire contre mauvaise fortune bon cœur, soupa avec le capitaine et quelques autres Jacques ; il voulut payer leur écot. Puis, profitant de l'état d'ivresse où il les avait plongés, il retourna en toute hâte à sa demeure à la Warde-Mauger. Là, emmenant avec lui sa femme, ses enfants, et prenant ses meubles les plus précieux, il alla les cacher dans un bois du voisinage. Cela fait, il se rendit, en compagnie de quelques amis, à Fransures, où sa femme avait une maison, craignant que les Jacques n'y vinssent, pour y mettre le feu. Ses craintes n'étaient que trop fondées. Dès le lendemain, ces forcenés, après avoir brûlé le château de Brebançon, accoururent pour faire subir le même sort à la demeure

---

[1] *Trés. des Chart.*, reg. 90. p. 176.

de la femme de Fremy Houdrier ; et celui-ci ne parvint à la sauver de leurs mains qu'en consentant à aller de nouveau avec eux incendier la résidence du seigneur de Fransures.

On voit, par cet exemple, qu'il n'était pas besoin d'être noble d'extraction pour se voir en butte aux attaques et aux violences des Jacques; il suffisait qu'on appartînt à la noblesse, d'une façon ou d'une autre, ne fût-ce que par alliance, pour qu'on fût exposé à leurs fureurs.

CHAPITRE III

Des effrois à Compiègne, Clermont, Senlis, Beauvais, Soissons
et aux environs de ces villes.

Nous avons dit que l'insurrection avait éclaté d'abord aux environs de Compiègne ; c'est là aussi qu'elle reçut l'organisation la plus forte et la plus complète. Les Jacques de ce pays se donnèrent un capitaine général, à qui ils décernaient même, au rapport de Froissart, le titre de roi : c'était un paysan de Mello [1], rusé entre tous, qui s'appelait Guillaume Cale [2]. Ce roi des Jacques paraît avoir eu une sorte de chancellerie, et avoir expédié officiellement des actes ; il est certain, du moins, qu'il avait un sceau, qui fut envoyé après sa mort, par Thomas Brochart, receveur de Senlis, à la

---

[1] Voy. le second continuateur de G. de Nangis, dans d'Achery, *Spicil.*, t. III, p. 119, col. 1 ; Cale était de Clermont, d'après Froissart, *Chron.*, édit. de Luce, t. V, p. 100.

[2] Ce nom est écrit *Cale* ou *Calle* dans les lettres de rémission du *Trésor des Chartes*, reg. 86, p. 365 et 391 ; *Karle*, dans le second continuateur de Nangis, d'Achery, *Spicil.*, t. III, p. 119, col. 1 ; *Cale*, dans les *Gr. chron. de France*, édit. de M. P. Paris, p. 1471 et 1474, ch. 74 et 78 ; *Charles*, dans la *Chron. des quatre premiers Valois*, p. 71. Cale ou Calle est notre mot Charles, dans lequel la prononciation populaire a supprimé, suivant l'usage, l'une des deux consonnes consécutives, ou a remplacé la liquide *r* par le redoublement de la liquide *l* ; quant à la transformation du *ch* en *k* ou en *c*, c'est, comme chacun sait, un des caractères distinctifs du dialecte picard.

chambre des Comptes de Paris [1]. Cale avait de l'instruction et une éloquence naturelle ; il était bien fait et beau de visage. Il se distinguait surtout par une entente du métier des armes et une expérience de la guerre qui manquaient à presque tous les Jacques. Guillaume Cale paraît avoir été un homme d'élite, très supérieur aux autres paysans qui marchaient sous ses ordres. Il faut dire encore, à son honneur, que les excès effroyables qui signalèrent la Jacquerie furent commis en dépit de ses conseils et de ses exhortations. Les Jacques de son armée avaient pour cri de guerre et de ralliement « Montjoye ; » ils portaient des bannières fleurdelisées [2].

De ce capitaine général dépendaient un certain nombre de simples capitaines, élus dans les localités les plus importantes ; et ceux-ci avaient à leur tour, sous leurs ordres, des dizainiers [3] ou lieutenants.

La première pensée des Jacques, ainsi organisés, fut de marcher sur Compiègne, afin de s'emparer de cette ville. Ils n'aimaient pas cette cité où venait d'être rendue l'ordonnance odieuse qui, en ajoutant de nouveaux griefs aux anciens, avait mis le comble à leur haine et

[1] Registre 3 des *Mémoriaux de la Chambre des Comptes de Paris*, fol. 218, cité par Ducange, dans son *Gloss.*, au mot *Jacobi*. Du reste, Guillaume Cale pouvait être muni d'un sceau, à titre de simple paysan. Les vilains avaient leurs sceaux particuliers, au moyen âge, dans certaines provinces. Voy. à ce sujet les savantes recherches de M. Léopold Delisle, *Études sur la condition des classes agricoles en Normandie au moyen âge*, in-8, p. 182.

[2] Ces renseignements tout nouveaux sont empruntés à la *Chronique des quatre premiers Valois*, qui était inédite quand parut la première édition du présent ouvrage.

[3] *Trésor des Chartes*, reg. 86, p. 344, 361 et 362.

CHAPITRE III. 79

fait éclater le soulèvement ; d'ailleurs, beaucoup de nobles s'étaient mis à couvert derrière ses remparts. Les agresseurs rencontrèrent une résistance plus vigoureuse qu'ils ne s'y attendaient. Informés de l'approche des Jacques, les habitants de Saint-Germain [1], près Compiègne, convinrent de s'imposer une assiette ou taille extraordinaire [2], pour se mettre mieux en état de défense : ils entourèrent leur bourg de fortifications. Guillaume Cale comprit qu'il ne devait rien attendre de la force dans sa tentative contre Compiègne ; il résolut alors de recourir à la conciliation et à la ruse.

Il avait sous ses ordres un assez riche propriétaire de la Praelle, près d'Angicourt, en Beauvaisis, nommé Jean Rose [3], qu'il avait forcé de s'enrôler sous ses bannières [4]. Celui-ci, voulant mettre en sûreté sa famille pendant son absence, l'avait envoyée avec tout ce qu'il avait de plus précieux à Compiègne, où il était bien connu et où il avait de nombreuses intelligences. Guillaume Cale, qui n'ignorait aucune de ces circonstances, chargea Jean Rose de porter en son nom une lettre aux bourgeois et habitants de la ville. Par cette lettre, il les invitait à lui livrer les nobles qui s'étaient réfugiés dans leurs murs et à faire alliance avec les gens du plat pays. Mais ceux de Compiègne, loin d'obéir à ses in-

---

[1] *Trés. des Chart.*, reg. 86, p. 571.
[2] Un des bourgeois, Robert Lécrivain, s'étant rendu coupable de mauvais procédés envers le collecteur de cette taille, celui-ci tua le taillable indocile d'un coup de couteau.
[3] *Trés. des Chart.*, reg. 86, p. 365.
[4] Les Jacques avaient des bannières. Il est fait mention, dans la pièce 481 du registre 89 du *Trésor des Chartes*, d'un Jacque, nommé Drieu de Houdeville, qui portait une bannière.

jonctions, jurèrent aux nobles que, quoi qu'il arrivât, ils ne les abandonneraient jamais à la vengeance de leurs ennemis. Bien plus, le messager de Guillaume Cale, ce même Jean Rose, étant revenu quelques jours après voir sa femme et ses enfants, le prévôt forain de cette ville se saisit de sa personne, lui disant qu'il était un homme faux, un traître, et le fit enfermer dans la prison royale; procédé d'autant plus arbitraire, que Jean Rose était clerc au vu et au su de tous, et, comme tel, uniquement justiciable de l'official et du bailli de Senlis. Quoi qu'il en soit, ses biens, de la valeur de cent florins, furent immédiatement confisqués. Pour sauver les apparences, on fit disparaître sa tonsure; il fut dépouillé de son habit de clerc; puis il eut la tête tranchée à l'instigation des nobles.

C'est après cette tentative malheureuse contre Compiègne qu'il convient sans doute de placer l'expédition contre le château d'Ermenonville, dirigée par Guillaume Cale en personne, de concert avec le prévôt des marchands de Paris, qui, de son côté, y avait envoyé des gens d'armes tirés des milices parisiennes. Les chroniqueurs du temps n'ont pas dit un mot de cet incident si curieux de la vie du capitaine des Jacques. Pour le moment, nous ne faisons que le mentionner : nous y reviendrons bientôt plus longuement, en parlant de la part qu'Étienne Marcel prit à la Jacquerie.

Guillaume Cale toutefois ne dut emmener avec lui à Ermenonville qu'une assez faible partie de la grande bande qui marchait sous ses ordres. Pendant son absence, les Jacques restés en Beauvaisis comprirent qu'ils avaient besoin d'un chef pour le remplacer. Dans leurs rangs se trouvait alors un fort habile homme de Sacy-le-Grand, nommé Germain de Réveillon [1], ami particulier du comte de Montfort : ils lui offrirent de se mettre à leur tête. Mais celui-ci rejeta leur proposition. Abandonnés ainsi sans direction, les Jacques n'en continuèrent pas moins pendant deux jours leur marche dévastatrice de Pont-Sainte-Maxence à Montataire, tuant les nobles, brûlant et saccageant leurs châteaux sur les deux rives de l'Oise. Le troisième jour, au moment où ils gravissaient la montagne de Montataire, on leur annonce que les gens du roi de Navarre viennent de faire irruption dans le Beauvaisis pour le dévaster et faire rentrer dans le devoir les paysans révoltés. A cette nouvelle, les Jacques comprennent encore mieux le besoin pressant qu'ils ont d'un chef, ils renouvellent leurs instances auprès de Germain de Réveillon ; leurs offres sont repoussées une seconde fois. Alors, voyant qu'ils ne peuvent rien obtenir par la persuasion, ils ont recours à la violence : ils saisissent Germain par son chaperon d'une manière injurieuse : « Tu seras, lui disent-ils, notre capitaine pour un demi-jour et une nuit, que tu le veuilles ou non. » Ils le tirent pour le jeter à bas de son cheval ; quelques-uns même mettent la main à leurs épées et le menacent de lui couper la tête s'il n'obtempère à leurs ordres. Germain de Réveillon, pour sauver sa vie, dut se résigner à être leur capitaine un demi-jour et une nuit seulement. Pendant

---

[1] *Trés. des Chart.*, reg. 86. p. 309. Le texte du document se trouve aux pièces justificatives.

ce temps, une rencontre eut lieu à Mello entre les Navarrais et les Jacques. Grâce à cet incident, Germain parvint à s'échapper et s'en retourna chez lui. La suite prouva combien il avait été sage en fermant l'oreille à la demande des Jacques. Bien que le pouvoir dont il avait été investi n'eût duré qu'un jour et que la force le lui eût imposé, il le paya cher. Les nobles, pour se venger, pillèrent, dévastèrent et brûlèrent tous ses biens; les dommages qu'ils lui firent essuyer furent évalués à trois mille moutons. Il ne resta à ce malheureux que sa femme et ses enfants : encore fut-il réduit à les tenir pendant plusieurs mois misérablement cachés dans les bois et autres lieux déserts.

Autant en advint à Colart Dufourt [1], dit Mellin, de Feigneux en Beauvaisis, que les Jacques et leur capitaine avaient contraint de marcher avec eux à l'attaque de Mello. Ses biens furent confisqués, et il fut obligé d'aller vivre avec sa femme dans des lieux sauvages jusqu'à ce qu'il eût obtenu des lettres de rémission.

Guillaume Cale revint bientôt après de son expédition contre Ermenonville. Ce fut à son retour qu'il périt misérablement avec la plus grande partie des Jacques qui combattaient sous ses ordres. Le moment sera venu de parler de ce fait lorsque nous raconterons la fin de la Jacquerie, et la vengeance que tirèrent les nobles des excès de leurs ennemis.

Du reste, il faut convenir que les Jacques avaient provoqué cette impitoyable vengeance par leur con-

---

[1] *Trés. des Chart.*, reg. 86. p. 308.

duite, impitoyable aussi, à l'égard des nobles. En voici un exemple entre mille. Un certain Jean Deshayes [1], de Rhuis, près de Verberie, qui avait pris part à l'expédition de Pont-Sainte-Maxence et de Montataire, en qualité de capitaine des Jacques de sa commune, se rendit, le dimanche après le saint Sacrement (dimanche 3 juin 1358), huit jours après cette affaire, à Verberie ; il avait pour compagnon de voyage un écuyer, suivi lui-même de sa femme et de son gendre. A peine furent-ils entrés dans les rues de Verberie, que les habitants se jetèrent sur cet écuyer, lui criant qu'ils allaient le mettre à mort. Jean Deshayes se prit alors à intercéder pour ce malheureux, disant aux meurtriers : « Pour Dieu, beaux seigneurs, gardez-vous de faire telle chose, vous commettriez un crime. » Nonobstant ses remontrances, l'écuyer eut sur-le-champ la tête tranchée.

Après l'affaire de Mello, les Jacques se répandirent du côté de Senlis. Tous les châteaux des nobles qui se trouvaient aux environs de cette ville furent pillés, dévastés ou livrés aux flammes. L'une de ces maisons était la propriété de messire Pierre de Saint-Jean [2], maître des eaux et forêts et intendant des bâtiments royaux sous Philippe de Valois et le roi Jean. Ce chevalier avait fait travailler pendant dix ans aux châteaux de Raies, de Montjoye, de Poissy et de Saint-Germain-en-Laye. C'est dans cette dernière ville qu'il faisait sa résidence ordinaire ; c'est là aussi qu'il conservait les

---

[1] *Trés. des Chart.*, reg. 86, p. 444.
[2] *Trés. des Chart.*, reg. 90, p. 151.

lettres de quittance attestant l'emploi des fonds à lui versés pour payer les ouvriers employés aux ouvrages qu'il avait fait exécuter. Sur ces entrefaites, les rebelles de Paris organisèrent, comme nous le verrons bientôt, contre les résidences royales et seigneuriales des environs de cette capitale une véritable Jacquerie : Saint-Germain-en-Laye ne fut pas épargné. Pierre de Saint-Jean, pour ne pas tomber entre les mains de ces dévastateurs, alla habiter l'hôtel qu'il possédait près de Senlis, emportant avec lui les papiers relatifs à son administration. Il y était à peine installé que les Jacques du Beauvaisis, à leur tour, vinrent l'y relancer; il fut obligé de se sauver une seconde fois. Mais, dans la précipitation de sa fuite, il ne prit pas le temps de mettre en lieu sûr les documents qu'il avait apportés. Les Jacques s'en étant emparés, lacérèrent les uns, coupèrent les autres par petits morceaux et firent avec le tout un feu de joie semblable à ceux que devait allumer beaucoup plus tard l'inepte vandalisme de la Terreur.

Les Jacques entrèrent bientôt après dans Senlis, dont les habitants acceptèrent leur alliance; plusieurs bourgeois de cette ville [1] vinrent même grossir leurs rangs. De là, ils marchèrent vers Beauvais, pour exercer contre les propriétés des habitants nobles des environs les mêmes ravages qu'ils venaient de commettre aux alentours de Senlis. Sur la route, des détachements de paysans des communes du voisinage, marchant cha-

[1] *Gr. Chr. de France*. ch. 74. édit. de M. P. Paris, in-fol., p. 1471.

cun sous les ordres d'un capitaine particulier [1], arrivaient de toutes parts pour se joindre au gros de la bande. Les Jacques employaient au besoin la violence contre les hameaux, villages ou bourgades qui refusaient d'entrer dans leur alliance et de leur fournir des auxiliaires. Ainsi firent-ils envers la commune de Chambli-le-Haubergier [2].

Sommés à plusieurs reprises d'envoyer des hommes, les habitants de cette localité n'avaient tenu aucun compte de ces demandes. Le capitaine des Jacques, indigné de leur conduite, souleva contre eux, pour s'en venger, les autres communes du Beauvaisis, qui firent dévaster le territoire des réfractaires. Ceux-ci, pour avoir la paix, furent contraints d'envoyer aux Jacques huit hommes de cheval et seize de pied, sous le commandement de Gilles le Haguais. Ce renfort ne fit qu'accroître l'insolence et l'ardeur furieuse des Jacques. Ivry-le-Temple, Jouy-sous-Telle et beaucoup d'autres lieux furent successivement le théâtre de leurs ravages. Les nobles fuyaient partout devant eux. Les religieux de ce pays eux-mêmes [3], ne se croyant pas suffisamment protégés contre les attaques de ces brigands par les murailles crénelées de leurs monastères, allèrent précipitamment chercher un refuge derrière les remparts de Beauvais.

Les bourgeois de cette ville étaient de connivence

---

[1] *Trés. des Chart.*, reg. 86, p. 298 et 385.
[2] *Ibid.*, reg. 90, p. 354.
[3] Louvet, *Histoire et antiquités du diocèse de Beauvais*, in-12, t. II, p. 144 et 145.

avec les Jacques : ceux-ci [1], leur ayant un jour envoyé un certain nombre de nobles qu'ils avaient faits prisonniers, le maire et les échevins de Beauvais, du consentement de la commune, les firent mettre à mort.

Les Jacques se portèrent ensuite dans l'évêché de Laon, la seigneurie de Coucy, le comté de Valois et le Soissonnais; Froissart dit [2] qu'ils saccagèrent dans ces divers pays plus de cent châteaux et bonnes maisons de chevaliers et d'écuyers.

Ce qu'il y a de plus déplorable peut-être, en ces temps de trouble et de complète anarchie, c'est que, l'action régulière de la justice étant suspendue, si quelqu'un était victime d'une injustice, il n'avait guère d'autre parti à prendre que d'y répondre par une autre injustice. C'est ainsi que, plusieurs habitants d'Acy [3], devant Soissons, ayant brûlé et abattu une maison appartenant à un écuyer, celui-ci, ne pouvant obtenir justice de ce crime contre les incendiaires, se saisit de leurs vaches, chevaux et charrettes, les vendit, et s'appropria le produit de la vente.

La Jacquerie, dans le Soissonnais, donna lieu à un curieux incident que nous demandons la permission de raconter. Effrayé de ce soulèvement, le seigneur d'Arcy-Sainte-Restitue [4], petite commune située aux environs de Soissons, voulait quitter cette localité. Un des habitants, nommé Robert Dujardin, qui affectionnait

---

[1] *Trés. des Chart* , reg. 90, p. 413.
[2] *Chron.*, ch. 385, éd. de Luce, t. V, p. 322.
[3] *Trés. des Chart.*, reg. 90, p. 530.
[4] *Ibid.*, reg. 86, p. 267.

ce seigneur, combattait son dessein de toutes ses forces, lui représentant qu'il ne devait pas quitter la commune dont il était le seigneur, que son devoir était, au contraire, de rester avec ses vassaux dociles, et de les protéger contre leurs ennemis, selon son pouvoir ; que, de leur côté, les habitants étaient disposés à prendre toutes les mesures nécessaires pour mettre en sûreté leur seigneur. Comme celui-ci restait sourd à toutes ces remontrances, et répondait toujours que son intention était de se sauver, et d'aller rejoindre les autres nobles qui avaient pris la fuite, Robert Dujardin se laissa emporter à lui dire, dans un mouvement d'impatience et de colère : « Eh bien, soit, laissons tout aller à la dérive, et soyons tous maîtres ! » Il arriva que ces paroles furent rapportées à un seigneur du voisinage. Aussitôt ce chevalier, prenant avec lui un certain nombre de gens d'armes, se rend à Arcy-Sainte-Restitue, va droit à la maison de Robert, et, saisissant tous les meubles qui s'y trouvaient, les fait transporter où bon lui semble. Non content de ce vol à main armée, comme Robert s'avançait à sa rencontre, il lui crie, du plus loin qu'il l'aperçoit : « Ah ! te voilà, toi qui prétends être le seigneur des nobles ! » Et, cela dit, sans vouloir entendre raisons ni excuses, il fait pendre l'infortuné Robert à un arbre, contre tout droit et en dehors de toute voie de justice.

Ces scènes tragiques avaient parfois des intermèdes comiques. Il paraît, en effet, que si la plupart des Jacques cherchaient à assouvir leur vengeance par le viol, le meurtre et l'incendie, quelques autres, plus légers ou moins haineux, se contentaient de se divertir et de faire ripaille aux dépens des nobles. Colin François [1] et Nicaise Fremy le jeune appartenaient à cette seconde classe. S'étant rendus, en compagnie de plusieurs autres laboureurs du pays d'Orxois, à Bézu-les-Fèves, où deux écuyers, Jean de Saint-Martin et Guillaume de la Chambre, avaient des hôtels, ces paysans ne s'occupèrent pas le moins du monde de mettre le feu à ces résidences. Mais, allant droit à la basse-cour, ils y prirent toutes les pièces de volaille qu'ils purent trouver ; ils pêchèrent des carpes dans l'étang, cueillirent des fruits dans le verger, mirent à contribution les caves, et purent ainsi se procurer le menu d'un repas succulent dont la noblesse avait fait tous les frais.

[1] *Trés. des Chart.*, reg. 86, p. 291.

CHAPITRE IV

Des effrois en Perthois et dans la prévôté de Vitry.

Nous avons déjà eu lieu de faire remarquer [1] que les Jacques des bailliages de Chaumont et de Vitry enveloppèrent dans une haine commune les prêtres et les nobles. Tel fut, en effet, le caractère particulier des effrois dans le Vallage, en Bassigny et en Perthois. Sans parler des exemples que nous avons cités, les formules de toutes les lettres de rémission qui se rapportent à ce pays [2] font mention de cette guerre faite au clergé aussi bien qu'à la noblesse. Le seigneur de Saint-Dizier et de Vignory, queux de France, était à la tête du parti nobiliaire et clérical. Ayant appris que les vilains se soulevaient en plusieurs endroits, ce chevalier se mit aussitôt à la tête d'une troupe nombreuse, et chevaucha jusqu'à Vitry-en-Perthois. Ses hommes d'armes tuaient sans pitié tous les paysans, même paisibles et inoffensifs, qu'ils rencontraient ; ils s'emparaient des animaux et des instruments servant au labourage ; ils

---

[1] IIe part., ch. 1er.
[2] *Trés. des Chart.*, reg. 90, p. 271 : « .... Effroiz et assemblees contre les nobles et *clergé* du dit pais. » — Reg. 86, p. 356 : « . ... Conspirations, alliences et monopoles encontre les nobles et *clergie* du pais. »

brûlaient les chaumières : le sang et la flamme marquaient partout leur passage.

Des exécutions si rigoureuses frappèrent de la plus grande stupeur les habitants du Perthois. L'alarme fut d'autant plus vive qu'elle se répandit presque instantanément de tous côtés, sans qu'on en sût d'abord la cause, dans la plupart des localités. Cela tint à une circonstance particulière qu'il nous faut indiquer. Vers le commencement de cette année 1358, le bruit avait couru en Champagne que les Lorrains et les Allemands devaient venir piller et ravager cette province [1]. Les juges royaux du pays, voulant prendre des mesures pour la sûreté des habitants, établirent que désormais, dans chaque commune, en temps ordinaire, on ne sonnerait qu'une cloche, excepté à l'apparition des gens d'armes hostiles : on devrait alors sonner deux cloches, afin qu'à ce signal chacun s'armât, se tint sur ses gardes, et courût au besoin à la rencontre des ennemis. Cette ordonnance fut lue deux fois devant les députés assemblés d'un grand nombre de communes, et reçut leur assentiment. Une personne fut même choisie, dans chaque paroisse, pour veiller à ce qu'elle fût observée.

Quelques semaines plus tard, la Jacquerie éclatait ; le seigneur de Saint-Dizier courait sus aux vilains du Perthois et ravageait leurs champs. Aussitôt, le signal convenu se fait entendre ; dans chaque commune, deux cloches sont mises en branle.

[1] *Trés. des Chart.*, reg. 86, p. 355 et 465.

Ce fut une chose lamentable que ce glas funèbre se répétant de clocher en clocher, se multipliant dans toutes les directions, et traînant partout à sa suite la désolation et l'effroi. A cet appel sinistre, tous les habitants du Perthois se levèrent comme un seul homme : les adolescents, les femmes même coururent aux armes. On ne rencontrait de toutes parts, dans les campagnes, que les détachements de paysans envoyés par chaque commune pour faire face à l'ennemi et défendre le sol menacé : quelques-uns seulement portaient des épées et des lances ; la plupart n'étaient munis que de bâtons, de fourches ou de faux.

Le rassemblement général eut lieu à Saint-Vrain. Là, les paysans insurgés apprirent que l'ennemi à qui ils avaient affaire était le seigneur de Saint-Dizier : aussitôt, ils marchèrent à sa rencontre, sous les ordres d'un certain Jean Flageollet [1], de Favresse, dont ils avaient fait leur capitaine. Déjà ils s'étaient avancés jusqu'à Perthes, lorsque le seigneur de Saint-Dizier, pensant qu'il lui serait difficile de résister à ce torrent, jugea plus prudent de le détourner. Ayant appelé à une entrevue ceux qui s'étaient mis à la tête du mouvement dirigé contre lui, il leur donna l'assurance qu'il ne voulait aucun mal aux vilains, et que, si quelques crimes ou délits avaient été commis par ses gens à leur préjudice, c'était sans son aveu et contre sa défense expresse. Les paysans le crurent d'autant plus volontiers que, tout à fait étrangers par leurs habitudes au mé-

---

[1] *Trés. des Chart.*, reg. 90, p. 292.

tier de la guerre, ils commençaient déjà à regretter leurs paisibles travaux. Ils se séparèrent donc, et s'en retournèrent chez eux.

Telle fut l'issue de la Jacquerie en Perthois ; on voit qu'elle fut très heureuse pour la noblesse ; les coupables n'en eurent pas moins à subir, par la suite, comme nous le dirons plus tard, les plus grandes rigueurs fiscales. Il est vrai qu'en revanche, les villes et communes qui n'avaient point participé à l'insurrection reçurent le digne salaire de leur fidélité. De ce nombre fut la ville de Dormans [1]. Le dauphin, sur la requête du seigneur, Jean de Dormans [2], chancelier de Normandie, lui concéda le privilège d'un marché hebdomadaire, fixé au samedi de chaque semaine, et de deux foires annuelles, se tenant, l'une, le jour de la fête saint Simon et saint Jude, l'autre, le lendemain de la quinzaine de Pâques, pour la récompenser d'être restée étrangère à l'entreprise faite par plusieurs villes et communes du voisinage contre les nobles.

---

[1] *Trés. des Chart.*, reg. 86, p. 130.

[2] Jean de Dormans, fils de Jean de Dormans, procureur au parlement, chancelier du duc de Normandie à partir de l'an 1357, était encore évêque de Lisieux en 1358 ; il fut transféré au siège de Beauvais en juillet 1359 ; mais il ne prit possession de cet évêché que l'année suivante. En 1361, il fut fait chancelier de France par le roi Jean, et conserva cette charge jusqu'en 1372. Nommé cardinal par Urbain V en 1368, il mourut et fut enterré à Paris l'an 1373, devant le grand autel de l'église des Chartreux.

TROISIÈME PARTIE

ROLE D'ÉTIENNE MARCEL
DANS LA JACQUERIE

FIN ET SUITES DE CETTE INSURRECTION

CHAPITRE PREMIER

Du commencement des hostilités entre le régent et Étienne Marcel, et de la coïncidence de ces hostilités avec l'explosion de la Jacquerie. — Marcel fut-il le promoteur de ce soulèvement ?

Une question du plus haut intérêt, et que l'on n'a point encore résolue, est de savoir si Marcel prit une part à la Jacquerie, et quelle fut précisément cette part. Le moment est venu pour nous d'en chercher à notre tour la solution, en retraçant les scènes qui signalèrent les effrois aux environs de Paris. Mais il faut auparavant reprendre les choses de plus haut.

Au moment même où les états de Vermandois, réunis à Compiègne, rendaient cette ordonnance du 14 mai

1358, dont une des dispositions allait être l'occasion de la Jacquerie, il y avait déjà quelque temps que le régent et Étienne Marcel étaient entrés en guerre ouverte l'un contre l'autre. La haine irréconciliable qu'ils se portaient remontait au meurtre des maréchaux de Champagne et de Normandie; mais les hostilités proprement dites ne commencèrent entre eux qu'à la suite de la réunion des états de Champagne à Provins, le 9 avril.

Deux députés parisiens, qui s'y étaient rendus, Robert de Corbie et Pierre de Rosny [1], archidiacre de Brie, invitèrent les trois ordres de Champagne à faire cause commune avec les bourgeois de Paris et à donner leur assentiment aux derniers actes du prévôt des marchands. Mais cette proposition ne fut accueillie que par un silence universel. Les députés de la noblesse se retirèrent à l'écart afin d'aviser de concert aux mesures à prendre; en même temps, ils envoyèrent chercher le régent et le duc d'Orléans. Alors le comte de Braisne en Laonnois [2], s'adressant au duc de Normandie, au nom des nobles, lui déclara que ceux-ci étaient décidés à ne pas se rendre aux états convoqués à Paris pour le mois prochain; puis il lui demanda s'il avait jamais eu quelque sujet de se plaindre de messire de Conflans, maréchal de Champagne. Le duc ayant répondu que

---

[1] Et non de Roussi, comme Secousse l'a écrit par erreur dans la préface du tome III des *Ordonn.*, p. 78.

[2] Ces deux mots : « *en Laonnois* » prouvent qu'il s'agit bien ici de Braisne-sur-Vesle, actuellement chef-lieu de canton de l'arrondissement de Soissons, et non de Brienne, selon la conjecture malheureuse de M. P. Paris, dans son édition des *Gr. Chron. de France*, in-fol., p. 1464.

non, « Monseigneur, reprit le comte de Braisne, nous Champenois qui cy sommes, vous mercions de ce que vous nous avez dit, et nous attendons que vous fassiez bonne justice de ceux qui nostre ami ont mis à mort sans cause [1]. »

Après cette requête, les nobles champenois présents mirent à la disposition du prince leurs personnes et leurs biens pour l'aider à tirer vengeance du meurtre de leur maréchal. Le même jour, le régent les reçut tous à sa table.

Les députés de Paris revinrent en toute hâte dans cette ville donner avis de l'accueil qui leur avait été fait aux états de Provins. Marcel comprit qu'une telle conduite tenue à l'égard de ses envoyés était une véritable déclaration de guerre ; il se mit aussitôt à faire tous ses préparatifs de défense.

Il fit occuper la forteresse royale du Louvre par ses gens, après en avoir chassé les hommes d'armes du régent, et se saisit des canons, carreaux, arbalètes à tour et autres engins de toute espèce qui s'y trouvaient. Un sergent d'armes, nommé Jean de Lions, qui avait amené ces pièces d'artillerie au Louvre, et qui était préposé à leur garde, fut obligé de s'enfuir à Meaux, auprès du duc de Normandie. Les canons ainsi enlevés furent menés à l'Hôtel de ville de Paris [2] ; quant aux carreaux et aux arbalètes, on s'en servit pour armer les

---

[1] *Gr. Chron. de France*, édit. de M. Paris, in-fol., p. 166. La chronique ms., n° 5001 du fonds français (jadis 9656), a aussi parlé de ces états ; mais son récit est inexact et beaucoup moins digne de foi que la narration des *Grandes Chroniques de France*.

[2] *Trés. des Chart.*, reg. 89, p. 531.

archers et les arbalétriers des milices de la cité. La Seine, à son entrée dans Paris et à sa sortie, fut interceptée par d'énormes chaînes de fer. Les maisons attenantes aux remparts les encombraient et gênaient la défense : elles furent abattues. Les remparts mêmes furent entourés de fossés larges et profonds, et munis d'un chemin de ronde, le tout aux dépens des terrains voisins. Les Frères prêcheurs et mineurs [1], ainsi que les Quinze-Vingts, y perdirent de magnifiques jardins ou courtils, comme on disait alors [2].

D'un autre côté, Étienne Marcel, prévoyant bien que le régent voudrait affamer Paris, résolut de se rendre maître des principales forteresses qui commandent les rivières d'Yonne, de Seine, de Marne et d'Oise, par lesquelles s'approvisionne cette ville. Il tenta de s'emparer de Meaux [3], qui lui aurait livré tout le cours de la Marne. Les bourgeois de cette ville lui étaient entièrement favorables, mais ils furent pris à l'improviste par le régent : prévenant son ennemi, il avait fait occuper Meaux par

[1] Les Jacobins et les Cordeliers.
[2] *Trés. des Chart.*, reg. 86, p. 598; *Altera Cont. G. de Nangis*, dans d'Achery, *Spic.*, t. III, p. 117 et 118 ; Sauval, *Antiquités de Paris*, t. I, p. 69; D. Felibien, *Hist. de Paris*, t. I, liv. 13, p. 635; Froissart, *Chr.*, édit. de Luce, t. V. p 103. Ce que dit Froissart de ces fortifications est fort inexact, ainsi que Secousse l'a judicieusement remarqué. S'il faut en croire ce chroniqueur, Marcel fit ouvrir de grands fossés autour de Paris, avec des murs et des portes ; et telle aurait été l'importance de ces travaux, que trois cents ouvriers y auraient travaillé tous les jours pendant un an. Nous ferons observer que Froissart a ici confondu les fortifications commencées en 1356, par les ordres du duc de Normandie, avec celles que Marcel fit exécuter en 1358. Car, comment le prévôt des marchands aurait-il pu faire travailler pendant un an à ces fortifications lorsque la guerre n'éclata entre le régent et lui qu'au mois de mai, et qu'il fut tué à la fin du mois de juillet suivant?
[3] *Gr. Chroniques de France*, éd. de M. P. Paris. in-fol., p. 1466.

ses troupes, et s'y était rendu lui-même au plus vite de Provins. C'est à la suite de cette malheureuse tentative que le prévôt des marchands écrivit au dauphin Charles une lettre, en date du 18 avril, que les Chroniques de Saint-Denis [1] appellent « unes bien merveilleuses lettres closes, » et que la charte d'amnistie générale accordée aux bourgeois de Paris [2] mentionne comme renfermant « pluseurs parolles rudes, laides et mal gracieuses. » Dans cette lettre [3], Marcel se plaint, avec beaucoup de hauteur, au régent, du projet que celui-ci semble avoir formé de réduire Paris par la famine ; de l'occupation des forteresses de Meaux et de Montereau-faut-Yonne, et de toutes les autres mesures agressives qu'il a prises ; il lui reproche de se tenir sur la Marne, où il n'y a rien à défendre et où ses gens d'armes exercent les plus grands ravages, plutôt qu'entre Paris et Chartres, où sont les ennemis ; il ne craint pas de lui annoncer qu'il vient de faire saisir toute l'artillerie amenée au Louvre par le sergent d'armes royal, Jean de Lyons ; enfin, il lui rappelle, avec l'accent du blâme le plus marqué, les promesses décevantes qu'il

---

[1] Ed. de M. P. Paris, in fol., p. 1467.

[2] *Trés. des Chart.*, reg. 86, p. 240.

[3] Cette lettre a été trouvée, il y a quelques années, par un savant belge, M. Kervyn de Lettenhove, qui a aussi découvert une autre lettre de Marcel, adressée aux communes de Flandre, le 11 juillet 1358 ; elles ont été publiées toutes les deux, pour la première fois, dans le tome XX des *Bulletins de l'Académie royale de Belgique*. Depuis lors, la lettre adressée au régent, dont il s'agit ici, a été réimprimée par M. H. Martin, à la fin du tome IV de son *Hist. de France*, dernière édition. Secousse s'était trompé, comme on voit, en supposant qu'elle avait été écrite après la tenue des états de Compiègne, c'est-à-dire dans le courant du mois de mai. (V. t. I, p. 221.)

faisait naguère au peuple de Paris du haut de Saint-Jacques de l'Hôpital.

Une pareille lettre était un défi véritable. Le régent y répondit en convoquant, le dimanche 29 avril, à Vertus, les états de Champagne, qui se déclarèrent de nouveau ouvertement contre Paris, puis en allant présider, le 4 mai, les états de Vermandois, à Compiègne, où furent ainsi transférés les états généraux, qui devaient se tenir à Paris, au commencement de ce mois.

Les députés de la noblesse et des villes restées fidèles à la cause royale s'étaient seuls rendus à ces états : personne n'osa s'y présenter au nom des villes qui avaient pris parti pour Marcel et la commune de Paris. Robert le Coq, évêque de Laon, qui avait eu cette audace, faillit la payer cher. Les nobles, exaspérés contre lui, voulaient le mettre à mort, et il put à grand'peine se soustraire par la fuite à leur fureur [1].

Des membres de l'université de Paris, que Marcel avait envoyés à Compiègne y porter des propositions de paix, ne furent pas plus heureux : le régent leur répondit qu'il ne prêterait l'oreille à aucune ouverture d'accommodement, tant qu'on ne lui aurait pas livré dix ou douze « ou tout au moins cinq ou six des plus coupables de l'affaire faite à Paris; » il ajoutait que, du reste, son intention n'était point de les mettre à mort [2].

Mais le prévôt des marchands, qui savait sans doute à quoi s'en tenir sur la sincérité de cette assurance, ne

---

[1] *Gr. Chron. de France*, édit. de M. P. Paris, in-fol., p. 1468 et 1469.
[2] *Altera Contin. G. de Nangis*, dans d'Achery, *Spicil.*, t. III, p. 117, col. 2.

crut pas devoir mettre à l'épreuve la bonne foi de son ennemi.

Le régent, de son côté, voulant prendre les dernières mesures nécessaires pour cerner Paris et le réduire par la famine, fit porter par les états de Vermandois, réunis à Compiègne, cette fameuse ordonnance du 14 mai, dont un article enjoignait, sous les peines les plus sévères, aux propriétaires des châteaux et forteresses situés aux environs de Paris, de les mettre en état de défense, et d'y établir des garnisons suffisantes, à leurs frais et dépens et à ceux de leurs vassaux.

On sait que les paysans aimèrent mieux se révolter, que se soumettre à l'exécution de cette mesure : ce fut même là, comme on l'a vu précédemment [1], l'origine de la Jacquerie. La question est maintenant de savoir si les paysans, dans cette circonstance, se soulevèrent de leur propre mouvement, ou si ce fut à l'instigation d'Étienne Marcel.

Ce dont on ne peut douter, ce nous semble, après les développements où nous venons d'entrer, c'est que le prévôt des marchands n'eût le plus grand intérêt à ce qu'un soulèvement éclatât contre les nobles. Les états de Provins, de Vertus et de Compiègne venaient de lui apprendre quelles étaient devenues généralement les dispositions de la bourgeoisie provinciale à l'égard de la commune de Paris. De plus, il sentait combien il était urgent d'éloigner par une utile diversion les forces que le dauphin voulait alors concentrer autour de Paris.

[1] Voir le 3ᵉ chapitre de la première partie de cette thèse.

Marcel avait donc toute sorte de raisons d'appeler à son secours la classe des paysans, dans la guerre qu'il se préparait à soutenir contre la noblesse. Pourquoi, d'ailleurs, aurait-il résisté à ce désir ? Ne savait-il pas que la haine du peuple contre ses oppresseurs, longtemps et impatiemment contenue, portée à son comble depuis le désastre de Poitiers, n'attendait plus qu'une occasion pour éclater au grand jour ? N'était-il pas sûr que, s'il faisait entendre un cri de vengeance contre les nobles, sa voix trouverait aussitôt le plus puissant écho parmi leurs victimes ?

Toutefois, il faut en convenir, on ne voit pas trop au premier abord pourquoi cette ordonnance du 14 mai, dont l'article 5 enjoignait aux nobles de mettre leurs châteaux en état de défense, excita à un si haut degré le mécontentement, l'irritation des paysans, et provoqua parmi eux une révolte que tant d'exactions subies depuis deux ans n'avaient encore pu faire éclater. On s'explique d'autant moins ce fait, que le but avoué de l'ordonnance de Compiègne était de cerner Paris, et de le réduire par la famine ; que, par conséquent, la prescription dont nous venons de parler était dirigée uniquement contre la commune rebelle, et non contre la classe des paysans.

Mais, qu'on veuille bien y réfléchir, si Marcel crut qu'il était de son intérêt de soulever les gens des campagnes, il dut bien se garder, pour parvenir sûrement à ses fins, d'invoquer et de mettre en avant les dangers que les mesures décrétées par le régent aux états de Compiègne allaient faire courir à la ville de Paris. La bourgeoisie des villes et le peuple des campagnes formaient alors deux castes, presque aussi distinctes l'une de l'autre que la bourgeoisie elle-même et la noblesse. Les périls qui menaçaient les Parisiens, n'intéressant donc point les paysans, ne pouvaient être un motif suffisant pour les déterminer à la révolte. Marcel, afin de les y décider, dissimula probablement la véritable intention qu'avait eue le régent, en édictant l'article 5 de l'ordonnance de Compiègne. Il fit croire aux habitants du plat pays que la disposition contenue dans cet article était dirigée contre eux, que ces forteresses à élever, ces châteaux à mettre en état de défense, étaient destinés surtout à seconder un redoublement de l'oppression et des exactions seigneuriales. La passion est aveugle et crédule; d'ailleurs, il n'est pas de caprice tyrannique dont les paysans ne dussent juger les nobles capables. Marcel put être cru sans peine, et les gens des campagnes se soulevèrent à sa voix.

Quel que soit le degré de probabilité de ces considérations, Marcel soutient avec véhémence, dans une lettre adressée par lui, le 11 juillet 1358, aux communes de Flandre, que la Jacquerie commença sans sa participation : « .... Plaise vous savoir que les dites choses furent en Beauvoisis commencées et faictes sens nostre sceu et volenté, et mieuls ameriens estre mort que avoir apprové les fais par la maniere qu'ils furent commencié par aucuns des gens du plat paiis de Beauvoisis [1]. »

[1] L'original de ces lettres closes se trouve aux archives d'Ypres;

Ce qui diminue un peu la valeur de ce témoignage, c'est que Marcel, qui écrivait aux Flamands pour se ménager leur sympathie, et qui n'ignorait pas que les violences monstrueuses commises par les Jacques avaient excité une réprobation universelle, devait être naturellement porté à nier qu'il eût donné la première impulsion à ce mouvement odieux.

D'après la *Chronique des quatre premiers Valois*, dont l'auteur, inconnu du reste, est en toute occasion très favorable à Marcel, les premières avances auraient été faites au prévôt des marchands par le capitaine général des Jacques, Guillaume Cale. « Lors Guillaume Charles vit bien que la chose ne povoit ainsi remaindre. Car s'ilz se departoient, les gentilz hommes leur courroient sus. Dont envoya des plus sages et des plus notables devers le prevost des marchans de Paris, et luy escript qu'il estoit en son aide, et aussi qu'il lui fut aidant et secourant, se besoing estoit. De ce furent les generaulx des trois estas joyeulx, et escriprent à Guillaume Charles qu'ilz estoient du tout prestz à luy faire secours. »

Marcel et l'auteur de la Chronique que nous venons de citer sont contredits sur ce point par un autre chroniqueur anonyme et contemporain, dont nous avons invoqué déjà plusieurs fois l'autorité. Ce chroniqueur rapporte, comme une opinion généralement reçue de son temps, que les paysans s'étaient soulevés à l'insti-

---

elles ont été publiées par M. Kervyn de Lettenhove dans le tome XX des *Bulletins de l'Académie de Belgique*, et reproduites dans l'*Étude sur Froissart* du même auteur.

gation du prévôt des marchands : « Les Jacques s'attendoient que le roy de Navarre leur deust aidier, pour l'aliance que il avoit au prevost des marchans, *par lequel prevost la Jaquerie s'esmut, si comme on dit* [1]. »

Un troisième chroniqueur, également anonyme et contemporain, présente ce rôle d'instigateur qu'aurait joué Marcel dans la Jacquerie, non plus comme une rumeur plus ou moins accréditée, mais comme un fait reconnu et indubitable : « Les Parisiens, dit-il, en l'absence du régent, dirigèrent une incursion contre le château fort du Louvre ; ils le pillèrent et emportèrent tout ce qui s'y trouvait à l'Hôtel de ville de Paris; puis ils invitèrent, par lettres et mandements, toutes les villes, tous les bourgs et villages du royaume, à s'insurger et à prendre les armes contre les nobles : ce que firent les gens du peuple, dans le Beauvaisis et dans beaucoup d'autres lieux en France, où un grand nombre de nobles furent mis à mort [2]. »

Entre l'affirmation formelle de ces deux chroniqueurs et la négation non moins formelle, mais très intéressée de Marcel lui-même, confirmée, il est vrai, par un troisième chroniqueur, qui contredit les deux autres, le plus sage parti est peut-être de rester dans le doute. Toutefois, si nous étions mis en demeure de nous prononcer dans un sens plutôt que dans l'autre, nous inclinerions de préférence, nous l'avouons, vers l'opinion

---

[1] *Chronique normande du XIVe siècle*, p. 130.
[2] Voy. Secousse, *Preuves de l'hist. de Charles le Mauvais*, p. 664 et 665. La chronique latine dont Secousse a publié des morceaux est à la Bibliothèque nationale sous le n° 5440 du fonds latin (jadis n° 9618, 3).

des deux chroniqueurs dont nous avons cité la version en dernier lieu. Elle émane de témoins plus évidemment désintéressés ; elle est rendue plus probable que l'opinion contraire par les inductions que l'on peut tirer légitimement des circonstances au milieu desquelles éclata la Jacquerie ; elle se concilie mieux surtout avec l'appui incontestable, comme on va le voir, que Marcel prêta aux Jacques pendant le cours de l'insurrection [1].

[1] Reconnaissons toutefois que, si Marcel souleva les Jacques, il y a lieu de s'étonner que l'historiographe et le chancelier de Charles V, Pierre d'Orgemont, qui avait tant de raisons de ne pas aimer le prévôt, ait gardé le silence sur cette faute de son ennemi. — D'un autre côté, le second continuateur de Nangis dit positivement que les Jacques se soulevèrent d'eux-mêmes : « Quin imo, sicut *a seipso* et non a Deo, nec auctoritate debita, ut puta, domini superioris, dicti rurales hoc inchoaverunt, sed *a semetipsis*. » *Altera Contin. G. de Nangis*, d'Achery, *Spicil.*, t. III, p. 119, col. 2. Cf. *Gr. Chron. de France*, ch. 74, éd. Paris, p. 1471.

CHAPITRE II

Des effrois dans le Parisis et de la part qu'y prit Étienne Marcel.

Il peut paraître encore douteux, malgré les inductions et les preuves produites ici pour la première fois, que Marcel ait été l'instigateur de la Jacquerie; il est certain du moins que, la première impulsion une fois donnée, le prévôt des marchands seconda le mouvement de la manière la plus active.

L'intervention de Marcel dans les effrois s'étendit même en dehors des limites du Parisis. On voit, en effet, par une lettre de rémission, octroyée à un certain Jean le Jaqueminart, de Thièblemont, au bailliage de Vitry, que les nobles du pays accusaient cet homme de s'être rendu à Paris auprès du prévôt des marchands, pour avoir de lui une commission. On ajoute, il est vrai, que ce voyage était motivé par des affaires dont Jean le Jaqueminart avait à s'entretenir avec messire Jacques la Vache, conseiller du roi [1]; mais, si l'on considère le caractère particulier des lettres de grâce, qui par leur nature sont des pièces à décharge, si de plus l'on fait attention que les Jacques de Thièblemont avaient déjà

[1] Le texte de la lettre de rémission est aux pièces justificatives.

député Jean le Jaqueminart pour défendre leurs intérêts contre les nobles, on ajoutera foi sans peine à l'accusation de ces derniers.

Dans une autre lettre de rémission [1], accordée à un nommé Hue de Sailleville, que les habitants d'Angicourt en Beauvaisis avaient fait malgré lui leur capitaine, il est dit que celui-ci, ne voulant pas paraître autoriser les monstrueux excès auxquels les Jacques se livraient en sa présence, s'échappa de leur compagnie et alla trouver Étienne Marcel, qui était alors à Paris, pour le prier de faire cesser ces désordres.

Cet exemple prouve sans doute que ce Hue de Sailleville ne croyait pas Marcel partisan des fureurs insensées des Jacques, et nous verrons tout à l'heure combien cette opinion était justement fondée; mais il prouve aussi que l'on n'en regardait pas moins l'influence du prévôt des marchands de Paris comme toute-puissante sur les paysans insurgés, puisqu'on s'adressait à lui comme à l'homme le plus capable de mettre un frein à leurs violences.

Toutefois, c'est surtout dans le Parisis que l'active coopération de Marcel à la Jacquerie apparaît au grand jour. L'exposé que nous allons faire des principales scènes qui signalèrent les effrois dans ce pays en sera une preuve continuelle.

« Quant le prevost des marchans, dit le chroniqueur [2] anonyme que nous avons déjà plusieurs fois cité, seut la crueuse esmeute des païsans, il fist yssir hors la

---

[1] Le texte en est aux pièces justificatives.
[2] *Chronique normande du XIV° siècle*, p. 128.

commune de Paris, et alèrent abatre la tour de Gornay, le fort de Palesuel et Trappes et Chevreuse, Engesme et pluseurs autres forteresses, qui estoient autour Paris. »

Un critique très sagace, à qui nous devons une biographie d'Étienne Marcel [1], remarquable pour l'époque où elle a paru, dit, en faisant allusion à ce passage : « Un chroniqueur parle en termes très vagues d'une course que Marcel aurait faite alors entre Versailles et Montmorency, pour détruire les châteaux des nobles, situés dans cette direction. Étaient-ce les nobles, étaient-ce les paysans, que cette exécution devait atteindre ? »

Désormais il n'y aura plus lieu, ce nous semble, de s'arrêter au doute exprimé ici par notre savant maître. Plusieurs documents, que nous avons découverts et qui sont publiés pour la première fois à la fin de cette étude, nous permettent d'affirmer que l'incursion dont parle le chroniqueur anonyme était dirigée par Marcel contre les nobles et non contre les paysans.

Parmi ces documents, il en est un qui est décisif : c'est une lettre de rémission conservée au Trésor des Chartes [2].

A l'occasion du soulèvement des habitants de la terre et châtellenie de Montmorency contre les nobles, un certain Jacquin de Chennevières, de Taverny, fut élu capitaine par les paysans insurgés. Sous sa conduite, ils allèrent détruire et raser les châteaux de

---

[1] M. Jules Quicherat, Biographie d'Étienne Marcel, dans le *Plutarque français*, édit. de 1844, p. 335.

[2] Elle sera publiée dans les pièces justificatives.

Beaumont-sur-Oise [1], de Bethemont, de Taverny, de Montmorency, d'Enghien, de Chatou [2], et en général toutes les forteresses et maisons des nobles situées entre la Seine et l'Oise, depuis Chatou jusqu'à Beaumont. Or la lettre de rémission déclare expressément que ce Jacquin avait reçu du prévôt l'ordre d'opérer cette destruction. « Combien que le dit Jacquin eust eu en ce temps du feu prevost des marcheans de Paris certaine commission contenant que toutes forteresses et maisons, qui seroient assises ou cuer de France entre deux yeaues, qui au dit Jacquin sembleroient estre prejudiciables à la ville de Paris et à tout le plait païs, feussent mises à terre et arrasées en telle manière que personne n'y peust habiter. »

Non content de pousser les autres et de s'en servir, Marcel voulut encore agir, sinon par lui-même, du moins par ses commissaires ou délégués directs. Il fit choix de deux membres influents et dévoués de la municipalité parisienne. C'était un riche orfèvre de Paris, nommé Pierre des Barres [3], et un des plus considérables négociants épiciers de cette ville, le fameux Pierre Gilles [4], dont le magasin était situé dans la grande rue Saint-Denis, près de Sainte-Opportune [5].

[1] Le château de Beaumont-sur-Oise ne fut détruit qu'en partie, au rapport des *Gr. Chron. de France*. La duchesse d'Orléans, qui s'y trouvait alors, de peur de tomber entre les mains des Jacques, s'enfuit à Paris. (Édit. de M. P. Paris, in-fol., p. 1471.)

[2] La dame de Chatou n'eut la vie sauve que grâce à l'intervention de Jacquin de Chennevières.

[3] *Trés. des Chart.*, reg. 86, p. 176, f° 56 et 57.

[4] *Jugés du Parlement*, X, 14, f° 476. Le texte de ce document sera aux pièces justificatives.

[5] Nous publierons dans les pièces justificatives l'*Inventaire de l'épi-*

Ces deux bourgeois reçurent de Marcel l'ordre de chevaucher à travers tout le Parisis, à la tête d'un certain nombre de gens d'armes, avec la mission de détruire tous les châteaux et hôtels des nobles situés dans ce pays, et de forcer, sous les peines les plus sévères, les paysans à les seconder dans cette œuvre de dévastation et de ruine.

Ils se dirigèrent d'abord au sud et à l'ouest de Paris. Messire Simon de Bucy, premier président du parlement de Paris, l'un des plus intimes conseillers du régent, fut leur première victime [1]. Ce chevalier, que son titre de noble et le crédit dont il jouissait auprès du dauphin rendaient doublement odieux à Marcel et à ses émissaires, possédait deux hôtels ou manoirs à Vaugirard et à Issy. Les gens d'armes de Paris, sous la conduite des deux commissaires de Marcel, les pillèrent, y mirent le feu et les détruisirent avec le secours de quelques habitants de ces deux localités. Le mal qu'ils commirent fut si considérable, que, plus tard, Simon de Bucy [2] assignait les coupables et réclamait d'eux, pour ce fait, trois mille livres de dommages-intérêts. Un troisième hôtel du même seigneur, situé à

---

cerie de Pierre Gilles, dressé au moment de la confiscation de ses biens, document curieux pour l'histoire du commerce au xiv⁰ siècle.

[1] *Jugés du Parlement*, X, 14, f⁰ 312. Les textes relatifs à cet épisode seront aux pièces justificatives.

[2] Simon de Bucy, au rapport de Miraumont, fut le premier honoré du titre de premier président du parlement de Paris par l'ordonnance de Philippe de Valois, du 11 mars 1344, sur l'établissement personnel de son parlement. Il a donné son nom à une rue de Paris. Il était du nombre de ces conseillers du roi et de ces grands officiers civils et judiciaires dont les états du 17 octobre 1356 décrétèrent la mise en accusation et la destitution en masse. Il mourut le 7 mai 1368.

Viroflay, aux environs de Versailles, eut quelque temps après le même sort.

Après avoir reçu un renfort, en passant par Vitry-sur-Seine [1], les Parisiens marchèrent contre un manoir qu'un autre conseiller du roi, aussi président au parlement de Paris, messire Jacques la Vache [2], possédait à Choisy-le-Roi ; ils le mirent au pillage, le dévastèrent et le démolirent, comme ceux de Simon de Bucy, avec le concours de plusieurs habitants de cette commune, et de quatorze hommes d'armes, envoyés par la ville de Sceaux [3]. Quarante-six personnes, convaincues d'avoir participé à ce coup de main, furent condamnées, par arrêt du parlement de Paris, rendu le 21 août 1361, à payer à ce seigneur 581 deniers d'or, dits francs, et 200 livres tournois, à titre de dommages-intérêts.

Vers cette époque, on répandit le bruit que le régent, se rendant de Meaux à Montereau-faut-Yonne, avait chargé sur sa route un détachement de gentilshommes d'occuper Corbeil. A cette nouvelle, les deux commissaires du prévôt des marchands, Pierre Gilles et Pierre des Barres, envoyèrent en toute hâte des messagers porter des mandements [4], scellés du sceau du Châtelet

---

[1] *Trés. des Chart.*, reg. 86, p. 377.

[2] *Jugés du Parlement*, X, 16, f°s 51 et 52. Le texte est aux pièces justificatives. Jacques la Vache est nommé second président du parlement, dans l'ordonnance rendue par Philippe de Valois, le 11 mars 1344, qui règle le nombre et donne les noms des officiers dont se composait alors ce corps judiciaire. Il mourut en 1365.

[3] *Trés. des Chart.*, reg. 86, p. 316.

[4] *Trés. des Chart.*, reg. 86, p. 231 ; un de ces mandements fut envoyé notamment au crieur public de Chastre-sous-Montlhéry (auj. Arpajon), lequel, pour l'avoir mis à exécution, fut poursuivi plus tard par le pré-

de Paris, aux crieurs publics des bourgs et communes des environs. Ces mandements leur enjoignaient, au nom du prévôt, des échevins et du corps de ville de Paris, de signifier au peuple que tous ceux qui seraient en état de porter les armes eussent à se rendre, à un jour fixé, à Chilly, près de Longjumeau, où se trouvaient alors les gens d'armes parisiens, pour y prendre les ordres qu'on avait à leur donner.

Revenus de cette expédition, les Jacques de Paris, se dirigeant du côté de Versailles, allèrent abattre ou brûler successivement tous les châteaux des nobles situés dans cette direction, et, entre autres, ceux de Villers, près de la Ferté-Aleps [1], de Chevreuse [2], de Palaiseau [3], de Trappes [4] et de Viroflay [5].

Tant de ravages ne suffisaient point à Marcel. Pierre Gilles et Pierre des Barres, ses deux commissaires, reçurent de lui l'ordre de faire éprouver aux nobles du nord du Parisis le même sort qu'à ceux du sud et de l'ouest.

En conséquence, ces deux émissaires se rendirent à Saint-Denis, à la tête de cinq cents hommes d'armes, dont le prévôt des marchands leur avait donné le commandement; là, on leur fournit un renfort de cinquante nouveaux combattants, de sorte qu'ils avaient

---

vôt de Montlhéry et vit ses biens confisqués. Voir le texte publié aux pièces justificatives.

[1] *Trés. des Chart.*, reg. 86, p. 393.
[2] *Chron. normande du XIVᵉ siècle*, p. 128.
[3] *Trés. des Chart.*, reg. 86, p. 252, et la *Chron. norm.*, p. 128.
[4] *Chron. normande du XIVᵉ siècle*, p. 128.
[5] *Juges du Parlem.*, X, 14, f° 312.

sous leurs ordres plus de six cents gens d'armes quand ils arrivèrent à Gonesse [1].

C'était une simple commune de la campagne, non fermée de murailles, et dont les habitants étaient presque tous de pauvres laboureurs. Aussi, saisis de frayeur à l'aspect de cette troupe de gens d'armes, n'essayèrent-ils de faire aucune résistance.

Aussitôt arrivés, Pierre Gilles et Pierre des Barres se dirigèrent vers un manoir que possédait en cet endroit messire Pierre d'Orgemont [2], conseiller du roi et président au parlement. Ce manoir était naturellement fourni de tout le mobilier ordinaire d'une grande exploitation rurale, tel que meubles proprement dits, ustensiles, instruments de labour et bestiaux. Il y avait, entre autres richesses de cette dernière espèce, 592 bêtes à laine, et, dans le nombre, 300 béliers gras, dont Pierre d'Orgemont avait refusé trois cents écus d'or un mois auparavant. Les gens d'armes de Paris se saisirent de tous ces biens, de la valeur de mille royaux d'or

---

[1] Voir le document publié aux pièces justificatives.

[2] Pierre d'Orgemont, né probablement à Lagny-sur-Marne, seigneur de Méry-sur-Oise et de Chantilly, conseiller au parlement de Paris dès 1352, était maître des requêtes et second président du parlement, en 1356. Il fut, ainsi que Simon de Bucy et Jacques la Vache, du nombre des conseillers royaux dont les États assemblés à Paris, au mois d'octobre 1356, décidèrent la destitution. Réintégré dans ses fonctions en 1359, le roi Charles V le fit son chancelier du Dauphiné, le 21 février 1371. L'année suivante, il fut créé premier président du parlement de Paris; il fut élu, le 20 novembre 1373, chancelier de France, par voie de scrutin, en présence de Charles le Sage, tenant son grand conseil au Louvre. Le roi le nomma l'un de ses exécuteurs testamentaires, en 1374. Il remit les sceaux le 1ᵉʳ octobre 1380 et mourut le 3 juin 1389. M. Lacabane a prouvé que Pierre d'Orgemont était l'auteur des *Grandes Chroniques* depuis 1350 jusqu'en 1375 ou 1377. (*Bibl. de l'Éc. des Chartes*, t. II, p. 57-74.)

environ, et en firent ensuite le partage entre eux, de manière que chacun pût prendre sa part et en disposer comme bon lui semblerait.

Non contents de ce pillage, ils mirent en réquisition un certain nombre d'ouvriers charpentiers et couvreurs de l'endroit, avec l'aide desquels ils ruinèrent de fond en comble la maison, la grange et tout le corps de bâtiment servant à l'exploitation de la ferme : ils détruisaient les toitures, enlevant et jetant à terre les tuiles qui les composaient; ils brisaient la charpente destinée à les soutenir; ils rompaient les barreaux de fer et les vitres des fenêtres, accompagnant ces violences de malédictions et d'injures à l'adresse du propriétaire. Une autre habitation, située aussi sur le territoire de Gonesse, en un lieu dit le Tas de Chaume, et appartenant, ainsi que la première, à Pierre d'Orgemont, fut bientôt après livrée à la même dévastation.

Ensuite, Pierre Gilles, l'épée à la main, l'air furieux, parcourut en tous sens le territoire de Gonesse, et demanda d'un ton brutal si les maisons de Pierre et de Jean Rose étaient encore debout. On lui répondit que oui. Aussitôt il se mit à jurer qu'il ne partirait pas de Gonesse avant que l'habitation de Pierre Rose fût démolie. Il paraît que Pierre Gilles, obéissant sans aucun doute aux suggestions et aux ordres du prévôt des marchands, était animé de dispositions particulièrement hostiles contre ce chevalier; il ne parlait jamais de lui sans dire que c'était un traître, un homme faux et mauvais.

Bientôt, donnant un libre cours à sa haine, il intima

l'ordre aux habitants de Gonesse de mettre le feu à la demeure de messire Pierre. Ceux-ci, persuadés que Pierre Gilles oublierait bien vite ses funestes projets, ne lui obéirent pas d'abord. Puis, voyant qu'il persévérait dans ses mauvaises intentions, ils avertirent en secret les gens de Pierre Rose, afin qu'on enlevât et qu'on mît en lieu sûr tous les biens renfermés dans l'hôtel de leur maître.

Pierre Gilles, de son côté, envoya chercher un sergent royal, nommé Simon aux Chevaux, et, l'ayant amené au lieu où l'on avait coutume de faire les proclamations, il lui commanda de sommer, par cri public, au nom du roi et du prévôt des marchands, tous les habitants de Gonesse, sous peine de perdre corps et biens et d'être réputés traîtres envers la couronne et la bonne ville de Paris, d'aller détruire et raser la maison de Pierre Rose. En vain les Gonessiens, pour la sauver, voulurent-ils représenter au délégué de Marcel que Pierre Rose n'était pas noble, et qu'ainsi il y aurait crime à abattre son hôtel.

Pierre Gilles, irrité de leurs remontrances, ordonna à ses gens d'y mettre le feu en douze endroits différents, afin qu'il fût plus vite consumé. Les habitants de Gonesse, ayant à cœur de prévenir un embrasement qui de là aurait pu s'étendre par toute la bourgade, dirent alors aux Parisiens qu'ils les aideraient volontiers à démolir l'habitation de Pierre Rose, pourvu que l'on n'eût pas recours à l'incendie. On fit donc appel à tous les charpentiers et démolisseurs que l'on put trouver; on les poursuivait au besoin, les armes à la main, et on les entraînait, bon gré, mal gré, jusque sur le théâtre de la destruction ; là, on les contraignait d'y coopérer. C'est à peine si les Gonessiens parvinrent à sauver une grange, et d'autres maisons de Pierre Rose situées dans leur commune, en disant que ces bâtiments appartenaient à de pauvres religieuses et à des sœurs de ce chevalier.

Tandis que Pierre Gilles et ses hommes portaient le ravage à Tremblay [1], à Gournay-sur-Marne et en général dans toutes les localités des environs de Gonesse, Étienne Marcel envoyait une autre troupe, sous les ordres de Jean Vaillant, prévôt des monnaies, détruire le château d'Ermenonville [2].

Une circonstance du plus haut intérêt, c'est que les gens d'armes parisiens et les Jacques de Beauvaisis s'étaient donné rendez-vous à l'attaque de cette forteresse. Le capitaine général de tout le plat pays de Beauvaisis, le fameux Guillaume Cale, s'y trouvait même en personne [3]. Le château, qui appartenait à Robert de Lorris [4], chambellan du roi Jean et l'un de ses favoris, fut assailli, enlevé, livré au pillage et enfin rasé. Robert de Lorris lui-même fut forcé de renier *gentillesse et noblesse*, et de jurer qu'il aimait mieux

---

[1] *Très. des Chart.*, reg. 86, p. 286.

[2] *Chron. normande du XIVe siècle*, p. 130.

[3] *Très. des Chart.*, reg. 86, p. 309 : « A la derreine desquelx trois journées, le dit peuple, estant en armes et esmeu sur la montaigne de Montathere, eust requis au dit Germain qu'il vousist pour lors estre leur capitaine, *en l'absence de leur capitaine general, qui lors estoit devant Ermenonville.* »

[4] Un autre château appartenant à Robert de Lorris, celui de Montépilloy, fut également brûlé et démoli par les Jacques. XIe 18, fol. 63.

les bourgeois et la commune de Paris que les nobles [1]. Mais à cette condition il eut la vie sauve, ainsi que sa femme et ses enfants.

Il y a tout lieu de supposer, en l'absence de renseignements positifs, que, dans cette circonstance, il dut son salut et celui de sa famille à la présence et à l'intervention des gens d'armes de Paris. Car, c'est ici le lieu de faire remarquer cette différence profonde qui distingue le mouvement organisé par Marcel de la Jacquerie telle qu'elle sévit dans le Beauvaisis : si celle-ci fut souillée par les représailles les plus atroces contre les nobles, si les paysans soulevés ne reculèrent ni devant le viol ni devant le meurtre, et se firent un jeu des cruautés les plus raffinées, pour assouvir leur soif de brutale vengeance, les Parisiens, au contraire, ne se laissèrent généralement point entraîner à ces excès monstrueux.

Les deux incursions entreprises par les ordres de Marcel, dont nous venons de parler, furent sans doute signalées par des violences, puisqu'elles avaient pour but unique la destruction et la rapine, dirigées contre les biens des nobles; mais il faut reconnaître qu'abstraction faite de la justice de la guerre déclarée à la noblesse par la commune de Paris, ces mesures extrêmes

---

[1] *Chron. normande du XIVe siècle*, p. 130 : « En ce temps, alèrent ceulx de Paris à Ermenonville, et aissaillirent le chastel et le prindrent d'assaut. Là estoit de Lorris, qui avait l'ordre de chevalerie; mais, par paour, il regnia gentillesse, et jura que il amoit mieulx les bourgois et le commun de Paris que les nobles, et par ce fut sauve sa femme et ses enffanz. Mais ses biens furent touz robez et prins, qui dedens le chastel estoient. »

étaient impérieusement réclamées par le soin légitime de la défense.

En ordonnant les rigueurs nécessaires, les commissaires du prévôt des marchands surent s'abstenir presque toujours des crimes inutiles. Il est bien vrai, par exemple, qu'ils firent piller, détruire, incendier les châteaux et forteresses des nobles, leurs ennemis; mais on ne les vit point, comme les Jacques du Beauvaisis, faire couler à plaisir le sang de seigneurs inoffensifs. Ils n'attentèrent à la vie de personne, pas même à celle des nobles qui leur étaient le plus odieux. Il est certain du moins que les nombreuses lettres de rémission, ainsi que les arrêts du parlement qui nous ont conservé le souvenir de leurs courses dévastatrices, ne mentionnent aucun massacre, aucun meurtre à leur charge.

Nous qui avouons notre sympathie pour la cause de Marcel, notre admiration pour sa personne pendant la première partie de sa carrière politique, nous sommes heureux de constater ce caractère relativement régulier et humain d'un mouvement entrepris par ses ordres et sous sa direction. Du moins on ne pourra pas reprocher au célèbre prévôt des marchands d'avoir trempé dans les horreurs sanglantes et dans les cruautés trop faciles qui déshonorèrent la Jacquerie.

Que Marcel ait donné la première impulsion à ce soulèvement, c'est ce qui n'est pas encore, ainsi qu'on l'a vu [1], parfaitement démontré. Mais quand même il y aurait certitude complète à cet égard, il serait

---

[1] *Voy. le chapitre I*ᵉʳ *de cette III*ᵉ *partie*, p. 99.

peut-être bien sévère de rendre le chef de la municipalité parisienne responsable d'excès qu'il n'avait sans doute pas prévus, et qui dans tous les cas attirèrent de sa part le blâme le plus explicite et le plus sévère : « .... Plaise vous savoir, dit Marcel aux communes de Flandre, dans une lettre qu'il leur adressa, le 11 juillet 1358, que les dites choses furent en Beauvoisis commencées et faictes sens nostre sceu et volenté, et mieuls ameriens estre mort, que avoir apprové les fais, par la manière qu'il furent commencié par aucuns des gens du plat païs de Beauvoisis; mais envoiasmes bien trois cens combatans de noz gens et lettres de credance, pour euls faire desister des grans mauls qu'il faisoient; et pour ce qu'il ne voudrent desister des choses qu'il faisoient, ne encliner à nostre requeste, nos gens se departirent d'euls, et, de nostre commandement, firent crier bien en soixante villes, sur paine de perdre la teste, que nuls ne tuast femmes, ne enfans de gentilhomme, ne gentil femme, se il n'estoit ennemi de la bonne ville de Paris [1].... »

Pour que Marcel soit à nos yeux coupable au moins d'imprudence, il n'est pas besoin qu'il ait soulevé les Jacques; il suffit qu'il leur ait donné la main, et ce fait ne peut plus être l'objet d'un doute. Si l'on excepte des griefs semblables contre la noblesse, qu'y avait-il de commun entre le prévôt et de tels alliés? Le chef de

---

[1] Les lettres closes dont nous citons cet extrait se trouvent en original aux archives d'Ypres. Elles ont été publiées pour la première fois par le savant M. Kervyn de Lettenhove dans le tome XX des *Bulletins de l'Académie royale de Belgique*.

la municipalité parisienne poursuivait la réalisation d'un plan bien arrêté ; on eût dit que les Jacques n'avaient d'autre but que la destruction et le pillage. Marcel représentait des idées ; la conduite des Jacques ne semblait guère inspirée que par deux passions, aveugles et brutales entre toutes, la haine et le désir de la vengeance. En acceptant de tels auxiliaires, le prévôt compromettait gravement sa cause sans profit pour elle. Se flattait-il de diriger à son gré le torrent dévastateur, et de le faire rentrer à temps dans son lit, en lui disant comme Dieu jadis à la mer : « Tu n'iras pas plus loin ! » En ce cas, il se faisait la plus complète et la plus étrange illusion sur la mesure et l'étendue de son pouvoir, comme l'événement se chargea de le lui prouver.

C'est là cependant, il faut en convenir, ce qui atténue un peu la faute de Marcel : soit qu'il ait déterminé la révolte des paysans contre l'ennemi commun, soit qu'il l'ait seulement mise à profit, nous avons la preuve qu'il essaya de la modérer et de la contenir dans de certaines limites [1] ; il est même assez vraisemblable que l'inutilité des représentations qu'il fit aux insurgés en faveur de la modération et de l'humanité

---

[1] On a tout lieu de penser que ses efforts ne furent pas couronnés de succès, et que les Parisiens et les Jacques du Beauvaisis, qui se rencontrèrent à Ermenonville, ne se convinrent pas beaucoup réciproquement. Ce qu'il y a de constant, c'est que les vainqueurs se séparèrent aussitôt après la prise de ce château : Guillaume Cale retourna avec ses Jacques dans le Beauvaisis s'y faire tuer par le roi de Navarre, tandis que Jean Vaillant marchait contre Meaux à la tête des gens d'armes de Paris, auxquels étaient venus se joindre un certain nombre d'habitants du plat pays.

fut un des motifs pour lesquels il se rallia si volontiers à Charles le Mauvais, quelques semaines après que ce prince les eut anéantis.

Car, il faut bien le dire, et ce n'est pas là assurément le fait le moins étrange que présente la vie du fameux prévôt, à peine le roi de Navarre venait-il d'éteindre dans le sang de ses auteurs l'incendie allumé par les Jacques, que l'on vit Étienne Marcel, qui les appuyait naguère, qui peut-être les avait entraînés à la révolte, contracter la plus étroite alliance avec leur exterminateur. Mais rendra-t-on Marcel responsable de ce revirement trop rapide? Lui reprochera-t-on l'abandon volontaire de ses premiers alliés? N'est-il pas plus équitable de voir dans ce changement de cause et de sympathies une de ces nécessités d'État, un de ces expédients politiques auxquels les chefs de parti et les révolutionnaires ont été et seront toujours condamnés?

Triste et trop ordinaire exemple des suites funestes qu'entraîne après elle une politique violente et révolutionnaire! A l'homme d'État, qui s'est une fois abandonné à cette furie, il ne reste plus même le choix des expédients. A peine est-il sorti d'une aventure, qu'il lui faut se jeter dans une aventure nouvelle, dût-il ainsi se contredire lui-même de la façon la plus honteuse. Encore si l'homme d'État révolutionnaire était soutenu, au milieu de ces tergiversations, toujours humiliantes, souvent criminelles, par l'espoir du succès! Mais le plus souvent, hélas! avant de se précipiter dans l'abîme, il a laissé, comme les damnés de Dante, sur le bord du gouffre, toute espérance.

CHAPITRE II.

Un double reproche doit être adressé par l'histoire impartiale à Étienne Marcel : d'une part, il souilla sa cause, dans une circonstance au moins, par la violence et le meurtre; de l'autre, il la compromit par des alliances indignes d'elle. Telles sont les deux fautes graves, capitales, qui empêcheront toujours la postérité de vouer à la mémoire du fameux prévôt une sympathie et une admiration sans réserve.

Le premier devoir de celui qui a l'honneur de représenter un grand parti, une noble cause, des idées généreuses, est de s'abstenir de tout appel à la violence, de toute effusion de sang. Il doit croire assez fermement à la puissance morale des idées dont il est le champion, pour estimer qu'elles peuvent se passer de l'aide de la force brutale. Au point de vue de la morale, c'est un devoir ; au point de vue du succès, c'est la première condition du triomphe définitif de la cause que l'on sert. Les idées nouvelles ne croissent et ne se développent que dans le sang des martyrs qui veulent bien se dévouer pour assurer leur victoire. Voulez-vous les faire infailliblement mourir : arrosez-les du sang de leurs adversaires et de leurs ennemis. Il y eut un jour où Marcel méconnut complètement cette vérité. Ce fut le crime et ce fut aussi le malheur de sa vie. Ce jour-là, dans un instant d'effervescence, le prévôt fit couler ou du moins laissa répandre le sang de Regnaut d'Acy, des maréchaux de Champagne et de Normandie. Ce sang, qui rejaillit, dit-on, sur les vêtements du dauphin, dut rejaillir aussi en quelque sorte sur les idées au nom desquelles il était versé et les rendre odieuses au jeune prince, en les associant dans son imagination à une scène de violence, de meurtre et de sédition. Et ainsi de judicieuses et utiles réformes furent enveloppées dans la haine irréconciliable que le duc de Normandie voua dès lors à l'homme qui s'en était fait le champion sanguinaire.

Si la violence et l'effusion du sang souillent, déshonorent, perdent les idées, des alliances équivoques, indignes, les compromettent, les dénaturent et les engagent souvent dans d'inextricables liens. Je sais bien ce que les meilleures causes laissent de leur intègre pureté, de leur dignité, de leur franche et libre allure dans ces sortes d'adultères politiques; je cherche en vain ce qu'elles y gagnent. Marcel contracta ou, si l'on veut, subit deux mésalliances de ce genre, et par là commit deux des fautes les plus graves qu'on puisse lui reprocher. Lui, le réformateur en administration, naguère, au sein des états généraux, l'avocat de l'ordre et du droit substitués à l'arbitraire et à la force, il donnait la main à des paysans furieux qui se conduisaient comme s'ils n'eussent eu d'autre but que le meurtre et la dévastation, d'autre mobile que la soif de la vengeance! Lui, le hardi novateur en matière de gouvernement, qui ne visait à rien moins qu'à fonder en France la liberté politique sous la forme communale et fédérative, il faisait alliance avec Charles le Mauvais, l'ami des Anglais, le représentant d'une ambition et d'une rivalité dynastiques!

Ces regrettables compromis amenèrent des résultats tout opposés à ceux que le chef de la municipalité parisienne avait pu en attendre. En présence de cette coalition de Marcel et des Jacques, les gentilshommes, auparavant divisés, sentirent le besoin de se rapprocher et se mirent à serrer leurs rangs pour tenir tête à l'orage qui venait fondre sur eux. En même temps, quelque chose de la réprobation et de l'horreur qu'inspirèrent partout les excès des paysans rejaillit sur le prévôt, leur allié, et le rendit suspect à son propre parti. L'alliance de Charles le Mauvais eut pour Étienne Marcel des suites plus funestes encore. Cette alliance, repoussée par le sentiment national et patriotique, le rendit à la fin odieux au peuple de Paris, qui pendant longtemps l'avait soutenu avec ardeur; elle fut la principale cause de cette célèbre révolution du 31 juillet 1358, qui coûta la vie au prévôt et à ses principaux complices.

Malgré ces taches qui la déparent, malgré ces ombres qui l'obscurcissent, la figure d'Étienne Marcel reste une des plus brillantes de notre histoire. La hardiesse de sa tentative politique sera toujours digne de l'intérêt et des réflexions, sinon de l'entière adhésion des esprits élevés. Ses réformes administratives surtout, si avancées et si nécessaires, à considérer l'époque où elles furent tentées, commanderont éternellement l'admiration et la reconnaisance de la postérité.

Ce réveil, cette résurrection du vieil esprit communal des xie et xiie siècles, que le prévôt essaya de provoquer au xive, mais avec des vues et des prétentions plus hautes; cette autonomie complète des communes de France réunies en confédération sur le modèle des bonnes villes des Flandres, qui fut le but politique de Marcel [1]; cette sorte de féodalité communale et bourgeoise qu'il aurait voulu constituer en face de la royauté, d'une part, de la féodalité nobiliaire et cléricale, de l'autre; ce rôle d'Arteveld français qu'il eut l'intention de jouer et qui fut, à n'en pas douter, le rêve et l'ambition de sa vie : tout cela, selon le point de vue et les tendances de chaque esprit, peut être l'objet des jugements les plus divers. Une pareille entreprise, de quelque manière qu'on doive l'envisager, tendait certainement à enlever à la royauté la prépondérance gouvernementale pour la faire passer dans d'autres mains.

Beaucoup de penseurs, persuadés que rien ne peut compenser pour un peuple le manque de liberté, sont d'avis qu'il faut déplorer amèrement l'insuccès de la tentative politique d'Étienne Marcel. La réussite de son essai, disent-ils, aurait donné au système représentatif

---

[1] Marcel, comme drapier, avait entretenu de bonne heure des relations continuelles avec les Flandres, qui étaient alors le pays de l'Europe le plus renommé pour la fabrique des draps. « Jehan de Saint-Benoit et Estienne Marcel, pour 3 draps et demi, marbrez, verdelés, cours, *de Broixelles*, livrés au terme de Pasques pour robes aux enffens de la chapelle royal à Paris et à leurs maistres, au dit terme.... Les diz Jehan et Estienne, pour un roié vermeil de *Gand*, delivré aus trois guaictes du roi pour leurs robes de Toussains darrenierement passée, par le mandement du dit seigneur donné à Paris, 1ᵉʳ février 1351. » (Compte d'Étienne de la Fontaine pour le terme de la Saint-Jean de l'an 1352, publié par M. Douet d'Arcq, p. 150 et 151.)

Cinq bourgeois de Paris, Flamands d'origine, ainsi que l'indique leur nom, sont désignés comme complices de Marcel dans les chroniques du temps et aussi dans les lettres de rémission du *Trésor des Chartes*. Ils s'appelaient Pasquier le Flamand, Jacques le Flamand, Hennequin le Flamand, drapier (*Trés. des Ch.*, reg. 86, p. 196), Geffroi le Flamand (reg. 86, p. 271), Nicolas le Flamand, drapier (reg. 86, p. 209).

ce qui lui manque surtout pour s'établir d'une manière durable dans notre pays et y jeter de profondes racines, à savoir un passé et une tradition. Si l'on s'était habitué de bonne heure et bien avant 89 à compter les communes, c'est-à-dire le tiers état, pour un ordre et une puissance ayant une part sérieuse dans le gouvernement, nous n'aurions pas aujourd'hui une si grande inexpérience de la liberté et des institutions libérales. Nous serions gouvernés depuis longtemps avec les mêmes vicissitudes, il est vrai, mais aussi avec cette sécurité, cette dignité, ce profond sentiment du droit et du devoir politiques dont les Anglais, les Suédois et les autres peuples libres de l'Europe sont justement fiers. Les communes auraient fait alliance, tantôt avec la royauté, tantôt avec l'aristocratie, les auraient modérées l'une par l'autre, auraient été contenues elles-mêmes et auraient enfin, par leur médiation toujours puissante et toujours invoquée, déterminé un équilibre très avantageux aux trois ordres de l'État. Notre pays n'eût pas tardé à recueillir les fruits d'une si heureuse organisation politique. Supposez le pouvoir entre les mains d'une assemblée, et la France, presque au lendemain de la tentative de Marcel, n'eût pas été, pour ainsi dire, livrée à la démence avec Charles VI, ou à une apathie honteuse avec le roi de Bourges. D'ailleurs, ces réformes administratives, que tout le monde est forcé de louer, n'étaient que la conséquence des réformes politiques projetées par le prévôt des marchands. Le triomphe des unes était nécessaire pour amener l'application sérieuse des autres.

D'autres esprits, et le nombre en est grand, expriment une opinion tout à fait contraire. A leur avis, le plus pressant besoin de la France, à l'époque où parut Marcel, était de constituer fortement son unité nationale par la ruine de la féodalité et l'expulsion des Anglais. Or, selon eux, loin de servir cette grande œuvre, dont le pouvoir royal était appelé par son intérêt même à être le plus efficace instrument, l'indépendance politique des communes ne pouvait qu'y apporter obstacle en faisant échec à ce pouvoir, et devait favoriser ainsi, qu'on le voulût ou non, la réaction féodale et l'invasion étrangère. Autre chose, ajoutent-ils, est la vie municipale, autre chose la vie communale au sens historique du mot. Ils conviennent que la première est indispensable à la dignité, à la durée, au bon gouvernement des sociétés; mais ils soutiennent que cette vie municipale était aussi forte qu'on pût le désirer dans la France du xiv° siècle. Ils font remarquer qu'à Paris, notamment, toutes les fonctions qui se rattachaient aux intérêts de la cité, depuis celle de prévôt des marchands jusqu'à celle de maître du Grand Pont [1], n'avaient pas cessé d'être conférées par voie d'élection. Quant à la forme communale, utile, nécessaire même aux xi° et xii° siècles pour protéger contre la féodalité la bourgeoisie au berceau et permettre à celle-ci de développer son commerce et sa richesse, ils prétendent qu'elle avait fait son temps au xiv° siècle et ne pouvait plus dès lors avoir d'autre effet que d'entraver le progrès

---

[1] *Bibliothèque de l'École des Chartes*, tom. XXI, 1re livraison, septembre-octobre 1859, p. 86-89.

normal de notre pays. Ils citent l'exemple de l'Italie, des Flandres, de quelques parties de l'Allemagne, où la persistance excessive de la vie communale n'a pas été le moindre obstacle à la constitution, au maintien de l'unité et de l'indépendance nationales. S'il faut les croire, Étienne Marcel, du moins pour celui qui n'envisage que ce côté de son œuvre, est l'homme du passé; seuls, ses essais de réforme administrative en font l'homme de l'avenir. Ils doutent que le triomphe des vues politiques du prévôt des marchands eût assuré, dès le début, à notre pays les victoires, les conquêtes, les sages réformes, les institutions utiles, la renaissance littéraire, artistique, en un mot tous les bienfaits glorieux qui signalèrent le règne réparateur de Charles le Sage; ils affirment qu'un tel ordre de choses n'eût jamais pu amener, dans l'avenir, cette grande et incomparable unité nationale qui fait aujourd'hui la force de la France et qui est la principale source de sa grandeur.

Les avis sont donc divers, ou même opposés, quand il s'agit de juger l'entreprise politique d'Étienne Marcel. S'il en est ainsi, que reste-t-il d'incontesté, pourra-t-on me demander, à la gloire du prévôt des marchands? Ce qui reste, je l'ai dit, ce sont ces réformes administratives, indiquées plus haut [1], dont Marcel a l'honneur insigne d'avoir été le principal et le plus éloquent promoteur au sein des états généraux, réformes dont on a pu dire, non sans quelque raison, qu'elles contenaient

[1] V. plus haut, p. 46 et 47.

en germe les principes de 1789. Réformes si judicieuses et si admirables que, quelles qu'aient été plus tard les erreurs du prévôt, elles sont à elles seules une preuve irrécusable de la supériorité de son intelligence! Réformes si honnêtes et si généreuses qu'en dépit des fautes où la passion politique, les nécessités de la lutte et un concours de circonstances fâcheuses devaient entraîner leur auteur, elles suffisent cependant à attester l'élévation naturelle de son caractère, la droiture, la pureté primitive de ses intentions et de son patriotisme!

CHAPITRE III

Expédition des Parisiens réunis aux Jacques contre le marché
de Meaux, et des nobles contre Senlis.

L'attaque du marché de Meaux est assurément l'un des épisodes les plus intéressants de la Jacquerie; c'est aussi l'un des mieux connus. Les trois principaux chroniqueurs de cette époque, Froissart, Jean de Venette et Pierre d'Orgemont, nous ont transmis avec le plus grand détail le souvenir de cet événement. Toutefois, en dépit des développements où ils sont entrés, on ne saurait se rendre un compte vraiment exact de cette mémorable affaire, si l'on ne se représentait pas nettement la position, la configuration, les abords et les défenses de cette place, si célèbre dans notre histoire sous le nom de marché de Meaux.

Secousse, qui avait eu l'occasion de visiter cette forteresse et de l'examiner en détail pendant une demi-journée, en a tracé une description à la fois minutieuse et fidèle, digne en un mot de sa sagacité et de son exactitude ordinaires. N'ayant pas eu le même avantage, le mieux que nous puissions faire est de transcrire cette description.

« Le marché de Meaux, dit ce savant académicien, est une très grande place, entourée de bâtiments, qui forment un carré, qui n'est cependant pas tout à fait régulier. Cette place, où se tient le marché, est dans une île formée, au nord, par la Marne, qui la sépare de la ville de Meaux, et, au midi, par un canal nommé le Cornillon, et qui a été fait par les ordres de Thibaut VI, comte de Champagne.

« Ce canal sort de la Marne à la pointe orientale de l'île, et il rentre dans cette rivière à l'occident : mais, de ce côté-là, la Marne et le canal renferment une prairie à peu près d'un quart de lieue, et qui forme un triangle rectangle, dont la jonction de la rivière et du canal fait le sommet, et qui a pour base les murs de la forteresse.

« Dom Toussaints du Plessis prétend et prouve assez bien que le terrain de cette île tenait autrefois au continent, et qu'il n'en a été séparé que parce que Thibaut VI, comte de Champagne, détourna le cours de la Marne, pour la faire passer entre la ville de Meaux et le marché, qui dès lors faisait une partie de cette ville.

« Vers le milieu de l'île, il y a sur la Marne un pont qui conduit à la ville de Meaux, qui, à cet endroit-là, s'étend jusques sur les bords de la rivière; et vis-à-vis, de l'autre côté, il y a sur le canal un autre pont, par lequel on entre dans la Brie.

« Le marché et les maisons qui l'environnent sont entourés de murs; mais ils ne sont pas bâtis de la même manière. Au midi, ce n'est qu'une simple muraille, dont le pied est dans le canal même, duquel elle fait un des côtés. Elle s'élève en terrasse jusqu'au rez-de-chaussée du terrain de l'île. Sur cette muraille règne une galerie étroite, où à peine deux hommes peuvent passer : du côté du canal, elle est bordée par un parapet à hauteur d'appui; et, de l'autre côté, il s'élève une autre muraille, semblable à la première.

« Du côté de la prairie, s'élève une muraille en terrasse, qui est très haute et très solidement bâtie. Elle est flanquée, de distance en distance, de grosses tours rondes de la même hauteur. Les tours sont, pour ainsi dire, massives et remplies de terre, et l'on voit des arbres sur le haut de la muraille et des tours. Le tout est bien conservé et ne se dément en rien.

« Une muraille, semblable à celle dont je viens de parler, et flanquée de tours, régnait autrefois vis-à-vis la ville jusqu'à la pointe de l'île. La partie de cette muraille, qui fait un angle avec celle qui regarde la prairie, et qui va gagner le pont, subsiste encore. L'on a pratiqué, dans l'épaisseur du mur et de la terrasse, contre laquelle il est appuyé, une porte voûtée, pour aller à la rivière.

« Mais la partie de cette muraille qui était au-dessus du pont, jusqu'à la pointe de l'île, est entièrement ruinée. L'on voit cependant encore la base des murailles et celle des tours. Il est facile de trouver la raison pour laquelle cette partie de la muraille est détruite, pendant que les autres subsistent.

« J'ai remarqué que, dans tous les siéges de Meaux, du moins dans ceux dont j'ai connaissance, le marché n'a jamais été attaqué du côté du canal.

« Les assiégeans n'avaient garde non plus de s'enfermer dans cette petite prairie, qui est entourée d'eau : ils auraient été trop exposés à l'artillerie de la place, et n'auraient point eu de retraite; mais on commençait par attaquer la ville, moins forte que le marché, et, lorsqu'on s'en était rendu maître on plaçait, sur le bord de la rivière, de l'artillerie qui battait en ruine la muraille du marché, qui était à l'opposite de l'autre côté de l'eau. On a dû d'ailleurs avoir grande attention à entretenir la muraille, dont le pied est dans le canal, parce que, si elle s'éboulait, elle le comblerait.

« Entre la muraille qui est en face de la ville, et le lit de la rivière, il y a un espace assez considérable.

« Ces murailles et les tours paraissent être d'une structure ancienne, et il est très vraisemblable qu'elles ont été bâties par l'ordre du régent Charles, qui, comme on l'a vu plus haut, fit travailler pendant longtemps pour mettre cette forteresse en état de défense.

« Des fossés régnaient le long de la muraille que côtoie la Marne. Il n'y en avait point du côté de la muraille qui est baignée par le canal, et qui a précisément la même longueur que la première.

« Il y avait sans doute des fossés le long de la muraille qui regarde la prairie.

« Le marché a à peu près 1,200 ou 1,300 toises de tour [1]. »

C'est dans cette place, très bien fortifiée, comme on voit, que le régent, qui avait quitté Meaux, vers la fin

---

[1] Secousse, *Hist. de Charles le Mauvais*, in-4, t. I, p. 244-247.

du mois de mai, pour se rendre à Montereau-faut-Yonne, et de là à Sens, avait laissé trois cents nobles dames et damoiselles, qui s'y étaient réfugiées. On remarquait parmi elles la duchesse de Normandie, femme du régent, sa fille, et madame Isabelle de France, sa sœur, qui depuis fut donnée en mariage [1] à Jean Galéas Visconti, de Milan, et devint comtesse de Vertus. La présence de princesses d'un si haut rang donnait à ce rassemblement plus d'éclat et de majesté : l'autorité royale y était ainsi représentée au milieu de la noblesse. Le régent, pendant son absence, avait confié la garde de ces nobles dames, ainsi que de la forteresse où elles étaient renfermées, à un très petit nombre de chevaliers choisis, parmi lesquels on cite le duc d'Orléans [2], qui se trouvait là avec la duchesse, sa femme, le seigneur de Hangest [3], Regnaud d'Acy, chevalier, sire de Trocy, le sire de Revel, Philippe d'Aunoy, maître de l'hôtel du roi, le Bègue de Villaines [4], Heron de Mail, et enfin messire Louis de Chambly, dit le Haze ou le Borgne.

Si le régent n'avait pas laissé plus de forces dans le marché, c'est que sans doute il comptait sur la parole de Jean Soulas, maire de Meaux, des échevins et des principaux bourgeois de cette ville, qui avaient juré de

[1] Moyennant 600,000 florins. Le roi Jean, obligé de payer une somme énorme pour sa rançon, fut réduit à vendre, dans cette circonstance, sa propre chair à l'encan, pour me servir des expressions de Villani. Voy. l. 9, c. 103, p. 617, dans le XIVᵉ volume des *Rerum Italic. Scriptores* de Muratori.
[2] Froissart, *Chron.*, édit. de Luce, t. V, p. 103.
[3] *Trés. des Chart.*, reg. 105, p. 91, lettres de décembre 1373.
[4] *Chron. normande du XIVᵉ siècle*, p. 130.

lui être fidèles, et de ne pas souffrir qu'on fît rien contre lui ni contre son honneur [1].

Mais ces promesses, comme du reste il fallait s'y attendre, ne furent pas tenues. Les habitants de Meaux étaient entièrement dévoués au parti d'Étienne Marcel et unis par la plus étroite alliance à la commune de Paris. Aussi était-ce seulement par surprise, on se le rappelle, que le régent avait réussi à se rendre maître de la forteresse du marché de Meaux; ce succès avait même causé le plus vif désappointement aux bourgeois de cette ville, qui attendaient les Parisiens. Leur maire, Jean Soulas, n'avait pas craint d'en témoigner tout haut son mécontentement au comte de Joigny, que le duc de Normandie avait chargé d'accomplir ce coup de main. Il était allé jusqu'à dire à ce seigneur que, s'il l'avait su envoyé par le dauphin pour occuper le marché, il n'aurait jamais souffert qu'il mît le pied dans la ville de Meaux. Quelque temps après, le régent, informé de cette manifestation, avait mandé près de lui, pour le réprimander, l'audacieux magistrat qui en était l'auteur, et l'avait condamné à une amende. Mais ce châtiment n'avait eu pour effet, on le comprendra sans peine, que d'aggraver et de fortifier encore les dispositions hostiles dont Soulas était déjà animé à l'égard du parti royal.

Aussi, à peine le régent avait-il quitté Meaux, que la discorde et la lutte éclataient entre les habitants dirigés par leur maire et les nobles renfermés dans le marché.

[1] *Grandes Chroniques de France*, édit. de M. P. Paris, in-fol., p. 1466 et 1467, ch. 68.

Les bourgeois exaspérés mirent cette forteresse en état de siège. En même temps, ils envoyèrent en toute hâte demander du secours aux Parisiens, tandis qu'ils faisaient sommer tous les paysans des environs, au nom du prévôt des marchands et du capitaine des Jacques, de venir se joindre à eux pour attaquer les nobles [1]. Les vilains durent généralement répondre à cet appel. Bientôt on les vit accourir à Meaux de toutes parts. Leurs sauvages cris de guerre, leurs menaces de sensuelle et brutale vengeance, arrivaient par intervalles jusqu'aux oreilles des princesses et châtelaines renfermées dans le marché. Ces manants menaçaient leur honneur encore plus que leur vie. Elles le savaient : aussi la pensée d'avoir à subir l'attouchement de ces bêtes farouches les faisait-elle frémir d'angoisse. Les cinq ou six seigneurs restés avec elles n'étaient guère plus rassurés. Se voyant tellement inférieurs en nombre à leurs adversaires, ils commençaient déjà à concevoir les craintes les plus sérieuses sur leur situation, lorsqu'un incident imprévu vint leur rendre l'espoir et changer la face des choses.

Un des plus renommés chevaliers de ce temps, Gaston

[1] Nous avons la preuve qu'un mandement de ce genre fut adressé, notamment aux habitants de Puisieux, par deux de leurs concitoyens, Jean Raie et Simon Franquet. Nous savons que ces deux faiseurs de propagande contre les nobles eurent recours, d'abord aux menaces, puis à la violence et aux voies de fait contre les membres d'une famille appartenant à la commune de Marcilly, qui refusaient d'obtempérer à leurs injonctions. Ils égorgèrent même sur le seuil de sa demeure le chef de cette famille, nommé Lorin Poncin ; et ils se préparaient à faire subir le même sort à son fils, Simonet, lorsque celui-ci les frappa à mort *de quodam goudendardo*, dit la lettre de rémission qui nous a conservé ces détails. (*Trés. des Chart.*, reg. 86, p. 606.)

de Foix, surnommé Phœbus, à cause de sa beauté, de sa galanterie et de l'éclat de sa cour, revenait, avec Jean de Grailly, captal de Buch, gentilhomme gascon, d'une croisade ou pèlerinage, comme dit Froissart, contre les païens de la Prusse. C'était assez la mode, au xive siècle, d'aller, quand on n'avait rien de mieux à faire, guerroyer, sous prétexte de croisade, contre les habitants de ce pays, encore idolâtres à cette époque. Comme ces deux gentilshommes passaient par Châlons-sur-Marne, en Champagne, ils apprirent le danger que couraient les trois cents dames et damoiselles nobles, assiégées par les Jacques dans le marché de Meaux. Il y avait là de grands coups d'épée à donner, des femmes à préserver d'un affreux péril, des paysans soulevés à châtier; les deux chevaliers, ayant sous leurs ordres environ quarante lances, volèrent donc, sans hésiter, à la défense de la forteresse menacée. Il était temps qu'ils arrivassent.

Marcel avait fait droit à la demande de secours que lui avait adressée Jean Soulas. Pierre Gilles [1], occupé à dévaster le nord du Parisis, et Jean Vaillant, qui, de concert avec les Jacques du Beauvaisis, venait de s'emparer du château d'Ermenonville, reçurent du prévôt des marchands l'ordre d'aller attaquer le marché de Meaux.

Il n'est pas sans intérêt de faire remarquer ici que les Jacques, qui, sous les ordres de Guillaume Cale, étaient venus se joindre aux gens d'armes de Paris

---

[1] *Mém. de l'Acad. des Inscript.*, t. XX, p. 645.

pour faire le siège du château d'Ermenonville, ne prirent aucune part à la tentative dirigée contre le marché de Meaux. Robert de Lorris venait à peine de se rendre, lorsque le capitaine général des paysans apprit que le roi de Navarre, à la tête d'une foule de gentilshommes, se disposait à attaquer les Jacques restés en Beauvaisis; à cette nouvelle, il s'empressa de retourner sur ses pas pour essayer de défendre les siens contre les attaques d'un aussi puissant ennemi. Cette nécessité de tenir tête à Charles le Mauvais fut sans aucun doute la principale raison qui détermina Guillaume Cale à se séparer des gens d'armes de Paris, quelques jours à peine après avoir opéré sa jonction avec eux. Mais peut-être est-il permis de conjecturer que le capitaine des Jacques obéit encore dans cette circonstance à une autre impulsion. L'attaque du marché de Meaux, où se trouvait la duchesse de Normandie, femme du régent, était un défi jeté au dauphin, représentant du pouvoir royal, plus encore qu'à la noblesse. Or, les paysans, déchaînés contre les nobles, étaient loin de nourrir les mêmes sentiments de haine contre la royauté. Ils lui pardonnaient ses fautes en considération de ses malheurs. Ils lui savaient gré de ses bonnes intentions, si stériles qu'elles fussent presque toujours restées. Enfin ils l'aimaient de cet amour instinctif, profond, indestructible qu'on a pour la patrie, dont ils persistaient à voir en elle la personnification. Il y a donc lieu de supposer que les Jacques d'Ermenonville furent heureux de prétexter le soin de leur propre défense pour ne pas s'engager dans une aventure dirigée surtout contre une autorité pour laquelle ils se sentaient toujours un fonds d'affection. Ce qui vient à l'appui de notre conjecture, c'est que, d'après le contenu d'un grand nombre de lettres de rémission, les commissaires que Marcel envoyait attaquer le marché durent recourir presque partout à la force pour décider les paysans des villages placés sur leur route à se joindre à eux.

Quels qu'aient été les motifs de sa conduite, il est certain que Guillaume Cale se sépara brusquement des gens d'armes de Paris au moment où ceux-ci furent dirigés contre le marché, et regagna avec tous ses Jacques le Beauvaisis. Obéissant aux ordres du prévôt des marchands, les deux commissaires de la municipalité parisienne, Pierre Gilles et Jean Vaillant, se mirent en marche, chacun de leur côté, vers Meaux, à la tête de leurs gens d'armes. Tous les châteaux des nobles qui se trouvèrent sur leur route, soit de Gonesse, soit d'Ermenonville à Meaux, furent pillés, puis démolis et livrés aux flammes. Les hommes de Pierre Gilles, notamment, pillèrent et dévastèrent, au point de le rendre inhabitable, un manoir que messire Jean de Charny, conseiller et maître des requêtes de l'hôtel du roi, possédait dans la commune dont il portait le nom. Non content de cette destruction, Pierre Gilles chargea quatre cents paysans, tant du Parisis que du bailliage de Meaux, de faire subir le même sort à deux autres manoirs situés sur la rive droite de la Marne et appartenant à ce même seigneur [1].

---

[1] Voir une lettre publiée aux pièces justificatives et le n° 286 du reg. 86 du *Trés. des Chart.*

En même temps, Pierre Gilles et Jean Vaillant, dans toutes les villes, bourgs et simples villages qu'ils traversaient, contraignaient de se joindre à eux les habitants en état de porter les armes [1]. C'est ainsi que les gens d'armes de Paris, ceux de la troupe de Gonesse comme ceux de l'expédition d'Ermenonville, virent leurs rangs se grossir en chemin par l'adjonction plus ou moins volontaire d'un certain nombre de paysans. Néanmoins, Froissart peut paraître quelque peu suspect d'exagération, quand il évalue à 9,000 hommes les troupes réunies de Pierre Gilles et de Jean Vaillant, au moment où elles arrivèrent sous les murs de Meaux [2].

Apprenant l'arrivée de ces auxiliaires, les bourgeois, qui les attendaient impatiemment, s'empressèrent d'aller au-devant d'eux. Les Parisiens firent leur entrée dans Meaux par la porte Saint-Remi [3], toutes bannières déployées [4], le samedi 9 juin [5], veille de la fête de saint Barnabé, apôtre. Ceux de Meaux donnèrent des ordres pour qu'on leur distribuât aussitôt toutes sortes de

[1] Voici la preuve de cette assertion, en ce qui touche Pierre Gilles : « .... et avecques ce, quant Pierre Gilles et ses complices alerent à Meaulx, il commanda aux dessus diz, en passant par le dit Tramblay, qu'il allassent avecques lui, en les menassant d'ardoir leur ville et maisons, s'il n'y aloient : pour paour de laquelle chose les diz supplians.... alèrent à Meaulx.... » (Trés. des Chart., reg. 86, p. 286 ; lettres de rémission d'août 1358.) Quant à Jean Vaillant, il reçut, à ce qu'il paraît, un renfort de ce genre à Silly-en-Multien, et non à Tilly, selon la mauvaise leçon de Secousse (Hist. de Ch. le M., t. I, p. 248). Ce qui a fait dire, par erreur, à Pierre d'Orgemont que les 500 gens d'armes dont Jean Vaillant était capitaine s'étaient assemblés à Silly. (Gr. Chron. de France, édit. de M. P. Paris, in-fol., p. 1473, ch. 77.)
[2] Froissart, Chron., édit. de Luce, t. V, p. 104.
[3] Trés. des Chart., reg. 86, p. 211.
[4] Ibid., reg. 105, p. 91.
[5] Ibid., reg. 86, p. 274 et 211.

rafraichissements; ils firent même dresser pour eux dans les rues des tables garnies de nappes, sur lesquelles on mit du vin, du pain et de la viande [1].

Après le repas, les Parisiens, les Jacques et les habitants de Meaux réunis se disposèrent à attaquer le marché. Ils étaient si nombreux, dit Froissart, que, depuis l'extrémité septentrionale de la ville jusqu'à cette forteresse, située au sud, toutes les rues étaient pleines et encombrées de gens d'armes. S'étant rangés en bataille, les assaillants s'approchèrent du marché soudainement, sans que les assiégés s'en donnassent de garde, et l'attaquèrent très vivement.

A leur approche, les femmes qui se trouvaient dans cette forteresse se mirent à pousser des cris de frayeur. Mais le comte de Foix et le captal de Buch, sans attendre l'assaut, faisant ouvrir toute grande la porte du marché, s'avancèrent à la rencontre de leurs agresseurs, à la tête d'environ vingt-cinq hommes d'armes. En avant de cette troupe, on voyait flotter dans les airs la bannière du comte et le pennon du captal.

L'engagement eut lieu sur le pont de la Marne, qui fait communiquer, comme on l'a vu plus haut, la ville de Meaux, située sur la rive droite de ce fleuve, avec le marché, placé sur sa rive gauche. Dans un espace aussi resserré, il était impossible de combattre autrement que sur un front très peu développé et seulement homme contre homme. Cette circonstance assura l'avantage aux nobles.

---

[1] *Gr. Chron. de France*, édit. de M. P. Paris, in-fol., p. 1473, ch. 77.

Couverts depuis les pieds jusqu'à la tête d'armures impénétrables, les gentilshommes avaient en outre de longues et solides lances et des épées parfaitement fourbies. Que pouvaient, contre de telles armes offensives et défensives, soit les flèches des gens d'armes de Paris, devenues presque inutiles sur un champ aussi étroit, soit les fourches, les faux, les poignards de miséricorde, et autres armes de rencontre, les seules qu'eussent à leur disposition les paysans des environs de Meaux! D'ailleurs, les vilains de ce temps avaient, à cause de leur mauvaise nourriture, une infériorité de taille et de force physique qui leur ôtait toute chance de succès dans un combat corps à corps.

Aussi essuyèrent-ils la défaite la plus complète. Si l'on en croyait Froissart, depuis le commencement jusqu'à la fin du combat, les nobles n'eurent que la peine de tuer, sans courir eux-mêmes le moindre danger. Jamais on ne frappa plus en plein ni à la fois avec plus d'acharnement et de mépris dans la chair humaine. Il faut lire dans le chroniqueur l'expressive et vivante peinture qu'il nous a tracée de cette épouvantable boucherie.

Les nobles, dit Froissart, vinrent à la porte du marché et la firent ouvrir tout arrière. « Et puis se mirent au devant de ces vilains, noirs et petits, et mal armés, et la bannière du comte de Foix et celle du duc d'Orléans et le pennon du captal, et les glaives et les espées en leurs mains, et bien appareillés d'eulz defendre et de garder le marché. Quant ces meschans gens les virent ainsi ordennés, comment que il n'estoient mie grant foison encontre eulz, si ne furent mie si forsennés que devant; mais se commencèrent les premiers à reculer, et les gentilshommes à eulz poursievir et à lancer sus eulz de leurs lances et de leurs espées et eulz abattre. Adonc cilz qui estoient devant et qui sentoient les horions, ou qui les ressongnoient à avoir, reculoient de hideur, tout à une fois, et cheoient l'un sur l'autre. Adonc issirent toutes manières de gens d'armes hors des barrières, et gaingnièrent tantost la place, et se boutèrent entre ces meschans gens. Si les abatoient à fous et à mons, et les tuoient ainsi que bestes; et les reboutèrent tout hors de la ville, que oncques nulz d'eulz n'y eut ordenance ne conroy; et en tuèrent tant qu'il en estoient tout lassés et tannés; et les faisoient saillir à mons en la rivière de Marne. Briefment, il en tuèrent ce jour et mistrent à fin plus de sept mille; ne ja n'en fust nul échappé, se il les voussissent avoir chaciés plus avant [1]. »

Toutefois, la victoire dut être plus chèrement achetée que Froissart ne semble ici le dire; car les assaillants parvinrent jusqu'à la barrière et au delà [2]. Plusieurs nobles furent tués, notamment messire Louis de Chambly, dit le Haze ou le Borgne, qui périt d'un coup de flèche dans l'œil. Il est certain, d'autre part, que bon nombre de gens d'armes de Paris, ainsi que beaucoup de bourgeois de Meaux, réussirent à s'échapper, comme l'attestent encore aujourd'hui les nombreuses lettres de rémission qui leur furent délivrées plus tard

---

[1] Froissart, *Chron.*, édit. de Luce, t. V, p. 105 et 106.
[2] *Trés. des Chart.*, reg. 105, p. 91.

sur le fait de leur participation à l'attaque du marché de Meaux [1].

Quoi qu'il en en soit, la vengeance que les nobles exercèrent après l'issue de la lutte ne fut pas moins impitoyable que la lutte elle-même. Toute la ville fut mise au pillage. Non seulement les habitations des particuliers, mais les églises elles-mêmes furent saccagées : on n'y laissa rien qui pût avoir quelque valeur. Une partie de la population de Meaux fut massacrée. Ceux des habitants qui eurent la vie sauve furent emmenés prisonniers dans la citadelle. Le maire, Soulas, pris pendant le combat, fut pendu. Cela fait, les nobles mirent le feu à la ville. L'incendie dura quinze jours; il consuma le château royal et un grand nombre de maisons, entre autres, quelques-unes de celles des chanoines [2]. Tous les vilains qui y étaient enfermés périrent dans les flammes. Si la grande église ne fut point endommagée, tout ce qu'elle contenait, nous l'avons dit, fut pillé et emporté. L'hôpital fit aussi de très grandes pertes.

De telles rigueurs auraient dû, ce semble, assouvir

[1] *Trés. des Chart.*, reg. 86, p. 213, 211, 283, 381, 340, 236, 274, 212, 288, 300, 290, 201, 532, 148, 341, 312, 286, 420, 421, 233, etc.... Louis de Chambly, à qui appartenait le château de Boissy dans la capitainerie de Meaux, est mentionné comme mort dans des lettres de rémission accordées par le régent, à Paris, en août 1358, à Phelippot Roussel, portier du roi, et à Phelippot le Fèvre, sergent à cheval au Châtelet, qui, avec Huet Lermite, serviteur de feu Louis de Chambly, et Bricet Ufert, écuyer, serviteur de Louis de Pomponne, panetier du roi, avaient enfermé Pierre Baiart au château de Boissy et l'avaient rançonné à 200 écus d'or. JJ86, n° 315.
[2] L'un de ces chanoines, Guillaume de Chavenoil, fut un de ceux qui conseillèrent de faire venir à Meaux les gens d'armes de Paris. (*Trés. des Chart.*, reg. 86, p. 274.)

le ressentiment des nobles. Il ne se trouva point encore satisfait. « Les habitants de Meaux, disent les lettres de décembre 1373 déjà citées [1], pour leur detestable fait, furent lors atteints et convaincus du cryme de leze majesté, ou premier chief, et eux et toute leur posterité cheyoient en estat de toute dampnation, et ladite ville de Meaux, de devoir estre et demeurer à toujours inhabitable. » Toutefois le régent, en considération du doyen et du chapitre de Meaux, et à la prière de quelques bonnes villes, qui avaient intercédé auprès de lui en faveur des habitants de cette malheureuse cité, voulut bien lui octroyer des lettres d'abolition [2]. Mais la commune de Meaux fut supprimée et réunie à la prévôté de Paris.

Les nobles se ruèrent ensuite, comme des furieux, sur les campagnes environnantes, égorgeant tous les vilains qu'ils pouvaient atteindre et mettant le feu à leurs villages. Les désastres furent tels, que, s'il faut en croire un chroniqueur, les nobles causèrent en cette occasion plus de maux au royaume que les Anglais eux-mêmes, ces ennemis-nés de la France, n'auraient pu lui en faire [3].

Le succès de Meaux fut troublé par l'échec que les nobles essuyèrent devant Senlis, quelques jours après. Ayant appris que les Jacques y avaient trouvé

---

[1] *Trés. des Chart*, reg. 105, p. 91.

[2] Ces lettres ne se retrouvent pas; mais le précis en est rapporté dans des lettres du mois d'août 1358. (*Trés. des Chart.*, reg 86, p. 216.)

[3] « .... Nam re vera Anglici, qui erant regni inimici capitales, non potuissent egisse quod nobiles intranei tunc egerunt. » (*Altera Contin. G. de Nangis*, dans d'Achery, *Spicil.*, t. III, p. 119, col. 2 et 120.)

asile et appui, les gentilshommes avaient marché contre cette ville, réservant à ses habitants le sort qu'ils venaient de faire éprouver à ceux de Meaux. Mais les bourgeois de Senlis, informés à temps de ce projet, purent prendre les précautions nécessaires pour repousser leurs ennemis. Des chariots, hérissés de faux tranchantes, furent placés dans la partie supérieure des rues montueuses de cette cité. Des gens d'armes reçurent l'ordre de se cacher dans les principales maisons, afin de tomber de là à l'improviste sur les nobles, au moment où ils entreraient dans la ville. En même temps, des femmes se placèrent aux fenêtres, avec d'énormes vases remplis d'eau bouillante.

Tous ces préparatifs étaient terminés, lorsque les nobles arrivèrent sous les murs de Senlis, le 13 juin [1]. Ils se présentèrent à la porte, du côté de Paris. Là, ils demandèrent l'entrée, et sommèrent les habitants de remettre sur-le-champ en leurs mains les clefs de la ville, se prétendant faussement envoyés par le régent, duc de Normandie.

Les bourgeois de Senlis, dont toutes les mesures étaient prises, leur ouvrirent les portes, et les laissèrent entrer, sans faire de difficultés. Alors les nobles, ne doutant plus du succès et croyant déjà avoir tout à eux, s'avancèrent, l'épée haute, avec la plus insolente audace. Arrivés sans rencontrer de résistance jusqu'au

---

[1] *Trés. des Chart.*, reg. 86, p. 421. « .... Comme, le jour de la Beneisçon derrain passée, pluseurs gentilz hommes se feussent efforciez d'entrer en la ville de Senlis.... » La Bénédiction désigne l'ouverture du Lendit, deuxième mercredi de juin, le 13 juin en 1358.

milieu de la grande rue, ils se mirent à pousser le cri convenu, pour donner le signal de l'attaque et du pillage.

Mais à peine ce cri avait-il retenti, que les chariots qui garnissaient le haut de la rue, lancés vigoureusement à force de bras et roulant sur une pente rapide, tombèrent avec une violence irrésistible sur les assaillants et les culbutèrent eux et leurs chevaux. En même temps, les gens d'armes, qui s'étaient tenus jusque-là cachés dans les maisons, sortant tout à coup de leurs retraites, le glaive à la main, massacrèrent les cavaliers abattus, tandis que les femmes lançaient par les fenêtres sur leurs têtes des flots de poix fondue et des torrents d'eau bouillante.

Les nobles, déconcertés par une résistance aussi inattendue, ne tardèrent pas à tourner le dos. Ils effectuèrent leur retraite dans le plus grand désordre, et leur déconfiture fut un sujet de dérision. Ils laissèrent toutefois sur la place les plus hardis de leurs compagnons; ceux-là, du moins, ajoute naïvement le chroniqueur, ne nuiront plus aux habitants de Senlis [1].

---

[1] *Altera cont. G. de Nangis*, dans d'Achery, *Spicil.*, t. III, p. 120, col. 1. « Qui, usque *Meldis* ad suos revertentes et damnum suum narrantes, *facti sunt omnibus in derisum;* qui vero mortui remanserunt, genti Silvanectensi amplius non nocebunt. » On peut conclure de ce passage que les gentilshommes renfermés dans le marché de Meaux prirent part à l'expédition contre Senlis.

CHAPITRE IV

Fin et suites de la Jacquerie. — Conclusion.

Les Jacques ne se relevèrent pas de l'échec qu'ils avaient essuyé devant Meaux. Dès lors, le découragement et la frayeur, qui jusque-là avaient été le partage des nobles, passèrent du côté des paysans. Pour comble de malheur, le roi de Navarre choisit ce moment-là même pour leur déclarer ouvertement la guerre.

Un chroniqueur nous apprend que les insurgés furent surpris de cette hostilité de Charles le Mauvais [1]. Ils avaient pensé que ce prince, étroitement uni au prévôt, serait leur allié naturel. Cependant cette hostilité du roi de Navarre, impérieusement commandée par les idées et les nécessités sociales de l'époque, eût été facilement prévue par des esprits moins grossiers [2].

Charles le Mauvais, on le sait, ne visait à rien de moins qu'à monter sur le trône de France. Or il n'avait chance d'atteindre ce but que si la force politique et militaire par excellence de ce temps-là, c'est-à-dire la noblesse, lui prêtait son concours. Il était donc évident

---

[1] *Chron. normande du XIVe siècle*, p. 130.
[2] Secousse ne semble pas avoir été de cet avis. (V. *Hist. de Charles le Mauvais*, t. I, p. 239 et 240.)

qu'un prince aussi politique ne consentirait jamais à s'aliéner le corps de l'État le plus puissant et le plus capable de seconder ses vues ambitieuses.

Quels motifs pouvaient l'engager à se déclarer protecteur d'une tourbe de paysans mutinés? Pauvres, faibles, sans expérience de la guerre, presque sans armes, quels services pouvaient-ils lui rendre dans sa lutte contre le régent? Il était sûr, au contraire, en faisant la guerre aux vilains, ces ennemis mortels des nobles, de s'attirer la sympathie de ces derniers, et de s'acquérir ainsi des droits à leur reconnaissance.

Deux faits particuliers, dont nous avons déjà parlé, vinrent s'ajouter à ces motifs généraux, pour indisposer encore davantage le roi de Navarre contre les paysans. Jean de Picquigny était, comme on sait, le partisan dévoué et l'un des favoris de Charles le Mauvais, qui n'était sorti de sa prison d'Arleux que grâce à l'initiative audacieuse de ce seigneur. Or, deux membres de la famille de ce dernier, Testar et Guillaume de Picquigny, furent les premières victimes de la fureur des Jacques. Testar fut massacré par les paysans du Ponthieu; Guillaume fut tué en trahison par les Jacques de l'Amiénois, pendant qu'il était en conférence avec eux. Ne peut-on pas croire que Jean de Picquigny usa de son influence, toute-puissante auprès du prince, son obligé, pour le décider à tirer vengeance du meurtre de ses deux parents?

Ce qui est certain, c'est que le roi de Navarre dirigea d'abord ses coups contre les Jacques de la Picardie, qui s'étaient rendus coupables de ces deux attentats.

CHAPITRE IV. 149

Des gentilshommes picards et normands vinrent trouver Charles le Mauvais à son château de Longueville [1]. Ils le prièrent de se mettre à leur tête pour combattre l'ennemi commun : « Sire, lui dirent-ils, vous estes le plus gentilhomme du monde : ne souffrés pas que gentillesse soit mise à néant. Se ceste gent qui se dient Jacques durent longuement, et les bonnes villes soient de leur aide, ilz mettront gentillesse au néant et du tout destruiront. » Le roi de Navarre accueillit favorablement la demande de ces gentilshommes. A la tête de 400 lances, il marcha à la rencontre des Jacques, qu'il joignit près de Clermont en Beauvaisis. Depuis Longueville, et tant qu'avait duré le trajet, l'armée navarraise n'avait pas cessé de faire des recrues de brigands ou de recevoir des renforts de gentilshommes : son effectif avait été ainsi porté à 1,000 lances. Elle se composait de trois corps d'armée, dont un était commandé par le roi Charles en personne; un autre était sous les ordres du sire de Picquigny et du vicomte des Kesnes. Le troisième, composé presque entièrement d'Anglais et de brigands, avait pour chef Robert Sercot.

Dès qu'il eut des nouvelles de l'approche du roi de Navarre et des gentilshommes, le capitaine général du plat pays, le fameux Guillaume Cale, dit aux siens : « Beaux seigneurs, vous sçavez comme les gentilzhommes viennent sur nous, et sont grant gent et duiz de la guerre. Se vous me croyés, nous irons em-

---

[1] Nous empruntons tout ce récit si curieux de la campagne du roi de Navarre contre les Jacques à la *Chronique des quatre premiers Valois*.

près Paris. Et là prendrons aucune place, et si aurons le confort et l'aide de ceulx de la ville. » Les Jacques repoussèrent ce sage conseil : « Nous ne reculerons pas d'une semelle, s'écrièrent-ils ; nous sommes assez forts pour combattre les gentilshommes. » Alors Guillaume Cale, aidé d'un *hospitalier*, nous dit le chroniqueur, fit mettre ses paysans en ordre de bataille. Il forma deux corps d'armée composés chacun de deux mille hommes. Les archers et les arbalétriers furent placés sur le front, derrière les chariots et les bagages disposés en forme de camp retranché. Six cents cavaliers, tous très mal montés, dont quelques-uns même n'avaient pas d'armes, devaient appuyer les gens de pied.

Ces dispositions étaient prises depuis trois jours du côté des paysans, lorsque le roi de Navarre vint leur livrer bataille à la tête de ses mille lances. Loin de perdre contenance en présence de forces aussi redoutables, les Jacques poussèrent des cris de joie. Ils firent retentir leur camp des fanfares des trompettes et du son des instruments ; ils déployèrent leurs bannières fleurdelisées, en signe d'allégresse.

Charles le Mauvais avait compté poursuivre des paysans débandés et à demi vaincus par la crainte ; il se trouvait en face de communiers décidés, fermes et bien commandés ; il eut peur et recourut à la trahison. Demandant un armistice, il invite à une conférence le capitaine des Jacques ; Guillaume Cale s'y rend sans défiance ; il est aussitôt chargé de chaînes. Dès lors l'armée des paysans n'était plus à craindre : elle avait perdu son âme. Privés d'un chef qui avait toute leur confiance, ces laboureurs, improvisés soldats, perdirent l'espoir du succès, et, avec cet espoir, leur plus grande ou plutôt leur seule force. Robert Sercot prend en flanc un de leurs corps d'armée, qui est bientôt rompu et dispersé. Ailleurs, les gentilshommes, chargeant leurs ennemis à fond de train, de toute l'impétuosité de leurs coursiers, les mettent en pleine déroute et en font un grand carnage [1]. A la vue de cette déconfiture, les gens de cheval du côté des Jacques prennent la fuite et se sauvent en grande partie : néanmoins cent d'entre eux sont tués par quelques chevaliers qui s'acharnent à leur poursuite. Les gens de pied succombent en masse sous les coups des hommes d'armes du roi de Navarre. Quelques-uns seulement, qui s'étaient tapis dans les blés, parviennent ainsi à déjouer toute recherche et à sauver leur vie.

Après cette victoire ou plutôt cette boucherie, le roi

[1] D'après M. Graves (*Statistique du canton de Liancourt*, au mot CATENOY), le lieu du massacre, encore connu sous le nom de « Champ de bataille, » serait situé à l'ouest de Catenoy (Oise, arr. Clermont, c. de Liancourt), vers Nointel, et non pas vers Montdidier, ainsi que le raconte Jean de Venette. D'après les Grandes Chroniques, cette bataille fut livrée dans le même temps qu'eut lieu l'affaire de Meaux. Or, les bandes parisiennes entrèrent à Meaux le samedi 9 juin, et elles venaient d'Ermenonville, où elles avaient quitté Guillaume Cale qui était parti en toute hâte pour Mello. D'Ermenonville à Meaux, il y a à peine une journée de marche ; mais comme elles avaient enrôlé de gré ou de force et s'étaient incorporé à Silly en Multien 500 paysans, on peut admettre qu'elles aient mis deux jours. De cette façon, les Parisiens et les Jacques se seraient séparés à Ermenonville dans la journée du jeudi 7 juin. Le vendredi 8 au matin, Guillaume Cale serait arrivé à Mello. Pendant toute cette journée du vendredi et celle du samedi 9, l'armée de Charles le Mauvais et celle de Cale seraient restées en présence, et la bataille se serait livrée le dimanche 10, le lendemain de l'affaire de Meaux et trois jours avant celle de Senlis. Flammermont, *Revue historique*, janvier-avril 1879, p. 139, note 3.

de Navarre se rendit à Clermont. Là, pour consommer sa vengeance et celle de la noblesse, il fit trancher la tête de Guillaume Cale et de quelques-uns de ses principaux complices, après avoir couronné, dit-on, le roi des paysans d'un trépied de fer rouge [1]. Parmi les Jacques qui subirent ainsi le dernier supplice, quelques-uns sans doute avaient été livrés par les bourgeois de Clermont [2]. Le roi de Navarre, voulant récompenser les habitants de cette ville du service qu'ils lui avaient rendu dans cette circonstance, les prit sous sa sauvegarde [3].

Les habitants d'Angicourt [4], village des environs de Clermont, suivant l'exemple de cette ville et d'un certain nombre de communes du voisinage, obtinrent aussi la faveur d'être placés sous la sauvegarde du roi de Navarre; ils espéraient se mettre, par ce moyen, à couvert du ressentiment des nobles. Mais il paraît que cette précaution fut inutile à ceux qui l'avaient prise : tout ce pays n'en fut pas moins pillé, brûlé et ruiné par les gentilshommes. Plus de huit cents Jacques succom-

---

[1] Baluze, *Hist. Pap. Aven.*, Vita prima Innocentii VI, I, 334.

[2] Une lettre de rémission du *Trésor des Chartes* (reg. 90, p. 288) dit expressément que les habitants de Clermont livrèrent au roi de Navarre G. Cale et ses principaux complices. En ce qui concerne le capitaine du Beauvaisis, cette assertion est contredite par le second continuateur de Nangis (d'Achery, *Spicileg.*, t. III, p. 119, col. 2) et par l'auteur de la *Chronique des quatre premiers Valois*. Mais rien n'empêche d'admettre que quelques-uns des principaux complices de Cale, qui avaient survécu à la grande défaite des Jacques et qui avaient pu chercher un asile derrière les remparts de Clermont, aient été livrés au vainqueur par les habitants de cette ville.

[3] *Trés. des Chart.*, reg. 90, p. 288.

[4] Et non Augicourt, selon la mauvaise leçon de Secousse. (*Hist. de Ch. le M.*, t. I, p. 256.)

bèrent sous les coups de leurs ennemis, tant à Clermont qu'aux alentours de cette place [1].

Après l'exécution de Guillaume Cale et de ses complices, Charles le Mauvais se dirigea avec son armée du côté de Montdidier, contre une troupe de Jacques. Il les attaqua de concert avec le comte de Saint-Paul et les fit passer au fil de l'épée [2]. Quelques jours auparavant, un combat s'était livré près de Poix, entre un détachement de gentilshommes qui amenaient des renforts au roi de Navarre et des bandes de Jacques qui allaient se joindre à l'armée de Guillaume Cale. Cette rencontre coûta la vie à plus de quinze cents paysans. Dans une autre mêlée sanglante qui eut lieu entre Roye et Gerberoy, les mêmes gentilshommes tuèrent huit cents Jacques; ils en brûlèrent aussi trois cents, en mettant le feu à un monastère où ils s'étaient réfugiés. A Gaillefontaine enfin, ils mirent à mort mille paysans. En Brie, le comte de Roussi faisait pendre les Jacques à la porte de leurs chaumières.

De Clermont, le roi de Navarre alla occuper Senlis, dont les habitants avaient reçu les Jacques à bras ouverts, quelques semaines auparavant. Les bourgeois de cette ville, sans doute pour se faire pardonner cette faute, nommèrent le roi de Navarre leur capitaine [3]. Cela nous prouve que si le régent attaqua aussi, de son côté, les Jacques, il n'y eut néanmoins aucun concert entre lui et le roi de Navarre, puisque celui-ci prenait

---

[1] *Chron. normande du XIVe siècle*, p. 130.
[2] Contin. de G. de Nangis, d'Achery, *Spicil.*, t. III, p. 119, col. 2.
[3] *Trés. des Chart.*, reg. 86, p. 387.

le titre de capitaine dans un pays où le régent avait envoyé un autre délégué, le sire de Saint-Sauflieu.

Le duc de Normandie avait pris les armes contre les paysans, dès le commencement de l'insurrection. Ayant été informé, vers la fin du mois de mai, par Jean Bernier, de Villers-Saint-Paul, de ce qui se passait dans le Beauvaisis et aux environs de Creil et de Senlis, il envoya son amé et féal chevalier et conseiller, le sire de Saint-Sauflieu, en qualité de capitaine, pour défendre ce pays [1]. Des détachements furent sans doute dirigés vers les autres contrées où le soulèvement se répandit, et le prince prit toutes les mesures propres à arrêter le cours de la révolte.

L'attaque du marché de Meaux acheva de rendre les Jacques odieux au dauphin. C'était un véritable défi jeté au régent qu'une tentative contre cette forteresse où se trouvait alors sa femme, la duchesse de Normandie. Mais les seuls coupables dans cette affaire étaient, à le bien prendre, les Parisiens et les habitants de Meaux. Si un certain nombre de campagnards des environs de cette ville avaient pris part à l'attaque du marché, ils y avaient été contraints, ainsi que nous l'avons vu, par la menace et la violence. Le régent ne fit pas moins porter sur les paysans, aussi bien que sur la commune de Meaux et sur celle de Paris, le poids de sa vengeance.

Ce prince était à Sens depuis une semaine, lorsqu'il apprit cette nouvelle, le vendredi 15 juin. Aussitôt il

---

[1] *Trés. des Chart.*, reg. 86, p. 387.

se rendit à Provins, et de là à Meaux, puis à Château-Thierry, à la Ferté-Milon, et enfin à Gandelu, où devait se trouver réunie une grande assemblée de paysans de toutes les communes environnantes. Sur la route, les gentilshommes accouraient de toutes parts se joindre au régent pour l'aider à combattre et à exterminer l'ennemi commun. Ces gens d'armes exercèrent des représailles vraiment atroces. Tout fut mis à feu et à sang dans le pays situé entre la Seine et la Marne. Les chaumières furent partout brûlées ou abattues, et les paysans massacrés, ainsi que leurs femmes et leurs enfants. Un chroniqueur évalue à plus de vingt mille le nombre des victimes qui avaient péri avant le 24 juin [1].

Dans les seules communes de Saint-Thierry, de Merly-le-Grand et le Petit, de Villers-Sainte-Anne, de Thil, de Pouillon, de Chenay, de Châlons-sur-Vesle, de Villers-Franqueux, petits villages situés aux environs de Reims, cinquante paysans furent massacrés dans une rencontre, par les nobles, qui les avaient assaillis en poussant le cri de : « Mort aux vilains! » Les auteurs de ce massacre chevauchèrent ensuite pendant plusieurs jours, à travers les hameaux de cette contrée, brûlant les uns, rançonnant les autres, et saisissant partout les chevaux qui pouvaient leur tomber sous la main, dételant au besoin les charrettes des pauvres laboureurs. Ceux-ci, exposés sans défense aux traitements les plus barbares, s'enfuyaient devant eux du

---

[1] *Gr. Chron. de France*, éd. de M. P. Paris, in-f°. p. 1475 et 1476.

plus loin qu'ils les apercevaient. Aussi tout ce pays fut-il bientôt converti en désert : « Les maisons, disent les lettres de rémission [1] qui nous ont conservé ces détails, sont demourées vagues ; et les biens, qui sont ou païs, perissent aux champs. » Vers le même temps, le jeune Enguerrand VII, sire de Coucy [2], à la tête d'une troupe nombreuse, et en compagnie de plusieurs autres chevaliers, se mit aussi à donner la chasse aux Jacques de sa seigneurie, et à les tuer, dit Froissart [3], sans pitié ni merci.

La vengeance des nobles fut si terrible, que les annalistes de ce temps ne trouvent pas d'expressions assez énergiques pour en peindre toute l'horreur : « Cette sotte affaire, dit l'un d'eux, en parlant de la Jacquerie, ne resta pas impunie. Car les chevaliers et les gentilshommes réunirent leurs forces, afin de se venger plus sûrement et mieux de leurs ennemis. On les vit se ruer sur les hameaux et les villages de la campagne, pour y mettre le feu, et poursuivre par les maisons, par les champs, par les vignes et les bois, les pauvres paysans, qui furent misérablement égorgés. Ces sanglantes exécutions font encore aujourd'hui verser des larmes aux habitants de Verberie, de la Croix-Saint-Ouen près Compiègne, et de beaucoup d'autres communes de la campagne, que je n'ai point vues, et que je ne mentionne point ici [4]. »

---

[1] *Trés. des Chart.*, reg. 86, p. 380.
[2] La *Chronique normande du XIVe siècle*, p. 128, donne à ce seigneur le nom de Raoul de Coucy.
[3] Froissart, *Chron.*, éd. de Luce, t. V, p. 106.
[4] *Altera Cont. G. de Nangis*, dans d'Achery, *Spicil.*, t. III, p. 119, col. 2.

Le devoir de la royauté, dans une telle conjoncture, était d'intervenir, afin de faire cesser ces cruelles représailles, et de mettre un frein à la fureur des nobles. Toutefois, il faut le dire, le régent ne prit aucune mesure véritablement sérieuse et efficace pour atteindre ce but. Il reproche bien, il est vrai, aux nobles, dans les lettres d'amnistie générale données à Paris le 10 août [1], leur conduite impitoyable à l'égard des paysans; il ajoute qu'il leur fit défense de renouveler les actes de violence qu'ils s'étaient permis; mais les nobles ne tinrent aucun compte de cette défense. Au reste, le prince qui l'avait portée ne paraît pas avoir jamais eu fort à cœur lui-même de la faire observer, du moins si l'on en juge par les peines illusoires infligées à ceux qui y contrevenaient. L'un de ces derniers, par exemple, qui s'était rendu coupable de meurtre commis sur la personne d'un vilain, fut condamné à faire, en expiation de cet homicide, un pèlerinage à Notre-Dame de Roc-Amadour [2]. Il aurait fallu, je pense, beaucoup de châtiments pareils à celui-là pour mettre à la raison des chevaliers du XIVe siècle, et désarmer leur haine!

De quel droit, d'ailleurs, le pouvoir central serait-il venu commander à la noblesse le respect de la personne et de la vie des paysans, au moment où il les accablait lui-même sans pitié des plus intolérables exactions? Si les nobles étaient altérés de sang, le fisc, de son côté, avait encore plus soif d'argent. Or, la Jacquerie offrait

---

[1] *Trés. des Ch.*, reg. 86, p. 241. Le texte de cette lettre sera aux pièces justificatives.
[2] *Trés. des Ch.*, reg. 86, p. 419.

une merveilleuse occasion de pressurer les vilains, sous prétexte d'amendes, et de battre ainsi monnaie à volonté : le fisc royal, dont tous les coffres étaient plus que jamais épuisés en ce moment, n'avait garde de laisser échapper cette bonne fortune.

Des lieutenants furent donc envoyés de tous côtés par le régent, pour imposer des amendes aux villes, bourgs et communes qui avaient trempé dans la Jacquerie. Nous savons notamment que le comte de Vaudemont, sire de Joinville, fut chargé d'une mission de ce genre dans le Perthois. Ce chevalier s'en acquitta avec tout le zèle désirable, comme nos lecteurs vont pouvoir s'en convaincre en voyant le chiffre des amendes qu'il leva sur quelques communes de ce pays : on pourra, en même temps, grâce à ces exemples, se faire une idée approximative de l'importance des sommes qu'eurent à payer les autres localités. A Bouchy-le-Repos [1], l'amende fut de 200 florins d'or à l'écu; à Sainte-Livière [2], de 1,200 florins d'or à l'écu; à Bettancourt [3], de 2,000 écus; à Heiltz-le-Maurupt [4], de 1,000 écus; à Chavanges [5], de 1,000 florins d'or au mouton [6].

---

[1] *Trés. des Ch.*, reg. 90, p. 271.
[2] *Ibid.*, reg. 86, p. 578.
[3] *Ibid., ib.*, p. 346.
[4] *Ibid., ib.*, p. 357.
[5] *Ibid., ib.*, p. 596.
[6] Mais le vilain, au moyen âge, était l'immeuble par destination le plus précieux de son seigneur. Celui-ci avait donc toute sorte de motifs pour tenir son serf indissolublement attaché à sa terre, dont il augmentait la valeur. Aussi, dans l'occasion dont il s'agit, vit-on les nobles, en vue de leur intérêt propre, adresser des requêtes au régent, afin qu'il abaissât le taux des amendes dont l'intolérable exagération poussait les vilains à s'enfuir des terres seigneuriales et à quitter le

CHAPITRE IV. 159

Les malheureux paysans à qui l'on imposait ces amendes énormes devaient, tout en les payant, s'acquitter, comme par le passé, des rentes et redevances seigneuriales : de plus, ils étaient soumis depuis quelque temps à un double subside extraordinaire que le régent s'était fait octroyer pour la défense et la garde du pays [1]. En réfléchissant à toutes ces charges, comment s'étonner de la dépopulation signalée par toutes les lettres de rémission de cette époque? Comment ne pas les croire lorsqu'elles révèlent que les habitants du Perthois, pour fuir ces exactions, désertèrent en masse le royaume et se retirèrent dans le comté de Bar, laissant derrière eux leurs campagnes incultes et inhabitées [2]?

Ainsi finit la Jacquerie. Elle avait duré environ un mois, depuis le 21 mai de l'année 1358, jusqu'au 24 juin. Du reste, l'émeute ne sévit véritablement que pendant la première moitié de cet intervalle : ce fut la Jacquerie proprement dite. La seconde moitié ne vit guère que l'anéantissement des Jacques, traqués à la fois par le roi de Navarre, par les gentilshommes, par les brigands, par le régent : ce fut ce qu'on peut appeler la

royaume. Le régent accéda à leur demande, et diminua de moitié le chiffre des amendes imposées par son lieutenant.

[1] « .... Et avec, pour double et paour des ennemis se soient raençonnez, et si leur convient paier les rentes au dit sire de Hangest, et avec ce double subside à nous octroié nouvellement pour la garde du païs.... » Reg. 90, p. 271.

[2] « .... Comme nous avons entendu les diz habitanz, qui sont sur les frontières du conté de Bar, pour cause de la dite condempnacion, vuiedent du tout le royaume et se sont trait et traient ou dit conté ou ailleurs, hors d'icelui royaume, en delaissant les dites villes toutes vuides, desertes et non habitées.... » Reg. 86, p. 346.

contre-Jacquerie. Quelques écrivains ont pensé que le soulèvement avait été général et simultané dans tous les pays qui y prirent part, sans concert, sans complot tramé à l'avance, et même sans correspondance entre les différentes provinces, entre les villages, bourgs et cantons insurgés. Il est plus probable que les troubles avaient éclaté d'abord aux environs de Clermont seulement, et que de là, grâce à la propagande active et habile de Guillaume Cale élu capitaine général, ils se répandirent presque instantanément, de proche en proche, dans les diverses localités de l'Ile-de-France, de la Picardie et de la Champagne où les effrois exercèrent leurs ravages. Les voyageurs qui ont parcouru les savanes du Nouveau Monde nous ont parlé de ces forêts vierges, dont les arbres plusieurs fois centenaires sont desséchés par le travail des siècles. Que le feu soit mis en un point de l'une de ces forêts, en quelques heures elle devient presque tout entière la proie des flammes. Ainsi éclata, ainsi se propagea la Jacquerie.

Jusqu'ici nous n'avons fait que décrire cette insurrection, il nous reste maintenant à la juger : c'est la partie la plus difficile de notre tâche.

Si les Jacques s'étaient contentés de courir sus aux brigands qui leur faisaient endurer d'intolérables vexations, si même ils s'étaient bornés à brûler les châteaux qui servaient de repaires à ces bandits, sans doute il faudrait les plaindre d'avoir été contraints de recourir à une extrémité aussi violente, aussi étrangère aux voies légales ; mais je ne sais vraiment si l'on aurait le droit de leur infliger un blâme bien sévère. Faire la chasse aux brigands, c'était user simplement du droit de légitime défense. Mettre le feu aux châteaux occupés par les gens d'armes ennemis ou susceptibles de tomber entre leurs mains, c'était prendre la seule mesure qui pût les empêcher de commettre le crime avec impunité et de perpétuer indéfiniment l'oppression [1]. Je dis plus : en faisant des rassemblements et en attaquant à main armée leurs agresseurs, les Jacques ne faisaient qu'obéir aux injonctions plusieurs fois renouvelées de l'autorité légitime, c'est-à-dire de la royauté. En effet, l'un des articles de l'ordonnance du mois de mars 1356 est ainsi conçu : « Avons ordonné et ordonnons qu'il soit publiquement crié de par nostre dit seigneur et de par nous, et deffendu sur la hart, que aulcuns souldoyers, soient du royaume ou de dehors, en allant, passant ou venant, ne prennent, pillent ou robent bleds, vins, vivres quelconques, ou autres choses sur les subgez, en quelque lieu qu'ils passeront, ne sur quelque personne que ce soit : et se ils s'efforcent de faire le contraire, *nous voulons et ordonnons que chacun puisse resister de fait à leurs forces par toutes les voyes et manières qu'ils pourront mieulz, appelez ad*

---

[1] Le régent pouvait opposer à ses adversaires une force armée permanente et des moyens de résistance que les Jacques n'avaient nullement à leur disposition. Cependant, lorsque ce prince entreprit, au mois de juillet 1359, de forcer les Anglais et les Navarrais à évacuer entièrement le Parisis, il pensa que le seul moyen de délivrer sûrement ce pays de la présence et des incursions des ennemis était de faire raser toutes les forteresses qui s'y trouvaient. On peut lire dans Secousse les lettres par lesquelles le dauphin Charles confirme l'ordre donné à Regnaut des Gouillons de faire exécuter la démolition de ces forteresses. *Hist. de Charles le Mauvais*, t. I, p. 380 et 381; t. II, Preuves, p. 143 et 147.

ce les gens des villes voisines par son de cloche ou aultrement, si comme bon leur semblera, et de ce faire leur donnons pouvoir et auctorité [1]. »

Un peu plus loin, le dauphin ne se contente pas d'autoriser les paysans à résister aux brigands par rassemblement et à main armée; il les y oblige. Ce n'est plus une faculté qu'il leur accorde; c'est une prescription, c'est un ordre qu'il leur donne : « Pour ce que les subgez du royaume puissent demourer plus à pays, ordonnons et mandons que, si aulcuns du royaume ou aultres s'efforcent de prendre ou guerroyer aulcunes personnes en bonnes villes du royaume, que tous les officiers et subgez de nostre très chier seigneur et père et de nous les en fassent cesser, et y contrestent et facent contrester par tout le peuple, *et que li peuples du dit royaume y contreste de tout son pouvoir par toute puissance d'armes, et à son de cloches, et faire le puissent senz offense.* »

L'ordonnance du 14 mai 1358, rendue à la suite de la réunion des états de Compiègne, reconnaît et proclame de nouveau le droit qu'ont les gens du peuple de résister à leurs oppresseurs, en faisant entre eux des rassemblements à main armée : « Si ceulx contre qui ces violences seroient exercées n'estoient pas assez forts pour y resister, *ils pourront appeler à leur secours leurs voisins qui pourront s'assembler par cri public.*

« Les soudoyers, soit françois, soit estrangers, ne pilleront point dans le royaume sous peine d'estre

---

[1] *Ordonn. des rois de France*, t. III, p. 139. Ibid., ibid., p. 144 et 145.

CHAPITRE IV.   163

pendus, et *il sera permis de leur resister par voye de fait* [1]. »

En présence de textes législatifs aussi nombreux, aussi formels, les Jacques, s'ils s'étaient contentés de donner la chasse aux brigands, ne pourraient encourir aucun blâme fondé, même au point de vue de la légalité la plus stricte; ils n'auraient fait, on le voit, qu'user d'une autorisation, qu'obéir à une injonction, plusieurs fois renouvelée par des ordonnances royales. Malheureusement il n'en fut point ainsi. Toutefois, il y a lieu de croire que cette pensée de défense, de résistance aux brigands, animait surtout les gens des campagnes, quand ils commencèrent à se soulever et à prendre les armes. C'est du moins ce que l'on peut conclure des lettres de rémission générale données par le régent, le 10 août 1358 [2], en faveur de tous ceux qui avaient pris part à la Jacquerie. D'après ces lettres, les paysans s'étaient d'abord rassemblés sur les champs en armes « *sanz l'autorité et licence de nostre dit seigneur* [3]*, pour avoir avis et deliberacion comment chascun païs en droit soy pourroit mieulx resister au fait des Engloys et autres ennemis du royaume de France, qui, par les chastiaux et forteresses que il ont prins et tiennent en ycelui, ont gasté, destruit et pillié, et encores font de jour en jour.* »

Il faut savoir gré aux Jacques de cette pensée de résis-

[1] *Des états généraux et assemblées nationales.* VIII, p. 298, 303, 320, 344, 346, 359.
[2] Elles seront publiées dans les Pièces justificatives.
[3] Si l'on confronte ces mots avec les articles des ordonnances que nous avons cités, la royauté paraît en contradiction avec elle-même.

tance légitime qui détermina au début leurs rassemblements à main armée, et qui fit trop vite place à des sentiments de vengeance et de haine contre les nobles. Une fois réunis, les paysans se dirent qu'après tout ce n'étaient ni les Anglais ni les brigands qui leur avaient fait le plus de mal. En opprimant le peuple de France, les mercenaires de l'étranger avaient du moins cette excuse d'être dans leur rôle; mais les nobles accablaient de vexations ceux qu'ils auraient dû protéger; ils étaient donc doublement coupables. Le brigandage, il est vrai, était un fléau terrible, mais la noblesse n'était-elle pas la cause principale et plus ou moins directe de ce fléau? Si les brigands étaient désormais cantonnés presque sur tous les points du territoire qu'ils infestaient, n'était-ce pas la faute de ces vaincus de Courtray, de Crécy, de Poitiers, qui, voulant se réserver orgueilleusement le privilège de la défense nationale, n'avaient pas su empêcher l'ennemi d'envahir le royaume par tous les côtés à la fois, de pénétrer et de s'établir en maître au cœur même de la France? N'étaient-ce pas encore les nobles qui donnaient lieu aux brigands de commettre le crime avec impunité et de prolonger leur désastreux séjour dans les pays qu'ils ravageaient, en laissant prendre par ceux-ci leurs forteresses féodales, aires inaccessibles du haut desquelles ces bandits, après s'être abattus comme des oiseaux de proie sur les campagnes environnantes, pouvaient braver l'impuissante fureur de leurs victimes? Beaucoup de nobles enfin ne vivaient-ils pas en bonne intelligence avec ces pillards, et ne s'entendaient-ils pas avec eux pour opprimer les gens des campagnes et se partager leurs dépouilles? A quel pouvoir d'ailleurs pouvaient-ils s'adresser pour obtenir justice? Quatre ou cinq partis se disputaient alors la France. La force militaire résidait à peu près tout entière dans la noblesse. En conséquence, c'était à qui lui ferait le plus d'avances. Telle était depuis longtemps l'habile tactique de Charles le Mauvais; et le régent, qui luttait contre ce prince ambitieux, et qui de plus avait en ce moment même à réprimer la sédition des Parisiens, était encore plus intéressé que le roi de Navarre à ménager les nobles. Par conséquent, de quelque côté qu'on se tournât, point de justice à attendre! Telles furent probablement les pensées, tels furent les sentiments qui s'agitèrent dans l'esprit des Jacques, quand ils se virent rassemblés les armes à la main, et qui les poussèrent à diriger leurs premiers coups, non point contre les brigands, mais contre les nobles, et, puisqu'ils ne pouvaient obtenir justice de personne, à se la faire eux-mêmes.

Il est certain que les griefs des gens des campagnes contre leurs seigneurs étaient sérieux, incontestables. Mais on pouvait prévoir dès le début ce qui arriva. Les paysans enduraient depuis longtemps des souffrances trop vives, ils étaient trop exaspérés contre les nobles pour ne pas aller au delà des représailles permises, de ce que réclamait la sûreté de leurs personnes, de leurs familles et de leurs biens. S'ils s'étaient contentés de faire la guerre aux brigands et aux seigneurs manifestement complices des brigands, d'abattre et de brûler les forteresses dont leurs oppresseurs profitaient déjà ou devaient inévitablement profiter un jour pour les mieux opprimer : l'impossibilité d'obtenir justice par les voies légales, le droit imprescriptible de légitime défense, et aussi, comme je l'ai montré plus haut, le texte même des ordonnances royales justifieraient à la rigueur une telle conduite. Mais ils ne s'en tinrent pas là. Non seulement ils mirent le feu indistinctement à tous les châteaux, mais encore ils égorgèrent des seigneurs inoffensifs, ils tuèrent des adolescents, ils violèrent et massacrèrent des femmes, des jeunes filles, ils étouffèrent des enfants à la mamelle ou au berceau.

Ces excès sont condamnables autant que regrettables. L'histoire, comme la morale dont elle doit être l'interprète, n'a pas deux poids et deux mesures : pour elle, le crime, de quelque part qu'il vienne et quelles que soient les circonstances où on le commet, est toujours le crime ; il lui est permis d'admettre tout au plus des circonstances atténuantes. Ensuite, la Jacquerie aurait pu être simplement l'exercice d'un droit de légitime défense sanctionné par les ordonnances du temps : ces excès la firent dégénérer en pillage honteux et en boucherie monstrueuse. L'avenir n'aurait vu dans les paysans que des victimes d'une patience admirable auxquelles il se serait plu à accorder une sympathie sans réserve, tandis qu'il aurait flétri les oppresseurs avec une énergie vengeresse : les violences éphémères de la Jacquerie, en posant pour un moment les nobles en victimes, en transformant des opprimés de longue date en bourreaux de quelques jours, ont failli donner le change à la postérité.

CHAPITRE IV.

C'est en vain d'ailleurs que, mû par une pitié naturelle, mais excessive pour les Jacques, on essaierait de révoquer en doute les coupables excès qu'on s'accorde généralement à leur attribuer.

Certes, la cruelle situation faite au peuple des campagnes à l'époque dont nous nous occupons excite toute notre sympathie. C'est même, avouons-le, ce sentiment qui a fait naître en nous le désir d'étudier à fond la grande insurrection de 1358, et d'en écrire, s'il se pouvait, l'histoire. Si donc nous avions quelques préventions, ce serait bien plutôt en faveur des Jacques que contre eux. Mais il est une chose que nous ne voulons ni ne devons sacrifier à nos sentiments même les plus chers, c'est la vérité historique. Voilà pourquoi il nous est impossible de ne pas reconnaître que la Jacquerie, déviant de ce qui put être son but primitif, fut signalée par les plus inutiles et les plus criminels excès [1].

---

[1] Le grand historien de la démocratie, M. Michelet, n'a eu garde de se méprendre sur le véritable caractère de la Jacquerie. « Marcel, dit-il, avait intérêt à soutenir les Jacques. C'était pourtant une hideuse alliance que celle de ces bêtes farouches. » *Hist. de Fr.*, t. III, p. 409. Un autre historien, dont les tendances démocratiques sont aussi très nettement accusées, M. Henri Martin, dans sa belle Histoire de France, porte sur la Jacquerie le même jugement que M. Michelet. Nos lecteurs pourront donc trouver étrange que nous prenions au sérieux un paradoxe qui leur paraît, sans doute, peu digne d'une réfutation. Nous reconnaissons la légitimité de ce reproche ; mais il faut tout prévoir dans un temps où, pour emprunter un mot piquant de M. Michelet, quelques écrivains agréables ne voient dans les figures les plus austères des siècles écoulés qu'un heureux thème pour utiliser leurs cahiers d'élégances, et, j'ajouterai, pour transporter dans le passé les idées du présent. La vérité devient ce qu'elle peut dans ces jolis et fades pastels qu'on réussit parfois à faire accepter du public et des gens du monde comme des tableaux sérieux, mais qui n'ont rien à démêler aux yeux des connaisseurs avec la grande et sévère peinture d'histoire.

Nous avons compulsé plus complètement et plus minutieusement peut-être qu'on ne l'avait fait jusqu'ici, toutes les pièces relatives à ce drame affreux; nous n'avons vu luire nulle part des idées de modération et de justice; nous avons trouvé partout, au contraire, le déchainement des passions les plus aveugles, partout le pillage, l'incendie, la destruction, la violence, le meurtre et le viol. C'est ainsi qu'une des victimes de la Jacquerie, le chancelier Pierre d'Orgemont, nous représente cette insurrection [1]; mais Froissart, Étienne Marcel, l'auteur anonyme de la Chronique des premiers Valois, Jean de Venette lui-même, ne la peignent pas sous d'autres couleurs. Tous les chroniqueurs du temps, que l'on trouve si souvent en désaccord, sont unanimes sur ce point. Nous avons cité plus haut en entier le passage de Froissart; nous y renvoyons le lecteur [2]. Nous avons rapporté également le témoignage non moins formel de Marcel lui-même, emprunté à la lettre fameuse qu'il écrivit, le 11 juillet 1358, aux communes de Flandre [3]. Le prévôt, on se le rappelle, nie avec force dans cette lettre qu'il ait contribué en rien à l'explosion des effrois; il convient qu'à un moment donné il a prêté son appui aux Jacques; mais il ajoute que, n'ayant pu les faire renoncer aux excès qu'ils commettaient, il s'est em-

---

On répand sur la toile, parfois à son insu, presque toujours à dessein, non les couleurs qui conviennent au sujet, mais celles qui doivent attirer le regard et flatter l'œil des contemporains.

[1] *Grandes Chroniques de France*, ch. 74, 76, 77, éd. de M. P. Paris, in-fol., p. 1171, 1172, 1173 et 1174.

[2] Voir p. 60-62.

[3] Voir p. 101.

pressé de leur retirer son concours. Marcel en un mot fait tous ses efforts pour atténuer aux yeux des communiers flamands la faute qu'il avait commise. En même temps, et c'est ce qui peut paraître singulier, il n'a que des reproches et des paroles de blâme pour ses anciens alliés; et pourtant le bien qu'il en eût dit, sauf des restrictions obligées, eût été la meilleure excuse de la coopération qu'on lui reprochait et qu'il avait tant à cœur de se faire pardonner. Il faut en conclure qu'il était tout à fait impossible de réhabiliter les Jacques ou seulement de pallier leurs excès, puisque l'homme dont la cause s'était trouvée un instant confondue avec la leur ne l'a pas même tenté.

Favorable au fameux prévôt, l'auteur anonyme de la Chronique des quatre premiers Valois laisse encore percer une sympathie marquée pour les Jacques; néanmoins, il nous fait voir l'insurrection de 1358 absolument sous le même jour que Marcel, Froissart et Pierre d'Orgemont. De la réprobation générale où il enveloppe tous les paysans insurgés, il n'excepte que le capitaine général du Beauvaisis, Guillaume Cale, dont il a fait le plus bel éloge. « Entre eulx estoit ung homme bien sachant et bien parlant, de belle figure et fourme. Cestui avoit nom Guillaume Charles. Les Jacquez en firent leur chief. *Mais il vit bien que c'estoient gens de petit fait*, pourquoi il fit reffuz d'en avoir le gouvernement.... Et quand les Jacques se virent grant assemblée, si coururent sus aux nobles hommes et en occistrent plusieurs, *et encore firent-ilz pis comme gens desvez, forcenez et de petit ensient.* »

Jean de Venette enfin, qui fait si volontiers et si amèrement la satire de la noblesse, Jean de Venette, à qui l'on a reproché plus d'une fois d'être Jacque de sentiments et de tendances, n'a pas d'expressions assez dures pour qualifier l'émeute de 1358. Il l'appelle un excès monstrueux, *monstruosum negotium;* une sotte affaire, *fatuum negotium.* Plus sévère encore que l'auteur de la Chronique des quatre premiers Valois, il ne fait grâce à aucun de ceux qui prirent part au soulèvement : « Ceux même, dit-il, qui, en se plaçant à leur point de vue, avaient au premier moment paru obéir dans leur révolte à un certain besoin de justice, parce que leurs seigneurs, au lieu de les défendre, les opprimaient, tombèrent dans la licence et le crime [1]. »

Lorsqu'un écrivain contemporain, fils de paysans, né dans la contrée même où éclatèrent les effrois, dévoué de toute son âme à la cause populaire, nous donne une idée si défavorable de la prise d'armes des Jacques, qui pourrait aujourd'hui en prendre la défense et en faire l'apologie? Lorsque tous les écrivains, tous les chroniqueurs de cette époque, si différentes que soient leurs sympathies et leurs tendances, et malgré la divergence habituelle de leurs opinions, sont d'accord pour nous peindre le mouvement de 1358 comme une émeute sauvage dont les passions les plus féroces ou les plus viles profitèrent pour s'assouvir, de quel droit un écrivain de nos jours prétendrait-il leur donner un dé-

[1] D'Achery. *Spicil.,* t. III, p. 119.

menti? De quel droit, sans tenir compte d'une si imposante unanimité de témoignages, viendrait-il affirmer que la Jacquerie fut en réalité ce qu'elle aurait pu et dû être, l'exercice légal du droit de légitime défense?

Les excès qui signalèrent la Jacquerie ont justement attiré la condamnation de l'histoire. La seule excuse de ceux qui les commirent, c'est qu'on leur avait fait endurer des maux vraiment intolérables. Il n'est donc que juste de rendre les nobles en grande partie responsables des excès dont ils furent les victimes. Les Jacques se conduisirent trop souvent comme des furieux et des enragés; mais on avait tout fait pour leur communiquer la rage. C'est ici le cas de dire avec l'orateur chrétien : « Quand les princes, négligeant de connaitre leurs affaires et leurs armées, ne travaillent qu'à la chasse, comme disait cet historien, n'ont de gloire que pour le luxe, ni d'esprit que pour inventer des plaisirs; ou quand, emportés par leur humeur violente, ils ne gardent plus ni lois ni mesures, et qu'ils ôtent les égards et la crainte aux hommes, en faisant que les maux qu'ils souffrent leur paraissent plus insupportables que ceux qu'ils prévoient; alors, ou la licence excessive, ou la patience poussée à l'extrémité, menace terriblement les maisons régnantes [1]. » Le grand orateur qui proclamait cette vérité du haut de la chaire chrétienne ne fut pas, en son temps, un ennemi du principe d'autorité, et n'eut jamais de faiblesse pour

---

[1] *Oraison funèbre d'Henriette-Marie de France, reine d'Angleterre.*

l'esprit de révolte. Eh bien, les paysans s'étaient trouvés dans le cas dont parle ici Bossuet : les maux qu'ils souffraient leur avaient paru plus insupportables que ceux qu'ils prévoyaient ; leur patience avait été poussée à l'extrémité. Nous devons sans doute réprouver les excès où ils se laissèrent emporter par l'esprit de vengeance ; mais nous devons plus encore peut-être nous apitoyer sur leur malheureux sort ; nous devons surtout condamner et maudire les abus de toute sorte qui avaient provoqué ces représailles.

On a pu voir, par tout ce qui vient d'être dit, combien les suites de la Jacquerie furent désastreuses pour les paysans qui y avaient participé. Parmi ceux-ci, les uns, et ce ne furent pas les moins heureux, expièrent leur rébellion par la perte de leur vie ; les autres, par celle de leurs biens, et l'aggravation des maux qu'ils enduraient déjà auparavant. Les nobles se vengèrent surtout, en faisant couler le sang des vilains ; le régent, en extorquant leur argent. Différente seulement dans sa nature et son mode d'exercice, la punition fut également impitoyable des deux parts.

Il y a, si je ne me trompe, à tirer d'un pareil fait une grande et utile leçon d'expérience, dont les grands comme les petits peuvent recueillir un égal profit, et qui, pour être vulgaire, n'en est pas moins digne d'être rappelée. Qui pourrait, en effet, mieux qu'un tel exemple, convaincre les puissants que l'abus de leurs droits tourne inévitablement un jour ou l'autre à leur préjudice ; et les petits, que le recours à une violence coupable contre l'oppression a toujours pour conséquence dernière de rendre cette oppression plus dure et plus pesante encore?

Il s'en faut, du reste, que la Jacquerie de 1358 soit un fait isolé dans l'histoire. Au contraire, on peut dire en général que, toutes les fois qu'une société est travaillée par des abus excessifs et irrémédiables, un soulèvement des classes inférieures se produit presque toujours dans son sein, qui est comme le signe et l'avant-coureur de sa décadence. C'est ainsi qu'à Rome la révolte des esclaves vint inquiéter les derniers jours de la République expirante; c'est ainsi encore que l'insurrection des Bagaudes sévit dans la Gaule devenue romaine, alors que l'empire des Césars penchait déjà vers sa ruine.

Rien n'est plus aisé que de se rendre compte de cette particularité historique. Quand un ordre de choses établi est devenu tout à fait mauvais et abusif, par une cause ou par une autre, les membres les plus faibles et les plus humbles de la société, se trouvant sans défense contre le mal général, sont toujours ceux qui en ressentent d'abord et le plus durement les effets. La révolte des classes inférieures et souffrantes, qui éclate presque toujours à la suite de ce malaise croissant et parfois intolérable, doit donc être nécessairement la première crise qui trahit la maladie d'un état social.

La révolte des esclaves avait été le prélude de la ruine de la République; l'insurrection des Bagaudes avait coïncidé avec la décadence de l'Empire romain; le soulèvement de la Jacquerie fut le prélude de la chute et de la fin d'un régime qui naguère avait été nécessaire et utile, mais qui désormais était devenu un fardeau écrasant pour notre pays. La féodalité avait mérité de succomber : notre ouvrage est, à vrai dire, le dossier de sa condamnation à mort.

APPENDICE

INDICATIONS ET EXTRAITS DE DOCUMENTS RELATIFS A DIVERS ÉPISODES DE LA JACQUERIE, AUX LIEUX QUI EN ONT ÉTÉ LE THÉATRE ET AUX INDIVIDUS QUI Y ONT PRIS PART.

Ableiges (Seine-et-Oise, arr. Pontoise, c. Marines). — 1358, octobre. — Rémission octroyée aux habitants des « villes et paroisses de Ablaiges et Xanteul, en la prévosté et ressort de Pontoise, » qui s'étaient rançonnés aux ennemis occupant Meulan. — JJ. 86, n° 484.

Acy (Aisne, arr. et c. Braine). — 1360, mai. — Rémission octroyée à Ancel La Pippe. de Chalesce, écuyer, qui, pour se venger du pillage de sa maison de Dhuizy par les habitants d'Acy devant Soissons, s'empara des chevaux et bestiaux des dits habitants, au temps de la commotion des non nobles. Depuis, ledit Ancel était allé en Bourgogne garder le château du seigneur de Plancy appelé Pralain; il avait pris part à plusieurs chevauchées contre les ennemis du royaume. — JJ. 90, n° 530.

Acy-en-Multien (Oise, arr. Senlis, c. Betz). — Rémission octroyée à « Gillebert Colas, demourant à Achy en Meucien, petit et pouvre marchant de poulaille, de fourmage, oeux et autres petites marchandises, » qui avait été forcé de prendre part aux effrois avec plusieurs des Jaques de la dite ville « et des gens du païs de Meucien, de la Ferté et d'ailleurs environ. » Il avait été emprisonné par le capitaine de Dammartin en Goële. — JJ. 86, n° 430.

Ailly-sur-Noye (Somme, arr. Montdidier). — 1359, septembre.
— Rémission octroyée à « Pierre de Saleu, de la ville d'Ailly
sur Noye, » pour participation aux effrois. En qualité de
clerc, il était détenu dans les prisons de l'évêque d'Amiens.
— JJ. 90, n° 296.

Voyez **Fontaine-sous-Montdidier**.

Airaines (Somme, arr. Amiens, c. Molliens-Vidame). — 1360.
— Rémission pour Aleaume de Maresquiel, accusé « de avoir
esté en l'ost et bataille des hurons nommez Jacques Boin
hommes, à l'encontre des nobles, » d'avoir été complice du
meurtre de Testart de Pinkeingny, chevalier, et d'avoir « induit plusieurs personnes de la ville d'Arrainiez à aller en la
dicte bataille avec les diz hurons.... » — JJ. 89, n° 377.

Amiénois. — 1358, août. — Rémission octroyée à Ocin dit
Bruille, pour participation aux effrois. Mandement adressé
au bailli d'Amiens. — JJ. 86, n° 254.

— 1359, août. — Rémission octroyée par le régent à Perrot le
Sené, pour participation aux effrois. — JJ. 90, n° 243. Voy.
Pièces justificatives, n° XLVII.

— 1360, mai. — Rémission octroyée à Henri Ramas, dit
Walllart, qui avait pris part aux effrois avec plusieurs
autres des plats pays de Beauvaisis et d'Amiénois. — JJ. 90,
n° 629.

Amiens (Somme). — 1358, septembre. — Rémission aux habitants d'Amiens : « avec ce que, à la requeste du commun
peuple de Beauvoisis, yceuls maieur, esquevins et commun
avoient envoié senz licence de nous de leur genz avec les genz
des communes de Bauvoisiz qui derrain ont esté assemblez,
et aussi que plusieurs des singuliers de la dicte ville y estoient alez folement de leur voulenté, combien que, si comme
il dient, ceulx qui par eulx y furent envoiez ne alèrent que
jusques à quatre, cinq ou six lieues loin de la ville, en laquelle tantost s'en retournèrent. Et pour ce que aucuns aultres de la dicte ville estoient yssus hors d'icelle senz leur gré
et licence et avoient pillié et robé, sitost que il le sorent, il
les suirent et en prindrent les aucuns, auxquels prendre les
aucuns furent occis et leurs autres eurent par voie et manière
de justice copées les testes, et firent rendre les biens que

iceulx avoient robez et pilliez à ceulx à qui ils estoient et appartenoient. » — JJ. 86, n° 239.
— 1358, août. — Le régent donne à Guillaume de Haleinghes et à Guillaume Le Ront, écuyers, en récompense de leurs services et comme indemnité de leurs pertes, les biens confisqués sur Jean de La Marche, jadis bourgeois d'Amiens, rebelle et traître au roi. — JJ. 86, n° 227.

Angicourt (Oise, arr. Clermont, c. Liancourt). — 1358, août. — Rémission octroyée à Hue de Sailleville, que les habitants d'Angicourt avaient élu pour capitaine. — JJ. 90, n° 288. — Voyez les Pièces justificatives, n° XXIV.
— 1358, septembre. — Rémission octroyée à Jeanne, veuve de Jean Rose, de la Praelle, près d'Angicourt en Beauvaisis, mis à mort par les nobles. — JJ. 86, n° 365. — Voyez Pièces justificatives, n° XXXV.

Arcy-Sainte-Restitue (Aisne, arr. Soissons, c. Oulchy-le-Château). — 1358, septembre. — Rémission pour Robert du Jardin, d'Arcy-Sainte-Restitue, pendu parce qu'il avait engagé le seigneur d'Arcy, au temps des commotions des non nobles contre les nobles, à faire cause commune avec les non nobles. — JJ. 86, n° 267. — Voyez les Pièces justificatives, n° XXXVI.

Arpajon (Seine-et-Oise, arr. Corbeil). — 1358, août. — Rémission octroyée à Jean Herssent, de Chastres sous Montlehery, pour avoir publié à Chastres un ban d'Étienne Marcel, qui convoquait un certain dimanche, à Chilly-lez-Longjumeau, les habitant de Chastres pouvant porter les armes. — JJ. 86, n° 231. — Voy. les Pièces justificatives, n° XXX.

Arvillers (Somme, arr. Montdidier, c. Moreuil). — Château d' « Arvillier » en Vermandois, en la prévôté de Roye, appartenant à Jean de Dargies, chevalier, dit le Borgne, brûlé par les Jacques. — JJ. 100, n° 184.

Auffay (Seine-Inférieure, arr. Dieppe, c. Tôtes). — Voy. **Catheux**.

Aumale. — Destruction, du château. — JJ. 87 n° 1.

Avenay (Marne). — Tableau inséré dans la première édition de l'*Histoire de la Jacquerie*, p. 205.

Avrigny (Oise, arr. et c. Clermont). — 1358, août. — Rémission octroyée à Philippe le Bouquillon, demeurant à Avrigny en Beauvaisis. « …. Comme, en la commocion ou esmeute du peuple du plait païs de Beauvoisins, n'a gaires faite contre les nobles du dit païs, le dit Philippe, par contrainte du dit peuple, ait chevauchié en la compaignie d'eulx et de leur capitaine, un jour tant seulement, c'est assavoir en la ville de Montathère et de Clermont ; et, si tost comme il post, il s'en retourna à sa maison, sanz ce qu'il ait autrement pillé, chevauché, bouté feux, tué ne occis personne, ne meffait en aucune manière ; mais, qui pis est, depuis les diz nobles ont ars, pillé, gasté, exillé au dit Philippe touz ses biens…. » — JJ. 86, n° 310.

Bagnolet (Seine, arr. Saint-Denis, c. Pantin). — 1358, août. — Le régent donne à Jean le Flamanc, général maître des monnaies du roi, dont les maisons sises à Bagnolet avaient été gastées par les gens d'armes du régent, les maisons situées également à « Baignolet lez Charonne et au Mesnil Mautemps, » valant 20 livres parisis de revenu, qui ont appartenu à Vincent de Valricher, complice d'Étienne Marcel. — JJ. 86, n° 202.

Bailleval (Oise, arr. Clermont, c. Liancourt). — 1374, septembre. — Lettres de rémission pour Pierre de Villers, écuyer et clerc, âgé de dix-huit ans, détenu prisonnier au Châtelet de Paris par l'espace d'un mois et plus et qui encores y est à grant misère et povreté, qui a fait couper le nez de Jean Martin, retournant de Paris, et affoler une de ses jambes, pour quoi il a été condamné à payer au dit Martin 550 frans d'or par le moyen et consentement de notre prévôt de Paris, à la requeste de Jehan Martin de Bailleval en Beauvoisis. Un plaid avait été mû par le dit Pierre par devant nos amés et féaux gens des requêtes en notre Palais Royal à Paris contre le dit Jean Martin, « pour cause des dommages à lui faits durant les commotions des non nobles contre les nobles, par lesquelles les maisons du dit Pierre furent arses et demolies, ses biens destruis et pillés, et son père par les dits non nobles mis à mort sans cause. » — JJ. 105, n° 585.

Bailly (Seine-et-Oise, arr. Versailles, c. Marly-le-Roy). — Pillage de l'hôtel de Jean de la Villeneuve. — JJ. 90, n° 488. — Voyez les Pièces justificatives, n° L.

Bailly, auj. Bailly-aux-Forges (Haute-Marne, arr. et c. Vassy). — Rémission octroyée à Colin le Barbier, clerc, de Bailly, au bailliage de Chaumont, qui, ému par le son des cloches d'alarme, s'était mis en route pour être renseigné par les communes assemblées à Saint-Vrain. — JJ. 86, n° 465. — Voyez les Pièces justificatives, n° XL.

Ballancourt (Seine-et-Oise, arr. et c. Corbeil). — 1358, septembre. — Rémission octroyée aux habitants de Balancourt, pour participation à la démolition du château de « Villers emprès la Ferté Aalays. » — JJ. 86, n° 393. — Voy. **Villiers-aux-Nonnains**.

Bayarne, écart de Soulanges (Marne, arr. et c. Vitry-le-François). — 1358, septembre. — Rémission octroyée aux habitants demeurant en la ville de « Baierne, » sujets et justiciables de messire Jobert de la Bove, chevalier, pour fait de participation aux effrois. — JJ. 86, n° 377.

Bazoches (Aisne, arr. Soissons, c. Braisne). — Voyez **Saint-Thiébaut**.

Beaufort (Somme, arr. Montdidier, c. Rosières). — Les non nobles brûlent et détruisent à Beaufort et à Beauvoir les manoirs de Michel, seigneur de Ligne, chevalier. En août 1360, Rasse de Ligne, dit le Bâtard, chevalier, tue à Rouvroy (Somme, arr. Montdidier, c. Rosières) Raoulin Gamelon et Fremin du Sautoir. — JJ. 99, n° 370.

Beaumont-sur-Oise (Seine-et-Oise, arr. Pontoise, c. l'Isle-Adam). — 1359, juillet. — Rémission octroyée à « Fremin de Berne, de Beaumont sur Oyse, » lequel était allé, « avec plusieurs autres du plat païs de la conté du dit Beaumont et de plusieurs autres villes voisines, aus effroiz et assemblées qui derrenierement en l'année precedente ont esté faiz par les genz du dit plat païs contre les nobles du royaume. » — JJ. 90, n° 62.

— 1360 n. st., janvier. — Rémission octroyée à Pierre Le Barreur, de Beaumont-sur-Oise, qui avait assisté au meurtre d'Olivier de Houdonville, écuyer. — JJ. 90, n° 425.

Beaupuits, écart de Grandvilliers-aux-Bois (Oise, arr. de

Clermont, c. Saint-Just). — 1358, juin. — Le régent donne à Raoul de Bouconvillers, écuyer, dit l'Angelot, les biens confisqués sur Jean Courtin, de Beaupuits, qui avait pris part au soulèvement des habitants du plat pays de Beauvoisis. — JJ. 86, n° 152.

Beauvais (Oise). — 1358, décembre. — Rémission octroyée à Regnaut Corbel, demeurant à Beauvais, pour participation aux effrois. — JJ. 86, n° 584.

— 1358, décembre. — Rémission pour Thomas Cousterel, emprisonné, « géhenné très crueusement » et condamné à la peine de mort par le bailli de notre amé et féal cousin l'évêque de Beauvais (Philippe d'Alençon, 1357-1359), familier et gardien de l'hôtel de messire Walle de Montigny, chevalier, lequel, au temps des effrois entre les nobles et les gens du plat pays, a esté avec plusieurs des diz nobles entre les dictes gens du plat païs à prendre, gaster et dissiper leurs biens et aucuns mettre à mort, » lequel avait mis à mort, au temps des effrois, Soybert Ponquet, qui avait pris, pillé et emporté les biens de l'hôtel du dit chevalier, son maître, et qui avait mis le feu au dit hôtel. Thomas Cousterel est condamné à faire avant la Saint-Jean 1359 le pèlerinage de Notre-Dame de Rocamadour et à apporter lettres créables de la perfection du dit pèlerinage au bailli de Senlis. — JJ. 86, n° 419.

Beauvaisis. — 1358, août. — « .... Comme Enguerran et Guilleme de La Mare, frères, pouvres personnes, aient esté, par la contrainte du capitaine lors et des gens du païs de Beauvoisis, avec autres dudit païs d'environ, aus effroiz ... » — JJ. 86, n° 250.

Belleau (Aisne, arr. et c. Château-Thierri). — 1358, septembre. — Rémission à une trentaine d'habitants y dénommés des paroisses de « Bailliaux et de Givry, en la prevosté de Chasteau Terry, » pour fait de participation aux effrois. — JJ. 86, n° 326.

Bettancourt (Marne, arr. Vitry-le-François, c. Heiltz-le-Maurupt). — 1358, septembre. — Lettres de rémission pour les habitants de Bettancourt et pour ceux de Vroil, qui avaient participé aux effrois contre les nobles. — JJ. 86, n° 346. — Voy. les Pièces justificatives, n° XXXII.

Bézu-les-Fèves (Aisne, arr. et c. Château-Thierri). — Voy. les Pièces justificatives, n° XXVI.

Bignicourt-sur-Saulx (Marne, arr. Vitry-le-François, c. Thiéblemont). — 1358, 28 septembre. — Rémission octroyée aux habitants de « Bugnicourt et de Dully, en la prevosté de Vitry, » pour fait de participation aux effrois contre les nobles. (Semblable à la charte des habitants de Heiltz.) — JJ. 86, n° 360.

Blacy (Marne, arr. et c. Vitry-le-François). — 1358, septembre. — Rémission pour Jean Morel, curé de Blacy, qui avait été forcé de suivre ses paroissiens à l'assemblée des communes tenue à Saint-Vrain. — JJ. 86, n° 265. — Voy. les Pièces justificatives, n° XXXIV.

Boissy-la-Rivière (Seine-et-Oise, arr. Étampes). — Cité dans le tableau des localités qui furent le théâtre des effrois, dans la première édition de l'*Histoire de la Jacquerie*, p. 204.

Boissy-le-Châtel (Seine-et-Marne, arr. et c. Coulommiers). — 1358, août. — Rémission octroyée à Philippot Roussel, portier du roi, et à Philippot le Fèvre, sergent à cheval du Châtelet de Paris, qui, avec l'aide de Huet l'Ermite, serviteur de feu messire Louis de Chambly, seigneur de Boissy en la capitainerie de Meaux, et de Bricet Ufert, écuyer, serviteur de Louis de Pomponne, panetier du roi, avaient enfermé Pierre Baiart dans le château de Boissy et l'avaient rançonné à 200 écus d'or. — JJ. 86, n° 315.

Boissy-sous-Saint-Yon (Seine-et-Oise, arr. Rambouillet, c. Dourdan). — 1358, août. — Rémission octroyée aux habitants « de la ville de Boyssy et de Eglis, » et de Jehan Charroit, de Marioles, pour participation aux effrois. — JJ. 86, n° 215.

Bonneuil (Seine-et-Oise, arr. Pontoise, c. Gonesse). — Jean de Bonneuil, écuyer, dont les Jacques avaient brûlé le manoir, prend part au rassemblement des nobles qui se fit à Lagny-sur-Marne pour réprimer le soulèvement des paysans. — JJ. 91, n° 333. — V. **Bordeaux**.

Bonvillers (Oise, arr. Clermont, c. Breteuil). — 1360, juillet. — Rémission pour Raoul Le Fèvre de Bonviller, qui avait pris part aux effrois. — JJ. 88, n° 213.

Boran (Oise, arr. Senlis, c. Neuilly-en-Thelle). — 1359 n. st., janvier. — Rémission octroyée aux habitants « de la ville de Borrenc-sur-Oyse, lès-Beaumont-sur-Oyse, » pour participation aux effrois. — JJ. 86, n° 496.

Bordeaux (Seine-et-Marne, arr. Meaux, c. Claye, comm. Villevaudé). — Jean de Bonneuil, écuyer, dont la maison avait été brûlée par les Jacques, se fait délivrer par le roi Jean, en juin 1362, des lettres de rémission pour avoir été « cum pluribus nobilibus dicti regni tunc ob causam predictam invicem congregatis circa Latigniacum super Maternam. »

1° Homicide de Guillaume Prudhomme « in villa de Bordellis subtus Montem Gaium; »

2° Incendie de la maison de Jean Cocussel, autrement dit Cromo « de Bordellis. »

3° Rapt de Tassone naguère femme de Massé « de Veris prope Latiniacum. » — JJ. 91, n° 333.

Bouchy-le-Repos (Marne, arr. Épernay, c. Esternay). — 1359, août. — Rémission octroyée par le régent aux « habitanz de la ville de Bucy-le-Repost, bourgois de nostre amé et feal chevalier le sire de Hangest, » pour participation aux effrois. Le comte de Vaudemont les avait condamnés à une amende de 200 florins d'or à l'écu. Ils venaient d'être rançonnés par les ennemis qui avaient pris Possesse. — JJ. 90, n° 271.

Brasseuse (Oise, arr. Senlis, c. Pont-Sainte-Maxence). — Château de Brasseuse. Voy. Flammermont, *Revue historique*, livraison de janvier-avril 1879, p. 136, d'après les archives de Chantilly.

Breteuil en Beauvaisis (Oise, arr. Clermont). — Assemblée des non nobles à « Bretueil en Biauvaisin, » mentionnée dans les lettres de rémission accordées à Fremi Houdrier dit le Boucher. — JJ. 90, n° 476.

— 1360 n. st., avril. — Rémission octroyée à « Thomas Sauvale, n'a gaires demorant à Bretueil en Beauvoisiz, » pour participation aux effrois avec les habitans de ladite ville et de plusieurs autres lieux circonvoisins. — JJ. 90, n° 496.

Bruyères (Seine-et-Oise, arr. Pontoise, c. l'Isle-Adam). — 1360, juin. — Rémission octroyée à Guillemin de La Sengle et Jean Guillaume, son frère, pour avoir mis à rançon Oudin le Charon, lequel, au temps de la commotion des non nobles, avait pillé et brûlé l'hôtel desdits frères à Bruyères et avait noyé ou fait noyer « Perrète de la Sengle, belante d'iceulx. » — JJ. 90, n⁰ 556.

— Rémission octroyée à Mahieu Cordelle et Perrin Cordelle, son fils, de « Bruières-lez-Beaumont-sur-Oise, » pour participation aux effrois. — JJ. 86, n⁰ 480.

Bruyères-le-Châtel (Seine-et-Oise, arr. Corbeil, c. Arpajon). — Tableau des localités qui furent le théâtre des effrois, dans la première édition de l'*Histoire de la Jacquerie*, p. 204.

Buchy (Seine-Inférieure, arr. Rouen). — 1358, décembre. — Rémission pour Garnot Bellehere, de la ville de Buchy, qui avait été contraint de se joindre aux Jacques quand ceux-ci vinrent incendier les maisons des nobles dans la vallée de Bray. — JJ. 87, n⁰ 117.

Bulles (Oise, arr. de Clermont). — Tableau des localités qui furent le théâtre des effrois. *Hist. de la Jacquerie*, 1ʳᵉ édit., p. 204.

Cachy (Somme, arr. Amiens, c. Sains). — 1367 n. st., mars. — Rémission octroyée à notre amé et féal hoste Havet de Hangest, chevalier, qui a tué d'un coup de lance feu Jean de Blangy, demourant à Cachi, lequel, « en la commotion des non noblez contre les noblez, » eust esté renommez d'avoir esté à ardoir la maison d'une dame cousine d'icellui suppliant, pour quoi la dite dame et son frère Bethys de Rivery, chevalier, cousin du dit suppliant, avaient demandé réparation au dit de Blangy. Havet de Hangest devra faire un pèlerinage à Notre-Dame de Boulogne-sur-Mer. Ces lettres lui sont accordées en considération des services rendus en nos guerres à l'encontre de nos ennemis, par lesquels il fut pris à Poitiers et à Malconseil, et auxquels il dut payer par deux fois grandes et excessives rançons. — JJ. 97, n⁰ 358.

Caen (Calvados). — 1358, 7 avril. — Lettres de rémission pour Pierre de Montfort, faisant mention d'un essai de propagande en faveur des Jacques fait à Caen par ledit Pierre de Montfort. — JJ. 87, n⁰ 321. — Voy. les Pièces justificatives, n⁰ XLV.

Cardonnois (Somme, arr. et c. Montdidier). — Château du Cardonnois mentionné par Victor de Beauvillé comme détruit par les non nobles pendant les commotions de la Jacquerie. *Hist. de la ville de Montdidier*, 2ᵉ édition, I, p. 110.

Catenoy (Oise, arr. Clermont, c. Liancourt). — 1358, 16 septembre. — Rémission pour Arnoul Guenelon, de Catenoy, capitaine de ladite ville de « Castenoy, » sous feu Guillaume Calle naguère élu capitaine du peuple et commun de Beauvaisis, lequel a chevauché en la compagnie de Guillaume Calle et de ses adhérents, où furent plusieurs personnes mises à mort et plusieurs pillages et arsures de maisons. — JJ. 86, nº 391.

Catheux (Oise, arr. Clermont, c. Crevecœur). — 1359, septembre. — Rémission octroyée à Jean Le Freron, de « Cateu en Beauvoisiz, » qui avait pris part à la destruction des châteaux de « Cateu, du Mesnil, de Thois et d'Aufay. » — JJ, 90, nº 294. — Voy. les Pièces justificatives, nº XLVIII.

Chacrise (Aisne, arr. Soissons, c. Oulchy-le-Château). — 1359, décembre. — Rémission octroyée à Martin Chanterel, de Chacrise, pour participation aux effrois. — JJ. 90, nº 365.

Chailly (Seine-et-Marne, arr. et c. Melun). — Tableau des localités qui furent le théâtre des effrois, dans *Hist. de la Jacquerie*, 1ʳᵉ éd., p. 205.

Chalette (Aube, arr. Arcis-sur-Aube, c. Chavanges). — Tableau des localités qui furent le théâtre des effrois, dans *Hist. de la Jacquerie*, 1ʳᵉ éd., p. 205.

Châlons-sur-Vesle (Marne, arr. Reims, c. Fismes). — 1358, août. — Massacre par les nobles de plus de 50 habitants des villages dépendant de la mairie de Saint-Thierri et notamment du village de Châlons-sur-Vesle. — JJ. 86, nº 380.

Chambly (Oise, arr. Senlis, c. Neuilly-en-Thelle). — 1359, novembre. — Rémission octroyée à Gilles Le Haguez, qui avait pris part à la Jacquerie en qualité de capitaine des habitants de Chambly. — JJ. 90, nº 354. — Voy. les Pièces justificatives, nº XLIX.

— 1358, août. — « .... Comme Jehan Renart, de Chambly-le-Haubergier, homme subget et justiciable de Monseigneur et de nous, ait esté, par contrainte de peuple et du païs d'environ, aus effroiz.... » — JJ. 86, n° 342.

Champagne. — Ravages exercés par Eudes, seigneur de Grancey, et Jean, seigneur de Saint-Dizier, pour punir les excès des communes du plat pays des parties de Champagne. — Voy. les Pièces justificatives, n° XXI.

Champagne (Seine-et-Oise, arr. Pontoise, c. L'Isle-Adam). — 1359, juillet. — Rémission pour Jaquet Bedin, de la ville de Champaigne, en la conté de Beaumont-sur-Oise, qui avait pris part au soulèvement contre les nobles. — JJ. 90, n° 161 bis.

Chantilly (Oise, arr. Senlis, c. Creil). — Château dévasté par les Jacques. Flammermont, *Revue historique*, livraison de janvier-avril 1879, p. 136.

Chaponval, hameau d'Auvers-sur-Oise (Seine-et-Oise, arr. et c. Pontoise). — 1358, juin. — Charles, régent, duc de Normandie, se trouvant sur les champs entre Meaux et Lizy-sur-Ourcq, donna à son maître d'hôtel Jean de Chaponval, chevalier, pour l'indemniser des dommages que lui ont faits les gens du plat pays de Beauvaisis, adversaires des nobles et rebelles à la couronne de France, les biens confisqués et sis au bailliage de Senlis de Jean Rose, justicié en la congrégation et compagnie desdits adversaires et rebelles. — JJ. 86, n° 153.

Charentigny, écart de la commune de Villemontoire (Aisne, arr. Soissons, c. Oulchy). — Rémission octroyée à Pierre Troussel, du diocèse de Soissons, pour participation aux effrois, principalement au pillage du château de Jean de Naime, chevalier, à Charantigny. — JJ. 90, n° 413.

Charny (Seine-et-Marne, arr. Meaux, c. Claye). — Pillage du manoir de Jean de Charny, à Charny. — Voy. les Pièces justificatives, n° LV.

Château-Thierry (Aisne. — 1358, août. — « .... Comme Symon le Cordier, pauvre et misérable personne de Château-Thierry, subget et justiciable de nostre très chère et amée dame la royne Jehanne, ait esté avec plusieurs autres personnes du plait païs d'environ aus effroiz.... » — JJ. 86, n° 268.

Chatou (Seine-et-Oise, arr. Versailles, c. Saint-Germain-en-Laye). — 1358, août. — Dame de Chatou menacée de mort par les Jacques et sauvée par Jacquin de Chennevières, de Taverny. — Voy. les Pièces justificatives, n° XXV.

Chavanges (Aube, arr. Arcis-sur-Aube). — 1358, décembre. — Rémission et réduction d'amende accordées aux habitants de « la ville de Chevanges, » pour participation aux effrois, notamment à l'attaque dirigée par les communes du plat pays de Perthois et de Champagne, à Saint-Vrain, contre le sire de Saint-Dizier, et pour soulèvement contre leur dame Ysabeau de Boulemont. — JJ. 86, n° 596. — Voy. Pièces justificatives, n° XLI.

Chenay (Marne, arr. Reims, c. Fismes). — 1358, août. — Massacre de plus de 50 habitants des villages de la mairie de Saint-Thierri, et notamment du village de Chenay, par les nobles qui étaient à Loivre devant Reims. — JJ. 86, n° 380.

Chennevières (Seine-et-Oise, arr. Pontoise, c. Luzarche). — 1358, août. — « Comme Jehan le Bouchier, de Channevières-lez-Louvre en Parisis, en la prevosté de Gonnesse, eust esté avec plusieurs autres du païs d'environ aus effroiz.... » — JJ. 86, n° 305.

Chevreuse (Seine-et-Oise, arr. Rambouillet). — Chronique normande du xiv° siècle, p. 128.

Chilly-Mazarin (Seine-et-Oise, arr. Corbeil, c. Longjumeau). — Vers la Saint-Jean-Baptiste 1358, Etienne Marcel fait publier à Chastres un ban pour convoquer à « Chailly-lez-Loncjumel » les hommes qui pouvaient porter les armes. — JJ. 86, n° 231.

— 1358, août. — Rémission octroyée à Thomas Courcusse et à Thevenoit Paupein, de « Chailly, » pour fait de participation aux effrois des gens du plat pays contre les nobles. — JJ. 86, n° 235.

Choisy-le-Roi (Seine, arr. Sceaux, c. Villejuif). — Pillage de la maison de Jacques La Vache. — Voyez Pièces justificatives n° LVIII.

Coivrel (Oise, arr. Clermont, c. Maignelay). — Château de Coivrel, mentionné par Victor de Beauvillé comme détruit par les non nobles pendant les commotions de la Jacquerie. *Histoire de la ville de Montdidier*, 2ᵉ édition, I, p. 110.

Compiègne (Oise). — 1358, septembre. — Jean Rose « de la Praelle près d'Engicourt en Beauvoisin » (La Presle, hameau d'Angicourt, Oise, arr. Clermont, c. Liancourt), ayant envoyé sa femme et ses enfants à sauveté à Compiègne, marche en la compagnie des gens du plat pays soulevés contre les nobles, à l'instigation de Guillaume Cale, « soi portant capitaine général du dit plat pays. »

Guillaume Cale le charge, avec un autre délégué, d'aller porter lettres aux bourgeois et habitants de Compiègne pour les engager à faire alliance avec les gens du plat pays, les prévenant que, s'ils livraient assaut à Compiègne, il les laisserait et viendrait vivre et mourir avec les défenseurs de cette place. Un jour qu'il est venu à Compiègne voir sa femme et ses enfants, le prévôt forain, étant aux bailles et lices, le fait appréhender au nom du roi et du régent. Il est clerc marié, mais on fait remarquer que sa couronne lui fut « touste et bertaudée. » — JJ. 86, n° 365.

Conches (Seine-et-Marne, arr. Meaux, c. Lagny). — 1358, août. — Rémission octroyée à Jehan Fillon, demeurant à Conches-lez-Lagny-sur-Marne, pour le meurtre d'un homme d'armes qui, vers la Saint-Jean-Baptiste 1358, était venu piller la maison dudit Jean. — JJ. 86, n° 244.

Conflans-sur-Seine (Marne, arr. Épernay, c. Anglure). — 1358, octobre. — Rémission à Renier Lapipi, écuyer, venu à Paris pour servir le Dauphin régent en la compagnie de l'évêque de Langres, conseiller du roi (Guillaume de Poitiers), 1346-1374, et retournant de ce mandement. Lapipi et ses compagnons se disposaient à passer la nuit dans l'hôtel de Jacques Boynon, lorsqu'une « riote » ou dispute éclate entre lesdits compagnons et les habitants de Conflans. Ceux-ci s'assemblent par cri et à cloche sonnée. Les compagnons ont le dessous et sont forcés de s'enfuir à travers champs « tout un-pieds, » sans avoir le temps d'emporter ce qui leur appartient.

Depuis, ils revinrent en armes à Conflans-sur-Seine pour se venger. Ils battirent plusieurs des habitants. Ils en prirent même cinq. Sur les cinq ils en relâchèrent quatre et ils exigèrent du cinquième une rançon de 20 écus. Ils s'emparèrent en outre de 9, tant chevaux que juments et poulains qui ne valaient pas plus de 16 écus d'or.

La reine Jeanne avait fait enfermer, en punition de ces excès, Renier Lapipi dans les prisons de son château de Sézanne. — JJ. 86, n° 373.

Contre (Somme, arr. Amiens, c. Conty). — 1358, août. — Rémission octroyée à Étienne Champion, demeurant à « Contres, en la conté de Clermont, » complice des capitaines du plat pays dans les effrois contre les nobles. — JJ. 86, n° 345.

Conty (Somme, arr. Amiens). — 1358, août. — «.... Comme Colart le Maunier, demourant à Conti, en la conté de Clermont, ait esté capitaine subget des souverains capitaines du plat païs d'environ ; et par la contrainte et ennortement d'iceuls ait esté avec plusieurs autres gens dudit plat païs aus effroiz.... » — JJ. 86, n° 344.

Corbeil (Seine-et-Oise). — 1358, octobre. — Rémission octroyée par le régent à Gui le Conte, demeurant à Corbeil, qui, aux effrois entre les nobles et les gens du plat pays, alors que nous étions à siège delez le Pont de Charenton, a été avec plusieurs nobles à courir sur les gens du plat pays, à prendre et piller leurs biens, et par certaine commission de nos gens à lui adressée ait pris et fait prendre, au temps dessus dit, plusieurs bleds, fruits, vins et avoines. — JJ. 86, n° 372.

Cormeilles-en-Parisis (Seine-et-Oise, arr. Versailles, c. Argenteuil). — 1358, août. — « ....Comme Jehan du Four, prévost de Cormeilles-en-Parisis, et Jaquet de Saux, de la dicte ville, et aussi tous les habitans d'icelle ville, aient esté avec plusieurs autres personnes du païs d'environ aux effroiz.... » — JJ. 86, n° 247.

Côtes. Voy. **Grandes-Côtes.**

Coucy-le-Château (Aisne, arr. Laon). — Tableau des localités qui furent le théâtre des effrois ; *Hist. de la Jacquerie*, 1re éd., p. 204.

Coudray (Loiret, arr. Pithiviers, c. Malesherbes). — Voy. **Trézan.**

Courtemanche (Somme, arr. et c. Montdidier). — Château de Courtemanche mentionné par Victor de Beauvillé comme détruit par les non nobles pendant les commotions de la Jacquerie. *Hist. de la ville de Montdidier*, 2e éd., t. I, p. 110. — Jean de Clermont et de Nesle, dit Maugoubert, était le neveu de Jean de Clermont, chevalier, maréchal de Champagne; il était le fils de Raoul de Clermont et de Nesle, chevalier. Il avait vu les Jacques massacrer à Saint-Leu d'Esserent (Oise, arr. Senlis, c. Creil) messire Raoul de Clermont et de Nesle, son frère, ainsi que plusieurs autres chevaliers et écuyers.

Ces mêmes Jacques avaient brûlé un manoir que le dit Maugoubert possédait à Courtemanche. A cette nouvelle, accompagné de quelques écuyers de sa connaissance, notamment de Jacquemart de Pontruel et de Vast de Buscoy, dit Angoulant, il accourt à Courtemanche, où il coupe les jarrets de Henniquet le père et de Jean Henniquet le fils.

En juin 1363, Mangoubert se fit délivrer des lettres de rémission par le régent Charles. — JJ. 92, n° 237.

Courteuil (Oise, arr. et c. Senlis). — Château de Courteuil, dévasté par les Jacques. Flammermont, *Revue historique*, livraison de janvier-avril 1879, p. 136.

Courtry (Seine-et-Marne, arr. Meaux, c. Claye). — 1366 n. st., 8 mars. — Des Jacques, tant de la vicomté de Paris que d'ailleurs, avaient brûlé et renversé les manoirs de Mathieu de Pommelain, seigneur de Cœuilli, et de la femme de celui-ci, situés « in villis de Messyaco, de Courteni, de Villeroy et de Villeparisis. » — X²ª 7, fol. 212.

Coutres (Oise, arr. Clermont). — 1358, août. — « ... Comme Estienne Champion, demourant à Coutres, eu la conté de Clermont, ait esté avec plusieurs autres du plat païs d'environ, par la contrainte et ennortement des capitaines dudit plat païs, aus effroiz.... » — JJ. 86, n° 345.

Couvrot (Marne, arr. et c. Vitry-le-François). — 1358, septembre.— Rémission octroyée aux habitants demourant en la ville de Couvrot, sujets et justiciables de messire Jobert de la Bove, chevalier, seigneur dudit lieu, pour fait de participation aux effrois. — JJ. 86, n° 377.

Coye (Oise, arr. Senlis, c. Creil). — Tableau des localités qui furent le théâtre des effrois ; *Hist. de la Jacquerie*, 1re éd., p. 204.

Cramoisy (Oise, arr. Senlis, c. Creil). — Tableau des localités qui furent le théâtre des effrois; *Hist. de la Jacquerie*, 1re éd., p. 204.

Cravant (Yonne, arr. Auxerre, c. Vermenton). — 1359 n. st., 2 janvier. — Rémission octroyée aux habitants de Crevant, pour les violences dont avaient été victimes : 1° au Bouchet, Etienne Oyn, chevalier, et ses compagnons ; 2° à Crevant, Houdebert de Chateauneuf, chevalier, et d'autres gens d'armes. — JJ. 86, n° 424. — Voy. les Pièces justificatives, n° XLII.

Creil (Oise, arr. Senlis). — Tableau des localités qui furent le théâtre des effrois; *Histoire de la Jacquerie*, 1re éd., p. 204.

Crépy-en-Valois (Oise, arr. Senlis). — 1358, août. — Rémission octroyée à Jean Boiliaue, de Crespy, justiciable du comté de Valois, pour participation aux effrois. — JJ. 86, n° 222.

Crevecœur (Oise, arr. Clermont). — 1358, juillet. — Le régent institue un marché hebdomadaire et une foire annuelle à Thoix (Somme, arr. Amiens, c. Conty), au profit de Jean de Crevecœur, chevalier ; celui-ci et son père le seigneur de Crevecœur, « en ceste presente année, ont eu par les communes et habitanz d'environ leur païs...., ennemis de tous nobles du royaume, sept de leurs maisons arses et tous les biens estans en ycelles pillez et gastés.... » — JJ. 86, n° 173.

Crugny (Marne, arr. Reims, c. Fismes). — 1358, 1er octobre. — Rémission par Charles régent à Baudin le Charron, demeurant à « Cruny, » sous la juridiction haute, basse et moyenne des religieux, abbé et couvent de Saint-Remi de Reims, qui a été avec plusieurs autres aus effrois faits naguère par les gens du plat pays, espécialement aux châteaux de Fère et de Muret, et en plusieurs autres lieux contre les nobles. Lesdits religieux avaient fait bannir ledit Baudin le Charron par leur maire. — JJ. 86, n° 368.

Cuiry-Housse (Aisne, arr. Soissons, c. Oulchy-le-Château). — 1358, 1er septembre. — Rémission octroyée par Charles régent à Baudin dit Paris de Cuirry, demeurant sous la juridiction haute, basse et moyenne de Saint-Remi de Reims, lequel avait pris part aux effrois des gens du plat pays contre les nobles, et spécialement contre les châteaux de Fère et de Muret. — JJ. 86, n° 369.

Deuil (Seine-et-Oise, arr. Pontoise, c. Montmorency). — 1358, août. — « .... Comme Guillaume Lanyeux, demourant à Dueilg, ait esté comme capitaine avec plusieurs autres du plait pays d'environ aus effroiz.... » — JJ. 86, n° 221.

Dhuizy (Aisne, arr. Soissons, c. Braine, com. Serches). — Pillage par les non nobles d'Acy devant Soissons, de la maison d'Ancel La Pippe, écuyer, à Duysi, mentionné dans les lettres de remission octroyées au dit Ancel, en mai 1360. — Voy. **Acy**. — JJ. 90, n° 530.

Dormans (Marne, arr. Épernay). — 1358, août. — Le régent établit à Dormans un marché hebdomadaire et deux foires annuelles, en considération de son chancelier Jean de Dormans, « et pour le rapport à nous fait que yceuls habitanz se sont portez bien et loyaument et empesché et destorbé plusieurs villes voisines du pays d'environ à faire plusieurs entreprises contre les nobles. » — JJ. 86, n° 130.

Doue (Seine-et-Marne, arr. Coulommiers, c. Rebaix). — 1358, août. — Rémission octroyée à Colin François et à Nicaise Fremy le Jeune, qui, ayant pris part aux effrois des gens du plat pays d'Oursois contre les nobles, avaient volé 80 carpes à Gautier, sire de Doue, chevalier. — JJ. 86, n° 291.

Dracy-lez-Vitteaux (Côte-d'Or, arr. Semur, c. Vitteaux). — Au temps de la Jacquerie (mai et juin 1358), quelques habitants de Vitteaux démolissent le château de Dracy appartenant à Dreux, seigneur de Chappes, chevalier. — JJ. 91, n° 71. — Voy. Pièces justificatives, n° LIX.

Drouilly (Marne, arr. et c. Vitry-le-François). — 1358, 28 septembre. — Rémission octroyée aux habitants de « Bignicourt et de Dully. » — Voy. **Bignicourt**. — JJ. 86, n° 360.

Dury (Aisne, arr. Saint-Quentin, c. Saint-Simon). — Tableau des localités qui furent le théâtre des effrois; *Hist. de la Jacquerie*, 1re éd., p. 204.

Dury (Somme, arr. Amiens, c. Sains). — Tableau des localités qui furent le théâtre des effrois ; *Hist. de la Jacquerie*, 1re éd., p. 203.

Écury (Marne, arr. Châlons). — Tableau des localités qui furent le théâtre des effrois ; *Hist. de la Jacquerie*, 1re éd., p. 205.

Egly (Seine-et-Oise, arr. Corbeil, c. Arpajon). — Voy. **Boissy-sous-Saint-Yon**. — JJ. 86, n° 215.

Éméville (Oise, arr. Senlis, c. Crépy). — Rémission pour Lambert d'Autrefontaine, frère de maître Pierre de Déméville, président au Parlement, demeurant à Éméville, au comté de Valois, qui avait pris part aux effrois contre les nobles du Valois. — JJ. 86, n° 384.

Enghien (Seine-et-Oise). — Démolition du château. — Voy. les Pièces justificatives, n° XXV.

Épernay (Marne). — 1358, août. — Rémission à Girard Lamiraut, d'Avenai, qui s'était approprié du butin : « cum de rescoussa pillagiorum contra dominum Petrum de Harandicuria, militem, et ejus comitivam, in partibus de Sparnaco facta, ipse Girardus cum aliis circumvicinis in armis accessisset. »

Cette rémission fut octroyée à la prière de Gaucher, seigneur de Mutry. — JJ. 86, n° 230.

Épieds, auj. Épiais (Seine-et-Oise, arr. Pontoise, c. Luzarches). — 1359, n. st., 11 mars. — Raoulet le Page, Regnaut Aubert, Jean et Regnaut Noel et Maynot Petit, démolissent les maisons de messire Thomas de Broye, chevalier, situées à Épieds, emportent les meubles et brûlent les lettres de fief, d'héritage et de quittance dudit chevalier. — X¹ᶜ 11.

Ermenonville (Oise, arr. Senlis, c. Nanteuil-le-Haudouin). — 1358, août. — Mention du capitaine général des Jacques, « qui lors estoit devant Ermenonville. » En l'absence dudit capitaine général, le peuple du plat pays de Beauvaisis, soulevé contre les nobles, choisit pour être son capitaine, au cours d'une chevauchée de trois jours à Mello, à Pont-Sainte-Maxence et à Montataire, Germain de Reveillon, de Sacy-le-Grand, familier du comte de Montfort. — JJ. 86, n° 309. — Voy. Pièces justificatives, n° XXIX.

— Robert de Lorris, chevalier et conseiller du roi, eut en 1358 son château d'Ermenonville détruit et pillé par les Jacques. Dans les années qui suivirent la célèbre insurrection, il traduisit pour ce fait en justice Pierre le Cirier, Jean Aliaume et Henri du Breuil, bourgeois de Clermont en Beauvaisis ; il réclamait à ces trois bourgeois : 1º une amende pécuniaire de 6,000 livres ; 2º 25,000 livres pour la destruction et le pillage de son mobilier; 3º 25,000 livres pour la destruction de son château et de sa basse-cour d'Ermenonville; 4º enfin 25,000 livres pour les dépens du procès. — X¹ª 20, fol. 321 et 322.

Esserteaux (Somme, arr. Amiens, c. Conty). — Château d'Esserteaux mentionné par Victor de Beauvillé comme détruit par les non nobles pendant les commotions de la Jacquerie. —*Histoire de la ville de Montdidier*, 2ᵉ édition, t. I, p. 140.

Étampes (Seine-et-Oise). — 1358, 11 septembre. — Rémission octroyée par le régent à Robin Charretier, écuyer, qui, pendant qu'il était employé à la garde des ville et église d'Étampes sous Baudouin de Blesay, chevalier, établi capitaine par le régent, avait commis roberies, rançonnements de gens et de pays, efforcements de femmes, meurtres « et bouté feux es maisons des bonnes genz, » avait donné l'assaut au château d'Étampes, occupé par les gens de notre cousin le comte d'Étampes, dont plusieurs avaient été tués. « Et pour ce que le dit capitaine ne ses genz n'avoient nuls gaiges de nous, nous leur eussions donné par noz dictes lettres licence et auctorité de prendre sur le païs et ailleurs ou royaume toutes manières de vivres nécessaires pour genz d'armes.... Comme le dit Robin ait bien et loyaulment aidié à garder les dictes ville et église (d'Étampes) contre les Englois, et se soient combatuz lui et ses compaignons aux diz Anglois par plusieurs foiz...., et mesmement que, pour le temps des diz crimes et maléfices perpétrés, les gens de commune du plat païs estoient rebelles à nous et aux gentilz hommes, si comme il dit. » — JJ. 86, nº 395.

— 1358, 11 septembre. — Autre lettre de rémission semblable à la précédente pour Raoul et Guillaume le Mabit, Guiot de Tremibrit, Jean de Hauchies et Jean Gobart, écuyers. — JJ. 86, nº 396.

Étavigny (Oise, arr. Senlis, c. Betz). — 1358, août. — Lettre de rémission octroyée par Charles régent à Jean Hullot, demeurant à Étavigny en Mulcien, au bailliage de Valois, lequel avait été capitaine, avec plusieurs autres personnes du pays d'environ, aux effrois. — JJ. 86, n° 298.

Étrépy (Marne, arr. Vitry-le-François, c. Thiéblemont). — 1358, 28 septembre. — Rémission octroyée aux habitants d'Étrépy en la prévôté de Vitry pour participation aux effrois contre les nobles. (Semblable à la charte des habitants de Heiltz.) — JJ. 86, n° 358. Voyez plus loin, p. 199.

Favresse (Marne, arr. Vitry-le-François, c. Thiéblemont). — 1359, juillet. — Rémission octroyée à Jean Flageolet, de Faveresse, qui avait été élu capitaine par les habitants de plusieurs villages du Perthois, pour organiser la défense contre les étrangers et au besoin contre les nobles du royaume. — JJ. 90, n° 292. — Voyez Pièces justificatives, n° XLVI.

Feigneux (Oise, arr. Senlis, c. Crépy). — Voyez Pièces justificatives, n° XXVIII.

Fère-en-Tardenois (Aisne, arr. Château-Thierry). — 1358. — Château de Fère, mentionné, ainsi que le château de Muret situé plus au nord, comme ayant été le point de mire des effrois faits par les gens du plat pays contre les nobles, et notamment par un habitant de Crugny, homme de l'abbaye de Saint-Remi de Reims. — JJ. 86, n° 368.

Fontaine-les-Cornu (Oise, arr. Senlis, c. Nanteuil-le-Haudoin), défiguré par l'orthographe actuelle sous la forme de Fontaine-les-Corps-Nus. — Procès intenté par le seigneur de Fontaine-les-Cornu à certains habitants de Senlis qui avaient pillé et détruit son château. — X¹ᵃ 19, fol. 191 et 192; X¹ᵃ 21, fol. 514. — Voyez Flammermont, *Revue historique*, janvier-avril 1879, p. 136.

Fontaine-sous-Montdidier (Somme, arr. et c. Montdidier). — « Les habitants de Fontaine, près Montdidier, pillèrent et détruisirent la maison de Jean de Clermont-Nesle dit Maugoubert ; ils assiégèrent ensuite le château de Courtemanche qu'ils démolirent de fond en comble. Les habitants de Villers-Tournelle, d'Ailly-sur-Noye et de La Warde-Mauger se joignirent à eux. Le nombre des insurgés augmentant sans cesse, ils envahirent bientôt les pays voisins : le Noyonnois, le Laonnois, le Soissonnois furent ravagés. » — Victor de Beauvillé, *Hist. de la ville de Montdidier*, 2ᵉ édition, t. I, p. 110. Cf. p. 516 et 517. — Le texte des lettres de rémission est dans JJ. 92, n° 227.

Fontenay-aux-Roses (Seine, arr. et c. Sceaux). — Tableau des localités qui furent le théâtre des effrois, dans *Hist. de la Jacquerie*, 1ʳᵉ édition, p. 205.

Fontenay-lez-Briis (Seine-et-Oise, arr. Rambouillet, c. Limours). — 1358, septembre. — « .... Comme les habitanz de la ville de Fontenay-les-Briz, en la chastellerie de Montleheri, aient esté aus effrois.... » — JJ. 86, n° 329.

Fontenay-lez-Louvres (Seine-et-Oise, arr. Pontoise, c. Écouen). — 1358, août. — Rémission octroyée à Oudart Rony et Colet Yon, de Fontenay, près de Louvres en Parisis, pour participation aux effrois. — « .... Et nous, depuis que nous venismes en nostre bonne ville de Paris, aions ordené que tous les nobles remettent et pardonnent aus genz du plait païs, et aussi les dictes gens aus diz nobles, tout ce qu'il pourroient avoir meffait les uns envers les autres, et que toute voye de fait et poursuite criminelle soit fort close aus dictes parties, sauf tant que chascun puisse poursuir ses dommages et injures par voye de justice et civilement par devant monseigneur ou nous ou noz gens. » — JJ. 86, n° 205.

— 1358, août. — Rémission octroyée à Jean Gore, de Fontenay-lez-Louvres, pour fait de participation aux effrois et à la démolition des forteresses. Mis en prison et à rançon vers le 24 juin 1358 par les familiers de messire Pierre de Villiers, chevalier, Lancelot de Buirenville, Pluiant du Val, Mauclerc, frère dudit chevalier, repris après sa sortie de prison par Regnaut de Trie, fils du sire de Mareil-en-France. — JJ. 86, n° 314.

— 1358, août. — Rémission octroyée à « Guillaume le Charron, autrement dit de Fercy, de Fontenay en Parisis, » pour participation aux effrois. — JJ. 86, n° 249.

— 1358, août. — Rémission octroyée à « Raoul le Bouchier, de Fontenay en Parisis, » pour participation aux effrois. — JJ. 86, n° 262.

Fransures (Somme, arr. Montdidier, c. Ailly-sur-Noye). — Château de Fransures mentionné par Victor de Beauvillé comme détruit par les non nobles pendant les commotions de la Jacquerie. — *Hist. de la ville de Montdidier*, 2ᵉ édition, t. I, p. 110. Voy. les Pièces justificatives, nᵒ LII.

— Mars 1360, n. st. — Incendie de la maison du sire de « Fronsures, » par les non nobles, mentionné dans les lettres de rémission octroyées à Frémi Houdrier dit le Bouchier. — JJ. 90, nᵒ 476.

Fresnoy, auj. Fresnoy-la Rivière[1] (Oise, arr. Senlis, c. Crépy). — Rémission à Denisot Rebours, de Fresnoy « en la comté de Valois, » qui avait été aux effrois capitaine des gens de la ville de Fresnoy. Le régent accorda la grâce « à la contemplacion et prière de nostre amé et feal conseiller de monseigneur et de nous maistre Pierre de Demeville, président au parlement. » — JJ. 86, nᵒ 385.

Gaillefontaine (Seine-Inférieure, arr. Neuchatel, c. Forges). Voy. plus haut, p. 153.

Gandelu (Aisne, arr. Château-Thierry, c. Neuilly-saint-Front). — Tableau des localités qui ont été le théâtre des effrois, dans *Hist. de la Jacquerie*, 1ʳᵉ éd., p. 204.

Gerberoy (Oise, arr. Beauvais, c. Songeons). — 1358, août. — Rémission octroyée à « Jehan de la Basse, de Marseillies, demourant à Gerberoy, » pour participation aux effrois. — JJ. 86, nᵒ 495.

— 1358, décembre. — Autre lettre de rémission accordée au même. — JJ. 86, nᵒ 597.

Gien (Loiret). — 1379, juillet. — Lettres de rémission pour Gui de Wallery, seigneur de Champlay et de Batilly, chevalier, qui avait aidé Jean et Jeannot du Martroy, écuyers, frères, demeurant à sept lieues de Gien, à emmener prisonniers et à rançonner Jean Die, dit Arnoul le Coustelier, et un certain nombre d'habitants de Gien. « Comme, pour ce que

---

[1] Nous indiquons Fresnoy-la-Rivière, plutôt que Fresnoy-le-Mat et le Fresnoy, réuni de nos jours à Boissy, qui dépendaient, comme Fresnoy-la-Rivière, du comté de Valois, parce que Fresnoy-la-Rivière est plus rapproché d'Eméville, lieu d'origine du président au parlement, qui obtint la grâce de Denis Rebours.

jà pieça, ou temps que les commocions furent entre les non nobles et nobles, les habitans de la ville de Gien sur Loire, ou grant partie d'iceulx, eurent descort et controversie contre Jehan et Jehannot du Martroy, escuiers, frères, demouranz à sept lieues ou environ de la dite ville de Gien, et que ilz vindrent armez à grant nombre de personne ès hebergemens et hostelx des diz escuiers, en l'absence des quelx en hayne et pour ce que il ne les trouvèrent pour les mettre à mort, comme mettoient les autres de leur condition non nobles les nobles, ils tuèrent leurs bestes, rompirent et depecièrent leurs coustes, coussins, couvertois, fondirent et ardirent leur vaisselle d'estain et de cuivre, et leur firent plusieurs autres grans villenies et dommages irréparables.... » — JJ. 115, n° 297.

Gilocourt (Oise, arr. Senlis, c. Crépy). — 1358, septembre. — Rémission pour « messire Jehan Nerenget, prestre, curé de Gelicourt, en la conté de Valoys, » qui était allé aux effrois contre les nobles. La grâce est accordée par le régent, à la contemplation et prière de nostre amé et feal conseiller de Mgr et de nous maistre Pierre de Demeville, président au Parlement. — JJ. 86, n° 386.

Givry, auj. hameau de Belleau (Aisne, arr. et c. Château-Thierry). — 1358, septembre. — Voy. **Belleau**.

Gonesse (Seine-et-Oise, arr. Pontoise). — Pillage de la maison de Pierre d'Orgemont. — Voy. Pièces justif., n° LVII.

Gournay-sur-Marne (Seine-et-Oise, arr. Pontoise, c. Gonesse). — Chronique normande du xive siècle, p. 128.

Goyencourt (Somme). — JJ. 88, n° 89.

Grandes-Côtes (Marne, arr. Vitry-le-François, c. Saint-Remi-en-Bouzemont). — 1358, septembre. — Rémission octroyée aux habitants demeurant en la ville de « les Viex Costes, » sujets et justiciables de messire Jobert de la Bove, chevalier, seigneur dudit lieu, pour fait de participation aux effrois. — JJ. 86, n° 377.

Grandvilliers (Oise, arr. Beauvais). — Rémission pour Simon Doublet, de Grandvilliers, élu capitaine par les habitants de Grandvilliers, de Poix et de Lignières. — JJ. 86, n° 392.

Grattepanche (Somme, arr. Amiens, c. Sains). — 1360 n. st..

janvier. — Rémissions octroyées à « Rogier Rogier, de Gratepanche, Pierre Diexlebeneye et Pierre Rogier, de Gratepanche, » pour participation aux effrois. — JJ. 90, nos 423 et 424.

Grigny (Seine-et-Oise, arr. Corbeil, c. Longjumeau). — 1358, août. — Rémission accordée à Vincent de la Valée, de Grini, en la châtellenie de Corbeil, pour participation aux effrois. — JJ. 86, no 232.

— 1358, août. — « Comme Tassin de Lannoy, demourant à Grigny en la chastellenie de Corbueil, nostre homme subgiet et justiciable, ait esté avec plusieurs autres du païs d'environ aux effroiz.... » — JJ. 86, no 306.

Hangest (Somme, arr. Amiens, c. Picquigny.) — 1375, juillet. — Un procès avait été intenté et porté aux requêtes du Palais par Jean de Buissery, écuyer, contre Jean Daulle, Jean Sirejean, dit Morant, et plusieurs autres habitants de Hangest, « pour cause des commocions des non nobles contre les nobles ; » les dits Daulle et Sirejean avaient été condamnés à payer 1,300 livres tournois au dit Jean de Buissery. Ils en appellent en notre cour de parlement, disant que le dit de Buissery s'était servi de faux témoins, dont il avait acheté à prix d'argent les dépositions : Pierre Robillart et Jean Estevart disaient qu'ils étaient présents lorsque l'écuyer marchanda à Jean Fauvel, prestre, et à sa meschine. Jean Trespagne et Jean Sirejean, dit Blondel, dirent que le dit écuyer devait avoir donné cotes hardies à plusieurs personnes, et baillé quittance de ce qu'il lui devait, à Pierre Gollette pour les faire déposer en sa faveur. On ajourne les dits Robillart, Estevart, Trespaine et Jean Sirejean comme témoins à comparoir en personne en la cour de Parlement, mais ils n'osent venir et comparoir. Alors les gens de notre parlement envoient Hue de Saint-Erme, huissier de notre parlement, en la ville de Hangest pour les ajourner sur le profit des défauts en quoi ils étaient encourus. L'huissier va à Hangest avec Jean d'Arras, notre sergent en la prévôté de Montdidier; ils arrêtent en son hôtel Jean Sirejean et le veulent amener prisonnier. Le valet de l'huissier ayant pris son épée et couru devant l'église de Hangest son épée nue, les femmes de l'endroit poussent un cri. Nicaise Sirejean, Pierre Potin, Pierre Sirejean, Jean du Lot et Martin Croquet saisissent chacun un bâton ferré ou une hache et demandent aux dits huissier et sergent ce qu'ils veulent, en faisant le geste de les frapper, et alors les dits huissier et sergent leur répondent courtoisement et l'affaire en reste là.

C'est pourquoi cinquante personnes de Hangest, tant femmes comme enfants, veulent vider notre royaume ; le seigneur de Hangest, que le départ de ces cinquante personnes ruinerait, demande et obtient de Charles V des lettres de rémission en juillet 1375. — JJ., 107, n° 186.

Heiltz-le-Hutier (Marne, arr. Vitry-le-François, c. Thiéblemont). — 1358, septembre. — Rémission octroyée aux habitants de « Hés le Huitier, » sujets et justiciables de messire Jobert de la Bove (fief mouvant de Possesse), chevalier, seigneur dudit lieu, au sujet de leur participation aux effrois contre les nobles. — JJ. 86, n° 377.

Heiltz-le-Maurupt (Marne, arr. Vitry-le-François, c. Thiéblemont). — 1358, 28 septembre. — Rémission octroyée aux habitants de « Heis le Marru. » — JJ. 86, n° 357. — Voy. Pièces justificatives, n° XXXI.

Hénonville (Oise, arr. Beauvais, c. Méru), au bailliage de Senlis. — 1358, septembre. — Rémission octroyée à Guillaume aux Bêtes pour participation aux effrois contre les nobles. — JJ. 86, n° 366.

Hérouville (Seine-et-Oise, arr. Pontoise, c. l'Isle-Adam). — 1359 n. st., janvier. — Rémission octroyée à « Guillaume de Jouy, de Herrouville, » demeurant à Pontoise, pour participation aux effrois. — JJ. 86, n° 496.

Hesdin. — 1365 n. st., janvier. — Rémission octroyée à Baudouin Le Vasseur, de Hesdin, qui, au temps des commotions des non nobles contre les nobles, ayant servi sous les ordres du comte de Saint-Pol, avait recueilli du butin à la bataille où les non nobles furent déconfits. — JJ. 96, n° 303.

Issy (Seine, arr. et c. Sceaux). — Pillage de l'hôtel de Simon de Buci à Issi. — Voy. Pièces justif., n° LIV.

Ivry-le-Temple (Oise). — Ravagé par les non nobles. — Voy. plus haut, p. 85.

Jaux (Oise, arr. et c. Compiègne). — 1358, août. — Rémission octroyée à Jehan Leber, demeurant à Jaux, près de Compiègne, sergent à cheval du Châtelet de Paris, pour participation aux effrois. — JJ. 86, n° 223.

— 1358, septembre. — Rémission à Estienne Nolon, demeurant à Jaux en Beauvaisin : « comme, ou temps des commocions et effrois qui derrain et n'a gaires ont esté faiz par les gens du plat païs contre les nobles du royaume, Estienne Nolon eust esté esleu contre son gré et volenté par les habitanz de la dicte ville lieutenant du capitaine d'icelle.... » — JJ. 86, n° 361.

— 1358, septembre. — Rémission octroyée à Jean le Grant, demeurant à « Jaux en Beauvoisin, » fait et nommé dizainier sous le capitaine de Jaux, au temps des commotions contre les nobles, lequel, à l'époque de la contre-jacquerie, avait refusé de mettre la nacelle ou bac qu'il avait sur la rivière d'Oise à la disposition des nobles, des officiers royaux et des habitants de Compiègne qui vouloient passer ladite rivière en face de Jaux, pour se diriger vers la forêt de Compiègne. — JJ. 86, n° 362.

Jouy-sous-Thelle (Oise, arr. Beauvais, c. Auneuil). — Rémission pour Jaquet de Ramain, écuyer, seigneur de Portieux. « .... Environ la feste saint Cristofle ensuivant la saint Sacrement l'an mil CCCLVIII, ou environ, que la commocion commença. » — Mention de la démolition du château de Jouy par les non nobles. — JJ. 100, n° 478.

La Celle en Brie. — 1360 n. st., mars. — Rémission octroyée à plusieurs brigands, à cheval ou à pied, de la garnison de « Sella in Bria, » pour les excès qu'ils avaient pu commettre au service du roi depuis le 10 septembre 1358. — JJ. 90, n° 444. — Voy. les Pièces justificatives, n° LIII.

La Chapelle-sur-Coole, village détruit, dont le territoire a été réuni à celui de la commune de Faux-sur-Coole (Marne, arr. Vitry-le-François, c. Sompuis). — 1358, septembre. — Rémission octroyée aux habitants « de la ville de La Chapelle sur Coole, en Champaigne, » qui, dans la « grant esmeute qui a esté ou royaume, » ont avec les gens du plat pays « essillié » et abattu plusieurs forteresses et maisons des gentilshommes et aucuns d'iceulx mis à mort. » La rémission est accordée à la requête du seigneur Henri de Bar. — JJ. 86, n° 379.

La Chaussée du Bois d'Ecu (Oise, arr. Clermont, c. Crevecœur). — Tableau des localités qui furent le théâtre des effrois; *Hist. de la Jacquerie*, 1re éd., p. 204.

La Cour (château de), aujourd'hui Ligny-le-Ribault (Loiret, arr. Orléans, c. La Ferté-Saint-Aubin). — Avril 1362 n. st. — Tentative de démolition de ce château par les habitants d'Orléans. — JJ. 91, n° 277. — Voyez les Pièces justificatives, n° LX.

La Croix-Saint-Ouen (Oise, arr. et c. Compiègne). — Tableau des localités qui furent le théâtre des effrois; *Hist. de la Jacquerie*, 1re éd., p. 204.

La Faloise (Somme, arr. Montdidier, c. Ailly-sur-Noye). — Château de La Falaise, mentionné par Victor de Beauvillé comme détruit par les non nobles pendant les commotions de la Jacquerie. — *Hist. de la ville de Montdidier*, 2e éd., t. I, p. 110.

La Ferté-Milon (Aisne, arr. Château-Thierry, c. Neuilly-Saint-Front). — 1358, octobre. — Rémission octroyée par Charles, régent, à Guillaume de Trie, demeurant à la Ferté-Milon, au bailliage de Valois, pour fait de participation aux effrois des gens du plat pays contre les nobles. — JJ. 86, n° 397.

La Ferté-sous-Jouarre (Seine-et-Marne, arr. Meaux). — 1359, août. — Rémission octroyée à Perrot de Croy, du bailliage de Senlis, pour s'être rançonné et avoir traité avec les Anglais, afin de sauver de l'incendie un hôtel, situé à la Ferté-sous-Jouarre, qu'il tenait à ferme de Regnaut de Trie, chevalier, sire de Plessier. — JJ. 90, n° 209.

Lagny (Seine-et-Marne, arr. Meaux). — A l'époque des effrois, les nobles font un rassemblement à Lagny pour réprimer le soulèvement des Jacques. — JJ. 91, n° 333. — V. **Bordeaux**.

La Hérelle (Oise, arr. Clermont, c. Breteuil). — Place occupée par les non nobles du Beauvaisis. — JJ. 108, n° 60. — Voy. les Pièces justificatives, n° LXIV.

Laigneville (Oise, arr. Clermont, c. Liancourt). — 1370, mai.

— Rémission pour Jean de Maucreux, qui avait pris part aux excès commis par les non nobles contre les nobles. — JJ. 102, n° 9.

La Presle, hameau d'Angicourt (Oise, arr. Clermont, c. Liancourt). — Voy. **Angicourt.**

La Warde-Mauger (Somme, arr. Montdidier, c. Ailly-sur-Noye). — 1360 n. st., mars. — Rémission octroyée à « Fremy Houdrier, dit le Bouchier, de la Warde-Maugier, » qui avait pris part aux effrois et assisté à l'incendie de la maison du sire de Fransures. — JJ. 90, n° 476. — Voy. les Pièces justificatives, n° LII. — Cf. **Fontaine-sous-Montdidier.**

Le Bouchet (Yonne, arr. Auxerre, c. Vermenton). — 1359 n. st., 2 janv. — Voy. **Cravant.**

Le Limon, hameau de Méry-sur-Marne (Seine-et-Marne, arr. Meaux, c. la Ferté-sous-Jouarre). — 1358, septembre. — Rémission octroyée à Colin de Soisy, cordonnier, demeurant à « Lymons sur Marne lez Nantueil, » homme de corps de l'abbesse de Jouarre et sujet en partie de la reine Jeanne. — JJ. 86, n° 329.

Le Mesnil-Sainte-Honorine, probablement Le Mesnil-Saint-Denis (Oise, arr. Senlis, c. Neuilly-en-Thelle). — 1360, juin. — Rémission octroyée à « Jehan Bonté, du Mesnil Saincte Honorine lez Chambelly le Haubergier, » pour participation aux effrois. — JJ. 90, n° 446.

Le Mesnil-Saint-Firmin (Oise, arr. Clermont, c. Breteuil). — Voy. **Catheux.**

Le Plessier. — Voy. **Plessis-de-Roye.**

Le Plessis-Bouchard (Seine-et-Oise, arr. Pontoise, c. Montmorency). — 1360 n. st., janvier. — Rémission octroyée à « Jehan Champaigne, Jehan Polet, et Jehan Le Roux et autres habitanz de la ville du Plesseis lès Saint-Leu de Taverny, en la vicomté de Paris, » justiciables du seigneur de Montmorency, pour participation aux effrois. — JJ. 90, n° 419.

Liancourt (Oise, arr. Clermont). — 1358, août. — « .... Comme Pierre Benart, de Liencourt, ait esté avec plusieurs autres du païs d'environ aus effrois.... » Charte du régent. — JJ. 86, n° 338.

Lignières (Somme, arr. Amiens, c. Poix). — 1358, 16 septembre. — Rémission pour Simon Doublet, de Grandvilliers, élu capitaine par les habitants de Grandvilliers, de Poix et de Lignières. — JJ. 86, n° 392. — Voy. **Poix**.

Ligny-le-Châtel (Yonne, arr. Auxerre). — Voy. **Vermenton**.

Liossiz, peut-être Lizy-sur-Ourcq (Seine-et-Marne, arr. Meaux). — 1358, septembre. — Rémission octroyée à Colet Michon, Colet Hemon, Colet Vital, Guillot Lestre, Raoulet Cormorin, Jeannot Pillet, Jeannot Driart, et Perrinet Le Forestier, tous de « Liossiz, » pour participation aux effrois et à des meurtres commis « ès parties de Meucien et d'environ. » — JJ. 86, n° 269.

Loisy-sur-Marne (Marne, arr. et c. Vitry-le-François). — 1358, 20 septembre. — Rémission octroyée aux « habitans de Loysies en Champaigne, ou bailliage de Vittry en Pertois, » pour participation aux effrois. — JJ. 86, n° 524.

Loivre (Marne, arr. Reims, c. Bourgogne). — Les nobles se rassemblèrent à Loivre pour donner la chasse aux habitants des villages de la mairie de Saint-Thierri qui s'étaient mis en arroi pour contrester à la « male et desordenée volenté d'aucuns d'iceux nobles revenant de nostre ost devant Paris. »

Rémission du mois d'août 1358 pour les habitants de ces villages. — JJ. 86, n° 380.

Longjumeau (Seine-et-Oise, arr. Corbeil). — 1358, août. — « .... Comme Jehan le Bouchier, Thevenin Gieffroy, Jehan de l'Iaue, Thevenin Ravine, Michelet de Méry et Guillemin Baudin, touz de Loncjumel, aient esté avec plusieurs personnes du païs d'environ aus effroiz.... » — JJ. 86, n° 304.

Lorris (Loiret, arr. Montargis). — 1359 n. st., 24 février. — Rémission octroyée aux habitants « de la ville et chastellenie de Loriz en Gastinoys, » pour s'être arrançonnés avec les ennemis du royaume, notamment avec ceux de la forteresse de Châteauneuf-sur-Loire. — JJ. 90, n° 48.

Louveciennes (Seine-et-Oise, arr. Versailles, c. Marly-le-Roi). — 1360 n. st., janvier. — Lettres de rémission pour Robin Yerne, demeurant à Louveciennes. — Voy. Pièces justificatives, n° L.

Lucy-le-Bocage ou **Lucy-les-Moines** (Aisne, arr. Château-Thierri, c. Charly). — 1358, septembre. — « .... Comme Jehan Bridoul, Thomas des Croutes, autrement dit des Prez, Odin Louys, Colin Paste, Guillot Fauvel, Jehan Rogier, touz de Turcy ; Colet Michon, Colet Hemon, Colet Vital, Guillot Lestre, Raoulet Cormorin, Jehannot Pillet, Jehannot Driart et Perrinet le Forestier, touz de Lussis, et touz les dessus nommez du bailliage de Senliz, aient esté avec plusieurs autres du plait païs aus effroiz.... » — JJ. 86, n⁰ 269.

Maisons (Marne, arr. et c. Vitry-le-François). — 1358, septembre. — Rémission pour les habitants de Maisons en Champagne, sujets de Jean de Thourotte, écuyer, qui sont allés aux effrois contre les nobles. — JJ. 86, n⁰ 388.

Marcilly (Seine-et-Marne, arr. Meaux, c. Lizy-sur-Ourcq). — Voy. plus haut, p. 135.

Maresquel (Pas-de-Calais, arr. Montreuil, c. Campagne-lez-Hesdin). — Voy. plus haut, p. 68.

Marly-le-Roi (Seine-et-Oise, arr. Versailles). — Jacques Bons Hommes à Marly contre Jean de la Villeneuve, écuyer. — JJ. 90, n⁰ 488.

Marolles-en-Hurepoix ou **lez-Arpajon** (Seine-et-Oise, arr. Corbeil, c. Arpajon), en la prévôté de Paris. — 1358, septembre. — Rémission octroyée à Jean le Gentil, de Marolles, pour sa participation aux effrois ou commotions contre les nobles, prisonnier du bailli du prieur de Marolles. — JJ. 86, n⁰ 383. — Voy. **Boissy**-sous-Saint-Yon. — JJ. 86, n⁰ 215.

Meaux (Seine-et-Marne). — Voy. les Pièces justificatives, n⁰ˢ II-XIX.

Mello (Oise, arr. Senlis, c. Creil). — 1358, août. — Mention de la chevauchée devant Mello faite en la commotion et esmeute du peuple du païs de Beauvoisins contre les nobles, par le dit peuple, sous les ordres de son capitaine. — JJ. 86, n⁰ 308. — Voy. les Pièces justificatives, n⁰ XXIX.

Melun (Seine-et-Marne). — 1358, décembre. — Lettre de rémission pour un maçon, mentionnant l'occupation d'une moitié de Melun, où se trouvait la tour de l'église Notre-Dame de Melun, par une garnison navarraise, sous les ordres de Martin de Navarre, chevalier, capitaine, et d'une chevauchée vers Ponthierry par messire Jean de Chalon et les gens d'armes de sa compagnie. — JJ. 86, n° 407.

Mennecy (Seine-et-Oise, arr. et c. Corbeil). — 1358, septembre. — Rémission octroyée à plusieurs des habitants de « la ville et paroisse de Mennecy, » qui avaient pris part aux effrois contre les nobles et à la démolition du château de Villiers aux Nonnains. — JJ. 86, n° 363.

Merly-le-Grand et le Petit (Marne, arr. Reims, c. Bourgogne). — 1358, août. — Massacre de plus de cinquante habitants des villages dépendant de la mairie de Saint-Thierry, et notamment des deux villages de Merly-le-Grand et le Petit, par les nobles qui revenaient « de nostre derrain host devant Paris » et qui étaient à Loivre devant Reims. — JJ. 86, n° 380.

Messy (Seine-et-Marne, arr. Meaux, c. Claye). — Effrois à Messy, où l'on dévaste les biens de Mathieu de Pommolin. — Voy. **Courtry**.

Montataire (Oise, arr. Senlis, c. Creil). — Voy. les Pièces justificatives, n°ˢ XXIX et XXXVII.

— 1365 n. st., mars. — Rémission octroyée par Charles V à Mahieu de Leurel, maçon, homme des religieux de Beaulieu-les-Fontaines, complice de l'exécution de Jean Bernier, mis à mort à Montataire par ordre d'Étienne du Wès, capitaine dudit lieu. — JJ. 98, n° 252.

— Juillet 1370. — Rémission pour Jehan Charon, povre laboureur de Montataire, qui a pris part aux actes de « congregacion et de monopole » des non nobles du Beauvaisis contre les nobles. — JJ. 102, n° 643.

Montdidier. — 1358, octobre. — Charles régent octroie des lettres de rémission aux maire, échevins, bourgeois et habitants de Montdidier, « qui, du mandement de plusieurs capitaines du plat pays, sont allés aux effrois, à ardoir et abattre forteresses et manoirs, gaster et dissiper biens, et aussi ont esté envoyez et présents en leurs personnes en lieux où aucuns des dits nobles ont esté mis à mort. » — JJ. 86, n° 437. — Publié par Victor de Beauvillé. *Hist. de Montdidier*, 2ᵉ édition, t. I, p. 112 à 114.

— 1358, octobre. — Rémission octroyée à Adam Le Coq, sergent du roi en la prévôté de Montdidier, pour participation aux effrois. — JJ. 86, n° 456.

— 1364, juillet. — Charles V octroie des lettres de rémission pour participation aux effrois à Guillaume Boquet, de Montdidier, « familier et serviteur de l'évesque de Laon, » qui avait suivi le parti du roi de Navarre. Mention par Victor de Beauvillé, *Histoire de Montdidier*, 2e édition, 1875, t. I, p. 114.

— 1375, avril. — Lettres de rémission pour Gille de Roye, bourgeois de Montdidier : « comme il ait, dès le temps des commocions des non nobles contre les nobles jusques en la fin de neuf ans, esté maire de la dite ville... »; pour avoir fait pendre un clerc larron, nommé Warnier le Maçon. — JJ. 106, n° 393.

Montépilloy (Oise, arr. et c. Senlis). — 1363. — Château de Montépilloy (*Mons speculatoris*), appartenant à Robert de Lorris dont un des fils, Gilles, fut évêque de Noyon de 1352 à 1388.

Les Jacques démolirent en 1358 ce château. Pendant les années qui suivirent l'insurrection, Robert de Lorris intenta une action en justice contre les coupables, auxquels il réclama 10,000 livres de dommages-intérêts pour la destruction de son château, et 500 livres d'indemnité pour la perte de son mobilier. Par arrêt du 25 novembre 1363, le Parlement ordonna une enquête. — X 1a 18, f° 63.

Montigny-Lencoupe (Seine-et-Marne, arr. Provins, c. Donnemarie). — 1358, août. — « .... Comme Thiebaut le Maire, de Montigny-Lancoup, en la chastellerie de Monstereul, en foult d'Yonne, ait esté avec plusieurs autres personnes du païs d'environ aus effroiz.... » — JJ. 86, n° 275.

Montlhéry (Seine-et-Oise, arr. Corbeil, c. Arpajon). — 1358, août. — « Comme Gauchier Lore, de Montleheri, ait esté avec plusieurs autres du païs d'environ aus effrois, qui derrainement et n'a gaires ont esté faiz par les genz du dit plait païs contre les nobles du dit royaume. » Lettres du régent. — JJ. 86, n° 297.

Montmorency (Seine-et-Oise, arr. Pontoise). — 1358, août. — Rémission octroyée à Jaquin de Chenevières, de Taverny, capitaine des habitants de la châtellenie de Montmorency. — JJ. 86, n° 207. — Voy. les Pièces justificatives, n° XXV.

— 1358, août. — « .... Comme Estienne Asse, homme subget et justiciable de nostre amé et féal le seigneur de Montmorency, ait esté avec plusieurs autres du païs d'environ Montmorency aus effroiz ... » — JJ. 86, n° 353. — Démolition du château. — Voy. plus haut, p. 108.

Montry (Seine-et-Marne, arr. Meaux, c. Crécy). — Le port de « Montery » pillé par cinq brigands, archers de la garnison du marché de Meaux (9 novembre 1358). L'un de ces brigands est tué par Bensin de Marrigny, écuyer, garde dudit port. — JJ. 86, n° 420.

Moreuil (Somme, arr. Montdidier). — 1376 n. st., 25 janvier. — Lettres de rémission du 25 janvier 1376 (n. st.), pour Enguerran Quieret dit Ramel; « .... ou temps des commocions des non nobles contre les nobles, et que yceulx non nobles, pour leur oultrage, avoient occis et mis à mort très inhumainement, par manière de monopole ou conspiracion contre nostre magesté royal, pluseurs nobles, chevaliers, escuiers, dames, damoiselles et enfans, et faisoient de jour en jour ardoir et destruire pluseurs chasteaux et maisons des diz nobles, et par especial aucuns d'iceulx, entre lesquelz estoit Jehan Violete, non noble, et mistrent le feu et ardirent le chastel de Moreul (Moreuil, Somme, arr. Montdidier), et firent pluseurs autres crimes et malefices très orribles et detestables. Et en ce moment et durant la fureur et le temps des dictes commocions le dit exposant seurvint; et pour ce que il trouva que le dit Jehan Violete estoit complice et coulpable des diz malefices, ycellui exposant, meu de chaleur, pour la grant tirannie et cruaulté que avoient fait les diz non nobles, fery le dit Jehan Violete et navra, dont mort s'en ensui en la personne du dit Jehan. — JJ. 108, n° 86. — Destruction du château mentionnée par V. de Beauvillé, *Hist. de Montdidier*, 2ᵉ édit., t. I, p. 110.

— 1376 n. st., janvier. — Robert Rogois, chevalier, sire de Fouencamps, se réfugie « ou chastel de Moreul, » au temps de la commotion des non nobles de Beauvaisis. — JJ. 108, n° 60.

Mouchy-le-Châtel (Oise, arr. Beauvais, c. Noailles). — 1363, septembre. — Rémission octroyée par le roi Jean à Robert Ancel, de Moucy-le-Chastel. — « .... Comme, au temps des commocions et de l'assemblée qui se firent des communes et genz du plat pays de Beauvoisin contre les nobles, il eust été à la dicte assemblée avec les autres du dit plat pays par l'espace de sept jours ou environ, durant lequel temps plusieurs maisons et fors des diz nobles furent ars, abatuz et arasés, plusieurs homicides et crimes faiz et perpetrez, et paroles non licites dictes des dictes communes et genz du dit plat pays.... » — JJ. 94, n° 26.

—1359, septembre. — Rémission accordée à « Jehan Hurtaut, bouchier, lors demourant à Mouchi-le-Chastel, » — JJ. 90, n° 244.

Muret (Aisne, arr. Soissons, c. Oulchy). — Voy. **Cuiry-Housse** et **Fère en Tardenois**.

Neuilly-Saint-Front (Aisne, arr. Château-Thierry). — 1358, août. — « Comme les habitanz et demourans en la chastellerie, poesté et mectes de Nully-Saint-Front, subgiez et justiciables de nostre très chère et amée dame la royne Jehanne, aient esté, avec plusieurs autres du plait païs d'environ, aus effroiz... » — JJ. 86, n° 322.

—1359, décembre.—Rémission octroyée à Pierre Paignant, de « Nully-Saint-Front, » pour participation aux effrois, en qualité de capitaine des habitants de la prévôté de Neuilly. Il était emprisonné au beffroi de Soissons. — JJ. 90, n° 364.

Nointel (Oise, arr. Clermont, c. Liancourt). — Tableau des localités qui furent le théâtre des effrois; *Hist. de la Jacquerie*, 1re éd., p. 204.

Orléans. — Tentative de démolition du château de la Cour (aujourd'hui de Ligny-le-Ribault), par les habitants d'Orléans. — Voy. les Pièces justificatives, n° LX.

Orsay (Seine-et-Oise, arr. Versailles, c. Palaiseau). — Tableau des localités qui furent le théâtre des effrois; *Hist. de la Jacquerie*, 1re éd., p. 204.

Oursois (le plat pays d'). — Voy. les Pièces justificatives, n° XXVI.

Ozoir-la-Ferrière (Seine-et-Marne, arr. Melun, c. Tournon). — Maraguos Behosque, écuyer, entre « Ouroir en Brie et Paris, » dépouille en 1358, avant le 23 juin, Jean Lesparre et François de Châteauvillain, familiers d'Étienne de Lesparre, épicier et bourgeois de Paris, de 1,100 florins d'or au mouton, de 40 royaux d'or et de 4 livres en autre monnaie coursable ; de 3 chevaux et de leurs selles et harnois ; lesquels Jean et François allaient à Chalons acheter des draps et autres marchandises. — JJ. 86, n° 406.

Paillard (Oise, arr. Clermont, c. Breteuil). — 1376, août. — Lettres de rémission pour Guillaume Le Pelletier, naguère demeurant à Falaise, coupable d'avoir tué, au dehors de la ville de Plainville, Jean Cochonet, demeurant à Paillard, lequel estoit homme brigueux et pervers, et qui, ou temps que les commocions furent ou païs des non nobles contre les nobles, faisoit et perpetroit pluseurs excès. — JJ. 109, n° 173.

Palaiseau (Seine-et-Oise, arr. Versailles). — 1358, août. — Mention de Guillot Bonnache, justicié à Montlhéry, par Guillaume Rousseau et Guillaume Champion, avocats, nos commissaires en cette partie, « senz ce que il le aient voulu recevoir à enqueste des genz de son païs, à laquelle il se soubmettoit, » qui avait aidé les gens d'armes de Paris à piller le château de Palaiseau, bu du vin de la cave et dérobé une dague et un manche de bois. — Rémission à Anelot, veuve de Guillot, et à Droynet, son fils. — JJ. 86, n° 252.

Destruction du fort de « Palesuel. » Chronique normande du xive siècle, p. 128.

Péronne. — 1377 n. st., 3 mars. — Philippe, duc de Bourgogne, gratifie d'un franc une femme de Péronne, dont le fils avait été rôti par les Jacques. — Arch. de la Côte-d'Or, B 1451, f° 85 v°.

Perthes (Seine-et-Marne, arr. et c. Melun). — 1358, octobre. — Rémission octroyée aux habitants « de Pertes, de Saint-Martin en Bière, de Flory en Bière, de Celly, et de Saint-Sauveur sur Escole, » qui s'étaient laissé rançonner. — JJ. 86, n° 533.

Perthois, pays tirant son nom de Perthes (Haute-Marne, arr. Vassy, c. Saint-Dizier). — Ravages exercés par Eudes, seigneur de Grancey, et Jean, seigneur de Saint-Dizier, pour se venger des non nobles du Perthois et de la Champagne. — Voy. les Pièces justificatives, n° XXI. — Conf. **Favresse.**

Pierrepont ou **Pierrepont-sur-Avre** (Somme, arr. Montdidier, c. Moreuil). — Château de Pierrepont mentionné par Victor de Beauvillé comme détruit par les non nobles pendant les commotions de la Jacquerie. — *Hist. de la ville de Montdidier*, 2e édit., t. I, p. 110.

Plainville (Oise, arr. Clermont, c. Breteuil). Fort ou château de Plainville, assailli par les Jacques. — JJ. 145, n° 498. — Voy. **Paillard.**

Plessis de Roye (Oise, arr. Compiègne, c. Lassigny). —1358, juillet. — Le régent y établit un marché et une foire, à la supplication de Mathieu de Roye, chevalier, seigneur d'Aulnay et du Plessis. « Comme les villes voisines d'environ le dit Plessié, où estoient marchiez, ont esté arses et gastées et destruites, telement que illeuc n'en a aucunes plus près que de cinq lieues où soient marchiez.... » — Mathieu de Roye avait défendu avec succès son château du Plessis « contre plusieurs noz rebelles et ennemis, honnorablement pour la coronne de France et l'estat de monseigneur et de nous et de toute noblesce. » — JJ. 86, n° 131.

— En 1358, les Jacques assiègent le château de Plesssier-lez-Roye, où Mathieu de Roye et plusieurs nobles des environs s'étaient réfugiés avec leurs familles. Raoul de Coucy, Raoul de Rainneval, Jean de Roye, Bernard de Moreuil, Gui de Honcourt, Waleran, son frère, et plusieurs chevaliers s'assemblent, attaquent les Jacques, les défont et en tuent un grand nombre. Les gentilshommes du Beauvaisis, de Coucy et du Vermandois, dont Montdidier faisait partie, se joignirent à ceux de la Flandre et du Hainaut ; ils tombèrent sur cette multitude de paysans indisciplinés et en firent des massacres affreux; le roi de Navarre en tua plus de 3,000 près de Clermont. » — V. de Beauvillé, *Hist. de Montdidier*, 2e éd., t. I, p. 111.

Poix (Somme, arr. Amiens). — 1358, juillet. — Rémission octroyée à Colart d'Estrées, pour avoir mis à mort Jacques de Fransures, complice du meurtre de Guillaume de Picquigny, chevalier, entre Poix et Lignières. — Voy. Pièces justificatives, n° XX.

— 1358, 16 septembre. — Rémission pour Simon Doublet, de Grandvilliers, élu capitaine par les habitants de Grandvilliers, de Poix et de Lignières. — JJ. 86, n° 392.

— Destruction du château de Poix. — JJ. 87, n° 1.

Pomponne (Seine-et-Marne, arr. Meaux, c. Lagny). — Pillage du manoir de Jean de Charny, à Pomponne. — Voy. les Pièces justificatives, n° LV.

Ponchon (Oise, arr. Beauvais, c. Noailles). — 1359, avril. — Rémission pour Philippe Poignant, sergent du roi, demeurant à Panchon, qui avait été contraint de se joindre aux habitants des villes de la rivière de Oize et de Therain et d'être capitaine de quatre villes. — JJ. 90, n° 148.

Pondron, hameau de Fresnoy-la-Rivière (Oise, arr. Senlis, c. Crépy). — 1358, août. — « .... Comme Oudart au Coulet, demourant à Pont de Ront, subget et justiciable de nostre très cher et amé oncle Mons. le duc d'Orlians en sa conté de Valois, ait esté, avec plusieurs autres du païs d'environ, aus effrois.... » — JJ. 86, n° 256.

Ponthierri, hameau de Saint-Fargeau (Seine-et-Marne, arr. et c. Melun). Voy. **Melun.**

Pontoise (Seine-et-Oise). — 1358, 28 août. — Pierre Boyvin, bourgeois de Pontoise, était marié à une veuve, nommée Pernelle, qui possédait à Mantes, du chef de son premier mari, des héritages estimés 120 livres de revenu annuel.

Le 28 août 1358, il y avait ès vignes des dits héritages « fruiz pendanz, qui bien sont estimez à la valeur de quarante tonneaux de bon vin de moreillon, » estimés 900 écus, et les biens meubles renfermés dans deux maisons de ladite ville de Mantes 600 écus, ce qui fait un total de 1,500 écus en meubles.

De la Saint-Martin d'hiver (11 novembre) 1357 au 28 août 1358, le dit Pierre Boyvin avait tenu garnison dans l'église fortifiée de Notre-Dame de Pontoise avec quatre autres hommes d'armes.

Le samedi 11 août 1358, ledit Pierre Boyvin, capitaine du fort de cette église, résista victorieusement à un assaut livré par Charles le Mauvais, roi de Navarre, et par Philippe de Navarre, son frère.

Le 28 août 1358, Pierre Boyvin se fit donner par le régent, en récompense de ses services et en dédommagement de ses pertes, les biens confisqués d'Ernoul et de Pierre de Bachambre, bourgeois de Mantes, partisans du roi de Navarre. — JJ. 86, n° 228.

— 1353, août. — Rémission octroyée à Roulant Maletrache. « .... Comme, en la commocion ou esmeute du peuple du plat païs d'environ Pontoise, n'a gaires faite contre les nobles du dit païs, le dit Roulant, pour contrainte et contre sa voulenté, eust esté en leur compaignie, ou autrement l'eussent mis à mort s'il n'eust obéi à eulx, lequel se parti au plus tost qu'il pot de leur dicte compaignie, et se mist et entra en la ville de Pontoise, pour soy garantir et sauver; neant moins, soubz ombre de ce que aucuns nobles dient que il a esté à bouter les feux en leurs maisons et à piller leurs biens, et especialment ès maisons de Pierre de Grésy, escuier, combien que en vérité il n'ot oncques aucune chose du pillage, ne ne fu son entencion de en rienz avoir, ne ne fu à occire ou tuer personne quelconques, mais tant seulement fu quant les maisons du dit escuier furent arses, et par contrainte des dictes genz du dit plait païs et contre sa voulenté.... » — JJ. 86, n° 313.

Pont-Point (Oise, arr. Senlis, c. Pont-Sainte-Maxence).—1364, décembre. — Rémission octroyée à Jean Bouquet, de Pont-Point, pour sa part de complicité dans le meurtre d'un espion des gentilshommes, tué par un des habitants de Pont-Point. — JJ. 96, n° 425. Voy. Pièces justificatives, n° LXII.

— Semblable rémission pour Perrin de Verberie. — JJ. 96, n° 179.

Pont-Sainte-Maxence (Oise, arr. Senlis). —Occupé par une troupe de nobles. — JJ. 96, n°s 179 et 425. Voy. Pièces justificatives, n°s XXIX et LXII.

— Rémission octroyée à Jehan Oursel, demeurant à Pont-Sainte-Maxence, pour participation aux effrois. — JJ. 86, n° 224. Voir aussi JJ. 101, n° 55.

— 1363, septembre. — Rémission à Jean Ourcel, de Pont-

Sainte-Maxence, accusé de complicité du meurtre de deux écuyers que le capitaine souverain des non nobles avait ordonné de noyer dans l'Oise. — JJ. 94, n° 4.

Pouillon (Marne, arr. Reims, c. Bourgogne). — 1358, août. — Massacre de plus de 50 habitants des villages de la mairie de Saint-Thierri, et notamment du village de Pouillon, par les nobles qui revenaient « de nostre derrain host devant Paris » et qui étaient à Loivre devant Reims. — JJ. 86, n° 380.

Praslin (Aube, arr. Bar-sur-Seine, c. Chaource). — Tableau des localités qui furent le théâtre des effrois ; *Hist. de la Jacquerie*, 1re éd., p. 205.

Précy-sur-Oise (Oise, arr. Senlis, c. Creil). — 1358, août. — Rémission octroyée aux habitants de Précy, lesquels étaient allés, « avec plusieurs autres du païs d'environ, aus effroiz. » — JJ. 86, n° 246.

— 1359 n. st., février. — Rémission accordée à Oudin Le Fèvre, demeurant « apud Preciacum, » pour participation aux effrois. « .... Invalescente et durante horrido et detestabili supplicio et debato quod nonnulli innobiles de Belvacino contra nobiles dicte patrie fuerunt anno novissimo preterito temere machinati, ut ipsos nobiles morti traderent.... » — JJ. 90, n° 82.

Presles (Aisne, arr. Soissons, c. Braine). — Tableau des localités qui furent le théâtre des effrois ; *Hist. de la Jacquerie*, 1re éd., p. 204.

Provins (Seine-et-Marne). — Avant que le régent Charles vienne camper avec 30,000 chevaux à Chelles le 23 juin, et vers Conflans et le pont de Charenton le 29 juin 1358, il reçoit des renforts de son « très cher oncle l'empereur de Rome. » Le sire de Rosemberg lui amène une compagnie de gens d'armes. L'un d'eux, Maraguos Behosque, écuyer, enlève 600 florins d'or au mouton à Oudart de Sulaines, marchand et bourgeois de Provins, sur les champs entre Provins et Paris, avec les armures dudit marchand et de ses compagnons. — JJ. 86, n° 406.

Puisieux (Seine-et-Marne, arr. Meaux, c. Lizy-sur-Ourcq). — Voy. *Hist. de la Jacquerie*, p. 135.

Rainneval ou **Renneval** (Aisne, arr. Laon, c. Rozoy-sur-

Serre). — Château de Rainneval, mentionné par Victor de Beauvillé comme détruit par les non nobles pendant les commotions de la Jacquerie. *Hist. de la ville de Montdidier*, 2ᵉ édition, t. I, p. 110.

Ravenel (Oise, arr. Clermont, c. Saint-Just). —1360, juillet.— Rémission octroyée à Guillaume Porel, de Ravenel, qui avait participé aux effrois avec plusieurs autres du pays de Beauvoisin. Le mandement est adressé au prévôt de Montdidier. — JJ. 90, n° 635.

Rhuis (Oise, arr. Senlis, c. Pont-Sainte-Maxence). — 1358, octobre. — Rémission octroyée à Jehan des Hayes, de Ruys-lez-Verberie, lequel avait été forcé de prendre part aux effrois et avait assisté, le 3 juin 1358, à Verberie, au meurtre d'un écuyer. — JJ. 86, n° 444.

Rouvroy (Somme, arr. Montdidier, c. Rosières). — Voy. **Beaufort**.

Roye (Somme, arr. Montdidier). — Tableau des localités qui furent le théâtre des effrois; *Histoire de la Jacquerie*, 1ʳᵉ éd., p. 203.

Sacy-le-Grand (Oise, arr. Clermont, c. Liancourt). — Voy. les Pièces justificatives, n° XXIX.

Sains-Morainvilliers ou **en Chaussée** (Oise, arr. Clermont, c. Maignelay). — Château de Sains, mentionné par Victor de Beauvillé comme détruit par les non nobles pendant les commotions de la Jacquerie. *Hist. de la ville de Montdidier*, 2ᵉ édition, t. I, p. 110.

Saint-Amand (Marne, arr. et c. Vitry). — 1359, juillet. — Rémission octroyée à Michel Martin, de Saint-Amand, que les habitants de « la dicte ville de Saint-Amand » avaient élu pour capitaine. — JJ. 90, n° 293.

Saint-Denis (Seine). — 1358, août. — « Comme Pierre Hardi, demourant à Saint-Denis, justiciable de nostre amé et féal conseiller de Monseigneur et de nous l'abbé de Saint-Denys en France, ait esté, avec plusieurs autres du païs d'environ, aus effroiz.... » Lettres du régent. — JJ. 86, n° 299.

Voyez aux Pièces justificatives, n° LVII, l'arrêt du 19 juin 1361, relatif au pillage de la maison de Pierre d'Orgemont, à Gonesse.

Saint-Dizier (Haute-Marne, arr. Vassy). — 1358, juillet. — Répression des excès des communes par Jean, seigneur de Saint-Dizier. — JJ. 86, n° 142.

— 1358, novembre. — Le seigneur de Saint-Dizier attaqué par les hommes de Sainte-Livière, à Saint-Vrain. — JJ. 86, n° 578.

Sainte-Aulde (Seine-et-Marne, arr. Meaux, c. la Ferté-sous-Jouarre). — 1358, décembre. — Charles régent, duc de Normandie, donne à Marguerite de Saint-Étienne, pour services rendus à la duchesse, sa femme, tous les héritages, évalués 30 livres de rente, de Jean de Sainte-Aulde, ès prévôtés de Coulommiers et de Sainte-Aulde, au bailliage de Sens, lequel « s'est defouiz et absentez » pour crime de lèse magesté et pour la trahison machinée contre Monseigneur et nous. — JJ. 86, n° 403.

Sainte-Livière (Marne, arr. Vitry-le-François, c. Saint-Remi-en-Bouzemont). — 1358, septembre. — Rémission octroyée aux habitants de « Saincte-Livière-les-Viex-Costes, » pour leur participation aux effrois contre les nobles, sujets et justiciables de messire Jobert de la Bove (fief mouvant de Possesse), chevalier, seigneur dudit lieu. — JJ. 86, n° 377.

— 1358, novembre. — Rémission octroyée aux « habitanz de la ville de Saint-Lyvier en Champaigne, » pour leur participation aux effrois, notamment pour avoir attaqué « le seigneur de Saint-Disier, queuz de France, et aucuns autres nobles et autres du dit païs, en la ville de Saint-Verain et ailleurs. » — JJ. 86, n° 578.

Saint-Fargeau (Seine-et-Marne, arr. et c. Melun). — 1358, septembre. — Rémission octroyée à Jean Bruyant, de Saint-Fargeau, qui avait pris part aux effrois contre les nobles, et en particulier à la démolition du « chastel de Villers emprès la Ferté Aalays. » — JJ. 86, n° 364. — Voy. **Villiers-aux-Nonnains**.

Saint-Germain, près Compiègne (Oise). — 1359 n. st., février. — Rémission octroyée à Pierre le Maçon, de la paroisse de Saint-Germain, près de Compaigne, pour le meurtre de Robert l'Escrivain. Il est rappelé que les habitants de cette paroisse ne s'étaient point soulevés contre les nobles, qu'ils ne s'étaient point laissé rançonner et qu'ils s'étaient imposé une taille pour payer des barres et lices destinées à la défense de leur bourg. — JJ. 86, n° 571.

Saint-Leu-d'Essérent (Oise, arr. Senlis, c. Creil). — 1359, novembre.—Rémission octroyée à « Jehan Lespert, de Saint-Leu d'Esserans, demeurant à présent à Senliz, et à Benoit Paignart, son gendre, » pour participation aux effrois. — JJ. 90, n° 356.

— « Et 18 mensis [maii 1358], populus de Belvacino, congregatus apud Sanctum Lupum de Cerans, occidit quatuor milites et quinque scutiferos.... » Voy. le Recueil de Secousse, p. 614.

Saint-Lumier en Champagne (Marne, arr. et c. Vitry-le-François). — JJ. 86, n° 578.

Saint-Omer (Pas-de-Calais). — Michelet, dit de Saint-Omer, pendu par ordre de Thibaud de Mareuil pour fait de participation aux effrois. — JJ. 86, n° 534.

Saint-Quentin (Aisne). — 1359 n. st., mars. — Rémission pour Pierre le Boucher, de Saint-Quentin, pour fait de participation aux effrois. — JJ. 86, n° 498.

Saint-Sulpice (Oise, arr. Beauvais, c. Noailles). — Jean, dit Doré, de la paroisse de Saint-Supplix au bailliage de Senlis, est condamné par l'abbé de Ressons (Oise, arr. Compiègne), et Lorin de la Mare, choisis comme arbitres, à payer 10 francs d'or à Gilot Dudelonge, écuyer, « pour raison de la roberie, destruccion et demolicion faite en et des biens du dit Gilot dans les commocions des non nobles contre les nobles. » — JJ. 100, n° 683.

— En février 1371 (n. st.), Gilot et son frère Jean Dudelonge, ayant tué Jean, dit Doré, qui refusait de payer les 10 francs d'or, se firent délivrer des lettres de rémission. — JJ. 102, n° 96.

Saint-Thiébaut, à Bazoches (Aisne, arr. et c. Soissons). — 1358, septembre. — Rémission octroyée à Henri le Villain, autrement Boursette, laboureur de bras, demeurant en la ville de Saint-Thiébaut, à Bazoches, accusé d'avoir pris part, avec plusieurs autres du pays, aux effrois contre les nobles. — JJ. 86, n° 370.

Saint-Thierri (Marne, arr. Reims, c. Bourgogne). — 1358, août. — Massacre de plus de cinquante habitants des villages dépendant de la mairie de Saint-Thierri par les nobles qui revenaient alors du « derrain host devant Paris, » et qui étaient à Loivre devant Reims. — JJ. 86, n° 380.

Saint-Vrain (Marne, arr. Vitry-le-François, c. Thiéblemont). — 1358, août. — « .... Comme les habitans de la ville et paroisse de Saint-Verin Escorcy aient esté, avec autres du païs d'environ, aus effroiz.... » — JJ. 86, n° 311. — Voy. **Bailly, Blacy, Chavanges, Sainte-Livière.**

Santeuil (Seine-et-Oise, arr. Pontoise, c. Marines). — 1358, octobre. — Voy. **Ableiges.**

Saulx, auj. Saulx-les-Chartreux (Seine-et-Oise, arr. Corbeil, c. Longjumeau). — 1358, août. — « .... Comme Symon Philippon et Jehan diz Pate, Jehan Bernart, cordeannier, Jehan Bernart, cousturier, Raoulet Gile, Guillot du Puis, Perrin Arrachenesse, Ourry du Vimar, Perrot Gille, Jehan Bonne Dorme, Perrin Hubert, Guillot Minart et Jehan Langloiz, habitanz et demouranz en la paroisse de Saulx, en la chastellerie de Montlehery, aient esté, avec plusieurs autres du païs d'environ, aus effrois.... » — JJ. 86, n. 316.

Savignies (Oise, arr. et c. Beauvais). — 1358, août. — Rémission octroyée à Symon le Choine et Lorin, son fils, demeurant à « Savignez en Beauvoisins, » pour avoir chevauché pendant trois jours avec les non nobles. — JJ. 86, n° 320.

Sceaux (Seine). — Voy. plus haut, p. 110.

Senlis (Oise). — En 1358, entre le 11 et le 14 juin. — Les bourgeois de Senlis et les paysans les plus influents vinrent à Clermont se mettre sous la sauvegarde de Charles le Mauvais, qui, pensant que les massacres de la bataille de Mello et les supplices subis par les principaux meneurs étaient une expiation suffisante, mit tout en œuvre pour pacifier le pays; c'était pour lui un excellent moyen d'accroître son influence. Aux termes d'un accord qu'il fut assez habile pour conclure avec les nobles, on prit dans chaque village du Beauvaisis quatre des principaux coupables, et on choisit dans tout le pays dix hommes parmi les plus honorables qui furent chargés d'estimer les pertes subies par les nobles du fait de l'insurrection et de fixer les dommages et intérêts qui leur étaient dus par les paysans. Moyennant le paiement de ces indemnités, les nobles s'engagèrent à s'abstenir de représailles et à maintenir en paix le plat pays. — Lettre de Marcel aux Flamands, dans Perrens, 1re éd., p. 406.

— 1358, juillet. — Le régent donne à Jean de Chaponval, chevalier, son maître d'hôtel, pour l'indemniser des pertes qu'il avait subies par le fait des gens du plat pays de Beauvaisis, les biens que possédait au bailliage de Senlis Jean Rose, exécuté pour sa participation à la sédition. — JJ. 86, n° 153.

— 1358, juillet. — Le régent donne à son féal chevalier Jacques des Essarts les biens confisqués sur feu Henri de Murat, jadis bourgeois de Senlis, sergent d'armes du roi, mis à mort à l'assaut de la ville de Senlis. — JJ. 86, n° 171.

— 1358, décembre. — Rémissions octroyées à « Jehan de Relengues, povre et miserable personne, demourant ou bailliage de Senliz, » à « Gieffrin de Chanevières, » à « Henriot le Pennetier » et à « Raoulet de Moulin, dit Maçon. » — JJ. 86, nos 510 et 514.

— 1358, 5 octobre. — Don fait par le Dauphin à Jean Maquille, « pour avoir enduy et ennorté les habitans de Senlis, quant le roy de Navarre vint n'a gaires à grant host devant la dite ville. » — Secousse, *Preuves*, II, p. 99.

— 1371, mai. — Donation de 100 livres à Sicart le Barbier, avocat à Senlis, mentionné comme ayant contribué « à tenir induire les habitans de la ville de Senliz en nostre vraie amour et obéissance, quant nostre très chier et feal frère le roi de Navarre vint à grant oost et compaignie de gens d'armes et de pié devant la dite ville pour ycelle assailir. » — JJ. 102, n° 276.

— 1358, 8 avril. — Décharge donnée par le régent à Pierre de Saint-Jean, chevalier, maître des eaux et forêts du roi, chargé depuis dix ans de travaux aux châteaux et hôtels de « Saint-Germain-en-Laye, Poissy, Baies et Montjoye. » Ses papiers avaient été détruits dans une maison qu'il avait hors de Senlis, au temps de la commotion des non nobles. — JJ. 90, n° 151.

— 1359, n. st., janvier. — Rémission octroyée à Jehan Charuel et à Simon Le Cordier de La Mare, à l'occasion du meurtre de Jean des Prés, écuyer, lors de l'attaque de Senlis par les nobles le jour de la bénédiction du Lendit. — JJ. 86, nos 421 et 422. — Voy. les Pièces justificatives, n° XLIII.

Silly-le-Long (Oise, arr. Senlis, c. Nanteuil-le-Haudouin). — Voy. plus haut, p. 139.

Soissons (Perrot de). — 1358, septembre. — Rémission et mainlevée de confiscation octroyées à Isabelle, veuve de Perrot de Soissons, mis à mort par les nobles, comme ami et complice de Regnaut Naquet et Perrinet Jobart, lesquels avaient pris part aux effrois contre les nobles, après quoi les biens dudit Perrot de Soissons avaient été confisqués par l'archevêque de Reims. — JJ. 86, n° 352.

— 1358, septembre. — Lettres semblables accordées à Perrette, veuve de Jaquet Diacre, mis à mort par les nobles comme ami et complice des mêmes. — JJ. 86, n° 356.

Sompuis (Marne, arr. Vitry-le-François). — 1358, août. — Rémission octroyée à Philippe de Baucencourt, écuyer, qui s'était emparé de trois chars harnachés et attelés de dix chevaux, partant de Bar-sur-Aube, pour s'indemniser des pertes que lui avaient fait subir aucuns habitants de Sompuis quand il revenait de l'ost du régent, vers la Saint-Jean dernièrement passée (24 juin). — JJ. 86, n° 258.

Songeons (Oise, arr. Beauvais). — 1370 n. st., mars. — A Songeons, le jour de Carême prenant, à un jeu nommé Choule, Martin le Tanneur, non noble, « sous umbre des commotions des non nobles du plat païz contre les nobles, » heurte Jean Hauchet, écuyer, qui par la suite tua Martin le Tanneur. — JJ. 99, n° 480.

Songy (Marne, arr. et c. Vitry-le-François). — 1358, septembre. — Rémission octroyée aux habitants de « Songy en Champaigne, » qui avec les gens du plat pays avaient ars, « essillé » et abattu plusieurs forteresses et maisons des gentilshommes et aucuns d'iceulx mis à mort. — JJ. 86, n° 378.

Taverny (Seine-et-Oise, arr. Pontoise, c. Montmorency). — 1358, août. — Rémission octroyée à Jacquin de Chennevières, de Taverny, élu à l'unanimité capitaine par les habitants de

la châtellenie de Montmorency. — JJ. 86, n° 207 (Cf. JJ. 90, n° 419). — Voy. les Pièces justificatives, n° XXV.

Thérines (Oise, arr. Beauvais, c. Songeons). — 1360, septembre. — Rémission par Guérart de L'Esglantier, demourant à Thérines, qui, étant en garnison à Gerberoy avec les nobles du Beauvaisis, avait commis des excès en combattant les non nobles. — JJ. 88, n° 31.

Thiéblemont (Marne, arr. Vitry-le-François). — 1358, septembre. — Rémission octroyée à Jean le Jaqueminart, de Thiéblemont, pour sa participation aux effrois contre les nobles. — JJ. 86, n° 355. — Voy. les Pièces justificatives, n° XXXIII.

Thiers, près de la Chapelle-en-Serval (Oise, arr. et c. Senlis). — La forteresse de Thiers fut mise dans l'état de ruine où elle se voit encore. Flammermont, *Revue historique*, livraison de janvier-avril 1879, p. 136, 137.

Thil (Marne, arr. Reims, c. Bourgogne). — 1358, août. — Massacre par les nobles de plus de cinquante habitants des villages de la mairie de Saint-Thierri, et notamment de « Til. » — JJ. 86, n° 380.

Thoix (Somme, arr. Amiens, c. Conty). — Voy. **Catheux**.

Thorigny (Seine-et-Marne, arr. Meaux, c. Lagny). — Pillage du manoir de Jean de Charny à Thorigny. — Voy. Pièces justificatives, n° LV.

Torcy (Seine-et-Marne, arr. Meaux, c. Lagny). — Tableau des localités qui furent le théâtre des effrois; *Hist. de la Jacquerie*, 1re édit., p. 205.

Trappes (Seine-et-Oise, arr. et c. Versailles). — Jean Rigaud, chevalier, nommé par Charles dauphin, capitaine de la forteresse de Trappes. Le prévôt des marchands Étienne Marcel et les rebelles de Paris avaient brûlé le manoir de ce chevalier, qu'ils détestaient. — X¹ᵃ 21, fol. 481 et 482. — Chronique normande du xɪvᵉ siècle, p. 128.

Tremblay (Seine-et-Oise, arr. Pontoise, c. Gonesse). — 1358, août. — Rémission à Jean de Quincy, Guillot le Charpentier, Beli du Four, Jeannin Coulon, demeurant à Tremblay, qui avaient pris part aux effrois contre les nobles, et notamment à l'expédition de Pierre Gilles contre le Marché de Meaux. — JJ. 86, n° 286.

Trézan, hameau de la commune de Malesherbes (Loiret, arr. Pithiviers). — 1358, 10 novembre. — La maison de Trezan, située au pays de Beauce, dans le vallon marécageux de l'Essonne, fut fortifiée, en « karesme derrain passé » (février ou mars 1358, n. st.) par Drouin de Chambaudon et plusieurs gens d'armes de sa compagnie, « qui se disoient à nous et à noz gaiges. »

« Le bailli qui lors estoit au païs pardelà pour la royne Blanche, en imposant à ycelles gens que la prise des diz vivres il faisoient sur les bonnes genz du païs sans les paier, et que avec ce firent et convindrent plusieurs autres malefices, fist abatre et arraser la dicte maison (de Trezan).... Le prevost de Grès a pris de son auctorité et de fait mis en nostre main touz les biens de Louis de Mengecourt, écuyer, » et de ses sœurs Agnès, Marie et Guyote, cette dernière mariée à Jean de La Hétraie ; lesdites sœurs s'étaient réfugiées dans la maison forte de Trézan. — Le prévôt de Grès s'efforce de traire à amende les bonnes gens de la ville de Coudray, qui est assize assez près de la dicte maison fort, pour ce que il ne prindrent et arrestèrent pour le fait dessus dit les diz signiffians. » — JJ. 86, n° 402.

Tricot (Oise, arr. Clermont, c. Maignelai). — Le château est mentionné par Victor de Beauvillé comme détruit par les non nobles pendant les commotions de la Jacquerie. — *Hist. de la ville de Montdidier*, 2e édition, t. I, p. 110.

Trocy (Seine-et-Marne. arr. Meaux, c. Lizy). — 1358, septembre. — Rémission octroyée à Jean Bridoul, Thomas des Croutes ou des Prez, Odin Louys, Colin Pasté, Guillot Fauvel, Jean Roger, tous de « Turcy, » pour participation aux effrois et à des meurtres commis « és parties de Meucien et d'environ. » — JJ. 86, n° 269.

Vailly-sur-Aisne (Aisne, arr. Soissons). — 1358, novembre. — Rémission octroyée à Warnier Le Pontonnier, demeurant à Weilly, pour participation aux effrois. — JJ. 86, n° 477.

Vaires (Seine-et-Marne, arr. Meaux, c. Lagny). — Rapt de Tassone, naguères femme de Massé, de Vaires près Lagny, par les nobles qui s'étaient réunis à Lagny pour réprimer le soulèvement des Jacques. — JJ. 91, n° 333. — Voyez **Bordeaux**.

Vaugirard (Seine, arr. et c. Sceaux). — Pillage de l'hôtel de Simon de Bucy à Vaugirard. — Voyez Pièces justificatives, n° LIV.

Vémars (Seine-et-Oise, arr. Pontoise, c. Luzarches). — 1358, août. — « Comme les habitanz de la ville de Vemars aient esté, avec plusieurs autres du plait païs d'environ aus effroiz qui derrainement et nagaires ont esté faiz par les diz genz du plait païs contre les nobles du dit royaume.... » — JJ 86, n° 280.

Verberie (Oise, arr. Senlis, c. Pont-Saint-Maxence). — Écuyer mis à mort à Verberie. — Voyez **Rhuis**.

Vermandois. — 1358, octobre. — Rémission octroyée à Colin Barde, qui, par ordre du sire d'Avaumain, de Thibaut de Merneil et de Guillaume Blondel, naguères bailli de Vermandois, avait pendu Michelet de Saint-Omer, Thibaut Le Roy et Nevelet de la Guerrière, condamnés pour participation aux effrois. — JJ. 86, n° 534.

Vermenton (Yonne, arr. Auxerre). — 1359, mai. — Rémission octroyée aux habitants de « la ville de Vermenton en Aucerrois, » qui s'étaient rançonnés aux ennemis du royaume, notamment à « ceulx qui en l'année derrain passée vindrent et encores sont et demeurent en la forteresce de Ligny-le-Chastel et ès parties d'environ, lesquiex à grant nombre et force de genz d'armes sont plusieurs foiz venuz en la dicte ville de Vermenton et es parties d'environ.... » — JJ. 90, n° 110.

« **Vignoel**. » — 1359 n. st., janvier. — Rémission octroyée à Jean du Bois, prisonnier à Troyes, pour violences commises sur la personne de Jean Chery, de Vignoel, et pour extorsion de deniers au préjudice de Geoffroi le Conversat. — JJ. 86, n° 425. — Voyez les Pièces justificatives, n° XLIV.

Vignory (Haute-Marne, arr. Chaumont). — Tableau des localités qui furent le théâtre des effrois, dans *Hist. de la Jacquerie*, 1re édition, p. 205.

Villeparisis (Seine-et-Marne, arr. Meaux, c. Claye). — Effrois à Villeparisis, où l'on détruit les biens de Mathieu de Pommolin, seigneur de Coeuilly. — Voyez **Courtry**.

Villeroy (Seine-et-Marne, arr. Meaux, c. Claye). — Effrois à

Villeroy, où l'on détruit les biens de Mathieu de Pommolin. — Voyez **Courtry**.

Villers-aux-Érables (Somme, arr. Montdidier, c. Breteuil). — 1376 n. st., janvier. — Rémission octroyée à Robert Rogois, chevalier, seigneur de Fouencamps, qui, au temps de la commotion des non nobles du Beauvaisis, avait tué Jean de Brach et blessé Robert de Brach, frère de Jean, habitants de Villers-aux-Érables. — JJ. 108, n° 60. — Voyez les Pièces justificatives, n° LXIV.

Villers-Franqueux (Marne, arr. Reims, c. Bourgogne). — 1358, août. — Massacre par les nobles de plus de cinquante habitants des villages de la mairie de Saint-Thierry, et en particulier de Villers-Franqueux. — JJ. 86, n° 380.

Villers-Sainte-Anne. — 1358, août. — Village détruit près de Saint-Thierry, appelé jusqu'au xiv° siècle Villers-sous-Saint-Thierry. Massacre par les nobles de plus de cinquante habitants des villages de la mairie de Saint-Thierry, et notamment du village de « Villiers-Saincte-Anne. » — JJ. 86, n° 380.

Villers-Saint-Paul (Oise, arr. Senlis, c. Creil). — 1358, septembre. — Rémission pour Jean Bernier, de Villers-Saint-Paul. — Voyez Pièces justificatives, n° XXXVII.

Villiers-aux-Nonnains, de Cerny (Seine-et-Oise, arr. Étampes, c. la Ferté-Alais). — 1358, septembre. — Château de « Villers emprès la Ferté Aalays » abattu par les Jacques, et notamment par plusieurs habitants de Ballancourt, de Mennecy et de Saint-Fargeau. — JJ. 86, n°s 363, 364 et 393. Pierre Langlois, sergent à cheval au Châtelet de Paris, défend d'éteindre le feu. — Yon seigneur de Garancières, chevalier et chambellan du régent, envoyé à Villiers. — JJ. 86, n° 429.

Viroflay (Seine-et-Oise, arr. et c. Versailles). — Pillage de l'hôtel de Simon de Buci à Viroflay. — Voyez Pièces justificatives, n° LIV.

Vitry-la-Ville (Marne, arr. Châlons-sur-Marne, c. Écury-sur-Coole). — 1358, 28 septembre. — Rémission octroyée aux habitants de Vitry-la-Ville pour participation aux effrois contre les nobles (semblable à la charte des habitants de Heiltz). — JJ. 86, n° 359.

Vitry-sur-Seine (Seine, arr. Sceaux, c. Villejuif). — 1358, septembre. — Rémission octroyée aux habitants de « Vitry-lez-Paris, » pour fait de participation aux effrois. — JJ. 86, n° 377².

Vitteaux (Côte-d'Or, arr. Semur). — 1362 n. st., février. — Des habitants de Vitteaux démolissent le château de Dracy. Voyez les Pièces justificatives, n° LIX.

Vroil (Marne, arr. Vitry-le-François, c. Heiltz-le-Maurupt). — 1358, septembre. — Lettres de rémission pour les habitants de Vroil et ceux de Bettoncourt qui avaient participé aux effrois. — JJ. 86, n° 346. — Voyez les Pièces justificatives, n° XXXII.

PIÈCES JUSTIFICATIVES

I.

Don fait à Jean de l'Isle le jeune d'une maison sise à Viroflay, qui avait été confisquée sur Simon de Buci.
Mars 1358 (n. st.), à Paris.

Karolus, regis Francorum primogenitus, regnum regens, dux Normannie et dalphinus Viennensis, notum facimus universis, presentibus et futuris, quod, cum, in congregacione trium statuum populi regni Francie, videlicet clericorum, nobilium et burgensium, matura deliberacione super hoc consilii habita cum gentibus tocius consilii nostri et omnium aliorum tunc ibidem in congregacione predicta pro regimine regni et populi ejusdem convocatorum, nonnullos consiliariorum domini genitoris nostri, inter quos dominus Symon de Bussyaco, miles, extitit nuncupatus, suis exigentibus demeritis, privassemus, eo quod multa iniqua, dira et perversa consilia sepe et pluries in detrimentum regni et tocius populi idem dictus Symon prebere non formidaverat, pro eo quod, perperam et inique, iniquo motus odio, tramitem insequens iniquitatis, viam veritatis et justicie obmittendo, ipse, qui inter alios regimen et administracionem dicti regni habebat, pluribus cautelosis viis machinari et fabricare in detrimentum rei publice et condempnacionem fidelium popularium ad utilitatem regni et boni communis fideliter consulentium laborabat. Qua de causa, habito super hoc maturo plurium fide dignorum consilio, volentes contra ipsum procedere et ipsum juxta ejus demerita, ut fuerit racionis, punire, eo quod tenemus ipsum debere ultimo supplicio condempnari, secundum quod nostra consciencia extitit a pluribus fide dignis de suis maleficiis informata, cum vias illicitas inimicicie querere nisus fuerit inter nos et aliquos de genere nostro, cum quibus amiciciam habere volumus et debemus, dictas vias nobis per suos satellites et complices de die et de nocte proponendo, quo dicto Symone comparente coram nobis, vel, suis exigentibus contumaciis, non veniente condempnato, ejus bona tanquam forefacta et confiscata pertinebunt, que ex nunc ad manum nostram, consideratis premissis, et ex causa, posuimus et poni ac detineri decrevimus, voluimus et precepimus, cum ad nos, dictis de causis, et nonnullis aliis tempore et loco declarandis, pertinere dicantur. Nos vero, de possessionibus dicti domini Symonis quas nuper obtinere solebat, dilecto et fideli nostro Johanni de Insula juniori, attentis laudabilibus et gratuitis serviciis que fecit dicto domino genitori nostro et nobis ac de die in diem facere non obmittit, et que impendi speramus per ipsum in futurum, eidem Johanni, domum quam idem dominus Symon, apud villam de Villeflain, prope villam de Chavilla, habebat, cum omnibus terris, vineis, censibus, redditibus, pratis, vivariis et aliis possessionibus quibuscumque, quas habere solebat et tenere in dicta villa et ejus pertinenciis, ubicumque situarentur, auctoritate regia qua fungimur, dedimus et concessimus, damus et concedimus, de certa sciencia, et speciali gracia, ac motu proprio, ex nunc prout ex tunc, per presentes, tenendas, habendas et possidendas, perpetuo et hereditarie, pro se, heredibus suis et ab eo causam habituris, promittentes dictam concessionem et presens donum, dum dictus Symon, ordine juris servato, privatus de premissis. Quocirca preposito Parisiensi mandamus etc.... Datum Parisius, anno domini M°CCCLVII°, mense marcii.

JJ. 86, n° 34, fol. 14.

II [1].

Autorisation donnée au chapitre de Meaux de fermer par des portes une rue voisine de la cathédrale.

Juillet 1358, en l'ost devant Paris.

Charles régent autorise les doyen et chapitre de l'église de Meaux et leurs serviteurs, placés sous la sauvegarde royale, dont les maisons ont été brûlées et détruites, ainsi que la ville et cité de Meaux, par les gens d'armes venus dernièrement dans les dites ville et cité à notre mandement, à faire enclore de murs et fermer de jour et de nuit par des portes la rue qui va depuis le Puits du Cloître des dits doyen et chapitre, d'un côté, et depuis la maison qui, avant d'avoir été brûlée, servait d'habitation à Henri de Neuville, doyen du dit chapitre, de l'autre côté, jusqu'à la maison de Simon de Villeneuil, située en face de l'hôtel de l'évêque de Meaux, afin que par cette rue, qui avoisine l'église cathédrale, les dits doyen et chapitre puissent se rendre aux offices paisiblement et sûrement. Il est concédé en même temps aux dits doyen et chapitre un droit de justice haute, moyenne et basse sous le ressort des prévôté et vicomté de Paris dans la dite rue et dans ses dépendances. Le mandement du régent est adressé au prévôt de Paris, aux baillis de Troyes et de Meaux.

JJ. 86, n° 150.

[1] Sous les n°ˢ II-XIX nous donnons, en un seul groupe, textuellement ou par analyse, dix-huit pièces tirées des registres du Trésor des Chartes et des Jugés du Parlement qui se rapportent aux événements dont le Marché de Meaux fut le théâtre pendant l'été de l'année 1358.

III.

Rémission octroyée à Jean de Congi, bourgeois du Marché de Meaux, accusé d'avoir pris part à l'attaque du Marché de Meaux.

Juillet 1358, à Meaux.

Charles ainsné, etc. Comme il eust esté imposé et mis à sus à Jehan de Congi [1], bourgeois du Marchié de Meaux, que il avoit esté en la compaignie et aide de ceulz de la cité de Meaux et de ceulz de Paris qui vinrent en leur aide pour assaillir le dit Marchié, prendre, mettre à mort ou rançonner ceulz qui dedans estoient, se illes eussent peu conquerre et venir au dessus, et pour ce maintenoient aucuns contre le dit Jehan de Congy que il avoit forfait son corps et touz ses biens.... Si donnons en mandement par ces lettres au bailli de Meaux.... Donné à Meaulx, l'an de grace mil CCCLVIII, ou mois de juillet.

Par monseigneur le regent : SAVIGNY.

JJ. 86, n° 148.

IV.

Rémission octroyée à Guillaume de Chavenoil, prêtre, chanoine de Meaux, accusé de complicité dans l'attaque du Marché de Meaux.

9 août 1358, à Paris.

Charles ainsné, etc. Savoir faisons à touz, presenz et à venir, que, come n'a gaires aions remis et pardonné ge-

---

[1] Ce bourgeois du Marché de Meaux tirait probablement son nom de Congis (Seine-et-Marne), arr. Meaux, c. Lizy-sur-Ourcq.

neralement à touz les habitanz de la ville, cité et marchié de Meaulx...., excepté toutesvoies certain nombre de personnes, ou quel nombre estoit compris, si comme on dit, et excepté Guillaume de Chavenoil, prestre, chanoine de Meaulx, combien que, si comme il nous a esté relaté et tesmoignié par personnes dignes de foy, en riens ne fu oncques coulpables ne consentent du dit delit.... Donné à Paris, le ixe jour d'aoust, l'an de grace mil CCCLVIII.

Par monseigneur le regent : MELLON.

JJ. 86, n° 274.

V.

Don des biens confisqués sur Thibaud Picaut, habitant de Meaux.

Juillet 1358, en l'ost devant Paris.

Charles ainsné, etc. Pour contemplation du comte de Joigni et de Gaucher de Châtillon, seigneur de la Ferté en Porcien, il donne à Guyot de Crescy les biens confisqués pour cause de trahison sur Thibaud Picaut, naguères habitant de Meaux.

JJ. 86, n° 124.

VI.

Rémission octroyée aux habitants de Paris pour l'attaque du Marché de Meaux et pour plusieurs autres excès.

10 août 1358, à Paris.

Dans l'exposé des faits pour lesquels la rémission est accordée, le régent relève les griefs suivants : « .... nous envoier à Meaulx lettres contenans plusieurs parolles rudes, laides et malgracieuses....; estre consentanz de l'alée des genz d'armes que feu Pierre Giles mena à Meaulx contre nostre très chiere compaigne....; abatre et ardoir et faire abatre et destruire plusieurs chasteaux, forteresses et autres maisons des nobles; — pillier et faire pillier leurs biens. »

JJ. 86, n° 240.

VII.

Rémission octroyée sur la demande de Jean Maillart, bourgeois de Paris, à Jean Chandelier, drapier, demeurant au Marché de Meaux, complice de l'attaque dudit Marché, excepté de la rémission générale accordée aux habitants de Meaux et frappé de la peine de bannissement.

Août 1358, à Paris.

Charles, ainsné filz du roy de France.... Savoir faisons à touz, presenz et à venir, que, oye la supplication à nous fatte par nostre amé et feal Jehan Maillart, bourgeois de Paris, contenant que, comme pour cause du meffait qui advint en la ville de Meaulx, le samedi veille de feste saint Barnabé apostre derrenier passé, que aucuns qui lors n'estoient pas noz biens veillanz, entrèrent en la dicte ville de Meaulx par la porte Saint Remi, pour assaillir le Marchié de Meaulx, dommagier et villener nobles et non nobles qui dedanz estoient, en venant contre la feaulté qu'il avoient à nostre dit seigneur et à nous, et que de ce nous eussions presompcions, et feust renommée contre les bourgeois et habitanz de la cité et ville de Meaulx dessus dicte, et pour consideracion des dommaiges que les diz bourgeois et habitanz ont soustenuz pour occasion du dit meffait, et pour contemplacion de noz bien amez le doyen et chapitre de l'église de Meaulx, et mesmement que aucunes bonnes villes du dit royaume nous ont fait humblement supplier que aus diz bourgeois et habitanz vousissions faire grace, afin que la dicte cité et ville se puisse plus tost reffaire et refformer en bon estat, toute paine criminèle et civile que les diz bourgeois et habitanz de la dicte cité et ville pouvoient avoir encouru envers nous pour les choses dessus dictes, de nostre grace especial et de l'auctorité royal, de la quelle nous usons à present, et de certaine science, leur avons quicté, remis et pardonné et restabliz au païs, à leur bonne fame, renommée et à leurs biens, excepté que la dicte ville n'aura corps ne commune, ne aussi la dicte grace se extendist à certaines personnes nommées et comprises en noz lettres sur la grace dessus dicte faicte contenuez, entre les quelles personnes exceptées et nommées est contenu Jehan Chandelier, drappier, lors demourant ou Marchié de Meaulx, lequel, comme souspeçonnez du dit meffait, si comme l'en disoit, par le capitaine ou bailli de Meaulx avoit esté appellez sur paine de bannissement aus droiz de nostre dit seigneur et nostres, et pour ce que le dit Jehan ne s'est presentez, il a esté bannis ou mis en voye de bannissement du dit royaume, si comme l'on dit, et que, considéré les dictes pertes et dommages que il a euz et soustenuz pour cause du dit fait, et que il est homme de bonne vie,.... nous.... au dessus dit Jehan toute paine.... li avons remis.... Donné à Paris, l'an de grace mil CCC cinquante et huit, ou moys d'aoust.

Par monseigneur le régent : Berth. Cama.

JJ. 86, n° 211.

VIII.

Semblable rémission octroyée, sur la demande de Jean Maillart, à Simon Rose le jeune, de Meaux.

Août 1358, à Paris.

Charles, ainsné filz du roy de France.... [1]. Entre les quelles personnes exceptées et nommées est contenu Symon Rose le joenne, demourant à Meaulx, le quel, comme souspeçonnez du dit meffait, si comme l'on disoit, par le capitaine ou bailli de Meaulx, avoit esté appellez sus paine de bannissement....; et pour ce que le dit Symon ne s'est comparuz ou presentez, il a esté banniz;.... et avec ce a esté le dit Symon armez en la compaignie du roy de Navarre et à souzdées, ou temps qu'il estoit par le prevost des marcheans n'a gaires mort et des eschevins de Paris deputé et establi capitaine de la dicte ville de Paris, le quel roy de Navarre soit rendu ennemi de nostre dit seigneur et nostre, pour les quelles choses le dit Symon se doubte avoir encourue l'indignacion de nostre dit seigneur et nostre....

.... Donné à Paris, l'an de grace mil CCC cinquante et huit, ou mois d'aoust.

Par monseigneur le regent: BERTH. CAMA.

JJ. 86, n° 212.

---

[1] Le début de cet acte est identique à celui des lettres qui précèdent, n° **VII**.

IX.

Rémission octroyée à plusieurs habitants de Meaux.
Août 1358.

Le régent, sur la prière de Jean Maillart, bourgeois de Paris, et du doyen et du chapitre de Meaux, donne des lettres de rémission aux bourgeois et habitants de Meaux, et en particulier à Jean Rose l'aîné, à maître Guillaume Rose et maître Pierre Rose, enfants de Jean Rose l'aîné, etc., complices de l'attaque du Marché de Meaux et bannis ou mis en voie de bannissement par le capitaine ou bailli de Meaux; laquelle attaque eut lieu le samedi veille de saint Barnabé apôtre, lorsque les agresseurs entrèrent par la porte Saint-Remi pour assaillir le Marché, dommager et vilener nobles et non nobles qui dedans étaient.

JJ. 86, n° 288.

X.

Rémission octroyée par le régent, sur la demande de Jean Maillart et du doyen et du chapitre de Meaux, aux habitants de Meaux en général et en particulier à Thibaud Faurcaut, banni comme complice de l'attaque du Marché de Meaux.
Août 1358.

Dans cette lettre, dont les termes sont à peu près identiques à ceux de la précédente (n° IX), il est déclaré que la ville de Meaux n'aura ni corps ni commune.

JJ. 86, n° 290.

XI.

Rémission octroyée à Jean Le Ladre, sergent à cheval du guet de la ville Paris, qui avait servi sous les ordres de Pierre Gilles et de Pierre des Barres, capitaines chargés d'attaquer les nobles dans le Marché de Meaux.

Août 1358, à Paris.

Charles, ainsné filz du roy de France.... Savoir faisons à touz, presenz et à venir, que nous, oye la supplicacion de nostre très chier et feal cousin Jehan de Chalon, seigneur d'Arlay [1] et de Cuiseaux [2], contenant que, n'a gaires, ou temps que Estienne Marcel mort estoit prevost des marchanz de Paris, Jehan Le Ladre, sergent à cheval du guet de la dicte ville de Paris, feust retenuz aus gaiges de la dicte ville, et lors certaines personnes de la dicte ville de Paris, entre les quelles Pierre Gilles et Pierre des Barres furent establiz capitaines et ordonnez pour aler à Meaulx, dont plusieurs des dictes genz qui estoient en la compaignie des diz capitaines ou ordenez combatirent le Marchié et les genz qui dedanz estoient, pour le quel fait et deppendences d'icelui le dit Jehan peut avoir encouru les paines qui de droit et de coustume sont ordenées et establies à l'indignacion de nostre dit seigneur et la nostre, et il soit ainsi que le dit Jehan vuille demourer et vivre comme loyal et feal sugiet à nostre dit seigneur, à nous et à la couronne de France ; pour quoy nous ne voussissions pas seguir rigueur de droit contre le dit Jehan, mais li voussissions faire grace et misericorde.... et le restablir à sa bonne fame et biens, et aussi à l'office de sergenterie qu'il tenoit....

---

[1] Arlay (Jura). arr. Lons-le-Saunier, c. Bletterans.
[2] Cuiseaux (Saône-et-Loire). arr. Louhans.

.... Donné à Paris, l'an de grace mil CCCLVIII, ou moys d'aoust.

Par monseigneur le regent : Cama.

JJ. 86, n° 213.

XII.

Rémission octroyée à Raoul d'Aucamps, bourgeois de Paris et changeur, qui était venu attaquer le Marché de Meaux.

Août 1358, à Paris.

Charles, ainsné filz du roy de France, etc. Savoir faisons à touz, presenz et à venir, que, comme n'a gaires, par excitacion et ennortement d'aucuns rebelles adversaires de la couronne de France et ennemis de monseigneur et de nous, Raoul d'Aucamps, bourgois et habitanz de nostre bonne ville de Paris et changeur, feust en la compaignie de plusieurs autres venus en armes devant nostre forteresse appellée et nommée le Marchié de Meaulx, où estoit nostre très chière compaigne la duchesse, aucuns de nostre sanc et plusieurs nobles et autres noz bien vueillanz et de la dicte couronne, et ycelle forteresse eussent par fausse et mauvaise introduction envay, ou au mains soy mis en arroy pour la envaïr, et la ville et cité de Meaulx entrassent par manière et hostilité de offense de la magesté royal, nous adecertes venus en nostre bonne ville, entendue la manière de l'excitacion et ennortement dessus diz, en quoy les induisoient plusieurs faux traistres ennemis et rebelles de la dicte couronne....

.... Donné en nostre bonne ville de Paris, l'an de grace mil CCC cinquante et huit, ou moys d'aoust.

Par monseigneur le regent en son conseil :
Greelle. — Contentor.

JJ. 86, n° 236.

XIII.

Rémission octroyée à Jean de La Ramée, demeurant au Marché de Meaux.

Août 1358, à Paris.

Charles, ainsné filz du roy de France.... Savoir faisons à touz, presenz et à venir, que, oye la supplicacion de Jehan de la Ramée, demourant au Marchié de Meaulz, disant que, pour ce que derrenierement, quant ceulx de Paris vindrent en la ville de Meaulz, ycelui suppliant, cuidant que ce feussent les ennemis du dit royaume, se arma et ala avec plusieurs autres en la dicte ville de Meaulz, et lors quant il vit et sceut la traïson que aucun de la dicte ville de Meaulz vouloient faire à ceulx du dit Marchié, et que il ouvrirent les portes à ceulx de Paris pour estre en leur aide, le dit suppliant, qui ou dit Marchié avoit sa famme, ses enfanz et tout son vaillant et n'y put lors retourner pour l'effroy qui y fust, se destourna et se desarma et ne fut en riens aidant ne consentant avec ceuls de la dicte ville de Meaulx et de Paris à assaillir ne envaïr le dit Marchié, mais moult estoit dolant, pour ce que sa chevance y estoit, comme dit est....

.... Donné à Paris, l'an de grace mil CCCLVIII, ou moys d'aoust.

Par monseigneur le regent : Ogier.

JJ. 86, n° 300.

XIV.

Rémission octroyée par le régent à maître Jean Rose, avocat à Paris, accusé de complicité dans les événements du Marché de Meaux.

Août 1358.

Maître Jean Rose, avocat au parlement et conseiller du roi en son Châtelet de Paris, était accusé de complicité dans l'attaque du Marché de Meaux, parce qu'il était originaire de Meaux et quoiqu'il résidât à Paris depuis environ huit ans. Il avait été mis en dehors de la rémission générale octroyée aux habitants de Meaux. Outre sa prétendue participation à l'attaque du Marché de Meaux, il était accusé : 1° d'avoir procédé avec Étienne Marcel à l'interrogatoire fait au Châtelet des officiers royaux pendant que le régent, campé au pont de Charenton, assiégeait Paris ; 2° d'avoir procédé à l'interrogatoire, à la mise à la question et à l'incarcération au Châtelet de maître Jean de Besançon, « qui certas litteras per nos subditis nostris ville Parisiensis predicte missas apportaverat » ; 3° d'avoir dit du mal du roi et du régent.

JJ. 86, n° 312.

XV.

Rémission octroyée à Jeannin des Champs, bourgeois de Paris, qui était venu en armes « devant nostre forteresse appellée ou nommée le Marchié de Meaux. »

Août 1358.

JJ. 86, n° 340.

XVI.

Rémission octroyée à Regnault Blouart, demeurant à Meaux. Acte expédié en présence de l'aumônier et du bailli de Meaux.

13 septembre 1358.

JJ. 86, n° 341.

XVII.

Rémission pour Bensin de Marregny, écuyer, qui avait tué un des brigands archers de la garnison du château de Meaux, lors du pillage du port de Montry.

Janvier 1359 (n. st.), à Paris.

Charles, etc. Savoir faisons à touz, presenz et à venir, que, si comme nous avons entendu par la supplicacion de Bensin de Marregny, escuier, garde du port de Montery [1], contenant que, comme le vendredi avant la feste saint Martin derrenier passée [2], cinq brigans archiers de la garnison du Marchié de Meaulx, si comme l'on disoit, fussent venus en la dicte ville de Montery et environ le terroir d'icelle, et là eussent faites pluseurs pilleries, roberies et malefaçons, et environ quatre heures [3] de nuit fussent venus au dit port de Monteri, ou quel avoit pluseurs marchandises et biens appartenans à pluseurs marchans et autres bonnes genz, et les quelles danrrées et marchandises et biens estoient en la garde du dit suppliant, et là eussent yceulx

---

[1] Montry (Seine-et-Marne), arr. Meaux, c. Crécy.
[2] 9 novembre 1358.
[3] Le registre porte *lieues*.

brigans amené trois charrètes toutes attelées, dont l'une estoit chargée d'avoine et les deux autres vuides, les quelles ils chargèrent des dictes denrées, biens et marchandises estans en la garde du dit suppliant, comme dit est, et ycelles mistrent en voie et à chemin pour les rober, piller, emporter ou enmener hors où il vouloient, la quelle chose les genz qui estoient ou moulin de Lierry oïrent, et pour ce le vindrent tantost dire au dit suppliant, le quel, tantost et sanz delay, pour ce que la garde d'iceulx biens li appartenoit, comme dit est, y ala tantost pour garder, defendre et recovrir yceulx biens, si comme devoit et tenus y estoit, et avecques li alèrent la justice du dit lieu et aucuns des marchans à qui les dictes denrées et marchandises estoient et appartenoient, et aucuns autres qui suivirent les dictes charrètes, les quelles les diz brigans avoient prises des bonnes genz du païs ; et pour ce que il leur dirent que il rendissent et n'enmenassent mie les diz biens, denrées et charrètes, mais les laissassent, et les vouloient rescourre et ravoir, yceulx brigans commencèrent moult fort à traire contre le dessus dit suppliant et ceulx de la compaignie et se combatirent contre eulx, ou quel fait et bataille l'un des diz brigans fu mort.... Ce fu fait et donné à Paris, l'an de grace mil CCCLVIII, ou mois de janvier.

Par monseigneur le regent, à la relacion du Conseil :
G. DE MONTAGU.

JJ. 86, n° 420.

XVIII.

Arrêt du Parlement condamnant Robert Manessier, de Gonesse, à payer à Pierre d'Orgemont 22 florins d'or à l'écu, comme indemnité du cheval qu'il lui avait pris pour aller à l'attaque du Marché de Meaux, sous les ordres de Pierre Gilles et de Pierre des Barres, capitaines de 500 hommes d'armes aux gages de la ville de Paris.

14 décembre 1359.

X. 1a, 14, fol. 249.

XIX.

Lettres patentes du roi Charles V par lesquelles Renaud d'Acy et les autres nobles qui avaient coopéré à la prise de la ville de Meaux sont mis à l'abri de toutes poursuites à l'occasion des dommages qu'avaient pu subir les habitants de ladite ville.

Décembre 1373, au château du Louvre.

Charles, par la grace de Dieu roy de France. Comme, en l'an mil trois cens cinquante-huit, que Estienne Marcel, lors prevost des marchans de nostre bonne ville de Paris, se entremettoit du gouvernement de nostre dicte ville de Paris, nostre très chière compaigne la royne, par nostre commandement et ordenance, se feust retraicte en la forteresce du Marchié de Meaulx comme en lieu seur, tant pour eschiver la fureur et tirannie du dit prevost et de ses alyez rebelles et desobeïssans à nous, comme pour la commocion et sedicion des non nobles qui lors se esmurent contre les nobles de nostre royaume, et avec nostre dicte

compagne, pluseurs de nostre sanc et autres nobles se
feussent mis et retraiz oudit lieu, pour la servir et defendre, se mestier feust, ainsi comme tenus y estoient,
entre les quelx nostre amé et feal chevalier Regnaud
d'Acy, sire de Trocy, avec le sire de Revel, nostre amé et
feal chevalier et maistre de nostre hostel, Philippe d'Aunoy,
et avec pluseurs autres nobles, se feust mis et retrais ou
dit Marchié, de bonne foy, sens ce que ledit Regnaud et
autres nobles se deussent defyer en aucune manière des
habitans de la dicte ville de Meauls, qui lors avoient la
garde d'icelle ville et des portes; neantmoins, pour la
trayson et mauvais propos du dit prevost des marchans
de Paris et ses alyez, feu Pierre Gilles, traitte et rebelle à
nous et à la couronne de France, comme capitaine des
gens d'armes de nostre dicte ville de Paris, comme noz
ennemis et traytres, vindrent en notre dicte ville de
Meauls à bannières desploiées, pour assaillir et prendre à
leur volenté nostre dicte compaigne, et pour les gens
d'armes et les dis nobles de sa compaignie desconfire et
debeller, les quelles portes de la dicte ville de Meauls les
dis habitants, comme desobeissans et desloyauls à nous,
ouvrirent au dit Pierre Giles et à ses complices nos ennemis et rebelles, et le recueillirent, et administrèrent vins
et autres vivres et necessitez, et leur feirent mettre les
tables parmi les rues pour les raffreschir, et de tout leur
pooir les confortèrent et se misdrent avec eulx si fors tant
et si soudainnement que, sens ce que on s'en donnast de
garde, se aprochèrent ensemble dudit Marchié, trayrent et
assaillirent si fort que à la barrière et oultre se convint
combatre à l'encontre d'eulx, mais à main, ou quel conflict il y ot pluseurs nobles mors tenans nostre parti; et
se n'eust esté la grant resistance et bonne defense des dis
nobles et bonnes gens d'armes qui avec nostre dicte compaigne estoient ou dit Marchié, nostre dicte compaigne et
tous les dis nobles eussent esté pris, et s'en feust avenu

un esclande irreparable; mais, à l'aide de Dieu, les dis
nobles et gens d'armes estans avec nostre dicte compaigne
orent la victoire, et furent les dis assaillans reboutez et
les dis habitans vaincus et debellez, par le quel de[te]-
stable fait il furent lors attains et convaincus de cryme de
lèze magesté ou premier chief, dont les dis habitans de
Meauls et toute leur posterité cheyrent en estat de toute
dampnacion, et la dicte ville de Meauls de devoir estre et
demourer à tousjours inhabitable; et pour ce, ou dit conflict, en la fureur des dis nobles, pluseurs des dis habitans furent mors, et aucuns autres et leurs biens pris et
gastez, et leurs maisons arses et abatues; et nous ayons
entendu que à present, soubz umbre de ces choses, Pierre
Le Coustellier, qui se dist à present avoir espousée la
femme de feu Thiebaut Fourquaut, ou dit temps habitant
de Meauls, par vertu de certaines lettres données de nous
ou de nostre court, adreçans à nos amez et feaulx conseilliers les gens tenans les requestes de nostre palays
royal à Paris, a fait naguères convenir le dit Regnaud
d'Acy par devant noz dictes gens en cas de malefice et
pillage, en concluant que, pour cause de plusieurs biens qu'il
disoit lors par le dit Regnaud et ses complices avoir esté
pris et levez en l'ostel du dit Thiebaut à Meaulx, le dit
Regnaud feust condempnez en la somme de seze mil frans
d'or et à tenir prison fermée pour ceste cause, et que de la
valeur des dis biens le dit Pierre Le Coustellier, en cas de
malefé, devoit estre creu par son serment, et pour ce le dit
Regnaud nous a fait humblement supplier que nous, eu
consideracion aus choses devant dictes qui sont avenues
et dependent de nostre service, et pour garder l'onneur et
estat de nostre royaume, de nous et de nostre dicte compaigne, nous lui vueillions sur ce pourveoir de remède
gracieux. Savoir faisons à tous, presens et à venir, que
nous, eu consideracion aus choses devant dictes, par
l'advis et deliberacion de nostre Conseil, pour obvier aus

grans perilz et inconveniens qui se pourroient ou temps
à venir ensuivre entre noz subgés pour occasion de teles
poursuites, et pour oster toute matière de descort qui se
pourroit pour ceste cause doresennavant sourdre (que Diex
ne vueille!) entre les nobles et non nobles de nostre dit
royaume, avons ordené, voulu et decerné, et par la teneur
de ces presentes, de nostre certaine science, puissance
plenière et auctorité royal, ordonnons, voulons et decer-
nons que les dis habitans de la dicte ville de Meauls ou
aucun d'eulx, de quelconque condition ou estat que il
soient, leurs hoirs ou aians cause, ne pourront doresennavant, pour les causes devant dictes, faire adjourner ou
appeller pardevant quelconque juge que ce soit, de nostre
royaume ou de hors, les dis nobles qui furent à la prise
et destruction de la dicte ville de Meauls et des habitans
d'icelle et de leurs biens quelconques ou à la mort d'aucuns d'eulx qui feust lors faite, et que jamais ne puissent
faire action, demande ou poursuite pour en avoir restitu-
cion aucune, soubz quelconque couleur ou tiltre que ce soit,
à l'encontre des diz nobles et de leurs hoirs, successeurs ou
ayans cause ou temps à venir, tous les quels fais, crymes
et delis que l'en pourroit dire avoir esté commis et perpetrez en ce faisant sur les dis habitans de Meaulx ou aucuns
d'eulx par le dit Regnaud et les dis nobles, nous, attendu
la bonne volenté et loyal cause que les dis nobles avoient
en ceste partie et la mauvaitié et desloyalté des diz habitans, d'abundant grace, quittons, remettons et pardonnons au dit Regnaud d'Acy et aus diz nobles et chascun
d'eulx, en tant comme mestier en ont. Et oultre nous
plaist, voulons et ordonnons que le dit procès commencié
contre le dit Regnault, et tous autres plais ou procès com-
menciez ou à commencier pour occasion des dictes choses,
cessent et soient mis du tout au neant et à tous jours, sens
en jamais faire mencion ou pourchas aucun, et toute
court, juridicion ou congnoissance des fais devant diz et

de chascun d'iceulx contre les diz nobles ou aucun d'eulx ostons et abolissons dès maintenant et à tousjours aus dictes gens de nos requestes du palais, en tant que il touche ou peut touchier le dit Regnaud, et à tous les justiciers, reformateurs ou officiers de nostre royaume ou à leurs lieuxtenans et à chacun d'euls, et ne voulons que aucuns d'euls s'en puist doresennavant entremettre en aucune manière, et sur ce leur imposons silence perpetuel. Si donnons en mandement par ces mesmes lettres à nos amez et feaulx gens tenans nostre parlement, aus gens de nos dictes requestes, au prevost de Paris et à tous noz autres justiciers et officiers ou à leurs lieuxtenans, presens et à venir, et à chascun d'euls, si comme à lui appartendra, que de nostre presente ordenance, declaracion, grace et remission ilz facent et laissent joïr et user paisiblement le dit Regnaud d'Acy et tous les dis nobles qui furent aus dis fais, et leurs hoirs et ayans cause, et contre la teneur de ces presentes ne les troublent ou empeschent ou suffrent estre troublez ou empeschiez d'ores en avant, en aucune manière, en corps ou en biens, mais de tout procès on exploit commencié ou à commencier pour occasion des choses devant dictes par devant euls ou l'un d'euls à l'encontre des dis nobles ou d'aucun d'euls se cessent et desistent du tout, sens euls jamais entremètre ne en cognoistre en aucune manière, et semblablement tout ce qui seroit fait ou attempté au contraire, que il mettent et rameinnent ou facent mettre et ramener sens delay, chascun en droit soy, au premier et deu estat. Et pour que ce soit ferme et estable chose à tousjours, nous avons fait mettre nostre seel à ces lettres, sauf en autres choses nostre droit et l'autrui en toutes. Donné en nostre chastel du Louvre, ou mois de decembre, l'an de grace mil CCCLXXIII, et le Xe de nostre règne.

Par le roy estant en ses requestes : J. DE REMIS.

JJ. 105, n° 91.

XX.

Rémission octroyée à Colart d'Estrées, gardien de la haute justice de l'abbaye de Beaupré, en Beauvaisis, au sujet de l'emprisonnement et de la mort d'un Jacque nommé Jacquet de Fransures, complice d'un autre Jacque nommé Jean Petit Cardaine, ce dernier dénoncé comme le meurtrier de Guillaume de Picquigny, chevalier, mis à mort par les Jacques entre Poix et Lignières, près d'Aumale, au moment où il parlementait avec les Jacques.

Juillet 1358, en notre host devant Paris.

Charles, aisné filz du roy de France, regent le royaume, duc de Normandie et dauphin de Viennois, savoir faisons à touz, presens et à venir, que, oye la supplicacion de Colart d'Estrées et Gervaise d'Aussignies, dit Desramé, contenant que, comme n'a guières feu monseigneur Guillaume de Pinquigny, chevalier, fust venuz parlementer entre Poys [1] et Linière [2], près d'Aubemalle, aus genz d'icelui païs et d'environ, ennemis et rebelles de nostre dit seigneur et de nous, qui illecques s'estoient assemblez pour murtrir et tuer les gentilz hommes et abattre et ardoir les maisons et manoirs, les quex en parlementant mistrent à mort en traïson ledit monseigneur Guillaume de Pinquigny; après la quelle mort, quinze jours ou environ, Jaiquet de Fransures et Jehan Petit Cardaine, qui avoient esté à tuer le dit monseigneur Guillaume, vindrent en l'abbaye du Pré [3] en Beauvoisin, assise à Contres, où le dit abbé a haute justice et où ledit Colart d'Estrées demeure,

---

[1] Poix-de-la-Somme (Somme), arr. Amiens.
[2] Lignières-Châtelain (Somme), arr. Amiens, c. Poix-de-la-Somme.
[3] L'abbaye cistercienne de Beaupré, au diocèse de Beauvais, près de Marseille (Oise), arr. Beauvais.

qui garde la dicte justice, pour lui murtrir ou rober, et illeucques trouvèrent le dit Gervaise d'Aussignies, et lors s'en departirent sans plus faire; més, assés tost après, les diz supplians alèrent après les diz Jaquet de Fransures et Jehan Petit Cardaine, ennemis et rebelles de nostre dit seigneur et de nous, comme dit est, et pristrent le dit Jaquet de Fransures et l'enmenèrent en prison en la dicte maison, et le dit Petit Cardaine s'enfouy ès boys, le quel Jaquet estant en prison dist et confessa de sa volenté que le dit Petit Cardayne avoit tué le dit monseigneur Guillaume de Pinquigny, coppé testes et fait plusieurs maulz et grans inconveniens aus nobles, et que à ce faire il avoit esté presens; et lors li lièrent les mains et le corps d'une corde à un postel, pour en faire raison et justice quant temps seroit, ainsi que de raison seroit. Et, ce fait, alèrent au boys où le Petit Cardayne estoit fouys, pour le querir et prendre, s'il l'eussent trouvé, et deux varlez avecques culz, l'un appellé Guerardin Destre, bastart, et l'autre Jehan Pourcel, lequel Petit Cardayne il ne trouvèrent point; et avint que, pendant ce qu'il queroient ledit Petit Cardaine, le dit Jaquet de Fransures, prisonnier, s'estrangla de la corde dont il estoit liez par les espaules et se murtri en desesperance; et lors le dit Colart, garde de la haute justice dudit abbé, fist enfoyr ès champs le dit Jaquet en ladicte haute justice; pour laquelle chose, monseigneur Jehan du Hamel, autrement dit Maillart, chevalier, seigneur de Conty [1], combien que les diz supplians ne soient en riens demouranz souz lui ne en sa justice, fors seulement que ledit Colart tient certaine terre de lui, non considerans les grans inconveniens qui ont esté faiz aus nobles par tielx rebelles et murtriers, a fait et fait de jour en jour appeller les diz supplians, et aussi les diz Guerardin Destre et Jehan Porcel à ses droiz, etc.

---

[1] Conti (Somme), arr. Amiens.

Donné en nostre ost devant Paris, l'an de grace mil CCCLVIII, ou mois de juillet.

Par monseigneur le regent en son Conseil : J. Gosse.
JJ. 86, n° 165.

XXI.

Rémission octroyée par le régent à Eudes, seigneur de Grancey, et à Jean, seigneur de Saint-Dizier, pour les excès qu'ils avaient pu commettre dans la répression des communes.

Juillet 1358, au Marché de Meaux.

Rémission octroyée par Charles régent à Eudes, seigneur de Grancey [1], et à Jean, seigneur de Saint-Dizier [2] et de Vignory [3], queux de France : « Oye la supplicacion de noz amez et feaux chevaliers et conseilliers, messire Eudes, sire de Grancy, messire Jehan, sire de Saint-Disier et de Vignorry, queux de France, contenant que, pour obvier et contrester aus desloyaux et detestables entreprises et volenté desordenée des communes du pays de Pertoys et du plat pays des parties de Champaigne, les quiex avoient empris, conspiré et ordené de mettre à mort les diz seigneurs de Grancy et de Saint Disier et touz autres nobles du dit pays, ensemble leurs femmes et leurs enffans, et, pour mettre à execucion leur faux et mauvais propos qu'il ont conceu, desja s'estoient assemblez à armes au son des cloches du païs, si comme aucun d'yceulx malfaitteurs, qui pour les crimes et malefaçons dessus dictes ont esté justiciez, l'ont cogneu et confessié de leurs bonnes volentés, les diz supplians et plusieurs

---

[1] Grancey-le-Château (Côte-d'Or), arr. Dijon.
[2] Haute-Marne, arr. Vassy.
[3] Haute-Marne, arr. Chaumont.

autres nobles et non nobles, qui ont esté assemblez, tant en armes et en chevaulx comme autrement, ont usé de office de magesté et boutés les feux ès maisons et ès villes d'ycelles communes et plat pays, pris, gastez et dissipez plusieurs des biens d'ycelles communes, et par ignorance de plusieurs nobles et non nobles non coulpables ne comprehensables en ycelles communes, et fait copper les testes à plusieurs d'yceulx coulpables, et aucuns d'yceulx mis à mort; et ont doubte que, ou temps present et à venir, ne fussent approchiez sur ce et leur fust mis sus que eulx eussent fait ces choses autrement que par voye deue, pour lesquelles choses il leur pourroit estre mis sus qu'il ont forfait corps et biens envers nostre dit seigneur et nous, que, eue consideracion aus diz faiz des dictes communes et plat pays et aussi aus autres communes et plat pays qui s'estoient eslevez contre les diz nobles et aus mauvais faiz qu'il faisoient contre les diz nobles et leurs femmes, que toute paine criminele et civile, s'en aucune [manière] en avoient encourue, ou de crime envers nostre dit seigneur et nous, que aus diz seigneurs de Grancy et de Saint-Disier et à touz les autres nobles et non nobles, leurs consors, complices et aidans, voussissiens remettre, quitter et pardonner..... Donné ou Marchié de Meaux, l'an de grace mil CCCLVIII, ou mois de juillet.

Par monseigneur le regent et, de son commandement, leue au Conseil, ouquel estoient messire le connestable, le mareschal Bossiquaut, les seigneurs de Saint-Venant et de Garancières : Berth. Cama.

JJ. 86, n° 142, f° 49.

XXII.

Inventaire de l'épicerie de Pierre Gilles [1].
7 août 1358.

A touz ceulz qui ces lettres verront, Guillaume Staise, garde de la prevosté de Paris, salut. Savoir faisons que, par devant Jaques de Saint Denys et Raoul du Jardin, clers notaires jurez du roy nostre sire establis de par lui en son chastellet de Paris, pour ce fu personnelment establi Jehan Noble, espicier, bourgois de Paris, lequel, de son bon gré, recongnut et confessa par devant les diz notaires jurez, comme en droit par devant nous, lui avoir eu et receu de Aubert Mutel et de Pierre de Louens, clers notaires jurez du dit seigneur ou dit castellet, commis et establis de par les tresoriers du dit seigneur à Paris et de Monseigneur le duc de Normandie, son ainsné filz, et aussi du commandement de monseigneur Robert Guy, chevalier, conseillier du dit seigneur, à faire l'inventoire des biens trouvez en l'ostel où Pierres Gile demeuroit, assis à Paris en la grant rue Saint Denys près de Sainte Opportune, les parties d'espicerie qui cy après s'ensuient : et premièrement, le samedi, quatre jours d'aoust [2], l'an cinquante huit, sept cens cinq livres et demie de cire neuve; item, cent et demi et trente et sept livres et demie de cire vielle tout parmi l'augue; item, une balle d'amendes pesant deux cent dix huit livres parmi, pesez par Angelot

---

[1] « Un trahidor que avia nom Peyre Gili, de San Guilhem del Desert (Saint-Guilhem-le-Désert (Hérault), arr. Montpellier, c. Aniane), que era de la part del dich rey de Navarra, devia aver los bens dels marchans de Montpellier e dels autres de Lengua d'oc. » *Le petit thalamus de Montpellier*, 1840, in-4°, p. 353.

[2] Ce jour-là même, on traîna Pierre Gilles du Châtelet aux halles, et on lui coupa la tête.

d'Arraz, courretier d'espicerie ; item, une autre balle d'amendes pesant deux cens dix huit livres ; item, une autre balle d'amendes pesant deux cens et seze livres ; item, une autre balle d'amendes pesant deux cens et seze livres ; item, une autre balle pesant deux cens douze livres ; item, une autre balle d'amendes pesant deux cens dix huit livres ; item, une autre pesant deux cens dix sept livres ; item, une autre balle pesant deux cens seze livres ; item, une autre balle pesant deux cens seze livres ; item, une autre balle pesant deux cens seze livres ; item, une autre balle pesant deux cens quatorze livres ; item, un sac d'amendes pesant cent cinq livres ; item, un sac d'amendes pesant cent dix livres ; item, une balle de poivre long pesant cent et demi trente deux livres et demi livre ; item, une balle de poivre ront pesant cent cinquante quatre livres ; item, une balle de poivre menue pesant cent quarante six livres : item, un demourant de canelle pesant quatre vins deux livres ; item, un baril de macis pesant deux cens dix livres et demie parmi ; item, un sac de gingembre emerané pesant cent et onze livres ; item, un sac de rix pourpesant cent quatrante sept livres. Item, le dimenche ensuiant, premièrement une corbeille de sucre, dont il y a vingt six pains de sucre de Babillone à tout les chapeaux et quatre sens chapeaux, pesans à toute la corbeille troiz cenz et demie livre parmi ; item, une autre corbeille de sucre de trente pains à tout les chapeaulx avecques la corbeille et les chapeaulx pesans deux cens et demi et trente livres parmi ; item, une corbeille de sucre de vint deux pains à tout les chappeaux et huit sens chappeaulx, pesans avec la corbeille et les chappeaulx deux cens et demi et quarante sept livres parmi ; item, quatre pains brisiez de corps de Seigneur pesans quatre vins trois livres parmi, rabatu le premier ; item cubebes en un sac pesans vint une livre troiz quars parmi ; item, un sac de bastons de girofle pesant à tout le sac quarante livres et un quart parmi ; item, un sac de graine de paradis pesant à tout le sac dix sept livres et troiz quars parmi ; item, un sac de cuir rouge ouquel avoit girofle pesant à tout le sac sept livres parmi. Toutes lesquelles parties d'espicerie dessus esclarcies il disoit avoir eues et receues, comme dit est, des dessus dis notaires et commissaires, du commandement des diz tresoriers et par lettres de mandement d'iceulx tresoriers, si comme il disoit ; de toutes lesquelles espiceries dessus nommées il se tint pour bien content et paiés, et en quitta à tousjours les diz Aubert et Pierre, commissaires dessus nommés, leurs hoirs et les aians d'eulx cause et touz ceuls à qui quittance en appartient.... En tesmoingnage de ce, nous, à la relacion des diz notaires jurez, aux quielx nous adjoustons planière foy en ce cas et en plus grans, avons mis à ces lettres le seel de la prevosté de Paris, l'an de grace mil trois cent cinquante huit, le mardi sept jours du mois d'aoust.

X^{1a}, 14, fol. 309.

XXIII.

Lettre de rémission générale pour les excès commis de part et d'autre à l'occasion de la Jacquerie.

10 août 1358.

Charles, ainsné filz du roy de France, regent le royaume, duc de Normandie et dalphin de Viennois, savoir faisons à touz, presenz et à venir, que, comme, pour avoir avis et deliberacion comment chascun païs en droit soy pourroit mieulx resister au fait des Engloys et autres ennemis du royaume de France, qui par les chastiaux et forteresses que il ont pris et tiennent en ycelui, ont gasté, destruit et pillié, et encores font de jour en jour, moult grant quantité de bonnes villes et subgiez du dit royaume, avec leurs biens, pluseurs et grant quantité du peuple et commun de la bonne ville de Paris, de la prevosté et viconté d'icelle et de leurs ressors nouvaus et anciens, du plait païs de Brie et de Mussian, de la Ferté Aalès et de la conté d'Estampes, sanz l'auctorité et licence de nostre dit seigneur ou de nous, se feussent n'a gaires assemblez en pluseurs et divers lieux sur les champs, en armes, au plus efforciement qu'il pouvoient, et, par leur deliberacion, se transportèrent et alèrent en pluseurs lieux, forteresses, chasteaux et maisons d'aucuns nobles es diz païs, et ceulx combatirent, prindrent et destruèrent, et, qui pis est, les genz d'armes, femmes, enfens et autres genz que dedens trouvèrent et estoient, occirent et mirent à mort, à moult grant foison et quantité, et les biens d'yceulx pillèrent, ravirent et emportèrent : pour laquelle chose, et pour resister à leur fait et male volenté, pluseurs et grant quantité des nobles du dit royaume, pour eulx contrevengier du dit pueple, qui telz grans griefz et dommages leur avoient faiz et portez, et de jour en jour s'efforçoient de plus grans faire et porter, et aussi d'aucuns habitans de la ville de Paris, qui mis à mort avoient, en nostre presence, ou palais royal à Paris, et en la chambre où nous gesions, noz amez et feaulz chevaliers et conseilliers, Robert de Clermont et le mareschal de Champaingne, et aussi maistre Renaut d'Acy, ailleurs en la dite ville, se fussent assemblez et alliez ensemble, et depuis alez et transportez par touz les lieux où il savoient le dit pueple et commun des diz païs sur les champs, et, par fait de guerre, occis et mis à mort moult grant nombre, multitude et quantité d'yceulx, et leurs maisons arses et autres biens quelconques pillez et gastez en pluseurs et divers lieux des diz païs, et plus encore eussent fait senz pitié, merci ou misericorde aucune, se de la dite discension ne nous feussions chargiez, et aussi se deffense ne leur eus-

sions fait faire que en ce fait plus ne procedassent. Et pour
ce que bien ont considéré que, par les choses dessus dites,
grant offense et vitupère ont fait à nostre dit seigneur, à
nous et à sa majesté royal.... avons à touz nobles et non
nobles des diz païs, qui coulpables en sont, pardonné,
remis et quitté....; pour ce que aussi, à nostre requeste et
de nostre volenté, pour bien de païs, devant tout le pueple
ou la plus grant partie de Paris pour ce assemblez devant
nous, ont pardonné, de bonne foy et volenté, generaument,
l'un à l'autre, à fin de bonne pais et union ensemble, les
faiz et inconveniens dessus diz, sauf et reservé à l'une
partie et à l'autre leurs poursuites civiles....

JJ. 86, n° 241, fol. 80.

XXIV.

Rémission octroyée à Hue de Sailleville, que les habitants d'Angicourt 1 *avaient élu pour capitaine.*

Août 1358, à Paris.

...... que, de la partie de Hue de Sailleville, nous a esté
signifié que, comme, ou temps que les genz du plat païs
se esmeurent et firent plusieurs effroiz contre les nobles
du dit royaume, le dit Hue, par contrainte des genz de la
ville d'Angicourt, où il demeuroit lors, et du païs d'environ, et pour doubte de mort, chevauchast avecques eulx,
et contre sa volenté le firent leur capitaine, et depuis,
pour la grant orreur qu'il avoit des excès et oultrages
que les dictes genz du plat païs fasoient contre son gré et
où il ne povoit mettre remède, et pour eschiver la compaignie des dictes genz du plat païs, fust venuz par devers le
prevost des marchanz, qui lors estoit à Paris, lui monstrer

[1] Angicourt (Oise), arr. Clermont, c. Liancourt.

et requerre qu'il vousist conseil à ce que les choses dessus dictes cessassent. Et, après ce, quant ceulx du plat païs sceurent que le roy de Navarre estoit venus à Clarmont, et que le capitaine de Beauvoisins et ses complices estoient baillés et mis ès mains du roy de Navarre par ceulx de Clermont et qu'il estoient mis à mort, et que la dicte ville de Clermont estoit mise en la sauve garde du dit roy de Navarre, les dictes genz d'Angicourt firent aler le dit Hue par devers ycelui roy de Navarre, pour avoir une sauvegarde de lui, aussi comme avoient pluseurs autres villes du païs environ, afin que il ne feussent ars ne gastez, laquelle sauvegarde leur fu de petite ou nulle value, car assez tost après le païs d'illeucques environ fu aussi comme tout ars, gastez et destruit par les nobles, et encore se doubte le dit Hue que, pour les choses dessus dictes ou aucunes d'icelles, les nobles etc....

JJ. 90, n° 288.

XXV.

Rémission octroyée à Jaquin de Chenevières, de Taverny [1], qui avait été élu capitaine par les habitants de la châtellerie de Montmorency.

Août 1358, à Paris.

Charles, ainsné filz du roy de France, regent le royaume, duc de Normandie et dalphin de Viennois, savoir faisons à touz, presens et à venir, que, comme n'a gaires, en la grant tribulacion qui a esté ou dit royaume que les genz du plat païs ont ars et essillié pluseurs maisons de gentilz hommes, et aucuns d'iceuls mis à mort, et par especial en la terre et chastellerie de Montmorency,

[1] Taverny (Seine-et-Oise), arr. Pontoise, c. Montmorency.

Jaquin de Chenevières, de Taverny, ait esté esleuz à capitaine par les habitanz de la dite chastellerie et d'autres, qui requirent à Symon de Berne, prevost de Beaumont sur Aise et capitaine de la conté de Beaumont et de tout le païs environ, les quiex chevauchoient à force d'armes sur les diz gentilz hommes, que il leur feist un capitaine en la terre de Montmorency, lequel prevost leur respondit : *Eslisiez;* les quiex nommèrent à une voiz le dit Jaquin; et pour soy escondire ou autrement ne povoit estre qu'il ne le feust, ou autrement il l'eussent mis à mort; les quiex habitanz firent pluseurs maux en la presence du dit Jaquin, qui touz jours leur disoit : *Ne boutez nulz feux;* et, pour les plus tost faire cesser, leur disoit : *Attendez à une autre foiz;* et pour ce l'appelloient traytre, et li vouloient couper la teste. Et par euls fu pris des diz nobles un escuier, appellé Raoulet de Betemont, lequel, en la presence du dit Jaquin, fu mis à mort; et, se le dit Jaquin eust osé contredire, il n'eust point esté mis à mort. Toutevoies fu par le dit Jaquin sauvée et gardée de morir la dame de Chatou, ses enfanz, neveux et pluseurs autres nobles. Et combien que le dit Jaquin eust eu en ce temps du feu prevost des marcheans de Paris certaine commission, contenant que toutes forteresses et maisons qui seroient assises ou cuer de France entre deux yeaues, qui au dit Jaquin sembleroient estre prejudiciables à la ville de Paris et à tout le plait païs, feussent mises à terre et arrasées, en telle manière que personne n'y peust habiter, neantmoins il ne executa point ycelle commission, ne par son ordenance ne fu onques riens fait, mais fu fait par yceuls genz avec lesquiex il convenoit qu'il feust capitaine; et toutes ycelles males façons le seigneur de Montmorency, à qui le dit Jaquin est hoste et justiciable, a pardonné à lui et à touz autres qui en sa terre ont esté aux diz feuz. Si nous a humblement supplié ycelui Jaquin que, considéré que lors n'y avoit nul remède, fors que de mort recevoir, qui au temps de lors ne obeist ou vousist obeir au peuple, et aussi les bons et lons services par le dit Jaquin faiz à nostre très cher seigneur et ayeul le roi Philippe, nous plaise, etc.

Donné à Paris, l'an de grace mil CCCLVIII, ou moys d'aoust. Par monseigneur le regent : Gontier.

JJ. 86, n° 207.

XXVI.

Rémission octroyée à Colin François et Nicaise Fremy le jeune, convaincus d'avoir pris part aux effrois contre les nobles avec les habitants du plat pays d'Orceois, et à ce titre condamnés à payer 60 florins d'or à l'écu de dommages et intérêts, et mis en prison à Château-Thierry pour avoir dissipé ou s'être approprié une vingtaine de volailles appartenant à Jean de Saint-Martin et à Guillaume de la Chambre, écuyers, à Bézu-les-Fèves, ainsi que quatre-vingts petites carpes qui étaient la propriété de Gautier, sire de Doue, chevalier.

Août 1358, à Paris.

Charles, ainsné filz du roi de France, etc. Savoir faisons à touz, presenz et à venir, que, comme pour le temps des effroiz et commocion qui derrenierement et n'a gaires ont esté entre les genz du plait païs d'Oursois et les nobles, Colin Françoys et Nicaise Fremy le joene fussent alez en la compaignie de plusieurs autres en l'ostel de Jehan de Saint-Martin, escuier, à Besu-les-Feuves [1], et és courtilz et ardins de l'ostel dudit Jehan, et aussi de Guillaume de la Chambre, escuier, et là eussent pris environ vint chiefs de

---

[1] Bézu-les-Fèves, hameau d'Epaux-Bézu (Aisne), arr. et c. Château-Thierry.

poullailie, et avec ce en une fosse qui est ou pourpris de
l'ostel dudit Jehan de Saint-Martin, dont le poisson qui
estoit dedans estoit à messire Gautier, sire de Doues [1],
chevalier, si comme l'on dit, prindrent environ quatre
vins menuz carpiaux, qui bien povoient valoir environ dix soulz parisis, lesquiex Colin et Nicaise dessus diz,
avec leurs diz compaignons, mengèrent en compaignie,
sanz ce que par eulx aucune chose en fust vendue ne tour-
née en leur prouffit autrement que dit est. Pour laquelle
cause et pour la paour de doubte des menasses que ledit
Jehan faisoient aus amis charnelz des diz Colin et Nicaise,
il a convenu que leurs diz amis aient fait composicion par
une maniere de raençon audit Jehan de Saint-Martin, pour
chascun d'eulx deux de soixante florins d'or à l'escu, combien que les choses dessus dictes que il prindrent avec
leurs diz compaignons n'en vausissent pas quatre. Et encores en ont esté mis en prison à Chasteau Thierri, où il
ont jà esté plus de quinze jours, et encores y sont. Et comme
nous, depuis que nous venismes en nostre bonne ville de
Paris, etc....

Ce fu fait et donné à Paris, l'an de grace mil trois cens
cinquante et huit, ou moys d'aoust.

JJ. 86, n° 291.

---

[1] Doue (Seine-et-Marne), arr. Coulommiers, c. Rebais.

XXVII.

Rémission octroyée à Jean de Quincy, à Guillot le Charpentier, à Relé du Four et à Jeannin Coulon, demeurant à Tremblay, lesquels avaient pris part aux effrois des gens du plat pays contre les nobles, et notamment à l'expédition de Pierre Gilles contre le Marché de Meaux.

Août 1358, à Paris.

Charles, ainsné, etc. Savoir faisons à touz, presenz et à venir, que, oye la supplicacion de Jehan de Quincy, Guillot le Charpentier, Relé du Four et Jehannin Coulon, demouranz à Tramblay [1], contenant que, comme il aient esté avec plusieurs autres du païs d'environ aus effroys, commocions et assemblées qui derrenierement et n'a gaires ont esté faiz par les gens du plait païs contre les nobles du royaume, à ardoir et abatre plusieurs maisons de gentilz hommes, à pillier et gaster leurs biens, et aucuns des diz nobles mettre à mort; et avecques ce, quant Pierre Giles et ses complices alèrent à Meaulx, il commanda aus dessus diz, en passant par le dit Tramblay, qu'il allassent avecques lui, en les menassant d'ardoir leur ville et maisons s'il n'y aloient. Pour paour de laquelle chose, les diz supplians, ignorans que le dit Pierre Gile et ses diz complices vouloient faire, alèrent avecques eulx à Meaulx et entrèrent dedanz la porte de la ville sanz aucune voulenté [violence] ou force. Et depuis, tantost comme l'effroy se mist en ladicte ville, il s'en vindrent et retournèrent sanz y riens meffaire, et y perdirent leurs chevaux. Pour lesquelles choses aucuns des diz nobles pourroient avoir malivolence, etc.... (puis vient la formule ordinaire de rémission). Et, en

---

[1] Tremblay (Seine-et-Oise), arr. Pontoise, c. Gonesse.

ycelle ampliant, donnons congié et licence à nostre amé et féal conseiller l'abbé de Saint-Denis que il leur puisse faire et face semblable grace ou autre, pour tant comme touchier le peut, sanz ce que par ce soit aucun prejudice fait ou engendré à lui ou à sa juridiction. Si donnons en mandement au prevost de Paris et à touz les justiciers du royaume, presenz ou à venir, ou à leurs lieuxtenans, que les diz supplians et chascun d'euls laissent et facent joïr et user de nostre presente grace, sans eulx molester ou empeschier pour ce en corps ne en biens et famille ; nous quant à ce avons pris et mis par ces presentes, prenons et mettons en la sauve et especiale garde de nostre dit seigneur et de nous, en deffendant à tous, sur quanque il se pueent meffaire envers nostre dit seigneur et nous, qu'il ne meffacent aus diz supplians, à leurs corps, familles ne à leurs autres biens, pour cause des faiz dessus diz ; ainçois mandons au prevost de Paris et à touz autres justiciers que les enfreignans nostre presente sauvegarde punissent tellement que les autres y prengnent exsemple et la dite sauvegarde facent publier et signifier aux personnes et lieux acoustumez où il plaira aus diz supplians, et pour ce faire leur deputent un sergent royal ou plusieurs.... Ce fu fait et donné à Paris l'an de grace mil trois cens cinquante et huit, ou mois d'aoust.

Par monseigneur le regent en son conseil : Montagu.
JJ. 86, n° 286.

XXVIII.

Rémission octroyée à Colart du Four, dit Mellin, demeurant à Feigneux en Beauvaisis, lequel avait pris part au soulèvement du peuple dudit pays de Beauvaisis contre les nobles et chevauché devant Mello sous les ordres du capitaine dudit peuple.

Août 1358, Paris.

Charles, ainsné filz du roy de France, etc. Savoir faisons à touz, presenz et à venir, que, de la part Colart du Four dit Mellin, demourant à Feilleuses [1] en Beauvoisins, nous a esté exposé que, comme en la commocion ou esmeute du peuple du païs de Beauvoisins n'a gaires faite contre les nobles dudit païs, ledit Colart, par contrainte dudit peuple et de leur capitaine, et mesmement pour ce qu'il li vouloient ardoir sa maison et coper la teste, s'il ne faisoit leur voulenté, eust chevauchié en leur compaignie devant Mellou [2], dont il se departi et s'en retourna en son hostel si tost qu'il pot eschaper d'eulx, sans ce qu'il ait autrement chevauchié ne en aucune manière pillé, bouté feux, ne fait autre malefice quelconque. Mais depuis les diz nobles li ont ars, pillé et gasté tous ses biens meubles et héritages, tant que il ne li est demorré que sa fame ; lequel Colart et sa fame n'osent encores demourer ou dit païs sur leurs héritages, pour yceulx faire labourer et coultiver, mais convient qu'il se démeusent et tapissent, à grant misère et pouvreté, par boys et autres liex divers, pour doubte des diz nobles.... Donné à Paris, l'an de grace mil CCCLVIII, ou moys d'aoust.

Par monseigneur le regent en son conseil : R. Potin.
JJ. 86, n° 308.

[1] Feigneux (Oise), arr. Senlis, c. Crépy.
[2] Mello (Oise), arr. Senlis, c. Creil.

XXIX.

Rémission octroyée à Germain de Réveillon, demeurant à Sacy-le-Grand, familier du comte de Montfort, lequel avait chevauché trois jours avec les gens du plat pays de Beauraisis contre les nobles à Mello, à Pont-Sainte-Maxence et à Montataire, et qui même, pendant l'absence du capitaine général desdits non nobles, alors campé devant Ermenonville, les avait commandés un jour et une nuit au cours d'une marche de la montagne de Montataire à Mello, entreprise pour repousser une attaque des hommes d'armes du roi de Navarre.

Août 1358, Paris.

Charles, ainsné fils du roy de France, regent le royaume, duc de Normandie et dalphin de Viennois, savoir faisons à touz, presenz et à venir, à nous avoir esté exposé par Germain de Reveillon, demourant à Sachy-le-Grant [1] en Beauvoisin, familier du conte de Montfort, que, comme, en la commocion ou esmeute du peuple du plait païs de Beauvoisins n'a gaires faite contre les nobles dudit païs, ledit Germain, par contrainte dudit peuple et de leur capitaine, lors eust chevauchié par trois jours ou environ en leur compaignie à Mellou [2], à Pons-Sainte-Maixance [3] et à Montathère [4], à la derreine des quelx trois journées, ledit peuple estant en armes et esmeu, sur la montaigne de Montathère, eust requis audit Germain qu'il vousist pour lors estre leur capitaine en l'absence de leur capitaine général, qui lors estoit devant Ermenonville [5]; lequel Germain s'en

---

[1] Sacy-le-Grand (Oise), arr. Clermont, c. Liancourt.
[2] Mello (Oise), arr. Senlis, c. Creil.
[3] Pont-Sainte-Maxence (Oise), arr. Senlis.
[4] Montataire (Oise), arr. Senlis, c. Creil.
[5] Oise, arr. Senlis, c. Nanteuil-le-Haudouin.

excusa par plusieurs fois et pour plusieurs causes et raisons. Et finablement, pour ce qu'il ne vouloit obéir à leur requeste et à leur voulenté, le pristrent par son chaperon injurieusement, en disant qu'il seroit leur capitaine pour demi jour et une nuit, vousist ou non, et le vouldrent sachier jus dessus son cheval, et avec ce sachèrent plusieurs espées sur lui pour li coper la teste s'il n'eust obéy à eulx. Lequel, pour doubte et pour eschever au péril de la mort, fu leur capitaine demi jour et une nuyt tant seullement, au dit lieu de Mellou, encontre les genz du roy de Navarre, qui lors s'efforçoient d'entrer ou dit païs de Beauvoisins pour ycelui grever et gaster, duquel lieu de Mellou le dit Germain se departi et s'en reppaira en sa maison si tost comme il post eschaper, senz ce qu'il ait autrement chevauchié, ne en aucune manière bouté feu, pillé ne occis personne, ne meffait en aucune manière autrement; mais, qui pis est, depuis, les diz nobles ont ars, pillé, gasté et essillé audit suppliant touz ses biens meubles et héritages, et li ont fait dommage jusques à la value de trois mile moutons, ou environ, et ne li est rienz demouré fors sa famme et ses enfanz; et encore n'ose il, ne sa dicte famme et enfanz, demourer sur leurs diz héritages en ycelui païs, mais convient que il, sa famme et ses enfanz, demeurent et se tapissent en boys et en autres divers lieux en grant misère et pouvreté, pour doubte des diz nobles....; comme il soit homme de labour qui a à cueillir et mettre à sauveté ses biens.... Donné à Paris, l'an de grace mil CCCLVIII, ou mois d'aoust.

Par monseigneur le regent en son conseil : R. Potin.

JJ. 86, n° 309.

XXX.

*Rémission octroyée à Jean Hersent, de Châtres-sous-Mont-
lhéry, qui avait publié, vers la Saint-Jean-Baptiste 1358,
un ban d'Étienne Marcel pour convoquer à Chilly tous les
hommes en état de porter les armes.*

Août 1358, à Paris.

Charles, ainsné filz du roy de France.... Savoir faisons à touz, presens et à venir, que, oye la requeste à nous presentée de par Jehan Herssent, de Chastres [1] soubz Montlehery, contenant que, comme, environ la saint Jehan-Baptiste derrainement passée, pour ce que il faisoit les criz et banz qui estoient à faire en la dicte ville de Chastres, ycelui Jehan, par vertu du commandement à lui fait de par feu Estienne Marcel, pour le temps prevost des marchanz, eust fait certain [cri] [2] en la dicte ville de Chastres, c'est assavoir que toutes manières de genz qui armes pourroient porter, feussent à un certain jour de dimenche à Chailli-lez-Loncjumel [3], pour eulx presenter et veoir l'armée et monstre par devant certains commissaires deputez et commis à ce de par le dit prevost des marchanz, et pour faire ce que les diz commissaires commanderoient; le quel mandement le dit Jehan, comme simples, acompli et fist le dit cri en la dicte ville de Chastres, sanz ce que il y pensast

---

[1] Aujourd'hui Arpajon (Seine-et-Oise), arr. Corbeil.

[2] Tout ce qui précède, depuis *ycelui Jehan*, exclusivement, a remplacé, après rature les mots suivants : *du commun du païs li eussent presenté un mandement du prevost de Paris, seelé du seel du Chastellet de Paris, fait à la requeste du prevost des marchans et des eschevins de la dicte ville de Paris qui lors estoient, ou quel mandement estoit contenu que le dit Jehan criast.*

[3] Aujourd'hui Chilly-Mazarin (Seine-et-Oise), arr. Corbeil, c. Longjumeau.

excusa par plusieurs fois et pour plusieurs causes et raisons. Et finablement, pour ce qu'il ne vouloit obéir à leur requeste et à leur voulenté, le pristrent par son chaperon injurieusement, en disant qu'il seroit leur capitaine pour demi jour et une nuit, vousist ou non, et le vouldrent sachier jus dessus son cheval, et avec ce sachèrent plusieurs espées sur lui pour li coper la teste s'il n'eust obéy à eulx. Lequel, pour doubte et pour eschever au péril de la mort, fu leur capitaine demi jour et une nuyt tant seullement, au dit lieu de Mellou, encontre les genz du roy de Navarre, qui lors s'efforçoient d'entrer ou dit païs de Beauvoisins pour ycelui grever et gaster, duquel lieu de Mellou le dit Germain se departi et s'en reppaira en sa maison si tost comme il post eschaper, senz ce qu'il ait autrement chevauchié, ne en aucune manière bouté feu, pillé ne occis personne, ne meffait en aucune manière autrement; mais, qui pis est, depuis, les diz nobles ont ars, pillé, gasté et essillé audit suppliant touz ses biens meubles et héritages, et li ont fait dommage jusques à la value de trois mile moutons, ou environ, et ne li est rienz demouré fors sa famme et ses enfanz; et encore n'ose il, ne sa dicte famme et enfanz, demourer sur leurs diz héritages en ycelui païs, mais convient que il, sa famme et ses enfanz, demeurent et se tapissent en boys et en autres divers lieux en grant misère et pouvreté, pour doubte des diz nobles....; comme il soit homme de labour qui a à cucillir et mettre à sauveté ses biens.... Donné à Paris, l'an de grace mil CCCLVIII, ou mois d'aoust.

Par monseigneur le regent en son conseil : R. Potin.
JJ. 86, n° 309.

XXX.

Rémission octroyée à Jean Hersent, de Châtres-sous-Montlhéry, qui avait publié, vers la Saint-Jean-Baptiste 1358, un ban d'Étienne Marcel pour convoquer à Chilly tous les hommes en état de porter les armes.

Août 1358, à Paris.

Charles, ainsné filz du roy de France.... Savoir faisons à touz, presens et à venir, que, oye la requeste à nous presentée de par Jehan Herssent, de Chastres [1] soubz Montlehery, contenant que, comme, environ la saint Jehan-Baptiste derrainement passée, pour ce que il faisoit les criz et banz qui estoient à faire en la dicte ville de Chastres, ycelui Jehan, par vertu du commandement à lui fait de par feu Estienne Marcel, pour le temps prevost des marchanz, eust fait certain [cri] [2] en la dicte ville de Chastres, c'est assavoir que toutes manières de genz qui armes pourroient porter, feussent à un certain jour de dimenche à Chaillilez-Loncjumel [3], pour eulx presenter et veoir l'armée et monstre par devant certains commissaires deputez et commis à ce de par le dit prevost des marchanz, et pour faire ce que les diz commissaires commanderoient; le quel mandement le dit Jehan, comme simples, acompli et fist le dit cri en la dicte ville de Chastres, sanz ce que il y pensast

---

[1] Aujourd'hui Arpajon (Seine-et-Oise), arr. Corbeil.

[2] Tout ce qui précède, depuis *ycelui Jehan*, exclusivement, a remplacé, après rature les mots suivants : *du commun du païs li eussent presenté un mandement du prevost de Paris, scelé du seel du Chastellet de Paris, fait à la requeste du prevost des marchans et des eschevins de la dicte ville de Paris qui lors estoient, ou quel mandement estoit contenu que le dit Jehan criast.*

[3] Aujourd'hui Chilly-Mazarin (Seine-et-Oise), arr. Corbeil, c. Longjumeau.

aucune mauvaistié, et doubtoit moult à desobéir au dit mandement [1], et que il ne feust repris de negligence, ne il cuidoit en riens mesprendre envers nostre dit seigneur et nous ; nientmoins, pour ce que depuis est venu à sa cognoissance que il avoit mespris envers nostre dit seigneur et nous, et, pour ce doubte de prison et regueur de justice, icelui Jehan se soit depuis le dit temps absentez du païs, et aussi pour doubte de ce que on li a donné à entendre que le capitaine [2] ou prevost de Montlehery se sont efforciez de le prendre et faire prendre par sergens, et que il ont pris et mis en la main de nostre dit seigneur et de nous tous ses biens ; si nous a humblement fait supplier que, comme il soit [3] ancien et ait sa fame et trois petiz enfanz à gouverner, qui par le temps dessus dit ont souffert et encores souffrent grant pouvreté pour deffaut de ce qu'il n'ose demourer au païs, si comme il dit, que sur ce li voulsissions faire grace et misericorde.... Ce fu fait et donné à Paris, l'an de grace mil trois [cens] cinquante et huit, ou mois d'aoust.

Par monseigneur le regent, en son conseil : J. Le Fort. — Autrefeiz signée et scellée et rescripte pour la mutacion du nom du prevost de marchanz, etc.

JJ. 86, n° 231.

XXXI.

Rémission octroyée aux habitants de Heiltz-le-Maurupt.

28 septembre 1358, à Paris.

Charles, ainsné filz du roy de France, etc. Savoir faisons

---

[1] Les mots qui suivent, jusqu'à *ne il* inclus, ont remplacé, après rature, ceux-ci : *pour ce qu'il estoit scelé du dit seel de Chastellet*.
[2] Ce mot a remplacé, après rature, celui de *chastellain*.
[3] Suivaient jadis les mots *poure homme et*, qui ont été effacés.

à touz, presenz et à venir, que, comme les habitanz de la
ville de Heis-le-Marru [1] en la prevosté de Vitry aient esté ou
envoié certaines personnes avec les habitanz de plusieurs
autres villes du païs de Champaigne en plusieurs assemblées par euls faictes, es quelles assemblées aient esté
faictes, si comme on leur impose, plusieurs conspiracions,
alliences et monopoles encontre les nobles et clergié du
païs, pour les destruire et mettre à mort, combien que de
fait par les diz habitanz aucune chose ne s'en soit ensui,
et pour ce aucuns des diz nobles aient pillé et couru la dicte
ville, dont les diz habitanz sont si grevez et dommagiez
que à paine s'en pourront relever, et non obstant ce nostre ami et feal cousin et lieu tenant ès parties de Champaigne, le conte de Vaudemont, a poursuiz et approchiez par
devant lui ou ses deputez les diz habitanz, tant que finablement il les a pour ce condempnez ou traiz à composicions
à la somme de mil escuz, dont il sont obligiez envers nostre dit seigneur et envers nous, en exceptant des dictes con-
dempnacions et composicions certaines personnes des diz
habitanz que on dit avoir esté aus dictes assemblées à faire
les dictes aliances, conspiracions et monopolles, des quelles
personnes qui pour ce se sont renduz futiz et absentez du
païs, nostre dit cousin et lieutenant a reservé la punicion
par devers lui, et pour les dictes sommes païer nostre dit
cousin et lieu tenant ou autres de noz officiers se sont
efforciez et efforcent de contraindre les habitanz de la dicte
ville, et pour ce aient fait pranre et saisir aucuns de leurs
biens, si qu'il n'ont de quoy vivre, mais sont mis à pouvreté, se par nous ne leur est sur ce pourveu de gracieux
remède, si comme noz bien amez les seigneur ou dame de
la ville de Heis-le-Marru dessus dicte nous ont fait signifier,
en nous suppliant.... Nous, considerées les choses dessus
dictes,.... à yceulx habitanz de la dicte ville de Heils-le-Marru

[1] Heiltz-le-Maurupt (Marne), arr. Vitry-le-François, c. Thiéblemont.

et à chascun d'eulx en ce cas avons quitté et remis, quittons et remettons par la teneur de ces lettres, de grace especial,.... la moitié de la somme des deniers dessus esclaircie, et avec ce, en ampliant nostre dicte grace, les avons mis et mettons en souffrance de la quarte partie d'icelle somme jusques à Pasques prochaines venans, et l'autre quarte partie voulons tantost estre levée par nostre dit cousin et lieu tenant ou ses genz, se levée n'est, et aussi avons quitté, pardonné et remis, quittons, remettons et pardonnons à ceulx des diz habitanz qui furent, ou qui imposé avoit esté, aus dictes assemblées.... Ce fu fait à Paris, l'an de grace mil CCC cinquante et huit, le xxviii° jour du moys de septembre.

Par monseigneur le regent, en son conseil :
J. BLANCHIER.

JJ. 86, n° 357.

XXXII.

Rémission générale octroyée aux habitants des villages de Bettancourt et de Vroil, en Pertois, condamnés par le comte de Vaudemont à payer une amende de 2,000 écus pour avoir participé aux effrois contre les nobles.

Septembre 1358, à Paris.

Charles, ainsné filz du roy de France, regent le royaume, duc de Normandie et dalphin de Viennois, savoir faisons à touz presenz et à venir que, comme les habitans et demourans ès villes de Betencourt [1] et de Vereil [2], en Pertois, aient esté, avec plusieurs autres gens du plat païs d'environ, aus effrois qui dernièrement et n'a gaires ont esté

---

[1] Bettancourt (Marne), arr. Vitry-le-François, c. Heiltz-le-Maurupt.
[2] Vroil (Marne), arr. Vitry-le-François, c. Heiltz-le-Maurupt.

faiz par les dictes genz dudit plat païs contre les nobles du
dit royaume, à faire plusieurs conspiracions et assemblées
avecques les dictes genz dudit plat païs, sanz ardoire, abatre maisons, tuer genz, ne meffaire à aucune personne
quelconque, et combien que les diz habitans aient esté et
soient touz pilliez et gastez par les diz nobles, et que il
n'aient riens fait fors eulx assembler, comme dit est, neantmoins nostre amé et feal conseiller et lieutenant ès dictes
parties, le conte de Vaudemont [1], les a fait adjourner par
devant lui à certain jour et lieu ; aus quels jour et lieu lez
diz habitanz n'ont osé comparoir en leurs personnes, pour
doubte qu'il avoient des grans et cruelles execucions que
nostre dit lieutenant avoit faites et faisoit faire de jour en
jour des genz du dit païs ; mais il envoièrent certains procureurs, en la presence des quels nostre dit lieutenant,
sanz en plus cognoistre, de fait et pour sa voulenté, con-
dempna les diz habitanz, qui n'avoient aucune chose meffait fors de eulx assembler, comme dit est, en la somme de
deux mile escuz, en reservant à condempner dis personnes
ou environ des diz habitanz telles comme il li plairoit, civilement ou criminelment, si comme bon li sembleroit : de
laquelle condempnacion les diz procureurs, pour la doubte
et paour qu'il avoient de leurs corps, n'osèrent appeller.
Si nous a humblement supplié Salehadin d'Angleure, seigneur en partie des dictes villes et habitanz, comme nous,
depuis que nous venismes en nostre bonne ville de Paris,
ayons ordené que touz les diz nobles remettent et pardonnent aus dictes genz du plat païs, et aussi ycelles genz aus
diz nobles, tout ce qu'il pourroient avoir meffait les uns
envers les autres, et que toute voie de fait et poursuite criminelle soit forclose aus dictes parties, sauf tant que chascun puisse poursuir ses dommages et injures par voie de

[1] Henri, comte de Vaudemont et seigneur de Joinville, lieutenant du
régent en Champagne.

justice et civilement pardevant monseigneur ou nous ou noz gens....., et ensement que, si comme nous avons entendu, les diz habitanz qui sont sur les frontières du conté de Bar, pour cause de la dicte condempnacion et aussi doubtanz la rigueur du dit conte nostre lieutenant, vuident du tout le royaume et se sont traiz et traient ou dit conté ou ailleurs hors d'icelui royaume, en delaissant les dictes villes toutes vuides, desertes et non habitées, à yceulx habitanz et à chascun d'eulx, ou cas dessus dit, avons quitté, remis et pardonné et par la teneur de ces presentes lettres quittons, remettons et pardonnons.... Donné à Paris, l'an de grace mil CCCLVIII, ou mois de septembre.

Par monseigneur le regent en son conseil :

P. DE CHASTEL. — Ugo scriptor.

JJ. 86, n° 346.

XXXIII.

Rémission octroyée à Jean le Jacqueminart, de Thiéblemont, au bailliage de Vitry, pour sa participation aux effrois.

Septembre 1358, à Paris.

Charles, ainsné filz.... Comme Jehan le Jaqueminart, ou bailliage de Vitri, nous ait exposé que, pour ce que, environ Pasques derrein passé, commune renommée estoit, par tout le païs de Champaigne, que les Lorrains et Alemans ou autres ennemis du dit royaume avoient en propos et volenté de piller et ardoir le dit païs de Champaigne, eust esté ordené, de nostre licence, ou dit païs, par les juges royaulx d'icellui, que, en chascune ville du dit païs, on ne sonneroit que à une cloche, se n'estoit pour effroy de genz d'armes et feu commandé, que, pour ycelui effroy, on sonnast à deux cloches, en chascune des dites villes, afin que les pilleurs et ennemis du dit royaume, qui s'embateroient ou dit païs, feussent siviz par les genz des dites villes au son des dites cloches, jusques à ce qu'ilz feussent attains et pris, ou que le pillage et domage qu'il auroient faiz feust restabliz à qui il appartendroit. Et, pour plus convenablement faire ces choses, eust esté ordené par especial que, en chascune des villes du dit païs, auroit une personne de la ville establie, pour faire et acomplir la dite ordenance, à la seureté, garde, tuicion et defense du dit païs. Et, pour enteriner ceste ordenance, les genz de plusieurs villes d'icelui païs se feussent assemblés par deux foiz en deux places, aus quelles la dite ordenance fu recitée, et leur fu moult agreable. Et lors fu establi le dit Jehan pour la dite ville de Thiebemont sur les choses dessus dites. Et combien que ycelui Jehan n'ait usé de ce en aucune manière, fors seulement que il ala amiablement et de bonne foy avecques pluseurs autres, ainsi esleus des autres villes du dit païs, par devers le sire de Saint Disier, qui estoit lors entrés ou dit païs, à grant nombre de genz d'armes, pour savoir quelle entencion il avoit; lequel Jehan et les autres, avec lesquels il estoit ainsi alez, si tost comme il oïrent la response du dit sire de Saint Disier, qui leur dit que s'entencion estoit de vivre et morir avecques les genz du dit païs, s'en retournèrent et retrairent chascun en sa maison, sanz meffaire à lui ne autres en aucune manière. Neantmoins, soubz umbre de ce que aucuns nobles maintiennent que les dites assemblées avoient esté faites contre euls et que le dit Jehan avoit esté esleu pour la dite ville, comme dit est, ja soit ce qu'il n'ait fait autre chose que dit est, et aussi que il ont donné à entendre que ycelui Jehan estoit venuz en nostre host devant Paris parler au prevost des marchanz, qui lors estoit, afin d'avoir une commission de lui, combien que en verité il y fust venuz pour parler à nostre amé et feal conseillier, messire Jaques la Vache, de certaines besoingnes que li autres avoit à faire ou dit païs, et pour ce que il ne le trouva pas en nostre dit host, s'enz rala tantost ou dit païs, aucuns de noz genz ou commissaires ou païs ont pris et mis en la main de Monseigneur et de nous touz ses biens meubles et heritages, et s'efforcent de lui faire appeller à ban pour ceste cause....

Par monseigneur le regent, à la relacion de son conseil :

P. DE CHASTEL.

JJ. 86, n° 355, fol. 121.

XXXIV.

Rémission octroyée à Jean Morel, curé de Blacy [1], *qui avait été forcé de suivre ses paroissiens à une assemblée des communes tenue à Saint-Vrain* [2].

Septembre 1358, à Paris.

Charles, ainsné filz du roy de France. Savoir faisons à touz presens et à venir que, oye la supplicacion de messire Jehan Morel, prestre, curé de la ville de Blacey, contenant que, comme n'a gaires les communes des villes du plait pays de Pertois aient fait pluseurs assemblées en divers lieux pour abattre et ardoir les maisons des nobles du dit païs et eulx mettre à mort, si comme on disoit, et pour ce, cuidans que les curés des villes du dit plait païs, et especialement le dit suppliant fussent favorablement et obéissent aus diz nobles d'icelui païs, les tenoient touz pour traistres, et par especial le dit suppliant, auquel il dirent par pluseurs foiz qu'il avoit venduz les cloches de la dite ville de Blacey aus nobles du dit païs, et que ce avoit il fait comme faux, traistres et desloiaulx, dont les pluseurs des diz curés, et especialement le dit suppliant, furent en

[1] Blacy (Marne), arr. et c. Vitry-le-François.
[2] Vrain (Marne), arr. Vitry-le-François, c. Thiéblemont.

grant peril et en grant doubte de leurs corps par pluseurs
foiz ; et pour ce, le dit suppliant, qui de jour en jour sen-
toit et veoit teles mocions et telz perilz, et auquel par
pluseurs foiz furent dites par aucuns des parrochiens et
habitanz de la dite ville de Blacey pluseurs paroles de
menaces et injurieuses, doubtans que par les dites genz
ne fust mis à mort, ala monté à cheval avec ses diz parrochiens à une assemblée faite par les dites communes en
la ville de Saint-Verain, sanz aucune armure porter, fors
seulement un court baton, et là dansa avec ses diz parrochiens, et yceulx ordena à la dense, en faisant les rens du
dit baton, et eulx continuelment exortant à faire bonne
chiere : lequel suppliant, estant en la dite assemblée à
Saint-Verain, les genz de la dite ville de Blacey, qui demourées estoient en ycelle, prinrent et à eulx appliquè-
rent, senz le gré et consentement du dit suppliant, certaine quantité de grains à lui appartenans, en son grant
prejudice et domage, ne oncques ne fust à assemblée
qu'il eussent faite, fors que celle fois tant seulement, et
ne les conforta ne ayda en aucune manière, fors comme
dessus est dit. Et pour ce les nobles du dit païs tiennent
en doubte le dit suppliant, et n'ose comparoir en la dite
ville de Blacey pour doubte de son corps, ont prins et
prendent de jour en jour ses biens meubles, lievent et
appliquent à eulx et à leur prouffit ses rentes et aqués, et
soubz umbre de ce que les dites genz de la dite ville de
Blecey prinrent ses diz grains, imposanz au dit suppliant
qu'il avoit abandonné touz ses grains qu'il avoit en sa
maison aus dites communes en les aidant et confortant à
faire, combien que le dit suppliant n'ait rien meffait, fors
comme dessus est dit, et que en la dite assemblée nulz
nobles ou autres fust mis à mort, ne aucune maison arse
ou destruite en aucune manière....., mesmement comme il
a à cuillir et mettre à sauveté ses biens.... Et nous depuis
que nous venismes en nostre bonne ville de Paris, etc.

Donné à Paris, ou moys de septembre, l'an de grace mil CCCLVIII. (Mandement adressé au prévôt de Paris et au bailli de Vitry.) *In requestis hospitii :*

 J. POISTEL.   CHARITÉ.
  Ugo scriptor.
 JJ. 86, n° 265, fol. 89.

XXXV.

Rémission octroyée à Jeanne, veuve de Jean Rose, de la Praelle, près d'Angicourt en Beauvaisis, mis à mort par les nobles.

Septembre 1358, à Paris.

Charles, ainsné filz du roy de France…. Savoir faisons à touz, presenz et à venir, que, de la partie de Jehanne, fame feu Jehan Rose, de la Praelle, près d'Engicourt [1] en Beauvoisin, nous a esté signifié, comme ou temps des effroiz et commocions derrainement et n'a gaires faiz par les gens du plat païs de Beauvoisin contre les nobles du dit royaume, le dit Jehan Rose, contre son gré et volenté, et par la force et contrainte de Guillaume Cale, soi portant general capitaine du dit plat païs, fust alez en la compaignie avec les diz du plat païs, ou autrement l'en li eust ars sa maison, gasté et dissipé touz ses biens, et lui mis à mort, en la compaignie des quiex il fu par certain temps, senz ce que il pillast onques sur les diz nobles ne feist aucun mal; mais pour ce que de leur compaignie se vouloit evader et departir au plus tost et brief qu'il pourroit, senz peril de son corps, avoit envoié la dicte Jehanne, sa femme, ses enfanz et aucune partie de ses biens à sauveté en la ville de Compiengne, pendanz les quiex effroiz, pour

---

[1] Angicourt (Oise), arr. Clermont, c. Liancourt.

ce que le dit Jehan estoit bien cogneu en la dicte ville, le
dit general capitaine du dit plat païs envoya ycelui Jehan
et un autre, comme contrains, porter lettres aus bourgeois et habitanz d'icelle ville de Compiengne, afin qu'il
vousissent estre aliez avec les genz du dit plat païs, et
eulx soustenir, conforter et aider en leur faiz, des quelles
lettres les diz bourgeois et habitanz firent response au dit
capitaine et à ses aliez et adherens qu'il avoit fait venir
devant la dicte ville telle comme il leur plut ; et lors dist
le dit Jehan aus diz bourgeois et habitanz, que, ja soit ce
que il fust avec les diz du plat païs, et en leur compaignie, toutevoies, se il vouloient avoir à faire en aucune
manière à la dicte ville et ycelle assaillir, il les lairoit et
venroit vivre et mourir avec les habitanz d'icelle ; et pour
ce que, à un autre jour après ensuivant, le dit Jehan venoit
en la dicte ville de Compaigne veoir sa fame et ses enfanz, le prevost forain d'icelle, estant au bailles ou lices,
meu de courage, courroucié contre lui, le prist et mist la
main à lui de par monseigneur et nous, en lui imposant
qu'il estoit faux et mauvais traitres et qu'il avoit esté capitaine ou dit plat païs, et le fist mettre ès prisons royaulx
de la dicte ville, et ja soit ce que le dit Jehan, clerc et de
veu et de sceu pris en habit et tonsure, fust deuement et
souffisament requis au bailli de Senliz, pour le temps capitaine d'icelle [ville] de Compaigne et son juge ordinaire,
au quel seul pour le temps la correption et punicion en
devoit appartenir, toutevoies riens n'en fu fait, mais afin
qu'il ne apparrust estre clers, li fu sa couronne touste et
bertaudée, et, qui plus est, en la très grant chaleur et
venue des diz nobles, senz ce que par sa confession ne
autrement il eust esté trouvez en aucune manière avoir
esté capitaine de ville du dit plat païs, ne avoir aucune
chose mesfait ou delinqué contre monseigneur, nous ou
les diz nobles, fors tant seulement comme contrains avoir
esté en la dicte commocion, li fu fait coper la teste, et en

oultre furent pris touz ses biens estanz en la dicte ville, comme forfaiz et acquis à monseigneur et nous, et d'iceulx fait inventoire, et yceulx par prisiée à la valeur et somme de cent florins à l'escu, laquelle prisiée le dit bailli a receue et appliquié à soy, si comme l'en dit ; pour les quelles choses la dicte Jehanne nous a fait supplier humblement, comme le dit Jehan ait esté tout le cours de sa vie homme et personne [de] bonne fame et renommée, de vie leable et de conversacion honneste et bien vueillant de monseigneur et de nous, du dit royaume et de la couronne de France, et que la dicte Jehanne ne seroit pain gaignier ne n'auroit de quoy vivre ne nourrir trois petiz enfanz qu'elle a, touz menres d'aage, mais les convenroit mendier et estre touz jours en grant pouvreté et misère, que sur ce lui vuillons pourveoir de nostre benigne grace et lui quitter et delaisser pour la substentacion et gouvernement de lui et de ses diz enfants touz les biens....

Donné à Paris, l'an de grace mil CCCLVIII, ou moys de septembre.

Par monseigneur le regent : P. Michel.

JJ. 86, n° 365.

XXXVI.

Charles, régent, autorise les parents et amis de feu Robert du Jardin, d'Arcy-Sainte-Restitue, à mettre en terre bénite, mais sans aucune solennité, les restes mortels dudit feu Robert, pendu, au temps des commotions entre nobles et non nobles, par l'ordre du seigneur d'Arcy, lequel ne pardonnait pas à Robert du Jardin d'avoir voulu l'entraîner à rester avec ses hommes d'Arcy au lieu de faire cause commune avec les autres nobles.

Septembre 1358, à Paris.

Karolus, primogenitus regis Francie, regnum regens, dux

Normannie et dalphinus Viennensis, notum facimus universis, presentibus pariter et futuris, quod, cum, tempore commocionis que nuper extitit inter nobiles dicti regni, ex una parte, et innobiles ejusdem regni, ex altera, defunctus Robertus de Jardino, apud Arciacum Sancte Restitue [1] commorans, zelo caritatis et affectione quam habebat ad dominum dicte ville commotus, dum idem dominus a dicta villa recedere volebat, eidem domino dixisset quod pro Deo ab ipsa villa cujus erat dominus non recederet, sed cum ejusdem ville habitatoribus ejusdem domini subdictis vellet remanere, et ipsos pro sua possibilitate ab inimicis conservare, et dicti habitatores ipsum etiam dominum pro suo posse conservarent, dictusque dominus eidem Roberto respondisset quod cum aliis nobilibus adire et se servare intendebat et volebat; dictusque Robertus, qui zelo caritatis predicta dixerat, et presenciam dicti domini in ordinacione deffensionis et aliis ad talia facta pertinentibus sibi et omnibus aliis dicte ville habitatoribus prodesse credebat, verbis prelibatis ipsius domini auditis, calore ductus, dixisset, Deum ajurando : « Sic opportet quod omnia relinquamus, aut quod omnes simus magistri, » absque eo quod alia verba in effectu dixisset, seu aliter, contra dictum dominum genitorem nostrum, nos aut coronam Francie forefecerit per tradicionem, conspiracionem, aut aliter quovismodo; pretextu tamen predictorum verborum per dictum deffunctum Robertum modo predicto probatorum, que ad audienciam cujusdam militis devenerunt, ipse miles, pluribus gentibus armorum associatus, ad dictam villam de Arciaco accedens, domum dicti defuncti Roberti intraverit de facto et absque causa racionabili, ceperit et amoverit omnia ejusdem Roberti bona in eadem domo tunc existentia, et ea ubi sibi placuit transportaverit, seu fecerit transportari; et hiis non contentus, dicto defuncto Roberto obvians, eidem Roberto dixerit :

[1] Arcy-Sainte-Restitue (Aisne), arr. Soissons, c. Oulchy-le-Château.

« Tu es ille qui eris dominus nobilium ! » et ipso deffuncto Roberto in suis racionibus seu excusacionibus aliqualiter inaudito, ipsum Robertum, non via justicie nec juris ordine servato, ad quamdam arborem fecit suspendi. Unde pro parte amicorum carnalium dicti deffuncti, etc. Datum Parisius, anno Domini millesimo trecentesimo quinquagesimo octavo, mense septembris.

Per dominum regentem, ad relationem Consilii :
J. Clerici.

JJ. 86, n° 267.

XXXVII.

Rémission octroyée à Jean Bernier, de Villers-Saint-Paul.
Septembre 1358, à Paris.

Charles ainsné, etc.... Savoir faisons à tous presenz et à venir que, de la partie de Jehan Bernier, de Villers Saint Pol, nous a esté exposé, comme, en la fin du mois de may derrainement passé, nous estanz à Meaulx, il et Jehan Brenier, de Montathère, feussent venuz par devers nous, et pour la seurté et deffense du païs de Beauvoisin et d'environ Senliz et Creeil, eussent empetré de nous nostre ami et feal chevalier et conseillier le sire de Saint Sauflieu, capitaine, pour garder le dit païs, et en retournant ès dictes parties trouvèrent les genz du plait païs touz esmeuz à la fole commocion et emprise contre les nobles du dit royaume, si comme de abatre, gaster et ardoir leurs forteresses, maisons et leurs biens, et aucuns mettre à mort, et pour ce que le dit Jehan Bernier, de Montathère, ne se voult aller avec les diz gens, il le mirent à mort, en lui imposant que il estoit traitres au commun du dit plat païs, le quel Brenier de Villers Saint Pol, aient horreur, doubte et paour de mort, demoura avec eulx aus diz effroiz et fu par plusieurs jours en leur compaignie, jusque à ce que Guillaume Cale, soy portant capitaine du dit païs de Beauvoisin, et plusieurs autres ses adherens et complices furent mis à mort à Clermont et descheïrent de leur fole emprise, et il soit ainsi que, pour ce que aucuns nobles du dit royaume, malveillans et ennemis du dit plat païs, pour les causes dessus dictes, couroient et gastoient pour le temps de lors ycelui païs, et les biens des champs, plusieurs personnes du dit païs, tant de Senliz comme de Villers, voisins d'environ Clermont en Beauvoisin, venissent à present par devers le roy de Navarre, adonc capitaine d'icelluy et nostre rebelle et malveillant du dit royaume, de monseigneur et de nous, et obtenissent de li certaines lettres de commission par lesquelles le dit Jehan Bernier, de Villers, fu commis de par lui capitaine et garde du dit païs, lui absent, afin que le peuple et commun d'icelui peust labourrer et cultiver les terres et ouster et mettre à sauveté les biens des champs, laquelle commission le dit Bernier refusa par l'espace de huit jours ou environ, et finablement, contre son gré et voulenté et par contrainte, la receut et s'en ala demourer en la dicte ville de Senliz, senz soy partir ne senz executer ou user en aucune manière de la dicte commission, fors tant seulement qu'il escript à plusieurs villes du dit plat païs que il venissent à lui en la dicte ville pour veoir et ordener comment on pourroit mectre remède et resister aus diz courreux, afin que on peust cueillir et mettre à sauveté les diz biens, comme dit est, pendant laquelle chose nous feusmes en bon acort envers les habitanz de la dicte ville de Paris et d'ailleurs, qui, par le faux et mauvais exhortement d'aucuns traitres du dit royaume, de monseigneur et de nous, estoient pour le temps de lors enduit contre la majesté royal, et vindrent en la bonne et vraie subjection et obéissance de monseigneur et de nous, et ordenasmes que touz les diz nobles remectent et pardonnent aus dictes gens du plat païs.... Et pour ce que le dit Bernier a depuis perduz touz ses biens et ses maisons arses par les diz ennemis du royaume, qui n'a gaires sont descenduz ou dit païs de Beauvoisin, et n'a peu avoir les gaiges de la dicte ville de Senliz, afin d'avoir la vie de lui, de sa famme et ses enfanz, il avec plusieurs personnes de deffense s'est transportez en la ville de Noyon, en laquelle il et ses compaignons ont esté receuz aus gaiges de la ville et du païs d'environ, pour résister à la male voulenté de noz ennemis. Et pour ce le capitaine de la dicte ville de Senliz a pris touz les biens que le dit Jehan avoit en la dicte ville pour la sustentacion et gouvernement de sa dicte famme et enfanz et mis en la main de monseigneur et de nous, tant pour les causes dessus dictes comme pour ce que il maintient le dit Jehan avoir desgarny de lui et de ses diz compaignons, lesquelx sont bien necessaires et prouffitables pour la tuicion et deffense d'icelle....

Donné à Paris, l'an de grace mil CCCLVIII, ou mois de septembre.

Par monseigneur le regent, à la relacion de son conseil :

J. VILLIERS.

JJ. 86, n° 387.

XXXVIII.

Rémission octroyée aux habitants des villes et paroisses de Sagy, de Courdimanche, de Puiseux, de Villeneuve-Saint-Martin, de Courcelles-lez-Boissy, de Cergy, de Mongeroult et de Boissy-l'Aillerie, de la prévôté de Pontoise, qui s'étaient rançonnés envers les ennemis de Meulan et des forteresses voisines.

Octobre 1358, à Paris.

Charles etc. Savoir faisons à tous presenz et à venir que, comme nous aions entendu par les habitans des villes et paroisses de Sagi la Ville [1], de Courtemanche [2], de Puisieux [3], de Ville Neuve Saint Martin [4], de Courcelles [5] lès Boissy, de Sergi [6], de Montgerout [7] et de Boissy [8], en la prevosté et ressort de Pontoise, que, touz leurs blez et vins, que il avoient et encores ont à recueullir aus champs pour la greigneur partie, les ennemis du royaume, qui à present sont et lors estoient à Meullent et ès autres forteresses voisines et prochaines d'ilec entour, en alant et venant de l'une forteresse à l'autre, prenoient, emportoient et degastoient, et de jour en jour emprisonnoient et rançonnoient leurs corps, bruloient et ardoient leurs maisons et granches, et leurs autres biens meubles pilloient, et, que plus est, pluseurs des diz habitanz ont occis, tué et

---

[1] Sagy (Seine-et-Oise), arr. Pontoise, c. Marines.
[2] Courdimanche (Seine-et-Oise), arr. et c. Pontoise.
[3] Puiseux (Seine-et-Oise), arr. et c. Pontoise.
[4] Villeneuve-Saint-Martin (Seine-et-Oise), arr. Pontoise, c. Marines, comm. Ableiges.
[5] Courcelles (Seine-et-Oise), arr. Pontoise, c. Marines.
[6] Cergy (Seine-et-Oise), arr. et c. Pontoise.
[7] Mongeroult (Seine-et-Oise), arr. Pontoise, c. Marines.
[8] Boissy-l'Aillerie (Seine-et-Oise), arr. et c. Pontoise.

mis à mort; si que, par force et par contrainte des diz ennemis, et aussi, tant pour attraire leurs diz biens et garnir la bonne ville de Pontoize, qui est et a esté pure françoise, comme pour doubte et creinte de mort, il a convenu, par droite necessité, que il se soient raençonnés envers les diz ennemis jusques à Noel prochain venant; et aussi, pour ce que aucunes des autres villes prochaines et voisines se sont, pour telles et pareilles causes, semblablement raençonnées; doubtans pour ce les diz habitanz que, pour occasion de ce, ne soient encouruz envers nostre dit seigneur et nous en paine criminelle et amende, requerans et supplians que sur ce leur voussissions pourveoir de gracieux remède.... Ce fu fait et donné à Paris, l'an de grace mil CCCLVIII, ou mois d'octobre.

JJ. 86, n° 485, fol. 171 v°.

XXXIX.

Rémission octroyée à Jean des Hayes, de Rhuis-lez-Verberie, pour participation aux effrois.

Octobre 1358, à Paris.

Charles, ainsné filz du roy de France.... Savoir faisons à tous, presenz et à venir, que, comme Jehan des Hayes, de Ruys [1] lez Verberie [2], ou temps des effroiz et commocions qui derrainement et n'a gaires ont esté faiz par les genz du plat païs contre les nobles du royaume, eust esté, contre son gré et volenté et par contrainte du pueple, esleu capitaine de la dicte ville de Ruys, ou autrement il eust esté en doubte d'avoir esté mis à mort, sa maison arse, et gastez et dessipés ses biens, et avec ce ait esté aus

---

[1] Rhuis (Oise), arr. Senlis, c. Pont-Sainte-Maxence.
[2] Verberie (Oise), arr. Senlis, c. Pont-Sainte-Maxence.

dictes commocions faites contre les diz nobles, sanz ce que le dit Jehan ait esté à ardoir ou abatre aucunes maisons des diz nobles, ne en ycelles prendre ou dissiper leurs biens, ne en aucun prouffit de pillage qui monte à plus de la somme de trois escuz, et les quelx desja sont par le dit Jehan restituez, ne aussi aucuns d'iceulx mettre à mort, fors que, le dymenche après le Saint Sacrement derrainement passé [1], le dit Jehan et un escuier, avec plusieurs autres, s'en venoient en la dicte ville de Verbrie, et feu le dit escuier, sa fame et son fillastre pris en la compaignie d'icelui Jehan, des habitans d'icelle ville, au quel escuier fu dit des diz habitanz qu'il mourroit; et lors par plusieurs foiz leur dit le dit Jehan : « Pour Dieu, beaux seigneurs, gardés que vous faites, car c'est trop mal fait; » et tout ce non obstant, il mistrent, contre son gré, sa volenté et consentement, le dit escuier à mort; et pour ce aucuns des diz nobles pourroient avoir malivolence et hayne au dit Jehan.... Donné à Paris, l'an de grace mil CCCLVIII, ou mois d'octobre.

Par monseigneur le regent, à la relacion de son conseil :

VILLERS.

JJ. 86, n° 444.

XL.

Rémission octroyée à Colin le Barbier, clerc, de Bailly [2], qui, ému par le son des cloches d'alarme, s'était mis en route pour être renseigné par les communes rassemblées à Saint-Vrain.

Octobre 1358, à Paris.

Karolus, etc. Notum facimus universis, presentibus et

[1] Comme la Fête-Dieu tomba en 1358 le jeudi 31 mai, le dimanche après cette fête fut le 3 juin.

[2] Bailly-aux-Forges (Haute-Marne), arr. et c. Vassy.

futuris, quod nobis, ex parte Colini Tonsoris, de Balleyo, clerici, humilis supplicacio porrecta continebat quod, licet per baillivos bailliviarum de Calvomonte et de Vittriaco fuisset ordinatum quod in qualibet villarum ipsarum bailliviarum nullus, nisi cum sola campana pulsare presumeret, nisi propter timorem et strepitum inimicorum regni, in quo cavere liceret cuicumque, ad parrochie tuiccionem et defencionem ac inimicorum resistanciam, cum duabus pulsare campanis, ad finem quod gentes armorum, secundum cujuslibet facultatem, ad villam ubi sonus seu pulsacio dictarum campanarum inciperet, mitterentur, ad resistendum inimicis et ad eorum potenciam deprimendam. Qua siquidem ordinacione tunc durante, cum nonnulle gentes armorum plures excessus in aliquibus villis ipsarum bailliviarum committerent, propter quod per habitantes aliquarum villarum bailliviarum predictarum cum duabus campanis in tantum extitisset pulsatum quod usque ad villam de Bailleio, que est in dicta baillivia Calvimontis, pervenit sonus earum, et specialiter per unum hominem alta voce ad arma se prompcius prepararent clamantem, qui eciam asserebat quod in nonnullis villis dictarum parcium advenerant inimici, totam illam parrochiam devastantes. Propter quod, dictus supplicans, certificari volens pro se et aliis habitantibus dicte ville, si sic re veritas se haberet, ad villam de Sancto Verano, ubi plures communitates villarum congregate dicebantur, se transferre disposuit, et suis secum armaturis assumptis, ivit usque ad villam que dicitur *Les Costes*, prope duas leucas a villa ubi dicte communitates erant insimul congregate ; et cum ibidem dictus supplicans cognovisset quod dicte communitates jam recessissent, ipse ad domum suam, absque eo quod usque ad dictas communitates accederet, nulli nocendo seu malum aliquod inferendo, quam cicius potuit fuit reversus. Nichilominus tamen Ysabellis de Boulemonte, domina dicte ville, sub umbra premissorum, dicendo quod ipse supplicans cum communitatibus contra nobiles armatus fuerit, nonnulla bona mobilia, videlicet, blada, fena, vasa muscarum, pannos lineos et plura alia bona in domo ipsius supplicantis existencia et ad ipsum pertinencia, una cum terragiis dicte ville de Balleio, que ab eadem domina receperat, necnon blada in suis campis tunc existencia, que omnia ad valorem trecentarum librarum vel circiter ascendere poterant, capi et colligi fecit et levari, ad usus suos ea totaliter applicando. Quin imo Johannes de Thorecta, miles, ejus filius, pro eo maxime quod dictus supplicans contra ipsum militem appellavit, per quod ab ejus juridictione totaliter est exemptus, sub umbra tamen premissorum, pluries tam de die quam de nocte, per se vel per suas gentes quas in domo ipsius supplicantis propter hoc miserat, nisus est ipsum capere violenter, propter quod dictus supplicans timet ne propter hoc ejus hereditagia per gentes regias seu domine aut militis predictorum vendicioni quomodolibet exponantur.... Datum Parisius, anno Domini millesimo CCC° quinquagesimo octavo, mense octobri.

JJ. 86, n° 465.

XLI.

Rémission et réduction d'amende accordées aux habitants de Chavanges [1], pour avoir pris part à l'attaque des communes de Perthois et de Champagne à Saint-Vrain, contre le sire de Saint-Dizier, et pour s'être soulevés contre leur dame Ysabeau de Boulemont.

Décembre 1358, à Paris.

Charles, etc.... Savoir faisons à touz presenz et à venir

[1] Chavanges (Aube), arr. Arcis-sur-Aube.

que, oye la supplicacion des habitanz de la ville de Chevanges, disans que, comme aus assemblées, effroiz et conspiracions qui n'a gaires ont esté faites par les genz et communes du plat païs de Pertoiz et de Champaigne à Saint Verain contre le sire de Saint Disier et ses genz, il eussent envoyé deux homes d'armes, c'est assavoir Girart Sapience et Colot d'Uyron, par devers ycelles communes pour savoir que c'estoit et quelles genz c'estoient ; soubz umbre de la quelle chose, nostre amé et feal cousin le conte de Vaudemont, lieu tenant de monseigneur et de nous ès dictes parties, eust fait adjourner les diz habitanz par devant li ou ses commis à certain jour, à Ronnay, au quel les diz habitanz ou leur procureur comparurent souffisanment, contre lesquels nostre dit cousin proposa ou fist proposer que les diz habitanz avoient envoié les diz Girart et Colot en fait d'armes, avecques les dictes communes, au dit Saint Verain, contre le dit sire de Saint Disier, en entencion de le mettre à mort, et plusieurs autres nobles estanz avecques li, si comme l'en povoit presumer, et fait conspiracions et monopoles contre monseigneur, nous et la couronne de France ; et aussi que, par avant, s'estoient yceulx habitanz rebellez et assemblez tant en fait d'armes comme autrement contre nostre amé et feal chevalier Jehan de Thorette, et contre dame Ysabeau de Boulemont, sa mère, dame de la dicte ville de Chavenges, si comme il li apparoit par certaine informacion sur ce faite, et que pour ce les convenoit composer envers li pour nous en la somme de mil florins d'or au mouton ; les diz habitanz ou leur procureur disans au contraire que oncques n'avoient envoié aucuns hommes armez avec les dictes communes, fors que les diz Girart et Colot, touz desarmez, comme dit est, et non mie en entencion d'aler contre nous ne les nobles du païs, et aussi ne s'estoient mie assemblé pour assaillir le dit chevalier, ne il n'y meffirent riens, mais s'en retournèrent sanz aucune chose meffaire, et aussi n'avoient en riens mespris pourquoy il deussent faire aucune composicion, mesmement qu'il s'en rapportoient à la dicte informacion que nostre dit cousin disoit estre faite sur ce, et par icelle vouloient estre jugiez ; neantmoins, nostre dit cousin leur dist que rien n'en seroit et que il paieroient les mil moutons dessus diz, ou il fairoit faire sur eulx une autre informacion, à quoy les dessus diz habitanz ne se voirent consentir ne acorder ; mais, non obstant ce, nostre dit cousin establi de rechief par ses lettres nouveaux commissaires qui firent autre nouvelle informacion, la quelle faite yceulx commissaires assignèrent plusieurs journées aus diz habitanz, tant de main mise comme autrement, à Ronnay, à Joinville, à Saire et à Vertus, hors de leur bailliage, et derrainement à Ronnay, où il comparurent personnelment et comme prisonniers par devant yceulx commissaires, où il furent arrestez prisonniers au dit Ronnay, jusques à ce qu'il eurent composé à la somme de cinc cenz escuz d'or à païer à deux termes, c'est assavoir troiz cenz à la feste saint Andrieu derrainement passée, et deux cenz à Noël prochainement venant, en la quelle composicion il ne voulrent comprendre les diz Girard et Colot, qui pour doubte de ce se sont absentez du païs, la quelle chose est en leur grant grief, dommage et prejudice, et pour ce nous aient humblement supplié que, comme ils soient et aient touz jours esté bons françois et loyaulx subgez envers monseigneur, nous et la couronne de France.... Ce fu fait et donné à Paris l'an de grace mil CCCLVIII, ou mois de decembre.

Par monseigneur le regent, à la relacion du conseil :

G. de Montagu.

J.J. 86, n° 596.

XLII.

Rémission octroyée aux habitants de Cravant [1], pour les violences dont avaient été victimes Étienne Oyn, Hondebert de Châteauneuf, chevaliers, et plusieurs hommes de leur compagnie,

2 janvier 1359 (n. st.), à Paris.

Charles, etc.... Savoir faisons à touz presenz et à venir que, comme les bourgois et habitanz de la ville de Crevant, n'a gaires et tous les jours, eulx et tout le païs d'environ estans en très grant peril, effroy et doubtance pour cause des ennemis, Englois, Navarrois et faux traitres à la couronne de France, pour les quiex il ont esté et sont encores de jour en jour soudainement par traïson pilliez, ars, prins, raençonnez, navrez et occis, et avec ce aucunes des villes et autres lieux du païs gastez et destruiz, et pour ce cheuz en si très grant desroy que il ne savent en qui il puissent ne doient avoir foy, fiance ne ferme entente, ne qui tenir pour bon françois et bien vuillant du dit royaume, messire Estienne Oyn, chevalier, avecques plusieurs autres fussent venuz en armes ou dit païs, en aucunes villes d'icelui païs, prochaines et voisines de la dite ville de Crevant, et eussent commis et perpetré aucuns fais de pillerie, si comme de pranre et tuer chapons, gelines et autres volailles, chars, fromage, pain, vin, foin, avoine et autres biens qu'il trouvoient ès hostelz et huches des bonnes genz, de fait et contre leur gré et volenté, sanz ce que riens en païassent ne voussissent païer, combien que aucuns vivres ne autres biens ne feussent ne ne soient encore abandonnez par dela, et n'a gaires, pour ce que eulx

---

[1] Cravant (Yonne), arr. Auxerre, c. Vermenton.

arrivez et entrez en une maison appelée le Bochet Saint-
Marian ¹, assise près de la dicte ville de Crevant, et illec
perpetrans plusieurs excès et dommages, aucuns d'icelle
maison vindrent sur ce plaintiz aus diz bourgois et habitanz
comme à leurs voisins et amis, des quels plusieurs cuidans
yceulx chevalier et ses genz estre ennemis, ou au moins
non estre bonnes genz, plusieurs de la dicte ville de Crevant alèrent à la dicte maison en chevaulx et en armes, et
pour ce que le dit chevalier et ses gens se rendirent rebelles et mistrent à deffense, il les prindrent à force,
blecèrent et navrèrent, et de leurs biens prindrent et
emportèrent aucuns, et les diz rebelles enmenèrent à la
dicte ville de Crevant et les mistrent en ferme prison, afin
que justice en fu faite selon raison, et pour les doubtes
et soupeçons dessus dictes en voudrent avoir et eurent la
garde, en la refusant et deneant au prevost de la Ville
Neuve le Roy et au maire du dit lieu; et cependant, eulx
assemblez au son de la grosse cloche du dit lieu, pour ce
qu'il avoient paour et doubte d'estre traïz, comme dit est,
et pour souspeçon que il orent contre les diz prevost,
maire et autres, brisèrent aucuns des huis des hostelz des
seigneurs du dit lieu et leur ostèrent les clefs de là où estoient le dit chevalier et ses genz, et les baillèrent en
garde à aucuns des plus souffisans du lieu jusques à tant
que le bailli de Senz fust venu pour en ordener; et eulx
ainsi assemblez et esmeuz, tant pour les causes dessus
dictes comme pour ce que les diz chevalier et ses genz
leur donnèrent menaces de la dicte ville piller et ardoir
et eulx mettre à mort, ils se armèrent et mistrent ès de-
fenses de la dicte ville, les quiex estans en telx desroiz et
effroiz messire Hondebert de Chastel Neuf, chevalier, seneschal de Beaucaire, vint à l'entrée de la dicte ville, soi

¹ Le Bouchet, ferme de l'abbaye de Saint-Marien d'Auxerre, sur le
territoire de la commune de Bazarnes (Yonne), arr. Auxerre, c. Vermenton.

trentiesme ou environ de genz d'armes, sanz ce que par
avant il eust mandé ne fait assavoir sa venue, ne qui il
estoit, combien que ce fust et est encores soit chose
acoustumée ou païs, pour eschiver les escandres, perilz
et effroiz qui ensuir s'en pourroient ; et pour ce, avecques
les autres causes ou occasions dessus dictes, courirent
sus li et ses genz, se traïrent et autrement tendirent à
eulx porter domage et les dommagèrent de leur pouoir
jusques à tant qu'il sceurent qui il estoient ; et depuis
mesmes par aucuns d'eulx qui arreer ne asseurer ne se
vouloient ne pouoient, touz jours doubtanz que il fussent
trahiz, telement que le dit messire Hondebert et aucuns
de ses genz furent navrez et bleciez, mesmement au dit
chevalier rompirent aucunes de ses costes, et aucuns des
chevaux d'icelui et de ses genz occirent et navrèrent, et
plusieurs de leurs biens prindrent, emportèrent et rece-
lèrent, et toutevois les diz bourgois et habitanz, pour les
mesfaiz et excez dessus diz, aient païé aus dis chevaliers
pour eulx et leurs dictes genz certaine somme d'argent, si
comme il dient. Si nous ont fait humblement supplier, etc....
Donné à Paris, l'an de grace mil CCCLVIII, le second jour
de janvier.

Par monseigneur le regent : B. FRANC.

JJ. 86, n° 424.

XLIII.

*Rémission octroyée à Jean Charuel et à Simon Le Cordier
de la Marre, à l'occasion du meurtre de Jean des Prés,
écuyer, lors de l'attaque de Senlis par les nobles, le jour de
la bénédiction du Lendit.*

Janvier 1389 (n. st.), à Paris.

Charles, etc.... Savoir faisons à touz presenz et à venir

que, si comme avons veu par la supplicacion Jehan Charuel, contenant que, comme le jour de la Beneïsçon derrainement passée, pour le temps que les effroiz, commocions, rebellions et assemblées estoient des genz du plat païs contre les nobles du royaume, plusieurs gentilz hommes se feussent efforciez d'entrer en la ville de Senlis et prendre ycelle, et pour ce fu lors crié en la dicte ville que tous ceulx qui aroient gentilz hommes en leurs maisons les meïssent et boutassent hors, pour le quel cry un hoste ou habitant de la dicte ville, qui avoit en sa maison herbergiez ou hostellez le seigneur de Hardencourt et deux de ses escuiers, dont l'un estoit appellé Jehan des Prez, mist et bouta hors de sa maison les dessus diz chevalier et escuiers, les quelx escuiers, l'en ne scet pour quelle cause, tuèrent tantost le dit chevalier, pour la quelle cause l'en cria lors sur yceulx escuiers : « Haro, le murtre ! » au quel cri et pour le quel fait s'asemblèrent grant foison des habitanz de la dicte ville de Senliz, par les quelx le dit Jehan des Prés fu mis à mort, en la quelle assemblée et fait feri le dit suppliant. Et comme nous, depuis que nous venismes derrainement en nostre bonne ville de Paris, aiens quitté, remis et pardonné, et especialement aus habitanz de la ville de Senlis dessus diz, etc.... Ce fu fait et donné à Paris, l'an de grace mil CCCLVIII, ou mois de janvier.

Par monseigneur le regent, à la relacion du Conseil : G. DE MONTAGU.

Item une autre de cest meme fait, semblable en la forme de ceste dessus, pour Symon Le Cordier de La Mare, et signée ainsi : Par monseigneur le regent, à la relacion du Conseil : G. DE MONTAGU.

JJ. 86, n°ˢ 421 et 422.

Voy. Flammermont, *Revue historique*, livraison de janvier-avril 1879, p. 140 et 141.

XLIV.

Rémission octroyée à Jean du Bois, pour violences exercées vers le mois d'août 1359, sur la personne de Jean Chery, « de Vignoel, » etc.

Janvier 1359 (n. st.), à Paris.

Charles, etc.... Savoir faisons à touz presenz et à venir que, comme, environ le moys d'aoust derrenier passé, Jehan du Boys, prisonnier à present à Troies, se fust complains à Guillaume de Romilly, le Moine de La Hare et plusieurs autres escuiers, de Jehan Chery, de Vignoel, les quiex escuiers lui eussent promis que du dit Jehan Chery, se il le leur monstroit, il le vengeroient, et après ce le dit Jehan du Boys les eust menez au souper et au giste en l'hostel où il demouroit, et se fust departiz d'eulx et alé espier où le dit Jehan Chery estoit; et quant il le sçot, fust retourné querre les diz escuiers et leur eust monstré le dit Jehan Chery, le quel yceulx escuiers prinrent et admenèrent prisonnier à Saint Merrieu et ailleurs où il leur plot, le dit Jehan du Boys alant avec eulx par trois lieues ou environ, et finablement prinrent environ XIII sols que le dit Chery avoit en sa bourse, et environ trois ou quatre jours après le delivrèrent, parmi ce que il leur promist rendre et païer dix deniers d'or à l'escu, dont il ne païa onques riens ; et avec ce le dit Jehan du Boys estant en la compaignye des diz escuiers, yceulx escuiers li eussent demandé se en la ville de Vignoel avoit aucuns riches hommes, aus quels escuiers le dit Jehan du Boys eust respondu qu'il y avoit un riche homme appellé Gieffroy Le Conversat, et lors les diz escuiers eussent mandé au dit Gieffroy, par un de leurs vallez, qu'il leur envoiast LX escuz, et, se il les bailloit au dit Jehan du Bois, il en

seroit quittes, en le deffiant ou cas qu'il ne le feroit; du quel Gieffroy les diz escuiers n'orent riens, ne autre pour eulx, excepté environ un septier de vin qu'i[l] leur envoya par le dit varlet, le quel fu beu en l'ostel du dit Jehan du Boys; pour les quelles choses les diz Guillaume de Romilly et Jehan du Boys furent pris par le capitaine de Troies, ou ses genz, dès environ la fin du moys d'aoust, et enmenez prisonniers à Troies, où le dit Guillaume de Romilly a esté executé et mis à mort, combien que sur le fait du dit Jehan de Chery nous li eussiens fait grace et remission par noz lettres que jusques après sa mort ne porroient estre au païs, et le dit Jehan du Bois a touz jours depuis la dicte fin d'aoust demoré et encores est prisonnier et a souffert moult grant pouvreté et mesaises, et encores y sueffre et par plusieurs foiz a esté mis en grief gehines et tormens, si comme sa fame et aucuns autres de ses amis nous ont fait signifier, en nous suppliant....
Ce fu fait à Paris, l'an de grace mil CCCLVIII, ou mois de janvier.

Par monseigneur le regent, à la relacion du Conseil : J. Blanchet.

JJ. 86, n° 425.

XLV.

Fragment de lettres de rémission mentionnant un essai de propagande en faveur des Jacques, fait à Caen par Pierre de Montfort.

7 avril 1359 (n. st.).

A tous ceulz qui ces lettres verront, Henry, sire de Thieville, lieutenant general de très noble et très puissant prince et nostre très redoubté seigneur Charles, ainsné filz du roy et regent le royaume de France, duc de Normandie et dalphin de Viennois es parties des bailliages de Caen et de Costentin, salut. Savoir faisons que, comme, de par lez jurez et autres souffisans bourgois de la ville de Caen et pluseurs des amis charnelz de Richart de Bray, Raoul Machue et Jehan des Marez, bourgois de la dicte ville, nous ait esté monstré que uns homs appellé Pierre de Montfort avoit par pluseurs foiz, ou temps qu'il vivoit, essaié à mettre par son povoir comocions, conspiracions et descort entre les genz de la dite ville, et esmeu et induit le peuple commun à destourber et empeschier les choses faites et ordenées par justice et les bonnes genz de la ville, et à contredire les subsides et aides qui estoient requis pour genz d'armes et autrement pour la garde et deffense de la dite ville et du pays, et semoit moult de mauvaises et desordenées paroles tendant à fin, si comme il apparessoit, de esmouvoir et mettre descort entre le menu commun et les gros de la ville, et avoit en ycelle fait pluseurs excès, de quoy aucune punicion ne s'estoit ensuie, mesmement du fait qui advint des gens de Picardie qui furent mis à mort et perilliez sur le marchié de la dite ville, avoit il esté un des facteurs principaulz; et ou temps que le commun de Beauvoisin s'esmut contre les nobles du pays, il prist et portoit sur son chapel, en lieu de plume, une charue de bois, et à fin de mettre, si comme il sembloit, le commun de la dite ville et du pays en semblable erreur, disoit qu'il se tenoit de la partie des Jaques.... Ce fu fait et donné le VIIe jour d'avril, l'an de grace mil CCC cinquante et huit.

Dans une lettre du régent, du mois de juin 1360, JJ. 87, n° 324, fol. 204 et 205.

XLVI.

Rémission octroyée à Jean Flageolet, de Favresse, qui avait été élu capitaine par les habitants de plusieurs villages du Perthois, pour organiser la défense contre les étrangers et au besoin contre les nobles du royaume.

Juillet 1359, à Melun-sur-Seine.

Charles, etc. Savoir faisons à touz presenz et à venir que, oye la supplication de Jehan Flageolet, de Faveresse [1], contenant que, comme durans les commocions qui furent en diverses parties du royaume en l'esté derrenier passé, les habitans de plusieurs villes du païs de Pertois se feussent assemblés pour ordonner comment il pourroient resister à la male volenté d'aucuns de hors du royaume dont il se doubtoient, et aussi contre les nobles du royaume, ou cas que aucune chose leur vouldroient mesfaire, et pour ce faire, ordener et gouverner eussent esleu le dit suppliant pour leur capitaine en absence de lui, après les quelles choses ycelui suppliant, en acceptant le dit office de capitanerie, pour ce que le seigneur de Saint-Disier, acompaignez de grant nombre de genz d'armes, chevaucha jusques à Vitry en Pertoys, dont les genz du païs furent moult affraez et firent sonner les cloches de plusieurs villes et se assemblèrent pour aller contre le dit seigneur de Saint-Disier, doubtans que il ne leur voulscit mesfaire, ala avecques eulx, à la requeste des dictes genz, et y fu presens, en eulx ordenant et conduissant jusques à la ville de Perte et ailleurs, comme capitaine, non pas en entencion de envaïr ou assaillir le dit seigneur, ne autres, mais seulement pour resister à

---

[1] Favresse (Marne), arr. Vitry-le-François, c. Thiéblemont.

leur male volenté, se aucune chose leur vouloient mal faire; et depuis, sans aucune chose mesfaire, ycelui suppliant et autres alèrent pardevers le dit seigneur, pour savoir se aucune chose leur vouloit mesfaire et pour lui exposer comment ses genz les avoient menaciez d'eulx ardoir, et pour ce que il leur respondi que il n'avoit volenté ne entencion d'eulx mesfaire, le dit capitaine et autres bonnes genz dirent au dit seigneur que aussi ne li vouloient il riens mesfaire, mais le vouloient aidier, se il li plaisoit, et assez tost s'en [1] retournèrent ycelui suppliant et autres genz en leur maisons, sanz autre chose mesfaire et sanz ce que oncques ardissent maisons, abatissent chasteaux, pillassent ou preissent aucuns biens, dont le dit suppliant eust cognoissance, ne tuassent ou mutulassent aucune personne, neantmoins, pour doubte de ces choses, etc....

Donné à Meleun sur Seine, l'an de grace mil CCCLIX, ou moys de juillet.

Par monseigneur le regent : MAROEIL.

JJ. 90, n° 292.

XLVII.

Remission octroyée à Perrot le Sené pour participation aux effrois faits l'année précédente par les gens du plat pays d'Amiénois contre les nobles.

Août 1359, à Paris.

Charles, etc. Savoir faisons à touz presenz et à venir que, comme Perrot le Sené ait esté avec plusieurs autres du pais d'Amienoys, ou environ, aus effrois qui en l'année derrain passée ont esté faiz par les gens du plat païs contre les nobles du dit royaume, à abatre en plusieurs

[1] *Sont* dans le registre.

lieux forteresces, et dessipés leurs biens et aucuns d'iceulx ou leurs gens mis à mort, et pour ce aucuns des diz nobles pourroient avoir malivolence et haine au dit Pierre pour le grever en corps ou en biens pour occasion des choses dessus dictes; et nous, environ la Magdalaine [1] l'an mil CCCLVIII, que nous venismes en nostre bonne ville de Paris, aions ordené que touz les diz nobles remettent et pardonnent aux dictes genz du plat païs, et aussi les dictes genz aus diz nobles tout ce qu'il pourroient avoir meffait les uns envers les autres, et que toute voie de fait et poursuite criminele soit forclose aux dictes parties, sauf tant que chascun puisse poursuir ses dommages et injures par voie de justice et civilement pardevant Monseigneur ou nous ou noz genz; et pour ce nous aient supplié en especial la mère et amis charnelz du dit Perrot, lequel Perrot, pour les causes dessus dictes ou aucune d'icelles, est à present detenuz prisonnier ou beffroy de la ville d'Amiens, que sur ce lui vuillons pourveoir de gracieux remède, mesmement comme il soit homme de petit estat, soit et ait esté bien vuillant de Monseigneur, de nous et du dit royaume, si comme il dient. Pour quoy nous, considerant les choses dessus dites, inclinanz à leur supplicacion, au dit Perrot, etc.... Donné à Paris, ou mois d'aoust, l'an de grace mil CCCLIX.

Par monseigneur le regent, à la relation du conseil : Guerigue.

JJ. 90, n° 243.

[1] La fête de sainte Madeleine, qui se célèbre le 22 juillet, tomba un dimanche en 1358.

XLVIII.

Rémission octroyée à Jean Le Fréron, de Catheux, qui avait pris part à la destruction des châteaux de Catheux, du Mesnil-Saint-Firmin, de Thoix et d'Auffay.

Septembre 1359, à Paris.

Charles, etc.... Savoir faisons à touz presenz et à venir que, de la partie de Jehan Le Freron, de Cateu en Beauvoisiz, nous a esté signifié que, comme, au temps que les genz du plat païs se esmeurent et firent plusieurs effroiz contre les nobles du dit royaume, le dit Jehan, par contrainte de Achart de Bulles, lors capitaine des genz du plat païs de Beauvoisiz, et aussi des dictes gens, et pour doubte de mort, convint qu'il chevauchast avecques eulx, et contre sa volenté le firent capitaine, pour abatre et ardoir et faire abatre et ardoir toutes forteresces et autres maisons de nobles et pour gaster et pillier touz leurs biens, et depuis par la dicte contrainte ycelui Jehan fust venuz au chastel de Cateu [1], et eust commandé à abatre et ardoir le dit chastel, et ce fait le dit Jehan avec sa compaignie fust alez aus chasteaux du Mesnil, de Thois et d'Aufay [2], et par semblable manière eust commandé à abatre et ardoir yceulx chasteaulx et plusieurs autres maisons de nobles, et soubz ombre de ce les genz de sa compaignie eussent pris et gasté touz les biens estanz es dictes forteresces, maisons et ailleurs où il les peurent trouver, la quelle chose le dit Jehan ne leur eust peu destorner à faire, ja soit ce que ce fust contre sa conscience

---

[1] Catheux (Oise), arr. Clermont, c. Crèvecœur.

[2] Le Mesnil-Saint-Firmin (Oise), arr. Clermont, c. Breteuil. — Thoix (Somme), arr. Amiens, c. Conty. — Auffay (Seine-Inférieure), arr. Dieppe, c. Tôtes.

et contre sa volenté, et pour ce se double le dit Jehan, etc. Donné à Paris, l'an de grace mil CCCLIX, ou mois de septembre.

Par le conseil estant à Paris, ou quel estoient messeigneurs le chantre de Poitiers et maistre Gremier Boniface : J. Douhen.

JJ. 90, n° 294.

XLIX.

Rémission octroyée à Gilles Le Haguez, pour avoir pris part à la Jacquerie en qualité de capitaine des habitants de Chambly 1.

Novembre 1359, au Louvre, près Paris.

Charles, etc.... Savoir faisons à touz presenz et à venir que, comme Giles Le Haguez, n'a gaires demourant à Chambli le Haubergier, après ce que le capitaine de Beauvoisis, qui pour lors estoit avecques les Jaques, ot envoié et mandé plusieurs foiz par plusieurs et divers messagers aus habitanz de la dicte ville de Chambli que ilz allassent devers lui en Beauvoisis, ou envoiassent tel et si grant nombre de genz d'armes qui suffiroit, ou temps que la commocion se fist entre les nobles et les non nobles, ou, se ce non, il et sa compaignie iroient en la dicte ville de Chambliz bouter le feu, mettre à mort hommes, fames et enfanz, les quielx habitanz contredirent et obvièrent à la male erreur du dit capitaine en tant comme il pourent, et envoièrent à Compiègne par devers le bailli de Senliz, pour savoir se il savoit à quelle cause le dit capitaine faisoit tiex mandemenz ; et pour ce que, du commandement d'icelui capitaine, les communes de tout le Beauvoisis ve-

---

1 Oise, arr. Senlis, c. Neuilly-en-Thelle.

noient à Chambly pour les injurier à cause de leur refus, pour doubte de mort et non pour autre cause, les diz habitanz esleurent, constituèrent et establirent le dit Giles à aler droit à Jouy en Teles, où le dit capitaine de Beauvoisis avoit mandés les diz habitanz, le quel Giles se excusa en tant comme il pot et osa, disant en general que il n'estoit de corps, de puissance ne de biens personne à ce habile ne convenable, ne de la dicte ville, pour quoy de teles choses ne le devoient chargier, les quiex habitanz en aucune excusacion ne le vouldrent recevoir ne ouïr, mais li dirent que il iroit, vousist ou non, puis que le dit commun l'eslisoit, ou que mal li en vendroit ; le quel Giles, considerant leur mocion et pour doubte de mort, n'osa contredire, et leur acorda en disant telles paroles ou semblables : « Saichez que, avant que je parte et que vous faciez de moy, vous envoierez avecques moy huit ou dix personnes de cheval et seze ou vint de pié, des plus suffisanz et convenables de la dicte ville, ou autrement je ne me par[ti]roie ; » les quiex habitanz, toutes excusacions arrières mises, aus choses dessus dictes contraindrent le dit Giles, et aussi huit personnes de cheval et seise de pié de la dicte ville, les quiex se mirent à chemin ensemble et alèrent jusques au bout de la ville d'Ivry le Temple, à trois lieues ou environ de Chambli, et en alant encontrèrent les communes de Beauvoisis, par les quelles communes et ceulx de la compaignie du dit Giles furent faiz plusieurs maulx, tant de feux bouter, occisions et pilleries, en absence et en presence du dit Gilles, contre les quielx il ne eust peu ne osé contredire, comment que de ce de cuer et de conscience feust dolens et tristes, et de ce appert et apperra par ce que de tout son pouvoir il mist à sauveté et sauva en corps et en biens, non obstant la male erreur qui pour le temps couroit, dames, damoiselles et enfans, tant comme il peust venir à sa cognoissance, et avecques ce fist rendre tout ce qui peut savoir qui lors avoit esté pillé; pour les quelles choses ainsi commises le dit Giles se doubte que ou temps à venir l'on ne le vuille traire en cause, et pour ce nous a humblement supplié, etc. Donné au Louvre lez Paris, l'an de grace mil CCCLIX, ou moys de novembre.

Par monseigneur le regent, à la relacion de son conseil : ROBERT.

JJ. 90, n° 354.

L.

Rémission octroyée à Robin Yerne, de Louveciennes, accusé d'avoir participé, vers le 22 juillet 1358, en compagnie de plusieurs Jacques Bonhommes de Marly-le-Roi, au pillage de l'hôtel de Jean de la Villeneuve, écuyer, sis à Bailly.

Janvier 1360 (n. st.), à Paris.

Charles, etc. Savoir faisons à touz presenz et à avenir à nous avoir esté signifié de la partie de Robin Yerne, jadis demourant à Loveciennes [1], et à present demourant à Paris, que, comme une journée environ la feste de la Magdalene [2] qui fu l'an mil CCCLVIII, Henri le Bouchier, Jehan l'Uilier, Guillot Heuleu, de Marli le Chastel [3], Jehan Veage et plusieurs autres que l'en disoit adonc les Jacques Bonshommes, fussent venuz à Bailli [4] en l'ostel Jehan de la Villenueve, escuier, et ycelui hostel pillé et robé de plusieurs biens, commis et perpétré autres excès, si comme on dit, sanz la presence, consentement ou volenté du dit signifiant, qui onques n'eust aucuns des diz biens pilliez, et après feussent alez soupper en l'ile de Marli, avec les-

---

[1] Louveciennes (Seine-et-Oise), arr. Versailles, c. Marly-le-Roi.
[2] Dimanche 22 juillet.
[3] Marly-le-Roi ou le-Port (Seine-et-Oise), arr. Versailles.
[4] Bailly (Seine-et-Oise), arr. Versailles, c. Marly-le-Roi.

quiex ala souppcr le dit signifiant; néantmoins le dit escuier, environ la feste Saint Denis [1] derrain passée, imposant contre vérité au dit signifiant que il avoit esté à pillier et despoler son dit hostel, et à commettre les autres excès dessus diz avec les autres dessus nommez, s'estoit efforciez et encores s'efforçoit de faire molester et travaillier par le dit prevost de Marli le Chastel ledit signifiant, qui seroit en son grant grief, prejudice, dommage et lesion, se par nous ne li estoit sur ce pourveu de remède gracieux.... Donné à Paris, l'an de grace mil CCCLIX, ou mois de janvier, et seellée du seel du Chastelet de Paris, le vi^e jour de fevrier, l'an dessus dit.

Es requestes de l'ostel : J. DE ALBIGNIACO.

JJ. 90, n° 425.

LI.

Rémission octroyée à Pierre le Barreur, de Beaumont-sur-Oise, qui avait assisté au meurtre d'Olivier de Houdonville, écuyer.

Janvier 1360 (n. st.), à Paris.

Charles, etc.... Savoir faisons à touz presenz et à venir que, de la partie Pierre Le Barreur, de Beaumont-sur-Oyse, tonnelier, nous a esté signefié que, comme, environ la feste du saint Sacrement, l'an mil CCC cinquante et huit, que les communes de Beauvoisins et d'environ firent leurs assemblées, ycelui signefiant eust esté en la compaignie de plusieurs et grant nombre d'autres habitanz, tant de la dicte ville comme du païs d'environ, contre les nobles dudit païs, et present à faire plusieurs chevauchiées en plusieurs villes et lieux environ la dicte ville de Beaumont et

---

[1] Mercredi 9 octobre 1359.

ailleurs, ès quelles chevauchiées eussent esté plusieurs gentilz hommes et fames et autres mis à mort, et especialment y fu occis et mis à mort Olivier de Houdonville, escuier, et plusieurs autres, maisons, manoirs et forteresses environ la dicte ville et ailleurs ars, abatuz, gastez et dissipez, pour occasion de la quelle mort du dit Olivier le dit signifiant ait esté pris, et encores est detenuz ès prisons de nostre très chier oncle le duc d'Orliens, et pour ce qu'il a congneu avoir esté au fait de la mort dudit Olivier, en l'assemblée dessus dicte, les genz et officiers de nostredit oncle le veullent executer et faire souffrir mort, si comme l'on dit.... Ce fu fait et donné à Paris, l'an de grace mil CCC cinquante et nuef, ou mois de janvier.

Par monseigneur le regent en son conseil : J. DENIENS.
JJ. 90, n° 425.

LII.

Rémission octroyée à Fremy Houdrier, dit le Bouchier, de La Warde Maugier [1]*, qui avait pris part aux effrois et assisté à l'incendie de la maison du sire de Fransures.*

Mars 1360 (n. st.), à Paris.

Charles, etc. Savoir faisons à touz presenz et à venir nous avoir veu la requeste de Fremy Houdrier, dit le Bouchier, de la Warde Maugier, disans que, comme ou temps de commocions des habitans du plat païs contre les nobles de Beauvaisin et d'environ, le dit Fremy fust mandez de par une grant quantité d'iceulx habitans et leur capitaine assemblez à Bretueil en Biauvaisin, qu'il alast tantost parler à eulx, sur peine de corps et de biens, il, pour doubte d'eulx, y ala, et fu requis d'aler avecques eulx ardoir

[1] La Warde-Mauger (Somme), arr. Montdidier, c. Ailly-sur-Noye.

plusieurs maisons des diz nobles, en disant que, s'il n'y aloit, l'en li arderoit toutes ses maisons, à cause de sa fame qui est noble, et quant il vist et sost leur volenté si deshordenée, et qu'il ne les en povoit retraire, il suppa avecques les dit capitaine et aucuns de sa compaignie, et paia leur escot, afin qu'il se peust departir d'eulx, ce qu'il fist tantost après soupper, et s'en ala en sa maison à la dicte Warde et enmena sa dicte fame, ses enfans et aucuns de ses biens en un bois ou bochet, et d'iluecques ala à une autre maison à li apartenant de par sa dicte femme, à Fronsures, accompaigniez d'aucuns de ses amis, pour les deffendre et garder de son pouvoir, à la quelle maison les diz capitaines et habitans vindrent l'endemain devant diner, et avoient ce jour arse et gastée la maison du sire de Brebançon, et disoient qu'il arderoient aussi toutes les maisons du dit suppliant de par sa fame se il n'aloit avecques eulx, li quel, par sauconduit, s'aparu et parla à eulx, pour doubte qu'il ne le meissent à mort et qu'il n'ardissent ses dictes maisons, et, si tost comme eulx le tenirent, eulx le menèrent maugré lui à la maison d'un chevalier, sire de la dicte ville de Fronsures [1], et l'ardirent en sa presence, et, si tost comme eulx se departirent d'icelle ville, li diz suppliant s'eschappa d'eulx et s'en ala où sa dicte fame et ses enfans estoient, ne onques puis ne fu en la compaignie des dessus diz capitaine et habitans.... Donné à Paris, l'an de grace mil CCCLIX, ou mois de mars.

Par monseigneur le regent, à la relacion du Conseil, presenz messeigneurs le chancellier de Normandie, maistre Pierre de la Charité et Guillaume Le Becot : Maroeil.

JJ. 90, n° 476.

---

[1] Fransures (Somme), arr. Montdidier, c. Ailly-sur-Noye.

LIII.

Rémission octroyée à plusieurs brigands de la garnison de la Celle-en-Brie, pour les excès qu'ils avaient pu commettre au service du roi, depuis le 10 septembre 1358.

Mars 1360 (n. st.), à Melun.

Karolus, etc.... Notum facimus universis, tam presentibus quam futuris, nobis pro parte Regnierii de Sala, Philippi de Florencia, Nicolai Becque, Johannis de Navare et plurimorum aliorum brigandorum, equitum et peditum, ex parte nostra in garnisione de Sella in Bria existentium, expositum extitisse, quod, cum ipsi, a decima die septembris anno LVIII° ultimo elapso usque ad presens, dicto domino nostro ac nobis in guerris presentibus contra inimicos dicti regni pro posse servierint, et maxime in stabilita et capitaneria dicti loci et in loco de Creciaco in Bria, in quibus locis et aliis circumvicinis prefati exponentes, pro tuicione et deffensione dictorum locorum et habitatorum eorumdem, die ac nocte se pluries et frequenter multis et diversis periculis opponentes, cum dictis inimicis hostiliter debellarunt, nonnullosque dictorum inimicorum interfecerunt et vulneraverunt, honorem et commodum nostrum et sub dictorum dicti regni pro posse suo fideliter et curiose observando, et quandoque ab eisdem inimicis plures dictorum brigandorum vulnerati et male tractati fuerunt, et quia dicto tempore durante ipsi brigandi sufficienciam victualium et aliorum sibi necessariam propter defectum solucionis vadiorum suorum non habebant, plura de bonis, victualibus, jocalibus, raubis, indumentis, animalibus, equis et aliis bonis nostrorum subditorum ceperunt, sibique et suis usibus propriis applicarunt, contra voluntatem personarum quarum erant bona predicta, necnon plures dictorum subditorum pluries et frequenter accidentaliter vulneraverunt, interfecerunt, ac mulieres invitas carnaliter cognoverunt, plures depredaciones et alia crimina, maleficia, oppressiones et gravamina fecerunt et commiserunt contra dictos subditos, quominus longa essent referre, indebite et injuste ipsos subditos nostros, tam clericos quam laycos, multipliciter opprimendo, dampnificando et gravando, de et pro quibus dicti brigandi dubitant futuris temporibus accusari et forsitan in corporibus et bonis criminaliter vel civiliter per nos aut officiarios et subditos nostros puniri, et propter hoc nobis humiliter supplicari fecerunt... Nos igitur, premissis attentis, necnon ad supplicacionem dilecti et fidelis militis nostri Johannis, domini de Andresello, etc.... Datum apud Meledunum supra Secanam, anno Domini M° CCC° quinquagesimo nono, mense marcii. — Per dominum regentem, in consilio suo, quo erant domini comes de Tancarvilla et de Garenceriis : Ogier. — Contentor.

LIV.

Mandement relatif au procès intenté par Simon de Bucy à plusieurs personnes qui avaient pillé ses hôtels de Vaugirard, d'Issy et de Viroflay [1].

1ᵉʳ juillet 1360.

Karolus, etc.... Cum dilectus et fidelis Symon de Buchiaco, miles, consiliarius dicti domini genitoris nostri et nostri ac in camera Parlamenti Parisiensis primus presidens, virtute certarum nostrarum litterarum, Guillelmum Palmerii, etc.... complices in hac parte, prout quemlibet eorum tangit seu tangere potest, coram dilectis et fideli-

---

[1] Vaugirard et Issy, arr. et c. Sceaux. — Viroflay, arr. et c. Versailles.

bus, etc.... presidentibus, eidem consiliario nostro, super his que ipse miles, occasione plurium devolucionum, incendiorum, depredacionum et aliorum maleficiorum per ipsos in hospiciis suis de Valle Girardi, de Yciaco et Villofloy, nequiter cogitato proposito, dicto consiliario nostro, in regia ac nostra salva gardia, una cum familia, rebus et bonis suis universis, debite publicata, existenti, factorum, illatorum et perpetratorum, ab eisdem et quolibet ipsorum petere vellet, responsuros, adjornari fecisset : prefato vero milite actore, ex una parte, et Guillelmo et aliis complicibus superius nominatis, ex altera, die date presencium, coram dictis presidentibus auditis et consencientibus, extitit ordinatum, ac, ex ordinacione ipsorum presidentium, vobis mandamus et committimus, per presentes, quatinus vos aut sex, quinque, quatuor, tres seu duo vestrum, in solidum, per peticionem seu demandam prefati militis coram ipsis presidentibus factam, per quam ipsos complices et eorum quemlibet in solidum, tanquam in casu maleficii, condempnari et compelli petebat ad solvendum et reddendum sibi tres mille libras, pro dampnis predictis, et in decem mille libris, pro injuriis eidem irrogatis, ac ipsos in ejus presencia condempnari, multis racionibus super hoc allegatis, atque vobis, ex habundanti, per ipsum militem, in scriptis seu articulis, summarie tamen tradendis et declarandis, ipsos complices et singulos jurare ad sancta Dei evangelia facialis, et quemlibet ipsorum super facto suo proprio, in vi prestiti juramenti, diligenter examinare et ab eo veritatem inquirere studeatis, necnon, sub eodem juramento, de et super facto dictorum aliorum complicum et cujuslibet ipsorum in hac parte, compellatis perhibere testimonium veritati. Placet tamen dictis presidentibus quod partes seu personas circa hoc concordare volentes ad concordiam admittatis. Si vero aliqui ipsorum in factis contrariis inciderunt, super factis ipsorum, per modum predictum et alium, si opus sit vocandi [et] evocandi, sine strepitu et figura judicii inquiratis et sciatis cum diligencia veritatem; et quicquid per vos aut duos seu plures vestrum factum fuerit, sub vestris fideliter interclusum sigillis, dictis presidentibus cum partibus adjornatis ad diem seu dies competentes remittatis, ut super hoc faciant quod et prout videbitur racionabiliter faciendum. Datum prima die julii, [anno millesimo trecentesimo] sexagesimo.

X^{ta} 14, fol. 312.

LV.

Arrêt du parlement rendu par défaut contre Jean Pilate, accusé d'avoir pris part au pillage des manoirs de Jean de Charny, conseiller du roi, dans les villages de Charny, Thorigny et Pomponne.

1er août 1360.

Cum [1] dilectus et fidelis Johannes de Charnyaco, miles et consiliarius dicti domini nostri et noster, ac ipsius domini nostri et nostrarum requestarum hospiciorum magister, aliquando nobis conquestus fuisset super eo quod, ipso una cum uxore, familia, rebus et bonis suis universis in salva et speciali gardia regia et nostra, adeo notoria quod aliquis de ea causam ignorancie pretendere non valebat, existente, Johannes Rousselli, Matheus Chapuis, Petrus Godelin et quam plures alii habitatores plurium villarum in vicecomitatu Parisiensi et baillivia Meldensi commorantes, usque ad numerum quatuor centum personarum et amplius, nullis offensa aut diffidacionibus precedentibus, ymo malignis spiritibus imbuti, Deumque pre oculis non habentes, ad maneria dicti consiliarii nostri in

---

[1] Arrêt rendu au nom du dauphin Charles.

villis de Charnyaco, de Thorignyaco et de Pomponna [1]
situata, diversis armorum generibus armati, ac hostiliter
et modo predonum coadunati, accedentes, domos, grangias
et alia hospicia in dictis maneriis existencia, nulla causa
saltem legitima precedente, vi et violencia, ac si idem
consiliarius noster inimicus corone et regni Francie esset,
disruperant, demolierant et ad terram prostraverant, et
dicta maneria inhabitabilia et deserta reddiderant et
effecerant, hisque non contenti, sed in suis perversis et
nequissimis propositis persistendo, plures equos dicti
consiliarii nostri ad aratrum trahentes, eorum harnesia,
vina, blada et alia grana, boves, vaccas, vitulos, capras,
mutones, lanas, porcos, anseres, capones, galinas, culci-
tras et plura alia bona in dictis maneriis existencia, summam mille florenorum auri ad mutonem valencia, nullo
inventario facto, de eisdem ceperant, rapuerant, devasta-
verant et secum quo voluerant conduxerant, seu conduci
et vehi fecerant, easdem et eadem suis propriis usibus
aplicando, necnon dictum consiliarium nostrum, tam in
destruccione et demolicione maneriorum suorum predictorum et dictorum bonorum devastacione, in summa mille
denariorum auri ad mutonem dampnificaverant : que per
dictos complices dampnabiliter et nequiter acta et perpetrata fuerant, vim publicam, delacionem armorum, furtum
et roberiam committendo, ac salvam gardiam regiam temere infringendo, de et super quibus nulla justicie puni-
cio extitit subsequta, ut dicebat. Et, ob hoc, idem miles
certas litteras primo hostiario parlamenti directas a nobis
obtinuerat, per quas eidem datum inter cetera fuerat in
mandatis quatinus ipse de et super predictis maleficiis et
delictis se informaret, et omnes illos quos per informacionem super hoc faciendam famamve publicam aut vehe-

[1] Charny (Seine-et-Marne), arr. Meaux, c. Claye. — Thorigny et Pomponne, même arr., c. Lagny.

mentes presumpciones culpabiles vel verisimiliter suspectos reperiret, ad certam et competentem diem, coram dilectis et fidelibus presidentibus pro nobis in Camera dicti Parlamenti deputatis, personaliter comparituros, adjornaret, super hoc quod idem consiliarius noster, occasione premissorum, petere vellet ab ipsis et quolibet ipsorum, responsuros et processuros ulterius, prout foret racionis : virtute quarum litterarum, Alfonsus Clerici, Parlamenti hostiarius, ad instanciam dicti consiliarii nostri, de et super excessibus et maleficiis, certam informacionem fecerat, ipsaque informacione per eum facta, idem hostiarius Johannem Pilate, de dictis maleficiis et dampnis per dictam informacionem culpabilem repertum, ad certam diem nunc elapsam coram dictis presidentibus adjornaverat, dicto consiliario nostro super predictis responsurum et processurum ulterius, prout foret racionis. Ad quam diem dictus Pilate per se aut alium non comparens, ad instanciam dicti consiliarii nostri, positus in deffectu, ad aliam sequentem diem adjornatus fuerat, visurus adjudicari per dictos presidentes commodum quod dictus consiliarius noster, ex deffectu predicto, petere intendebat, et ulterius processurus, prout jus et racio suaderent. Et quia dictus Pilate ad dictam diem se non presentaverat, nec comparuerat, iterum positus fuerat in deffectu, ut dicebat. Quare petebat, ex deffectibus duobus predictis, talem sibi adjudicari utilitatem qualem dictus Pilate a suis deffensionibus cecidisset, et in expensis hujus cause dicto consiliario nostro condempnaretur, vel alia talis utilitas eidem adjudicaretur qualis dictis presidentibus videretur. Tandem, visis litteris, relacione hostiarii ac deffectibus et requesta predictis, et attentis circa hoc attendendis ; — per arrestum dictum fuit quod dictus Pilate a suis deffensionibus cecidit, et super factis dicti consiliarii nostri, in quantum dictum Pilate tangit, juncta tamen litis contestacione ipsius Pilate, inquiretur veritas et fiet jus, eundem Pilate in expensis, occasione dictorum duorum deffectuum, factis, predicto consiliario nostro condempnando, eorum taxacione reservata. Prima die augusti, [anno millesimo trecentesimo] sexagesimo.

X¹ª 14, fol. 391.

LVI.

Lettres de grâce octroyées par le roi à Bouchard de Vendôme, seigneur de Foullet, et à Jean de Vendôme, chevalier, qui avaient guerroyé contre le seigneur de Loigny [1].

Février 1361 (n. st.), à Paris.

Jehan, par la grace de Dieu, roy de France, savoir faisons à tous presens et advenir que, comme, à la requeste de nostre procureur et de nostre amé et feal le sire de Loingny, pour tant comme à chascun touche, nos amez et feaulx Bouchart de Vendosme, seigneur de Foullet, Jehan de Vendosme, chevaliers, et pluseurs autres, leurs complicez, soient poursuiz et approchiez en nostre parlement, et contre eulz aient jà esté obtenus par les diz nostre procureur et sire de Loingny deux defaux et certaines conclusions faites en leur absence en la court de ycelui parlement, sur ce que les diz procureur et sire de Loigny dient que, par les ordenances royaus, aucuns nobles ne peuent ne doient faire fait d'armes ne mouvoir guerre l'un contre l'autre durans noz guerres soubz pene de perdre corps et avoir, et nientmoins les diz Bouchart et Jehan de Vendosme et autres leurs complices, en venant contre les dictes ordenances, noz dictes guerres durans, ont fait deffier le dit sire de Loigny, et avecques ce que le dit Bouchart, avec li grant quantité de gens d'armes, tant

---

[1] Loigny (Eure-et-Loir), arr. Chateaudun, c. Orgères.

François, Bretons nos ennemis comme Englois, de la forteresse de Villeroy, des quelz ycelui Bouchart estoit bien acointé, et si savoit bien qu'il estoient noz ennemis, et repairoit, buvoit et mengoit, et ses genz aussi, souvent en leur forteresce, et eulz en la sienne, et pluseurs autres ses complices, par manière de guerre ouverte et de hostilité, ont fait pluseurs chevauchiées et courses à force d'armes et par violence contre le dit sire de Loigny et en sa terre. Item que le dit sire de Loigny, voulans garder nos dictes ordenances et non venir encontre, a empetré de nous ou de nostre court certaines lettres de sauve garde, par vertu des quelles le bailli de Chartres a deffendu aus diz Bouchart et Jehan de Vendosme que à la dicte guerre il ne procedassent ne au dit sire de Loigny meffeyssent, en leur signifiant la dicte sauve garde. Maiz, non obstant la dicte deffense, yceulz Bouchart et Jehan et pluseurs autres leurs complices noz ennemis et autres, depuis la dicte defense et en perseverant à la dicte guerre, ont couru par la terre du dit sire de Loigny, pillé, robé et emporté pluseurs des biens de lui et de ses hostelz et subgiez, se sont mis pluseurs foiz en aguez et en embusches pour prendre sa personne, ont assailli par diverses foiz son chastel et forteresce de Loigny, et se sont efforciez de ycelui chastel espier, eschieler, et ambler par nuit et par jour; es quiex assaulz, courses, chevauchiées et envayées ont esté mis à mort Jehan Ligon, famillier du dit sire de Loigny, Colin Blanchart, Gile Cravey, Jehan Ysart dit Segretain et cinq de ses enfans, hostes et subgiez du dit sire de Loigny et bienveillans de nous et de nostre royaume, et pluseurs autres de ses diz hostes et subgiez mutilez, mehangniez, pris, emprisonnez et raençonnez à grans et diverses sommes de deniers et autres choses, et aucuns qui ne se povoient raençonner gietez en l'iaue et noyez, present le dit Bouchart et de son assentement. Item que le dit Bouchart et ses diz complices, à grant

nombre de genz d'armes, noz ennemis et autres, ont mis
le feu et ars pluseurs villes et maisons en la terre du dit
sire de Loingny, pris, robé, pillié et emporté touz les biens
meubles, vins, grains, bestail, chevaux et autres choses
qu'il y ont peu trouver. Et avec ce ont rompu les viviers
et estans du dit sire de Loigny, c'est assavoir de Bouillon
et de Vaugelée, ensamble les bovieres et chevauchiées,
pour les mettre à gast et à desert, pris, robé et emporté
les poissons qui dedens estoient, ensamble les roiz et
engins à prendre les poissons, et les pescheurs qui de
par le dit sire de Loigny y estoient noyez et gictez en
l'iaue. Item qu'il ont destruit et abatu les moulins d'icelui
sire de Loingny et emportez les fers. Et pluseurs marchans
et autres passans par sa terre et frequentans en ycelle
pris, robez et emmenez à la forteresce de Foullet et aus
autres forteresces de noz ennemis avec leurs biens, et
yceulz raençonnez à grans sommes de florins et de deniers.
Et pluseurs autres crimes, excès et deliz et malefices ont
commis et perpetrez encontre le dit sire de Loigny en sa
terre et sur ses subgiez et aussi encontre nous. Et de par
les diz Bouchart et Jehan de Vendosme nous ait esté signifié que eulz et le dit sire de Loigny, en tant comme il li
touche, accorderoient volentiers ensamble sur les choses
dictes se il nous plaisoit, en nous suppliant que de ce
nous leur vousissions donner licence, et au seurplus faire
grace et remission à eulz et à leurs diz complices. —
Comme yceulz Bouchart et Jehan et ceulz de leur linage
aient, ou temps passé, bien et loyaument servi nous et noz
predecesseurs es guerres et ailleurs, et encores sont prest
yceulz Bouchart et Jehan de nous servir là où il nous
plaira leur commander et ordener; nous, desirans paix,
amour et tranquillité entre noz subgiez, especialement
entre les diz de Vendosme et de Loigny, et considerées
les choses dessus dictes, a yceulz de Vendosme et de
Loingny et aus complices des diz de Vendosme, à la sup-

plicacion d'iceulz de Vendosme et pour contemplacion de nostre amé et feal conseiller le conte de Vendosme, qui sur ce nous a humblement supplié, avons octroyé et octroyons, par la teneur de ces lettres, de grace especial, que, de et sur les dictes choses, en tant comme il touche le dit sire de Loigny, les diz Bouchart et Jehan de Vendosme et leurs complices et aussi le dit sire de Loigny puissent pacifier et accorder ensamble et eulz partir de la court de nostre dit parlement sanz amende. Et avec ce, en tant comme il touche nous et nostre dit procureur, nous, ou cas que le dit Bouchart et Jehan de Vendosme et sire de Loigny seront à accort ensamble comme dit est et non autrement, à yceulz Bouchart et Jehan de Vendosme et à touz leurs complices et à chacun d'iceulz avons quittié, pardonné et remis, quittons, remettons et pardonnons, par la teneur de ces lettres, de nostre dicte grace, de nostre auctorité royal et plaine puissance, les faiz et cas dessus diz et chascun d'iceulz, supposé que vray feussent, avec les diz deffaux et toute pene et amende criminele et civile que pour occasion d'iceulz ilz ou aucun d'eulz peuent avoir encouru envers nous, en imposant quant à ce ou dit cas à nostre dit procureur silence perpetuel.... Ce fu fait à Paris, l'an de grace mil CCC soixante, ou mois de fevrier.

X^{1a} 17, fol. 30, v°.

LVII.

Arrêt du parlement contre Jean Fouque et plusieurs autres, accusés d'avoir pris part au pillage de la maison de Pierre d'Orgemont, à Gonesse [1], saccagée par des bandes qui étaient venues de Paris et de Saint-Denis sous le commandement de Pierre Gille [2].

19 juin 1361.

Lite mota in curia nostra inter dilectum et fidelem magistrum Petrum de Ordeomonte, consiliarium nostrum, ac in parlamento nostro presidentem, ex parte una, et Johannem Fouque, bouchier, Colinum Porete, Ademinum Manecier, Colinum Bataille, Johannem Rubardie, Jaqueminum des Sieges, Coletum Corderii, Colinum Oncust, defensores, in quantum quemlibet ipsorum tangit, ex altera, super eo quod dictus consiliarius noster inter cetera proponebat quod, ipso in salva gardia nostra debite publicata una cum rebus, bonis et familia suis existente, prenominati, una cum pluribus aliis suis complicibus armatis, venerant ad quamdam domum dicti consiliarii nostri, sitam in villa Gonnessie, eamque, commictendo vim publicam, violenter intraverant. In qua quidem domo, dictus consiliarius noster habebat plura bona, videlicet quatuordecim lectos furnitos culcitris et pulvinariis, coo-

---

[1] Gonesse (Seine-et-Oise), arr. Pontoise.

[2] Par un autre arrêt, en date du 14 décembre 1359, Robert Manessier, de Gonesse, fut condamné à payer à Pierre d'Orgemont 22 florins d'or comme indemnité d'un cheval qu'il lui avait pris pour aller à l'attaque du Marché de Meaux. Xl[a] 14, fol. 249.

Pierre d'Orgemont poursuivit aussi par-devant le Parlement deux autres habitants de Gonesse, Jean L'Huillier, tabellion, et Thibaut Fouque. Voyez les registres aux dates des 7 et 8 mars 1360, n. st.; Xl[a] 14, fol. 449 v° et 450, et Xl[a]. 17, fol. 140 v°, 141, 265 v° et 266.

perturis et linteaminibus decentibus et honestis, cum napis, manutergiis et magna copia lingii, necnon potos cupreos, patellas, cauderias potosque, scutellas et platellos stagni, stanna, formas, mensas, tripodes, archas, almarias, ciphos madreos auricularios, cum aliis supellectilibus seu utensilibus domus, duasque quadrigas, duos tumberellos, duo aratra, cum quatuor vomeribus, et quatuor hersis; necnon habebat quingenta et nonaginta duo animalia lanifera, inter que erant trescenti arietes pingues, de quibus refutaverat dictus consiliarius noster treccenta scuta auri, non erat adhuc mensis, necnon decem capras et edos, tres vacas, viginti octo porcos, septies viginti capita volatilium vel eo circa, duos equos pro laboribus, cum eorum harnesiis, ac velleribus omnium dictorum animalium de illa annata, quatuordecim sextarios grani, viginti molas lignorum, duodecim caudas vacuas, duas quadrigatas feni, duas caudas vini, tres cuppas et tria cuveria ad follendum vindemiam, cum multis bonis plenius in articulis declaratis; que omnia bona, summam mille regalium auri et plus valencia, acceperant, diviserant et apportaverant pro sue libito voluntatis. Dicebat insuper quod, predictis non contenti, sed perseverando de malo in pejus, domum, granchiam et alia edificia dicti consiliarii nostri accenderant et eas discoperuerant, tegulasque projiciendo de alto ad terram, disruperant tigna, hostia, fenestras, treilleias, verrerias, et alia estoramenta seu utensilia dicte domus acceperant et ubi voluerant portaverant, multa convicia, minas et injurias de persona dicti consiliarii nostri contemptibiliter proferendo; et quod quidam prenominatorum, cum suis complicibus, iverant ad aliam domum dicti consiliarii nostri, situatam in fine dicte ville, versus locum dictum *le Tas de chaume*, et abinde avulserant et apportaverant hostia, fenestras, ferreias, vengnias ferri et alia estoramenta dicte domus. In quorum edificiorum dirupcione seu deformitate, cum ablacione et destruccione horum que dictis edificiis inherebant, dampnificatus extiterat in aliis mille regalibus auri et amplius, ac eciam in defectu culture suorum hereditagiorum pro dicto tempore in ducentis regalibus auri, noluissetque sustinuisse injurias predictas pro duobus mille regalibus auri, ymo tantumdem maluisset de suo amisisse, ac tantumdem bene decebat adjudicari eidem, attento statu et honore officii nostri in quo erat, una cum emenda honorabili et notabili, ordinacione Curie semper salva. Que omnia et singula facta et perpetrata fuerant salvam gardiam nostram predictam temere infringendo, dederantque auxilium, consilium, juvamen, commoverantque populum, induxerant ac procuraverant ad predicta faciendum, ut dicebat dictus consiliarius noster. Quare petebat prefatos complices et eorum quemlibet in solidum, prout in casu maleficii pertinet et consuevit fieri, condempnari et compelli ad reddendum et restituendum eidem consiliario nostro bona superius declarata, si in rerum natura extent, alioquin ad solvendum mille regales auri pro estimacione et valore ipsorum bonorum, et ad reparandum et ponendum in statu edificia predicta, vel ad reddendum et solvendum alios mille regales auri propter dampna in dictis edificiis facta et illata, et ad reintegrandum penitus dictam salvam gardiam nostram, et ad emendandum eidem emenda honorabili et notabili una cum hoc de duobus mille regalibus auri pro injuriis eidem per eos irrogatis, vel prout et in quantum Curia ordinaret, et quod eidem consiliario nostro crederetur suo simplici juramento super et de estimacione predictorum bonorum et dampnorum, probata violentia antedicta, et quod ad proponendum predicta dictus consiliarius noster haberet contra predictos et eorum quemlibet in solidum bonam causam seu accionem, condempnarenturque in expensis et dampnis suis; supplicando et requirendo quod, si procurator noster adjungi deberet cum dicto consiliario nostro de presenti vel aliter, super hoc provideretur per dictam Curiam, prout eidem expedire videretur.

Dictis defensoribus, in quantum quemlibet tangit, proponentibus ex adverso quod, tempore quo defunctus prepositus mercatorum regnabat ita alte et rigorose, ut quilibet sciebat, in villa Parisiensi et alibi, tam timebatur, et sui adherentes, quod nullus sub pena mortis erat ausus inobediens esse suis preceptis etiam inracionabilibus, cum voluntate inordinata uteretur, quod satis poterat apparere tam per explecta et facta inordinata de occisione militum in presentia carissimi primogeniti nostri facta, quam per alia enormia que ob hoc fuerunt subsequta, et quod predicta fuerant notoria in villis Parisius, Sancti Dionisii, in Gonnessia et in patria Picardie, ac quod, consideratis predictis, satis poterat apparere quod gentes de patria plata, potissime de vicecomitatu Parisiensi, multum habebant timere dictum prepositum, suos commissarios ac complices ; maxime cum sua mandata erant ita precisa quod inobedientibus mors inferebatur, erantque predicta notoria, quodque dicto tempore Petrus Egidii et Petrus de Barris fuerant commissi seu deputati per dictos prepositum et suos complices pro equitando per platam patriam et specialiter pro dampnificando, nobiles et alios inobedientes subjiciendo dicto preposito vel eos ponendo ad mortem, et ob hoc dictis commissariis quingenos homines armatos tradiderant, et dicti commissarii, cum suis armatis, de Parisius recesserant, yverantque ad Sanctum Dyonisium, ubi plura precepta fecerant, personam dicti prepositi representantes, ut dicebant. Qui quidem prepositus, dicto tempore quod pro gubernatore regni nostri se gerebat, et, quod, propter timorem, illi de Sancto Dyonisio dictis commissariis tradiderant quinquaginta homines armatos, fuerantque multiplicati dictus Petrus Egidii et sui complices, antequam venissent Gonnessiam, usque ad sexentos homines armatos, quodque, statim quod in Gonessia vene-

rant, occupaverant domos proborum virorum de villa
contra eorum voluntatem, bona tam pro se quam suis
equis capiendo absque compoto et mensura, sicut fecissent
inimici regni nostri, si illuc accessissent, nec erat qui au-
deret refutare aut contradicere quoquomodo, et quod,
predictis consideratis super malam voluntatem unde erant
pleni, ac ville Sancti Dyonisii obedienciam et multiplica-
cionem dictorum armatorum, non fuerat mirum si illi de
Gonnessia, que erat villa campestris et non clausa, popu-
lataque pauperibus laborantibus, habere debebant magnum metum, cum non haberent potestatem resistendi. Insuper dicebant quod, incontinenti quod dictus Petrus
Egidii venerat ad dictam villam de Gonnessià, iverat cum
suis complicibus per totam villam cum aliis, ense nudo et
quasi furibundus, et videbatur quod totam villam vellet
destruere; et ob hoc pre timore omnes se humiliabant
erga ipsum, multumque impetuose tunc petierat si domus
dicti magistri Petri et Johannis Rose, militis, adhuc erant
stantes. Et cum fuisset ei dictum quod sic, statim per
unum altum modum magnum juramentum faciendo, dixerat quod, antequam exiret villa, demoliretur domus dicti
magistri Petri, fueratque vox et communis fama quod dictum magistrum Petrum particulariter odio habebat ; et
satis poterat apparere, quia semper, quando de eo loque-
batur, ipsum nominabat malum et falsum proditorem ei-
demque minabatur, plures injurias, contumelia et blasfe-
mias seu convicia dicendo de eodem, preceperatque
habitatoribus dicte ville ut dictam domum destruerent :
quod tamen non fecerunt, spectantes quod dictus Petrus
oblivisceretur dictum odium quod habebat, et nichilominus
cum viderant dictum Petrum Egidii in sua mala voluntate
perseverantem, secrete nunciaverant gentibus dicti magistri Petri ut bona de dicta domo apportarent, ne per dictos
Petrum Egidii et suos complices valerent reperiri, sicque
potuerat apparere dictos defensores malam voluntatem non

habuisse injuriandi seu dampnificandi eundem ; nec eis
fuerat aut erat imputandum, sed totum preposito mercatorum ac missis ab ipso, qui dictum magistrum Petrum
persequebatur odio, ut est dictum ; ac eciam quod dictus
Petrus Egidii, predictis non contentus, miserat pro ha-
bendo seu querendo uno serviente regis, vocato Symone
Ad Equos, ipsumque fecerat duci ad locum consuetum pro
proclamacionibus ex parte nostra faciendis, et per ipsum
fecerat proclamari, ex parte nostra et dicti prepositi mercatorum, quod omnes de dicta villa Gonnessie, sub pena
corporis et bonorum et reputandorum proditores erga nos
et bonam villam Parisiensem, irent destruere seu proster-
nere domum dicti magistri Petri, ac quod dicti defensores
stupefacti et ipsum credentes refrenare, dicebant dictum
magistrum Petrum non esse nobilem, et quod eis videbatur male factum si destrueretur dicta domus ; quodque
dictus Petrus Egidii, propter hoc ad iram commotus, dictos defensores punire juraverat, preceperatque suis gentibus ignem poni in decem vel duodecim locis dicte domus, ut cito combureretur, et quod predicti defensores,
plus timentes quam ante ne etiam combureretur tota
villa, supplicaverunt eidem ut ignis non apponeretur et
quod sufficeret si destrueretur dicta domus, quod dictus
Petrus Egidii, vix consenciens, mandaverat pro discoper-
toribus et carpentariis ; et omnes qui poterant reperiri,
videri aut percipi, fugabantur cum ensibus nudis, et ad-
ducebantur usque ad dictam domum, ac, per vim, com-
pulsionem, et metum mortis, discoperiebant, multa des-
truendo, contra eorum voluntatem ; quodque satis poterat
apparere de bona voluntate quam habebant erga dictum
magistrum Petrum, quia, si dixissent dicto Petro Egidii
quod dictus magister Petrus haberet alias domos in dicta
villa, misisset pro eis destruendis, et quod celaverant
quandam granchiam et alias domos, dicendo illas fore
pauperum monialium sororumque dicti magistri Petri.

Dicebant etiam quod, predictis consideratis, procurator noster non debebat persequi dictos defensores, attentis natura et qualitate facti, remissione generali facta per carissimum primogenitum nostrum, de omnibus criminibus qualitercunque perpetratis, remittente omnem penam criminalem, et civilem persecucionem partis, solum quantum ad restauracionem sui dampni, dimittente, maxime quia in pluribus aliis causis similibus dictus procurator non fuerat admissus nec erat admittendus, cum dicta facta non fecissent, nec fuerant in causa facienda, nec aliquid de dictis bonis habuerant, sed illi de Parisius consumpserant, vendiderant aut apportaverant omnia, ut dicebant. Quare petebant pronunciantes dictum magistrum Petrum causam nec accionem habere dictarum peticionum faciendarum, quodque absolverentur et quilibet ipsorum ab eisdem, et condempnaretur in expensis, facta retenua seu retenuta de aliis defendendis, si sit opus. Super quibus ac pluribus aliis hinc inde propositis facta inquesta, in quantum tangit Colinum Oncust et Colinum Manecier duntaxat, cum alii, de consensu seu per tractatum accordi dicti consiliarii nostri, et de licencia et auctoritate dicte Curie nostre, sint extra processum positi, ad judicandum, salvis reprobacionibus dictorum Colini et Colini, requesta ea visa et diligenter examinata, reperto quod sine reprobacionibus poterat judicari; — Curia nostra per suum judicium detulit dicto consiliario nostro juramentum pro dictis bonis usque ad summam mille regalium auri et pro dampnis edificiorum usque ad alios mille. Et quia dictus consiliarius noster usque ad summam mille regalium auri pro dictis bonis et trecentorum regalium pro dictis dampnis in Curia nostra ad sancta Dei evangelia juravit, dicta Curia nostra condempnavit et condempnat dictos Colinum et Colinum et quemlibet in solidum ad reddendum et restituendum dicto consiliario nostro dicta bona mobilia superius declarata, si extent, et si non extent, ad solvendum eidem mille regales auri ; condempnavitque dictos Colinum et Colinum et quemlibet in solidum ad restitucionem et reparacionem edificiorum predictorum vel ad summam trescentorum regalium auri, hoc tamen salvo et proviso quod, si dictus consiliarius noster aliquid habuerit seu receperit de predictis summis seu estimacionibus per dictum juramentum declaratis ab aliis quibuscunque, de tanto minus fiet execucio contra dictos Colinum et Colinum. Et per idem judicium dicta Curia nostra condempnavit et condempnat dictos Colinum et Colinum eidem consiliario nostro pro predictis injuriis in trecentis regalibus auri et in expensis hujus cause, taxacione dictarum expensarum dicte Curie reservata. Pronunciatum decima nona die junii, sexagesimo primo. NICOLAUS DE BOSCO ROGERII.

X¹ᵃ 14, fol. 476 et 477.

LVIII.

Arrêt du Parlement contre quarante-six personnes qui avaient pillé la maison possédée à Choisy [1], par Jacques la Vache, président au Parlement.

1ᵉʳ août 1361.

Cum dilectus et fidelis Jacobus La Vache, miles et consiliarius noster ac in nostro presidens parlamento, conquestus fuisset quod, licet ipse, una cum omnibus bonis suis fuisset et esset notorie et manifeste in nostra gardia et protectione speciali, et taliter quod in locis et a personis inferius declarandis non poterat aut debebat aliqualiter ignorari ; — nichilominus, plures persone, quarum nomina subsecuntur, Clemens Principis, Salomon Hanon,

---

[1] Choisy-le-Roy (Seine), arr. Sceaux, c. Villejuif.

Anquetinus Pinconis, Jaquetus Rassaut, Robertus Mauquarré, Thomas Hergot, Giletus Aleraut, Laurencius Bourdin, Henricus Picardi, Christianus Dieu le gart, Johannes de Mara de Choisiaco, Henricus de Martreyo, Tyerricus Comitis, Evrardus Comitis, Johannes Houdere, Philippotus Malart, Johannes Gohier, Tyerricus Duchemin, Johannes Prepositi, Philippus Popin, Stephanus Magni de Vitryaco, Micheletus Fabri, et Lubinus Regis, ad domum et locum ad dictum militem et consiliarium nostrum spectantes, in villa de Choisiaco, una cum pluribus aliis coadunati, per modum monopolii, guede seu conspiracionis, cum diversis armorum generibus, accesserant ac eandem domum destruxerant et demoliti fuerant, bonaque dicti militis in ipsa existencia rapuerant, depredati fuerant et aliter vastaverant, vim publicam, furtum et roberiam committendo, ac nostram salvam et specialem gardiam infringendo. Et, ob hoc, ipsos in Curia nostra fecerat adjornari ad certam et competentem diem, proponendo contra eos maleficia supradicta. Et, coram certis commissariis a dicta Curia ob hoc specialiter deputatis, sua spontanea voluntate, omni coercione cessante, confessi fuerant et recognoverant se demolicioni, destruccioni dicte domus et edificiorum, rapine depredacionique bonorum ad dictum militem spectancium, et aliis excessibus et maleficiis supradictis, una cum pluribus aliis personis, interfuisse. Et, ea recognoscendo esse vera, in manu Curie nostre dictorumque commissariorum, ac eciam dicto militi emendaverant. Quare petebat contra ipsos et eorum quemlibet in solidum, sicut in casu maleficii est fieri consuetum, compelli, seu saltem condempnari et compelli, per arrestum seu taxacionem Curie, in summa mille denariorum auri dictorum *frans*, et, pro emenda, in summa duorum milium denariorum auri *frans*, pro injuriis eidem factis et illatis, et in emenda honorabili, tam in Camera Parlamenti quam alibi, ubi

Curie videbitur expedire.... etc.... Quadraginta sex persone reperte fuerunt de presenti culpabiles et convicte de maleficiis supradictis, tam per confessiones quam per probaciones superius declaratas.

.... Prefata Curia nostra, per arrestum, condempnavit omnes quadraginta sex superius nominatos et eorum quemlibet in solidum, ad solvendum et reddendum prefato militi nostro summam quingentorum sexaginta quindecim denariorum auri regalium, pro demolicione et destruccione edificiorum suorum predictorum, et pro cupis et aliis utensilibus, tempore demolicionis existentibus in dicta domo, in summa sex denariorum *frans*, et, pro injuriis ipsius militis, in ducentis libris turonensium ac eciam in expensis hujus cause....

Vigesima prima die augusti, [anno millesimo trecentesimo] sexagesimo primo.

X 1ª 17, fol. 51 v° et 52.

LIX.

Mention du château de Dracy appartenant à Dreux, seigneur de Chappes, démoli trois ans auparavant, à l'époque des détestables soulèvements du populaire de certaines parties du royaume, par plusieurs habitants de Vitteaux.

Février 1362 (n. st.), à Aignay.

Johannes, etc. Universis presentibus pariter et futuris notum facimus, ex parte Droconis, domini de Cappis [1], militis, significatum extitisse quod, cum, vigentibus commocionibus nequissimis que inter nonnullos populares regni nostri a tribus annis citra viguerunt, nonnulli habitatores ville de Viteau [2], inter quos erat Johannes dictus Turelin,

---

[1] Chappes (Aube), arr. et c. Bar-sur-Seine.
[2] Vitteaux (Côte-d'Or), arr. Semur.

de Salvoloco, ad castrum de Draceyo [1] nuncupatum, quod
est dicti militis, cum fustibus et gladiis accesserunt, et illud castrum, in quo bladorum, vinorum et aliorum bonorum mobilium dicti militis copia maxima existebat, hostiliter invaserunt, ac eciam vi et violencia quandam partem
dicti castri ad terram prostraverunt ; et, quod deterius est,
predicti malefactores, Deum pre oculis non habentes,
bona mobilia et garnisiones dicti militis que ibidem reperierunt, necnon ferraturas portarum et fenestrarum dicti
castri de facto levaverunt ac rapuerunt et ad usus suos
proprios applicaverunt ; cumque prefatus miles, iratus de
dampnis suis predictis et ob hoc contra dictos malefactores non sine causa commotus, postea obviasset predicto
Turelino equitanti, ipsum per gentes suas fecit arestare
et prisionarium ducere ad predictum castrum suum de
Cappis, ad finem quod aliquid de dampnis predictis per
dictum Turelinum sibi redderentur. Preterea dictus miles
tradidit equum dicti Turelini gentibus ipsius militis qui ad
captionem fuerant presentes, et, dicto Turelin existente
prisionario, idem procurator dicti filii nostri ducis Burgundie nuper defuncti fecit dictum militem coram gentibus ejusdem filii nostri, ipso vivente, propter hoc evocari.
Qui quidem miles factum predictum coram ipsis confessus
fuit, etc.... Actum apud Ignayum [2], anno Domini millesimo
trecentesimo sexagesimo primo, mense februarii.

Sic signata : In requestis hospicii. BAIGNEUX.

JJ. 91, n° 71, fol. 32.

---

[1] Dracy-lez-Vitteaux, c. de Marcilly-et-Dracy (Côte-d'Or).

[2] Aignay-le-Duc (Côte-d'Or), arr. Châtillon-sur-Seine.

LX.

Rémission octroyée à Jean de Melun, seigneur de la Cour, où il est fait mention d'un commencement de démolition par les habitants d'Orléans, à l'époque du soulèvement des non nobles contre les nobles, du château de la Cour appartenant audit Jean de Melun, chevalier, seigneur de la Cour et de Vienne.

Avril 1362 (n. st.), au bois de Vincennes.

Johannes, etc. Notum facimus universis, presentibus pariter et futuris, quod supplicacio pro parte Johannis de Melduno, militis, domini de Aula [1], nobis nuper tradita continebat quod, temporibus retroactis, ipse miles, cupiens resistere male menti inimicorum regni nostri, qui in pluribus et diversis partibus ejus existebant et continue discurrebant, villas, castra et fortalicia in eo existentia cotidie debellantes et invadentes, gentes et bona capientes, pillantes et male tractantes, plures armorum gentes in suis castris et fortaliciis de Aula et de Vienna [2] tenuerit et habuerit, durante tempore quo dicti inimici per dictam patriam discurrerunt, pro dictis castris et fortaliciis totaque dicta patria et gentibus ibidem conversantibus a dictis inimicis defendendis et custodiendis; cumque sue facultates ad solvendas tantas gentes quantas tenebat, ut prefertur, sufficere non potuissent, ipse miles in et super pluribus suis subditis et villis vicinis per se et suas gentes plura victualia capi fecit, videlicet grana, vina, carnes, pecora, pecudes, pisces et alia armenta, farinas, fena, stramina, nemora et alia plurima et ad ejus fortalicia duci

---

[1] La Cour, aujourd'hui château de Ligny-le-Ribault (Loiret), arr. Orléans, c. la Ferté-Saint-Aubin.
[2] Vienne-en-Val (Loiret), arr. Orléans, c. Jargeau.

fecit, pro eis fortaliciis victibus muniendis et fortificandis, ut securius a dictis inimicis tuerentur, et insuper, cum carissimus frater noster rex Anglie in regnum nostrum circa quadragesimam anno quinquagesimo nono ultime lapso cum suo conatu venisset, ipse miles plures armorum gentes pro suo de Aula castro defendendo, Britones et alios, introduxit, ibidem ipsos credens fore bonos et fideles; que gentes circa castra et fortalicia ipsius militis taliter se posuerunt quod eos ad suum libitum gubernare nequivit; quin ymo dicte gentes, post plures rixas et dissensiones quas cum aliquibus habitatoribus ville Aurelianensis habuerunt, eo quod ipsi habitatores aliquos eorum occiderant, considerantes quod dicti habitatores qui dicto militi fuerant inimici capitales et qui tempore commocionis innobilium contra nobiles dictum castrum de Aula destruere voluerant et jam quamdam partem prostraverant, suis malis erant hostinati, nam, de malo in pejus perseverare volentes et affectantes, ut reprobi, malivoli et odiosi atque in dictum militem et suos benivolos et amicos inordinati, treugis inter nos et dictum fratrem nostrum habitis et acceptis, ipsi habitatores, cum suis complicibus, ad invadendum dictum castrum ferociter accesserant et barrierias ipsius combuxerant bonaque et gentes dicti militis devastarant et ceperant, ipsos habitatores gravare et in guerram tenere nullatenus formidarunt. Nichilominus, quia de dictis excessibus et maleficiis dictus miles ipsos habitatores in nostra Parlamenti curia fecit convenire et eos in causa trahere ad finem restitucionis et emende civilis erga ipsum, procurator noster, ad promocionem et instigacionem dictorum habitancium, qui dictum militem a sua prosecucione removere curarunt, et sub umbra ejusdem informacionis per testes odiosos dicti militis super eo, absque precepto dictorum nostrorum consiliariorum in dicta nostra Parlamenti camera presidencium stantium, prefatum militem coram dictis presidentibus in dicta nostri Parlamenti curia posuit in processu, sibi imponendo quod ipse miles cepit seu per dictos Britones capi fecit pontem de Moduno [1] super Ligerim pro patriis de Belcio [2] et Salongia partibusque vicinis agravandis et dampnificandis, ad finem quod mercature per dictam aquam transire non possent, in qua quidem capcione quidam homo latomus taliter extitit vulneratus quod paulo post in eo fuit mors subsequta, et ad cujus pontis capcionem, ipso supplicante scio videnteque et adjutore se prebente, ipsi Britones plura mala, roberias perpetrarunt, quoniam inter eos et habitatores ville Aurelianensis predicte et ville Moduni lis et dissensio seu discordia fuerit exorta et inter eos guerra mota ; quod etiam, prout contra ipsum proponit dictus noster procurator, ipse miles vel Britones antedicti, de suo precepto, ibidem venientes nullatenus transire permittebant, sed pocius detinebant et jam trecentas yllas et anguillas vel circiter que ibidem descenderunt, et quas apud Cabilonem mercatores ducere satagebant, rapuerant ad partem et ad dictum castrum de Aula detulerant, et adhuc, ut proponit idem procurator noster, unam archam dicti pontis versus Salongiam confregerant, ne ab illa parte invaderentur et pluries super dictis habitatoribus cucurrerant et eorum plures occiderant et submerserant ; et etiam quod, ultra deffensionem officialis Aurelianensis, miles ipse quemdam clericum et tres alios homines ante suum castrum de Aula suspendi fecerat absque causa ; quod etiam, pace predicta inter nos et dictum fratrem nostrum interventa, videlicet anno sexagesimo subsequenti, ante festum Ascensionis [3] Domini, gentes dicti militis plures gentium Aurelianensium invaserant et eos ultra

[1] Meung-sur-Loire (Loiret), arr. Orléans.
[2] La Beauce paraît désigner ici la partie de l'Orléanais située sur la rive droite de la Loire par opposition à la Sologne, dite en latin *Salongia*, qui s'étend sur la rive gauche du fleuve.
[3] En 1360, la fête de l'Ascension tomba le jeudi 14 mai.

LXI.

Rémission octroyée à Jean Ourcel, demeurant à Pont-Sainte-Maxence, accusé de s'être rendu complice du meurtre de deux écuyers, Jean de Romescamps et Renaud de Beaurepaire, noyés en 1358, à l'époque du soulèvement des non nobles contre les nobles, par l'ordre du capitaine souverain desdits non nobles, dans la rivière d'Oise.

Septembre 1363, à Paris.

Johannes, Dei gracia Francorum rex. Notum facimus universis presentibus et futuris quod, cum, circa annum Domini millesimum trecentesimum quinquagesimum octavum, quo tempore fuerunt commociones inter nobiles et innobiles, ad aures Johannis Oratet *(sic)* [1], tunc apud Pontem Sancte Maxencie [2] commorantis, devenisset quod plures innobiles erant in foresta de Halate [3], qui sua tunc temeraria voluntate in ipsis nemoribus ceperant et secum ad[d]uxerant Johannem de Rommescampis et Reginaldum de Beaurepaire, domicellos, et eos neci ponere satagebant, cupiens dictus Johannes Ourtet *(sic)* dictorum innobilium malam voluntatem refrenare, ad capitaneum dicti loci Sancte Maxencie accessisset, ipsum requirendo ut adeo providere vellet quod dicti domicelli tunc morti non traderentur ipseque capitaneus respondisset hoc non existere in sua potestate, cum dicti innobiles de Belvacinio vellent et ordinassent ipsos domicellos morti tradituros *(sic)*, dictusque Johannes Oratet *(sic)*, cupiens pro posse suo dictos domicellos a morte liberari, de consensu pre-

---

[1] Ce mot est écrit plus bas, ici « Ourtet, » là « Ourcel. » Cette dernière forme nous paraît être la bonne.

[2] Pont-Sainte-Maxence (Oise), arr. Senlis.

[3] La forêt de Halatte s'étend entre Senlis et le cours de l'Oise.

dicti capitanei Sancte Maxencie, magno capitaneo dictorum innobilium scripsisset ut super hoc providere vellet sic quod iidem domicelli morti non traderentur, quidam tamen, dicens se esse locum tenentem dicti magni capitanei, pluribus aliis innobilibus secum associatis, in odium hujus scripture et prosecucionis, ad domum dicti Johannis Ourcel accessissent, ensibusque evaginatis unanimiter altis vocibus clamantes : « Per mortem Dei, morietur, si possit inveniri ! » dictusque Johannes Ourteret *(sic)*, pre timore perterritus, clam ab eorum conspectibus et in nemoribus predictis aufugisset, ac in ipsis nemoribus per biduum desolatus cum timore et tremore, premissis consideratis, remansisset, et fame et siti compulsus ad exeundum, a quibusdam sibi notis indagasset an dicti innobiles a dicta villa recessissent, dictumque fuisset eidem ipsos recessisse, et inde ad dictam villam et ejus domum fuisset reversus, et paulo post obviasset pluribus innobilibus qui dictos domicellos secum adducebant, pro ipsis, dum essent supra pontem, in fluvio [1] demergendis; ad quorum domicellorum requestam, iterato dictum capitaneum Sancte Maxencie adivisset, rogans ut super dicto facto sic providere vellet quod dicti domicelli morti non traderentur, dictusque capitaneus dixisset responsum a dicto magno capitaneo habuisse, quod, si dicti domicelli morti non traderentur, ipse capitaneus Sancte Maxencie sentenciam subiret capitalem, quodque malebat dictos domicellos hoc pati, similiterque eidem Johanni Ourcel ex parte dicti capitanei fuisset injunctum et ad hoc fuisset propulsus ut cum aliis innobilibus iret pro dictis domicellis morti tradendis; et dum supra pontem existerent et tractarent de dictis domicellis alligandis et in fluvio demergendis, dicto capitaneo Sancte Maxencie ac Johanni dixissent dicti

---

[1] Comme la scène se passe à Pont-Sainte-Maxence, la rivière « fluvius » dont il s'agit ne peut être que l'Oise.

innobiles quod ipsos domicellos ordinare nesciebant adeo quod dictum fluvium non exirent sed in eo submergerentur, petendo tamen cum instancia ut per dictum Johannem Ourcel, qui alias juridicionem exercuerat, hoc fieret; quo Johanne Ourcel hoc renuente, ipsum Johannem Ourcel ceperunt et in dicto fluvio demergi voluerunt. Unde, metu mortis qui cadebat et cadere poterat in constantem virum, ac auditis verbis dictorum domicellorum tunc dicentium eidem : « Johannes, amice carissime, pro Dei misericordia non habeatis pro nobis, faciatis quod requirunt, quia aliter nec vos nec nos mortem evademus. » Et ad hoc compulsus per dictum capitaneum, ut dictum est, ipsos domicellos alligavit et alligatos dictis innobilibus dimisit, ab eisdem immediate recedendo. Quo facto, dicti innobiles predictos domicellos in dicto fluvio projicientes, prout dictus Johannes postea audivit dici, submerserunt. Unde, pro parte dicti Johannis qui aliter quam predictum est de dicto facto non fuit nec est culpabilis, sed fuit et est bone fame viteque laudabilis et conversationis honeste, etc. Datum et actum Parisius, anno Domini millesimo trecentesimo sexagesimo tercio, mense septembris.

Signate sic : per Consilium Parisius existens :

J. Clerici. Visa.

JJ. 94, n° 4, fol. 3 v°.

LXII.

Rémission octroyée à Jean Bouquel, de Pont-Point, pour sa part de complicité dans le meurtre d'un espion des gentilshommes tué par un des habitants dudit lieu de Pont-Point, lesquels s'étaient cachés, au nombre de trente-quatre, dans les carrières de ce village, par peur des nobles, dont une troupe occupait alors Pont-Sainte-Maxence et Pont-Point.

Décembre 1364, à Paris.

Charles, etc. Savoir faisons, etc. nous avoir receu la supplicacion à nous faite de la partie de Jehan Bouquet, de la ville de Pompoing [1], contenant que, comme, pour le temps que la commocion fu derrain entre les nobles et les non nobles genz du plat païz de Beauvoisinz, ledit suppliant et plusieurs autres de la dicte ville de Pompoing, jusques au nombre de trente quatre, pour la peur qu'il avoient des nobles, s'en fussent fouyz d'icelle ville et fussent alez et entrez es quarrières d'icelle, ou lieu que l'en dit Pourray, et, après ce, afin d'eulx garder des dis nobles, eussent ordené et establi guette l'un d'eulx pour garder et espier que aucun ne venist sur eulx pour les grever ; laquelle guette, assez tost après, yssy hors d'icelles quarrières, et lors vist et apperçust deux hommes garniz d'espéez et de boucliers qui aloient par les vignes qui estoient près des dictes quarrières, en faisant semblant de querir aucunes personnes ; pour quoy la dicte guète retourna lors es dictes quarrières et le dist à ses compaignons, desquelx pour ce yssirent lors cinq ou six pour veoir et savoir qui estoient yceulx deux hommes. Et si tost comme yceulx deux hommes apperçurent les dis de la

---

[1] Pont-Point (Oise). arr. Senlis, c. Pont-Sainte-Maxence.

quarrière qui estoient yssuz, il vindrent devers eulx, et tous ensemble rentrèrent dedans la dicte quarrière. Et, ce fait, par aucuns de ceulx de la dicte quarrière fu demandé à yceulx deux hommes dont il estoient, lesquelx respondirent que l'un d'eulx estoit de Compicigne, et l'autre de Choisy ; et après ce, les dis d'icelle quarrière dirent l'un à l'autre telz mos : « Ce sont espiez. Tuons les! » Ausquelx les dis deux hommes dirent que non estoient, et qu'il s'en fuioient pour paour des gentilz hommes ; et en ce disant, aucuns d'icelle quarrière leur ostèrent leurs dis boucliers et espées, et en les leur ostant trouvèrent que l'un d'eulx avoit pendu à sa sainture souz son mantel un chaperon my parti, par quoy il cuidièrent estre trahis, et qu'il fussent des espies des gentils hommes. Et pour ce l'un de ceulx de la dicte quarrière appellé Watier Thullier, meu de chaleur, feri, tua et ocist l'un des deuz hommes dessus dis ; et quant l'autre homme apperçust ce, il s'enfouy et ala à Pont Sainte Maxence et à Pompoing, où les gentils hommes estoient ; pour l'occasion duquel fait grand nombre de genz d'armes assés tost après vindrent et chevauchièrent vers ycelle quarrière, tant qu'il trouvèrent ceulx qui dedans estoient, desquelx il tuèrent une grant partie. Pour quoy le dit suppliant, etc. Donné à Paris, l'an MCCCLXIIII, en décembre.

Par le roy, à la relacion du conseil, ouquel estoient Monseigneur de Chastillon et Phelippe de Troismons, chevaliers : H. D'AUXOY.

LXIII.

Rémission octroyée à Mahieu de Leurel, maçon, homme sujet et justiciable des religieux du prieuré de Beaulieu, qui s'était rendu complice de l'exécution de Jean Bernier, non noble, trouvé porteur de lettres du roi de Navarre, mis à mort à Montataire, en la place de la Croix, devant l'hôtel desdits religieux, par ordre d'Étienne du Wés, capitaine de Montataire, auquel Guillaume Calle, capitaine général des gens du plat pays, l'avait livré pour en faire justice.

Mars 1365 (n. st.), à Paris.

Charles etc. Savoir faisons à touz, presens et advenir, que, de la partie Mahieu de Leurel, maçon, homme subget et justiciable de noz amez lez religieux abbé et couvent de Beaulieu [1], nous a esté exposé que, comme en l'an LVIII, environ la feste du Saint-Sacrement [2], il eust esté, par contrainte du pueple, avec plusieurs autres genz du dit pays et d'environ, aux effroiz qui lors furent par lez gens du plat pays contre lez nobles de nostre royaume, à abatre en plusieurs lieux forteresses, et dissippé leurs biens, et à aucuns couru suz et mis à mort, pour laquelle chose aucuns dez diz nobles pourroient avoir malivolence et haine au dit exposant et le grever par avanture en corps et en biens; et nous, pour le temps que nous avions le gouvernement de nostre royaume pour nostre très cher seigneur et père, que Dieux absoille, et que nous venismes et entrasmes en nostre bonne ville de Paris, voulsisimes et ordenasmes que touz lez diz nobles remeissent et

---

[1] Beaulieu-les-Fontaines (Oise), arr. Compiègne, c. Lassigny. Prieuré conventuel au diocèse de Noyon.

[2] En 1358, la Fête-Dieu ou fête du saint Sacrement est tombée le 31 mai.

pardonnassent aux dictes gens du dit plat pays, et auxi yceulx aux diz nobles, tout ce qu'il avoient et povoient avoir meffait lez uns aux autres, et que toute voie de fait et poursuite criminelle fust forclouse aux dictes parties, sauf tant que chascun pourroit poursuir sez dommages et injures par voie de justice et civilement par devant nous ou noz genz et justiciers; et pour ce, en especial, nous ait fait requerir le dit Mahieu que, comme, environ la ditte feste, Jehan Bernier non noble eust esté accusé de trayson, pour ce qu'il avoit receu certaines lettres du roy de Navarre, qui furent trouvées sur lui, et en fu pour lors ou dit pays voix et commune renommée. Et pour ce fu mené par devers Guillaume Calle, lors capitainne dez dictes gens du plat pays, pour en ordener et faire justice, lequel Guillaume le bailla et livra à Estienne du Wés, pour le dit temps capitain de la ville de Montathère [1], pour le mettre à mort et à execucion, se il lui sambloit, et auxi aux habitants de la dicte ville et du pays d'environ, que il eust desservi. Et ycellui Estienne, enfourmé de la vie et renommée du dit Jehan Bernier, presens deux ou trois cens personnes de la dicte ville et du pays d'environ, eust ycellui fait amener en la place de la Croix, devant l'ostel dez diz religieux, en la dicte ville de Montathere, tout nu piez et en chemise, et commandé à Jehan le Charon que il le tuast et meist à mort, et, en obeissant au commandement que lui avoit fait le dit Estienne, feri sur le dit Bernier, tellement qu'il chei à terre et que mort s'en ensui. Et pour ce que le dit exposant estoit illec present, tenant en sa main une rieulle à maçon, le dit Estienne lui dist et commanda que il ferist et frappast sur le dit Bernier quand il le vit ainsin cheu à terre, lequel n'osa bonnement contredire au commandement que fait lui avoit le dit Estienne, qui lors estoit leur capitainne, que il ne le feist

---

[1] Montataire (Oise), arr. Senlis, c. Creil.

mettre à mort ou grevast en corps, bouta le dit Bernier, qui labouroit à sa darrenière fin, de sa rieulle. Pour occasion duquel fait lui doubtant rigueur, etc. Donné à Paris, l'an de grace mil trois cens soixante et quatre, ou moys de mars, ou premier an de nostre règne.

Ainsin signée : Es requestes de l'ostel : PREAUS.
JJ. 98, n° 252.

LXIV.

Rémission octroyée à Robert dit Rogois, chevalier, seigneur de Fouencamps, qui, au temps de la commotion des non nobles du Beauvaisis contre les nobles, avait tué Jean de Brach et blessé Robert de Brach, frère de Jean, habitants de Villers-aux-Erables.

Janvier 1376 (n. st.), à Paris.

Charles, etc.... Savoir faisons à touz, presens et à venir, à nous avoir esté exposé de la partie des amis charnelx de nostre amé et feal Robert, sire de Forencamp [1], dit Rogois, chevalier, que, comme, environ l'an MCCCLIX, que la commocion des non nobles du païs de Beauvoisiz estoit ou avoit esté naguères contre les nobles de nostre royaume, le dit chevalier se fust retrait ou chastel de Moreul [2], avec plusieurs autres nobles, tant pour doubte des non nobles dessus diz comme de pluseurs de noz ennemis, qui jà estoient espandu en pluseurs lieux du païs de Beauvoisiz et de Picardie, et y avoient prins et occupé pluseurs places et fors, comme la Herelle [3] et autres, le varlet du dit chevalier fust yssuz hors du dit chastel et alez vers une ville nommée Villers aus Erables [4], pour querir du fourrage

---
[1] Fouencamps (Somme), arr. Amiens, c. Sains.
[2] Moreuil (Somme), arr. Montdidier.
[3] La Hérelle (Oise), arr. Clermont, c. Breteuil.
[4] Villers-aux-Erables (Somme), arr. Montdidier, c. Breteuil.

pour ses chevaux, et là eust trouvé Jehan de Brach, Robert, son frère, et pluseurs autres de la dicte ville et d'environ, qui estoient en une maison assemblé, les quelx prindrent le dit vallet et le batirent et injurièrent moult villainnement. Et assez tost après le dit varlet s'en revint au dit chastel de Moreul au mieulx qu'il pot et si bleciez comme il estoit. Et là trouva le dit chevalier, lequel li demanda qui ainsi l'avoit batu, lequel varlet li dist que ce avoient fait les dessuz diz Jehan et Robert de Brach et autres de leur compaignie. Et tantost le dit chevalier chaudement monta à cheval, et s'en ala, lui et son dit varlet, en la dicte ville de Villers aus Erables, et là trouva les diz Jehan et Robert et ceulx de sa compaignie, et leur demanda pour quoy il avoient batu son dit vallet, lesquelx li respondirent moult dures paroles et injurieuses. Et tantost le dit chevalier sacha s'espée et leur couru sus, non pas en entencion d'en tuer aucun, mais pour injurier aucun d'iceulx qui ainsi avoient batu son dit vallet. Et tantost, les dessus diz, qui estoient grant nombre de genz assemblez ensamble et garniz de bastons ferrez et autres armeures, coururent suz aussi au dit chevalier et le blecierent durement. Et tant fu demené le dit conflict que le dit Jehan de Brach et le dit Robert, son frère, furent bleciez, tellement que mort s'en ensui en la personne du dit Jehan, et aussi fu le dit Robert mehaigniez, si comme on dit. Pour lesquelx choses le dit chevalier fu appellez au chastel de Bove[1] aux droiz du seigneur du dit lieu qui lors estoit, ou mois de novembre l'an LX ensuivant. Pendant lesquelx appeaulx, le dit chevalier s'ala rendre prisonnier ou dit chastel pour ester à droit, comme noble et selon la coustume du lieu et du païs, contre touz ceulx qui aucune chose li vouldroient demander ; et fist adjourner au dit lieu nostre procureur et le procureur du dit seigneur et

---

[1] Boves (Somme), arr. Amiens, c. Sains.

aussi la femme du dit Jehan, le dit Robert et autres de leurs amis pour veoir sa délivrance et pour savoir s'il li vouldroient aucune chose demander. Et pour ce que les dessus diz ne autres, après pluseurs adjournemens sur ce faiz et deffaux donnez, ne vindrent ne comparurent contre lui, fu dit par les hommes juganz du dit chastel que, veu les deffaux dessuz diz et la longue prison du dit chevalier qu'il avoit souffert, que il devoit aler quittes et delivres des diz appeaulx et de la souspeçon du dit fait. Et en executant la dicte sentence, le gouverneur du dit chasteau et terre de Bove delivra et absolt des diz appeaux, souspeçon et du dit fait le dit chevalier, si comme par la dicte sentence, seellée du seel de la dicte chastellenie et des hommes juganz d'icellui, puet plus plainnement apparoir, et depuis ait esté tousjours tenuz paisibles. Et nonobstant, un qui se dit filz du dit Jehan de Brach, par la suggession, induccion et pourchaz d'aucuns hayneux du dit chevalier, a de nous ou de nostre court obtenu certainnes lettres, par lesquelles il est mandé au bailli d'Amiens, si comme on dit, que il prende ou face prendre le dit chevalier et admeinne en nostre chastellet de Paris, par vertu desquelles le dit bailli a prins ou fait pranre le dit chevalier et mettre en noz prisons à Amiens. Et combien que il lui ait moustré la dicte sentence, il n'y a voulu obtemperer, mais le detient en prison. Et ne scèvent les diz supplianz qu'il en pense à faire, mais doubtent qu'il ne vueille proceder contre lui rigoureusement et par procès extraordinaire. Si nous ont humblement supplié que, comme le dit chevalier soit homme de bonne vie et renommée, et qui bien et loyaulment a vesqu senz aucun villain reproche et nous servi bien et loyaument en noz guerres, et ses amis aussi, et par ycelles a moult esté domagiez, que sur ce lui veuillions impartir nostre grace et misericorde. Pourquoy nous, consideré ce que dit est et ce que touz criesmes et malefices entrevenuz entre nobles et non nobles de nostre royaume paravant l'an LX [ont] par nostre très cher seigneur et père, que Dieux pardoine ! et nous esté pardonné, quittié, remis et aboli generalment, vueillans aussi misericorde estre preferée à rigueur, et la dicte sentence sortir et avoir plain effect, de nostre plus plenière grace, au dit chevalier, en ce cas, à la contemplacion et requeste de noz amez et feaulx conseilliers Phelippe de Maisières, chancelier de Chipre, et Pierre de Villers, souverain maistre de nostre hostel, qui sur ce nous ont supplié, avons pardonné, quittié et remis.... Donné à Paris, en nostre chastel du Louvre, ou moys de janvier, l'an de grace mil CCCLXXV, et le douziesme de nostre règne.

JJ. 108, n° 60.

LXV.

Récit de la Jacquerie dans la Chronique de Froissart; texte interpolé par Raoul Tainguy. (Comparez le texte publié plus haut, p. 60.)

En cellui temps que le roy de France estoit prinsonnier en Engleterre, si comme ci-dessus est dit, avint ou roiaume de France, si comme en Beauvoisin, en Brie et sur la rivière de Marne, en Valois, en Lannois et en la terre de Coucy et entour Soissons, une grant raige et forsennerie de villains du plat païs; car plusieurs villains, tuffes et guieliers des villes champestres, sanz chief ne conduiseur, s'assemblèrent en Beauvoisins. Et ne furent pas cent hommes du premier. Et distrent entre eulx que tous les nobles du roiaume de France gastoient et honnissoient tout le royaume de France, et qu'ilz avoient faulsement et mauvaisement laissié prandre et enmener leur roy en Angleterre au prince de Galles, qui n'avoit que une poingniée de gens au regart des François, et que ilz ne faisoient que destruire et manger tout le menu commun, qui moult avoit de povretez et de tribulacions, tant d'eulx comme des gerres qui estoient par tout le royaume, ausquèles nul ne remedioit, et que par leur foy moult grant aumosne seroit qui les destruiroit tous sanz nul en laissier. Et à cellui qui ainsi parloit, chascun disoit : « Il dit voir, il dit voir. Honny soit cellui par qui il demourra que tous ces gentilz hommes ne soient brefment destruiz ! » Lors ilz s'assemblèrent et s'en alèrent sanz autre conseil et sanz nulles armeures, fors que de bastons ferrez, d'espées et de coustiaux, en la maison d'un chevalier qui près de là estoit et demouroit. Si brisièrent sa maison et tuèrent le chevalier, la dame et leurs enfans, petiz et grans, et puis ardirent la maison. Secondement, ilz s'en alèrent en un autre fort chastel et firent pis assez, car ilz prindrent le chevalier et le lièrent à une estaiche bien et fort, et violèrent sa femme et sa fille les pluseurs, voyant tout ce le dit chevalier. Et puis tuèrent la dame, qui estoit ençainte et moult grosse d'enfant, et sa fille et tous leurs enfans. Et puis firent le dit chevalier bouter en une broche et rostir au feu et illec mourir à grant martire. Et puis ardirent et abatirent le dit chastel. Ainsi firent ilz en pluseurs chasteaux et bonnes villes champestres. Et multiplièrent tant qu'ilz furent bien six mil; et par tout là où ils venoient, leur nombre croissoit, car chascun de leur semblance les suivoit : si que chascun chevalier et escuier, dames et damoiselles et leurs enfans les fuioient tant comme ilz povoient. Et en emportoient les dames et les damoiselles leurs enfans, dix ou vint lieues loing, là où ilz se povoient garentir, et laissoient les maisons toutes vagues et tous leurs biens meubles et tout leur avoir dedanz. Et ces meschans gens, assemblez sans chief et sans nulles armeures, roboient et ardoient tout et tuoient et efforçoient et violoient toutes dames et damoiselles et toutes pucelles, sanz nulle pitié ne merci, ainsi comme chiens enrragiez et forsennez. Certes onques n'avint entre Juifs ne Sarrazins tèle rage ne forsennerie que ces gens faisoient, ne qui plus feissent de maulx et de plus villains et detestables faiz et inconvenables qu'ilz faisoient aux dames, damoiselles et pucelles. Et pour ce m'en tais-je, car j'auroie grant horreur du raconter ; ne il n'est nul homme qui n'eust grant horreur et grant abhominacion de veoir les villains et detestables atouchemens qu'ilz faisoient sodomitement et desordonneement contre les dames et damoiselles. Et cellui qui le plus en faisoit entr'eulx, estoit le plus prisié et le plus grant maistre entre eulx. Mais, entre les autres desordonnances et villains faiz qu'ilz firent, ilz tuèrent un autre chevalier que cellui dont j'ay ci devant parlé, et le mistrent en une broche, et puis le tournèrent au feu et le rostirent devant la dame et ses enfans, tout après ce que dix ou douze orent la dame sa femme violée et efforcée. Et puis après cestes mauvaises iniquitez, ilz en vouldrent à la dame faire mangier par force, et aussi à ces douze villains tuffes qui la dicte dame avoient efforciée, si comme j'ay dit, pour eulx acharner tousjours plus à teles cruaultez faire, mais ilz n'en vouldrent onques mangier ; et pour ce les autres villains tuffez et guieliers les tuèrent et firent mourir de villaine mort. Et avoient fait un roy entr'eulx qui estoit, si comme on disoit adonc, de Cleremont en Beauvoisin, et l'eslurent le pieur de tous les mauvais. Et ce mauvais et villain roy appeloit on Jaques Bonhomme.

Ces meschans gens ardirent ou païs de Beauvoisin, environ Corbie et Amiens et Mondidier, plus de soissante bonnes maisons et fors chasteaulx. Et se Dieux n'i eust mis remède par sa saincte grace, le meschief fust si multiplié que toutes communautez et tous tuffes, plains de tuffalitez, eussent destruit tous les nobles et toute saincte eglise et après toutes riches gens par tous païs, car tout en tele manière si faites gens faisoient ou païs de Brie et de Partois. Et convint toutes les dames et les damoiselles du païs et les chevaliers et escuiers, qui eschapper leur povoient, à fuir à Meaulx en Brie, l'un après l'autre, en pures leurs cottes, tout ainsi comme elles povoient, aussi bien la duchesse d'Orliens et grant fouison de haultes dames comme les autres, se elles se voloient garder d'estre violées et efforciées et puis après tuées et murtries. Et tout en si faicte manière et semblable toutes manières de si faictes gens, villains, marrados et cratimax avec termulons et gars loubaz, se maintenoient entre Paris et Noyon et entre Paris et Soissons et entre Soissons et Hens en Vermandois et par toute la terre de Coucy. Là estoient les gras violeurs et maufaitteurs, et exillièrent, entre la terre de Coucy et la conté de Valois comme en l'eveschié de Laon, de Noyon et de Soissons, plus de cent chasteaulx et fortes maisons de chevaliers et d'escuiers. Et tuoient et roboient tout quanqu'ilz trouvoient. Mais Dieux par sa saincte grace y mist tel remède, de quoy on le doit moult bien regracier, si comme vous orrez ci après raconter.

Quant les gentilz hommes de Beauvoisins, de Corbiois, de Vermendois, et des terres où ces meschans gens conversoient et faisoient leur mauvestié et forsennerie, virent ainsi leurs maisons destruictes et leurs amis tuez, ilz mandèrent à leurs amis secours en Henault, en Flandres et en Braibant. Si en vint tantost assez de tous costez. Et s'assemblèrent tous les gentilz hommes des païs devant diz avecques les estrangiers que ceuls du païs menoient. Si commencièrent aussi à decouper ces meschans villains, tuffes, guieliers, bomules, termulons, tacriers, craffeurs, marrados et cratimaz, petaulx et gars loubaz; et les tuoient et occioient sanz pitié et sanz nulle merci. Et aucune foiz les pandoient aux arbres là où ilz les trouvoient. Et meismement le roy de Navarre en mist un jour à fin plus de trois mille assez près de Cleremont en Beauvoisin; mais ilz estoient jà tant multipliez que, se ilz fussent mis tous ensemble, il eussent esté plus de cent mille hommes, tous tuffes et villains. Et quant on leur demandoit pourquoy ilz faisoient ce, ils respondoient qu'ilz ne sçavoient, fors tant seulement pour ce qu'ilz le veoient faire aux autres, si le faisoient aussi. Et pensoient qu'ilz deussent tout en tèle manière destruire tous les nobles et gentilz hommes du monde, par quoy nul n'en peust naistre.

(Bibl. de l'université de Leide, fonds Vossius, manuscrit français n° 9; Chroniques de Froissart, t. 1, f°ˢ 228 et 229.)

LXVI.

Récit de la Jacquerie dans la Chronique des quatre premiers Valois.

En cest temps s'esmurent les Jacques parmy Beauvoisin et commencèrent vers Saint Leu de Cerens et vers Cleremont en Beauvoisin. Entre eulx estoit ung homme bien sachant et bien pariant, de belle figure et fourme. Cestui avoit nom Guillaume Charles. Les Jacquez en firent leur chef. Maiz il vit bien que c'estoient gens de petit fait, pour quoy il fit reffuz d'en avoir le gouvernement. Maiz de fait les Jacques le prindrent et en firent leur gouverneur, avecques ung homme qui estoit hospitalier, qui avoit veu des guerres. Aussi en avoit veu Guillaume Charles, qui leur disoit qu'ils se tenissent ensemble. Et quant les Jacques se virent grant assemblée, si coururent sus aux nobles hommes, et en occistrent pluseurs. Et encores firent ilz pis comme genz desvez et forcenez et de petit ensient. Car femmes et enfans nobles mistrent pluseurs à mort, dont Guillaume Charles leur dist souventeffoiz qu'ilz excedoient trop grandement, maiz outre pour ce rien n'en laissèrent.

Lors Guillaume Charles vit bien que la chose ne povoit ainsi remaindre. Car s'ilz se departoient, les gentilz hommes leur courroient sus. Dont envoya des plus sages et des plus notables devers le prevost des marchans de Paris, et luy escript qu'il estoit en son aide, et aussi qu'il luy fut aidant et secourant, se besoing estoit. De ce furent les generaulx des trois estas joyeulx et escriprent à Guillaume Charles qu'ilz estoient du tout prestz à luy faire secours. Yceux Jaques vindrent jusques à Gaillefontaines [1]. La contesse de Valloiz, qui là estoit, se doubta d'eulx, et leur fit beau semblant et leur fit donner des vivres ; car ilz avoient acoustumé, par les villes plates où ilz passoient, que les gens, femmes ou hommes, mettoient les tables es rues, et là mengeoient les Jacques, et puis passoient oultre, ardans les maisons aux gentilz hommes.

Adont les gentilz hommes vindrent devers le roy de Navarre à refuge et lui requirent comme il vousist mettre remède et peine que ces Jacques fussent rués jus, desconfiz et mis à mort, et lui distrent : « Sire, vous estes le plus gentil homme du monde : ne souffrés pas que gentillesse ne soit mise à neant. Se ceste gent qui se dient Jacques durent longuement, et les bonnes villes soient de leur aide, ilz mettront gentillesse au neant et du tout destruiront. » Lors s'acorda Charles, roy de Navarre, qu'il leur aideroit contre les Jacques. Et là lui promistrent les gentilz hommes que jà contre luy ne seroient, et en prist leur foy.

Quant le roy de Navarre oult la foy prinse des gentilz hommes que jà en ses affaires ilz ne seroient contre lui, il se parti de Longueville [2] avec les gentilz hommes et Angloiz, environ bien IIII^c combatans, et vint chevauchant sur les Jacques en Beauvoisin, et vint devant les Jacques prez de Cleremont en Beauvoisin. Et là fit des gentilz hommes de France deux batailles, dont il conduit l'une, et

---

[1] Gaillefontaine, c. Forges, arr. Neufchâtel (Seine-Inférieure).
[2] Longueville, ch.-l. de canton, arr. Dieppe (Seine-Inférieure).

le sire de Piquegny et le vicomte des Kesnes l'autre, et Robert Sercot conduit celle des Angloiz.

Les Jacques sceurent bien que le roy de Navarre et les gentilz hommes venoient sur eulx. Lors leur dist Guillaume Charles : « Beaux seigneurs, vous sçavez comme les gentilz hommes viennent sus nous, et sont grant gent et duiz de la guerre. Se vous me croyés, nous yrons emprés Paris. Et là prendrons aucune place, et si aurons le confort et l'aide de ceulx de la ville. » Et lors crièrent les Jacques que jà ne fuiront et qu'ilz sont assez fors pour combatre les gentilz hommes. Ilz se fioient trop en eulx pour ce qu'ilz se veoient grant nombre. Guillaume Charles et l'hospitalier rangèrent les Jacques et firent deux batailles. Et en chacune mistrent III^m hommes. Et ceulx qui avoient arcz et arbalestres mistrent en front devant, et par devant eulx mistrent leur charroy. Une autre bataille firent de leur gens à cheval, où il mistrent bien VI^c hommes, dont le plus estoient armés, et furent par deux jours ainsi là rengiez.

Le roy de Navarre et les gentilz hommes dont d'aucuns sont retraiz cy les nomz, c'est assavoir Monseigneur Louis de Harecourt, Mgr de Piquegny, Mgr d'Aubegny, le baron de Coussi, Mgr Huc de Chasteillon, Mgr de Roye, Mgr Mahieu de Roye, Mgr Raoul de Reneval, Mgr de Preaulx, Mgr Mouton, sire de Blainville, le preux chevalier Mgr de Buyville, Mgr Guillaume du Melle, le vicomte des Kesnes, Mgr Dennequin, Mgr de la Ferté, Mgr de Basqueville, Mgr Friquet de Friquans, Mgr Regnault de Braquemont, Mgr Ferry de Piquegny, Mgr de Montmorensy, Mgr de Chantemelle, Mgr Huc de Villers, Mgr d'Ivry, Mgr de Saquanville, Mgr de Clère, Mgr de Tournebut, Mgr de Fontaines, Mgr Lohier de Trye, Mgr de Berreville, sire Pierres de Gisors, Le Noir de Graville, Mgr Guillaume le Bigot, Mgr Guillaume aux Espaules, Mgr Jehan de Bellengues, Mgr Nichole Paennel dit Hutin, le seneschal d'Eu nommé

Malesmains, Jacquemars de Fiennes, o pluseurs autres nobles, et Robert Sercot, qui guidoit les Anglois : tous yces nobles, avec moult d'autres dont les noms ne sont pas icy retraiz, tant qu'ilz estoient bien mille hommes d'armes, vindrent en la compaignie du roy de Navarre pardevant les Jacques, lesquelz de grant visaige et manière se tenoient en ordonnance, et cornoient et businoient et haultement cryoient « Montjoye, » et portoient moult d'enseingnes peintes à fleur de liz.

Le roy de Navarre manda à trevez au chief d'eulx qu'il veusist parler à lui. Guillaume Charles y ala simplement, car il ne demanda nulz hostages, et quelque il vint au roy de Navarre. Pour ce que les Jacques furent sans chief, Robert Sercot o toute sa bataille prist les Jacques en travers et leur rompi une de leurs batailles à force de glaives, et à la radeur des chevaulx en celle venue rompoient et abatoient les Jacquez par devant eulx. Adont furent les Jacques tous esperduz pour leur cappitaine qui n'estoit point avecquez eulx, et furent d'eulx mesmes tous desconfiz, et en mistrent les Angloiz moult à mort. Puis vint l'autre bataille des gentilz hommes, qui vindrent courre sus à l'autre bataille, et la rompirent aux glaives et à la force de leurs chevaulx. Et les barons et seigneurs dessus nommez moult greement pristrent à occire les Jacques. Ceulx qui estoient de cheval du costé des Jacques, quant ilz virent ceulx de leur costé qui tournoient à desconfiture, ilz s'enfuirent, et s'en sauva la greigneur partie. Monseigneur Friquet de Friquans et Mgr Regnault de Braquemont les parsuirent à tout cent glaives, et en occistrent bien ung cent.

Charles, le roy de Navarre, o toute sa bataille qui estoit moult grande, se fery sur les Jacques de pié, et les mistrent tous à mort, excepté ung pou qui se tappirent en ung champ de blé, qui par nuyt s'enfuirent. Si en occist on moult en ce blé, maiz le champ estoit bien grant. Après ce que les Jacques furent desconfis, le roy de Navarre ala à Cleremont en Beauvoisin, et là fit decapiter le cappitaine des Jacques. Une route de gentilz hommes, où estoit le Baudrain de la Heuse, Mgr Guillaume Martel, Mgr Jehan Souvain, Mgr Jehan Le Bigot et le bailli de Caux, en leur route bien III^c glaives, lesquelz aloient en l'aide du roy de Navarre contre les Jacques, et ilz ourent ouyez nouvelles que les Jacques estoient desconfiz, si s'en devallèrent en la fin de Beauvoisin, où avoit aucunez routes des Jacques, et assemblèrent les diz gentils hommes Normans o ceulx d'Amiois et de Bray. Et trouvèrent emprez Poiz une route de Jacques, lesquels aloient à la grant route que Guillaume Charles gouvernoit. Par les gentilz hommes dessus dis furent mis tous à mort sans mercy plus de XIII^c. Puis chevaucèrent les dis gentilz hommes à Gerberray, Mgr de Beausaut avecquez eulx, Mgr le chastellain de Beauvaiz et Mgr de Boulainviller, qui là adjoustèrent avecquez eulx o bien VII^c glaives et IIII^{xx} et X archiers. Quant ilz furent assemblés, si se combattirent entre Ray et Gerberray une autre route de Jacques, et là en occistrent bien VIII^c, et en ung moutier en ardirent bien III^c. Puis vindrent à Gaillefontaines, où madame de Valloiz estoit, et lui firent moult d'ennuy, pour ce qu'elle avoit donné des vivres aux Jacquez, comme ilz disoient. Et là occistrent bien mille païsans. Ainsi furent les Jacquez destruiz et desconfiz en Beauvoisin et es marches d'environ. En Brie le conte de Roussi en occist grant foison, et fit pendre à leurs huis. Ainsi furent tous destruiz.

(*Bibl. nat.*, ms. français 4987. Édition publiée pour la Société de l'histoire de France, par Siméon Luce, p. 71-77.)

LXVII.

Récit de la Jacquerie dans la Chronographia regum Francorum.

Idcirco milites qui castella habebant congregati sunt simul ad videndum quomodo adimplerent mandatum regentis [1], eo quod plures ex eis non habebant provisiones pro munitionibus suis; cumque haberent inter se consilium quod qui provisiones non habebant providerent sibi super homines suos, plures ex illis nimis excessive acceperunt de bonis hominum suorum. Hujus causa incole Belvacesii, simul commoti, ceperunt irruere in milites et dominos suos; nam plures nobiles et uxores eorum cum pueris occiderunt, munitiones et domus eorum destruentes.

Prepositus namque mercatorum, audita hujus modi rusticorum commotione, fecit exire communiam Parisiensem, ac abierunt et prostraverunt in terram turrem de Gournayo et fortaliciam de Plaisello, de Traspa, de Caprosia, de Kenne, de Egeine et multa alia Parisius convicina.

Et tunc dicti rustici de Belvacesio, quasi numero quinquaginta milium et eo amplius, abierunt ante villam Compendii et mandaverunt illis de villa ut traderent eis nobiles qui ad eos confugerant. Burgenses vero remandaverunt eis quod prius morerentur quod eis aliquo modo obedirent, sed tantum regentis Francie parerent mandato.

Tunc temporis cuncti nobiles Francie fugiebant, quidam extra regnum, alii vero in castra infra regnum, formidantes seviciam rusticorum, qui sine pietate aut redempcione necabant uxores et pueros nobilium hominum. Hii

[1] L'ordre que le régent avait donné aux chevaliers de l'Ile-de-France et du Beauvaisis de mettre leurs châteaux en état de défense pour empêcher le ravitaillement de Paris.

rustici abierunt et obsederunt castellum quod Plaisel dicitur, pertinens Matheo de Roia, quo ipse cum multis nobilibus confugerat. Interim Radulphus de Conchiaco, rogatus a dicto Matheo, cum multis militibus et hominibus armorum venerunt contra eos in prelium, ac multis illorum occisis devicerunt eos.

Deinde rustici iterum congregaverunt multos secum in Francia et in Belvacesio ; illi enim de Belvaco erant contra homines nobiles. Ideo rustici multos nobiles illuc duxerunt et ibidem consensu communie civitatis eos occiderunt. Insuper major Ambianis civitatis misit in auxilium rusticorum centum homines de communia civitatis ; sed quia hoc displicuit consilio civitatis, remandaverunt homines inde transmissos, ita quod reversi sunt antequam cuiquam nobili nocerent, excepto in villa et castello de Morolio.

Eo tempore, nobiles Francie mandaverunt succursum ad multas christianitatis partes, nonnullos clamores miserandos atque gemibundos in litteris suis facientes, ita ut multi ex diversis partibus adunarentur.

Eo tempore, rex Navarre, cum multis Navarris, Anglicis et Normannis, veniens ad castrum Clarimontis, mandavit ad se unum de capitaneis rusticorum, fingens se illis auxilium collaturum ; quem statim ut vidit, jussit decollari, et abiens super rusticos qui ab eo sperabant auxilium, aggressus est et occidit ex eis plusquam octingentos. Illo tunc Parisienses abierunt ad Hermonivillam et vi assultuum ceperunt castellum, ubi erat Robertus de Loris, miles, qui, pavore compulsus, renuntiavit omni nobilitati, dicens se preamare burgesiam Parisiensem, de qua oriundus fuerat, quam miliciam ; sic enim mortem evasit cum uxore et pueris. Nichilominus castellum ceperunt Parisienses ac depredati et regressi sunt in civitatem suam.

Tempore illo, regens Francie abiit Compendium ad congregandum miliciam suam ac dimisit uxorem suam Meldis cum Balbo de Villaniis et Strabone de Chambeliaco, qui posuerunt in foro, quod erat optime firmatum, maximam garnisionem, scilicet divitias patrie et bona rusticorum quos pluribus in locis occiderant. Tunc Meldenses expavescentes mandaverunt succursum illis de Parisius. Ideo prepositus mercatorum misit eis mille et quadringentos homines ; cumque venissent Meldis, abeuntes super pontem aggressi sunt forum ; sed nobiles qui intus erant fortiter restiterunt eis, et mortuus est ibi Strabo de Chambeliaco, de quo ducissa, uxor regentis, et omnes sui multum doluerunt. Porro nobiles taliter se deffenderunt quod Parisienses sine lucro reversi sunt Parisius. Postea nobiles exierunt de foro in civitatem et eam igne et cede et predis vastaverunt.

Prepositus quoque mercatorum, audito quod regens faceret congregationem nobilium, tantum persuasit Parisiensibus quod consenserunt quod rex Navarre esset capitaneus et gubernator Parisius. Mandaverunt ergo eum qui ad eos venit cum maxima comitiva Navarrorum, Anglicorum et aliorum hominum armorum.

Consilio namque ipsius regis Navarre exierunt fere XIIII^m Parisienses ut irent Compendium ad obsidendum regentem qui ibidem erat. Misit ergo rex Navarre nuntios ad burgenses Compendii, quatinus secum inirent fedus ; ipsi autem responderunt quod nullo modo sibi, sed duntaxat regenti Francie, obedirent. Tunc dux Aurelianensis cum quadringentis lanceis venit Compendium ad juvandum regentem, nepotem suum. Interim abierunt Parisienses usque Silvanetum cum rege Navarre et suis hominibus ; sed audito quod magna multitudo nobilium confluerent ad regentem, inde regressi sunt Parisius.

Tempore illo, facta est nobilium de diversis partibus maxima congregatio, a quibus patria Belvacesii incendiis et occisionibus vastata est : nam incole ejus occisi seu expulsi sunt, et eorum bona penitus depredata. Tunc regens, congregatis nobilibus usque ad summam XL^m aut amplius, abiit unacum illis ante Parisius et obsedit eam.

(Édition publiée pour la Société de l'histoire de France, par Henri Moranvillé, t. II, p. 270-276.)

LXVIII.

Note sur la Jacquerie insérée dans un manuscrit de l'abbaye de Froimont.

A festo sanctissimi Sacramenti occasione acerbe seditionis et dolorose inter populares et nobiles, et statim inter nobiles et populares, dominus abbas recessit a monasterio, et ivit Belvacum, et ibi continue fecit mansionem per duos annos et amplius, tam occasione dictorum nobilium et popularium quam inimicorum regni Franciæ, qui satis cito post dictum furorem ceu insaniam prædictum regnum invaserunt, et subito episcopatum Belvacensem subintraverunt, et pene omnia mobilia in monasterio et locis omnibus, cum equis et animalibus, rapuerunt, ecclesiam et plures domos combusserunt, ita quod per annum et amplius nullus ex nostris remanebat in dicto monasterio et locis, immo fuerunt per spatium unius anni et ultra in Belvaco cum dicto domino abbate, vivendo tenue et tamen cantantes alta voce. Anno Domini 1358, Joanne regnante, Anglis sevientibus, Joanne de Chiriaco abbatissante ab octodecim annis.

(Louvet, *Hist. du Beauvoisis*, t. II, p. 544. *Gallia christiana*, t. IX, col. 832.)

TABLE ALPHABÉTIQUE

Ableiges. 175.
Acy. 87, 175, 191.
Acy (Regnaut d'). 49, 133, 240, 241, 242, 243, 252.
Aignay-le-Duc. 323.
Ailly-sur-Noye. 176, 194.
Airaines. 176.
Aleraut (Gilet). 321.
Aliaume (Jean). 193.
Allemands (les). 268.
Amiénois. 148, 176, 294. — La Jacquerie dans l'A. 68.
Amiens. 176, 177, 295, 337, 340, 346, 348. — La commune d'A. 68.
Ancel (Robert). 208.
Angicourt. 106, 152, 177, 187, 253, 272, 348.
Anglure (Saladin d'). 267.
Angoulant. Voyez Buscoy.
Archiprêtre (l'). 16.
Arcy-Sainte-Restitue. 86, 87, 177, 274, 275.
Arlay. 234.
Arpajon. Voyez Châtres.
Arrachenesse (Perrin). 217.
Arras. 68.
Arras (Angelot d'). 249, 250.
Arras (Jean d'). 198.
Arvillers. 177.
Asse (Étienne). 207.
Aubegny (Monseigneur d'). 344.
Aubert (Regnaut). 192.
Aubrecicourt (Eustache d'). 12, 21.

Aucamps (Raoul d'). 235.
Au Coulet (Oudart). 211.
Audley (Pierre d'), capitaine anglais. 21.
Auffay. 71, 184, 296.
Aumale. 64, 72, 177, 245.
Aunoy (Philippe d'). 133, 241.
Aussignies (Gervaise d'), dit Desramé. 245, 246.
Autrefontaine (Lambert d'). 192.
Aux Alouettes (Guillaume). Voyez L'Aloue.
Aux Bêtes (Guillaume). 199.
Aux Chevaux (Simon). 114, 318.
Aux Espaules (Guillaume). 314.
Avaumain (le sire d'). 222.
Avenay. 177, 192.
Avrigny. 178.

Bachambre (Ernoul et Pierre de). 212.
Bacon, chef de brigands. 13.
Bagnolet. 178.
Baiart (Pierre). 143, 181.
Bailleval. 178.
Bailly-aux-Forges. 179, 281, 282.
Bailly, près de Marly-le-Roi. 178, 299.
Ballancourt. 179, 223.
Baliomonte (Johannes de). 327.
Bamain (Jaquet de). 200.
Bar (le comté de). 159, 268.
Bar-sur-Aube. 219.
Bar (Henri de). 201.

Barde (Colin). 222.
Basqueville (Monseigneur de). 344.
Bassigny (Effrois en). 89.
Bataille (Colin). 313.
Batilly. 196.
Baucencourt (Philippe de). 219.
Baudin dit Paris. 191.
Baudin (Guillemin). 203.
Bayarne. 179.
Bazoches. 179, 216.
Beaucaire (Sénéchal de). 287.
Beauce (la). 221, 326, 327.
Beaufort (Somme). 179.
Beaulieu (Prieuré de). 333.
Beaumont-sur-Oise. 108, 179, 255, 300.
Beaupré (Abbaye de). 73, 245.
Beaupuits. 179, 180.
Beaurepaire (Renaud de). 328.
Beausaut (Monseigneur de). 346.
Beauvais. 180, 348, 350. — Marche des Jacques sur B. 84. — La commune de B. complice des Jacques. 86. — Philippe d'Alençon, évêque de B. 180. — Le châtelain de B. 346.
Beauvaisis (le). 180. — La Jacquerie dans le B. 70-74.
Beauvoir. 179.
Becque (Nicolas). 303.
Behosque (Maraguos). 208, 213.
Belleau. 180.
Bellehere (Garnot). 183.
Bellengues (Jean de). 344.
Benart (Pierre). 202.
Bernart (Jean). 217.
Berne (Fremin de). 179.
Berne (Simon de). 255.
Bernier (Jean). 154, 205, 223, 276, 277, 278, 333, 334, 335.
Berreville (Monseigneur de). 344.
Besançon (Jean de). 237.
Betemont (Raoulet de). 255.
Bethemont. 108.
Bettancourt. 158, 180, 224, 226.
Bézu-les-Fèves. 88, 181, 256.
Bignicourt-sur-Saulx. 181, 191.

Blacy (le curé de). 64, 65, 181, 270, 271.
Blainville Mouton), sire de). 344.
Blanchart (Colin). 310.
Blanche (la reine). 221.
Blangy (Jean de). 183.
Blesay (Baudouin). 193.
Blondel (Guillaume). 222.
Blondel. Voyez Sirejean.
Blouart (Regnault). 238.
Boiliaue (Jean). 190.
Boissy-l'Aillerie. 279.
Boissy-la-Rivière. 181.
Boissy-le-Châtel. 143, 181.
Boissy-sous-Saint-Yon. 181.
Bonhomme (Jacques). 61, 68, 340. — Origine de ce nom. 4.
Bonnache (Guillot). 209. — Ancelot sa veuve et Droynet son fils. 209.
Bonne Dorne (Jean). 217.
Bonneuil. 181. — Jean de B. 181, 182.
Bonté (Jean). 202.
Bonvillers. 181.
Boquet (Guillaume). 206.
Boran-sur-Oise. 182.
Bordeaux (Seine-et-Marne). 182.
Bouchy-le-Repos. 158, 182.
Bouconvillers (Raoul de), dit l'Angelot. 180.
Bouillon (étang de). 311.
Boulainvilliers (Monseigneur de). 346.
Boulemont (Isabelle de). 186, 282, 284.
Boulogne-sur-Mer (Notre-Dame de). 183.
Bouquet (Jean). 212, 331.
Bourdin (Laurent). 321.
Bourgogne (Philippe le Hardi, duc de). 209.
Boursette. 216.
Bove (château de). 347.
Boynon (Jacques). 187.
Boyvin (Pierre) et Pernette, sa femme. 211, 212.
Brach (Jean et Robert de). 223, 335, 336, 337.

Braisne-en-Laonnois (le comte de). 94, 95.
Braquemont (Regnault de). 344, 345.
Brasseuse. 182.
Bray (pays de). 346. — Vallée de B. 183.
Bray (Richard de). 292.
Brebançon (château de). 74.
Breteuil en Beauvaisis. 74, 182, 301.
Bretons. 310, 325, 326.
Bridoul (Jean). 204, 221.
Brie (la). 153, 252, 340, 346.
Brigands (excès des). 9-29, 39, 41.
Brochart (Thomas). 77.
Broye (Thomas de). 192.
Bruille (Ocin dit). 176.
Bruyant (Jean). 215.
Bruyères-le-Chatel. 182, 183.
Buchy. 183.
Bucy (Simon de). 109, 199, 222, 223, 226, 227, 304, 305.
Buef (Albrest de). 22.
Buirenville (Lancelot de). 195.
Buissery (Jean de). 198.
Bulles. 183.
Bulles (Achard de). 71, 296.
Buscoy (Vast de), dit Angoulant. 70, 189.
Bussy. Voyez Bucy.
Buyville (Monseigneur de). 344.

Cachy. 183.
Caen. 66, 183, 292.
Cale, Carles, Charles (Guillaume). 77-82, 102, 115, 119, 136-138, 149-153, 160, 169, 184, 187, 272, 277, 333, 342, 343, 346, 348.
Campagnes (désolation des), en 1358. 38-41.
Cardonnois. 184.
Carles. Voyez Cale.
Catenoy. 184.
Catheux. 71, 184, 296.
Caux (le bailli de). 346.
Celly. 209.
Cergy. 279.
Cervole (Regnaut de). 16.

Chaerise. 184.
Chailly. 184, 186.
Chalesce. 175.
Chalette. 184.
Chalon. 326.
Chalon (Jean de). 205, 234.
Chalons. 136, 209.
Chalons-sur-Vesle. 155, 184.
Chambaudon (Drouin de). 221.
Chambly-le-Haubergier. 85, 184, 297, 298.
Chambly (Louis de), dit le Haze ou le Borgne. 133, 142, 143, 181, 349.
Champagne (la). 185, 186, 247, 265, 268, 284. — Ravages des brigands en Ch. 22. — La Ch. menacée par les Allemands. 90. — Etats de Ch. 49, 94.
Champagne, au comté de Beaumont-sur-Oise. 185.
Champaigne (Jean). 202.
Champion (Etienne). 188, 189.
Champion (Guillaume). 209.
Champlay. 196.
Chandelier (Jean). 231.
Chanevières (Gieffrin de). 218.
Chantemelle (Monseigneur de). 344.
Chanterel (Martin). 184.
Chantilly. 185.
Chaponval. 185.
Chaponval (Jean de). 185, 218.
Chappes (Dreux, seigneur de). 191, 322.
Chapuis (Mathieu). 306.
Charentigny. 185.
Charenton (le pont de). 188, 213, 237.
Charles. Voyez Carles.
Charles dauphin. Attitude d'Etienne Marcel en 1357 vis-à-vis de lui. 47. — Révolte de Marcel. 49. — Le dauphin entre en lutte contre Marcel. 94. — Il fait occuper Meaux. 96. — Il assemble les Etats à Provins, Vertus et Compiègne. 49, 50, 98. — Il fait mettre en état de défense les châteaux des environs

de Paris. 51, 99, 162. — Il se rend de Meaux à Montereau et à Sens. 132, 133. — Il laisse au Marché de Meaux sa femme. 133. — Il revient à Meaux après la délivrance du Marché. 228, 229, 248. — Son camp devant Paris. 73, 229, 247. — Au pont de Charenton. 237. — Son entrée à Paris. 295. — Il accorde une amnistie générale. 157, 251.

Charles le Mauvais, roi de Navarre. 120, 122, 137, 165, 206, 212, 217, 218, 232, 254, 261, 262, 277, 333, 334, 341, 343-349. — Délivré de sa prison d'Arleux. 49. — Soutenu par Étienne Marcel. 49. — Prend parti contre les Jacques. 73, 74, 81, 147, 262. — Il les anéantit. 62, 147-152. — Il est bien accueilli à Senlis. 153.

Charny. 138, 185, 306, 307.

Charny (Jean de). 138, 185, 211, 220, 306.

Charon (Jean). 205.

Charretier (Robin). 193.

Charroit (Jean). 181.

Chartres (bailli de). 310.

Charuel (Jean). 219, 288, 289.

Chateauneuf (Hondebert de). 190, 287.

Chateauneuf-sur-Loire. 203.

Château-Thierry. 155, 180, 185, 256, 257.

Chateauvillain (François de). 209.

Chatillon (Gaucher de). 229.

Chatillon (Hue de). 344.

Chatou. 108.

Chatou (la dame de). 186, 255.

Châtres-sous-Montlhéry, ou Arpajon. 110 note, 177, 263.

Chaumont (bailliage de). 89, 179, 282.

Chavanges. 158, 186, 283, 284.

Chavenoil (Guillaume de). 143, 228, 229.

Chaville. 226.

Chelles. 213.

Chenay. 155, 186.

Chennevières-lez-Louvre. 186.

Chennevières (Jacquin de). 107, 108, 186, 206, 219, 254, 255.

Chery (Jean). 222, 290, 291.

Chevalerie (décadence de la). 31-37.

Chevreuse. 107, 111, 186, 347.

Chilly près Longjumeau. 111, 177, 263.

Chiry (Jean de), abbé de Froimont. 350.

Choisy-au-Bac. 332.

Choisy-le-Roi. 110, 186, 320, 321.

Clercs compromis dans la Jacquerie. 64.

Clère (Monseigneur de). 344.

Clermont (Jean de), dit Maugoubert. 69, 70, 189, 194, 252.

Clermont (Raoul de). 69, 189, 252.

Clermont (Robert de). 70, 252.

Clermont en Beauvaisis. 149, 152, 153, 160, 178, 188, 193, 217, 254, 277, 340, 341, 342, 346, 348.

Cochonet (Jean). 209.

Cocussel (Jean), dit Cromo. 182.

Cœuilli. 189, 222.

Coivrel. 186.

Colas (Gilbert). 175.

Compagnies de brigands. Leurs excès. 9-29.

Compiègne. 187, 200, 272, 273, 297, 332, 347, 348, 349. — Etats de C. 50, 51, 98, 99, 162. — Marche des Jacques sur Compiègne. 78-80.

Conches-lez-Lagny. 187.

Conflans (messire de), maréchal de Champagne. 94, 95.

Conflans-sur-Seine. 187, 213.

Congi (Jean de). 228.

Contre. 73, 185, 245.

Conty. 188.

Conty (le sire de). 73, 246.

Corbeil. 110, 188, 198.

Corbel (Regnaut). 180.

Corbie. 340, 341.

Corbie (Robert de). 94.

Cordelle (Mahieu et Perrin). 183.
Corderii (Coletus). 313.
Cormeilles en Parisis. 188.
Cormorin (Raoulet). 203, 204.
Cotentin. 292.
Coucy. 86, 188, 338, 341.
Coucy (le baron de). 344.
Coucy (Enguerrand, sire de). 156.
Coucy (Raoul de). 210, 348.
Coudray. 221.
Coulommiers. 215.
Coulon (Jeannin). 220, 258.
Courcelles-lez-Boissy. 279.
Courdimanche. 279.
Coureusse (Thomas). 186.
Courtemanche. 69, 189, 194.
Courteuil. 189.
Courtin (Jean). 180.
Courtry. 189.
Cousterel (Thomas). 180.
Coutres. 189. (Cet article fait double emploi avec l'article Contre.)
Couvrot. 189.
Coye. 190.
Cramoisy. 190.
Cravant. 190, 286.
Cravey (Gile). 310.
Crécy-en-Brie. 303.
Creil. 23, 154, 190, 276.
Crépy-en-Valois. 190.
Crescy (Guyot de). 229.
Crèvecœur. 190.
Crèvecœur (Jean de). 72, 190.
Croquart, chef de brigands. 13, 23.
Croquet (Martin). 199.
Croy (Perrot de). 25, 201.
Crugny. 190, 194.
Cuiry-Housse. 190.
Cuiseaux. 234.

Dammartin-en-Goële. 175.
Dargies (Jean de). 177.
Daulle (Jean). 198.
Deméville (Pierre de). 192, 196, 197.
Dennequin (Monseigneur). 344.
Des Barres (Pierre). 108, 110, 111, 112, 234, 240, 316.

Des Champs (Jeannin). 237.
Des Croutes (Thomas), dit des Prez. 204, 221.
Des Essarts (Jacques). 218.
Des Gouillons (Regnaut). 161.
Des Hayes (Jean). 83, 214, 280.
Des Kennes. Voyez Des Quesnes.
Des Marez (Jean). 292.
Des Prés (Jean). 219, 288, 289.
Des Prez (Thomas). 204, 221.
Des Quesnes (le vicomte). 149, 344.
Desramé. Voyez Aussignies.
Des Sieges (Jacquemin). 313.
Destre (Guerardin). 246.
Deuil. 191.
Dhuizy. 174, 191.
Diacre (Perrette, veuve de Jaquet). 219.
Die (Jean). 196.
Dieulegart (Chrétien). 321.
Diex le beneye (Pierre). 198.
Doré (Jean). 216.
Dormans. 92, 191.
Dormans (Jean de). 92, 191.
Doublet (Guilbert). 64.
Doublet (Jean). 64.
Doublet (Simon). 71, 197, 203, 211.
Doue. 191.
Doue (Gautier, sire de). 191, 256, 257.
Dracy-lez-Villeaux. 191, 224, 322, 323.
Driart (Jeannot). 203, 204.
Drouilly. 191.
Du Bois (Jean). 222, 290, 291.
Du Breuil (Henri). 193.
Duchemin (Thierri). 321.
Dudelonge (Gilot et Jean). 216.
Du Four (Colart), dit Mellin. 82, 260.
Du Four (Jean). 188.
Du Four (Réli). 220, 258.
Du Hamel (Jean), dit Maillart. 73, 246.
Du Jardin (Raoul). 249.
Dujardin (Robert). 86, 87, 177, 274, 275.

Dully. 181, 191.
Du Lot (Jean). 199.
Du Martroy (Jean et Jeannot). 196, 197.
Du Melle (Guillaume). 344.
Du Puis (Guillot). 217.
Dury. 191.
Du Sautoir (Fremin). 179.
Du Val (Pluiant), Mauclerc. 195.
Du Vimar (Ourry). 217.
Du Wès (Étienne). 205, 333, 334.

Écury. 192.
Effrois, épisodes de la Jacquerie. 53 92.
Egly. 181, 192.
Eméville. 192.
Enghien. 107, 108, 192, 347.
Épernay. 192.
Epieds, Epiais. 192.
Ermenonville. 80, 82, 115, 116, 119, 136, 137, 151, 192, 193, 261, 348.
Esserteaux. 193.
Essonne (l'). 221.
Estevart (Jean). 198.
Estrées (Colart d'). 73, 245, 246.
Étampes. 193. — Le comte d'E. 193. — Comté d'E. 252.
États tenus à Paris en 1356 et 1357. 46, 47, 48. — États de Champagne. 49, 94. — États de Compiègne. 50, 51, 98, 99, 162.
Étavigny-en-Mulcien. 194.
Étrépy. 194.
Eu (le sénéchal d'), nommé Malesmains. 344, 345.

Falaise. 209.
Fauvel (Guillot). 204, 221.
Fauvel (Jean). 198.
Faux-sur-Coole. 200.
Favresse. 91, 194, 293.
Feigneux. 82, 194, 260.
Ferey (Guillaume de). 195.
Fère-en-Tardenois. 190, 191, 194.
Ferré (le Grand). 29.
Fiennes (Jacquemars de). 345.

Fillon (Jean). 187.
Flageollet (Jean). 91, 194, 293.
Flamands établis à Paris, complices d'Étienne Marcel. 124.
Flandre. 341.
Florence (Philippe de). 303.
Flory-en-Bière. 209.
Foix (Gaston de), surnommé Phœbus. 135, 136, 140, 141.
Fontaine-les-Cornu. 194.
Fontaine-sous-Montdidier 69, 70, 194.
Fontaines (Monseigneur de). 344.
Fontenay-lez-Briis. 195.
Fontenay-lez-Louvre. 195.
Fontenay-aux-Roses. 195.
Fordrigais, capitaine de brigands. 23.
Fouencamps. 207, 223, 335.
Foullet. 309, 311.
Fouque (Jean). 313.
Fouque (Thibaut). 313.
Fourcaut (Thibaud). 233. — Sa veuve. 242.
François (Colin). 88, 191, 256.
Franquet (Simon). 135.
Fransures. 74, 196, 302. — Le sire de Fr. 202, 301.
Fransures (Jacques ou Jacquet de). 73, 210, 245, 246.
Fremy (Nicaise). 88, 191, 256.
Fresnoy-la-Rivière. 196.
Friquans (Friquet de). 344, 345.
Froimont (abbaye de). 350.
Froissart (Jean). Son récit de la Jacquerie. 60, 62. — Le même interpolé par Raoul Tainguy. 338.

Gaillefontaine. 153, 196, 343, 346.
Gamelon (Raoulin). 179.
Gandelu. 155, 196.
Garancières (Yon, seigneur de). 223.
Gélicourt (curé de). 64.
Gerberoy. 153, 196, 220, 346.
Gieffroy (Thevenin). 203.
Gien. 196, 197.
Gile (Raoulet). 217.

TABLE ALPHABÉTIQUE.

Gille (Perrot). 217.
Gilles (Pierre). 108, 110-115, 136, 138, 139, 220, 234, 240, 241, 249, 258, 316, 317, 318. — Inventaire de son épicerie. 249.
Gilocourt. 197.
Gisors (Pierre de). 344.
Givry. 180. 197.
Gobart (Jean). 193.
Godelin (Pierre). 306.
Gohier (Jean). 321.
Gollette (Pierre). 198.
Gonesse. 112-115, 197, 240, 313-320. — Prévôté de G. 186.
Gore (Jean). 195.
Gournay-sur-Marne. 107, 115, 197.
Goyencourt. 197.
Grailly (Jean de), captal de Buch. 136, 140.
Grancey (Eudes, seigneur de). 185, 209, 247, 248.
Grandes-Côtes. 197.
Grandvilliers. 71, 197, 203, 211.
Grattepanche. 197, 198.
Graville (Le Noir de). 344.
Grès (le prévôt de). 221.
Gresy (Pierre de). 212.
Grigny. 198.
Guenelon (Arnoul). 184.
Guillaume (Jean). 183.
Guy (Robert). 249.

Hainaut. 341.
Halatte (la forêt de). 328.
Haleinghes (Guillaume de). 177.
Ham. 341.
Hangest. 198, 199.
Hangest (Havet de). 183.
Hangest (le sire de). 133, 182.
Hanon (Salomon). 320.
Harandieuria (Petrus de). 192.
Harcourt (Louis de). 344.
Hardencourt (le seigneur de). 289.
Hardi (Pierre). 214.
Hauchet (Jean). 219.
Hauchies (Jean de). 193.
Heiltz-le-Hutier. 199.

Heiltz-le-Maurupt. 158, 199, 264, 265.
Hemon (Colet). 203, 204.
Henniquet. 70, 189.
Hénonville. 199.
Hergot (Thomas). 321.
Hérouville. 199.
Herssent (Jean). 263.
Hesdin. 199.
Heuleu (Guillot). 299.
Honcourt (Gui et Waleran de). 210.
Houdere (Jean). 321.
Houdonville (Olivier de). 179, 301.
Houdrier (Fremy) dit Leboucher. 74, 75, 182, 196, 202, 301.
Hubert (Perrin). 217.
Hullot (Jean). 194.
Hurons, nommés Jacques Bonshommes. 68.
Hurtaut (Jean). 208.

Ile-de-France ravagée par les brigands. 22.
Isabelle de France, fille du roi Jean. 133.
Issy. 109, 199, 305.
Ivry (Monseigneur d'). 344.
Ivry-le-Temple. 85, 199, 298.

Jacquerie (la). Origine de la J. 3. — Son commencement. 53. — Caractères généraux de la J. 57 et s. — Contrées qui en furent le théâtre. 67 et s., 175-224. — Rôle d'Étienne Marcel dans la J. 93 et s. — Fin de la J. 170. — Jugements portés sur la J. 160-173.
Jacques, Jacques Bonhomme. Origine de ces dénominations. 3-6. — J. Bonhomme. 61, 68, 340. — Cri de guerre et bannières des J. 78, 345.
Jaux. 200.
Jeanne (la reine). 202, 208.
Jobart (Perrinet). 219.
Joigny (le comte de). 135.
Joinville. 285. — Sire de J. Voyez Vaudemont.

Jouarre (l'abbesse de). 202.
Jouy (Guillaume de). 199.
Jouy-sous-Telle. 85, 200, 298.

Kenne. 347.
Knolles (Robert), capitaine anglais. 20.

La Basse (Jean de). 196.
La Bove (Jobert de). 179, 189, 197, 199, 215.
La Celle en Brie. 200, 303.
La Chambre (Guillaume de). 88, 256.
La Chapelle-sur-Colle. 200.
La Chaussée du Bois-d'Écu. 201.
La Cour en Orléanais. 201, 208, 324, 325, 326.
La Croix-Saint-Ouen. 156, 201.
La Faloise. 201.
La Ferté (Monseigneur de). 344.
La Ferté-Alais. 252.
La Ferté-en-Porcien. 229.
La Ferté-Milon. 155, 201.
La Ferté-sous-Jouarre. 25, 201.
Lagny-sur-Marne. 181, 182, 201, 221.
La Guerrière (Nevelet de). 222.
La Hare (le Moine de). 290.
La Hérelle. 201, 335.
La Hêtraie (Jean de). 221.
La Heuse (Le Baudrain de). 346.
Laigneville. 201.
L'Aloue (Guillaume), ou aux Alouettes. 29.
La Mare (Eng. et Guill. de). 180.
La Marche (Jean de). 177.
La Mare (Lorin de). 216.
La Mare (Simon le Cordier de). 219, 288, 289.
La Mare de Choisy (Jean de). 321.
La Motte (Jean de). 70.
L'Angelot. Voyez Bouconvillers.
Langlois (Jean). 217.
Langlois (Pierre). 223.
Lannoy (Tassin de). 198.
Lanyeux (Guillaume). 191.
Laon (évêque de). Voyez Le Coq.
Laonnais (le). 195, 338.

Lapipi (Renier). 187, 188.
La Pippe (Ancel). 175, 191.
La Praelle, près d'Angicourt, La Presle. 79, 177, 187, 202, 272.
La Ramée (Jean de). 236.
La Sengle (Guillemin et Perrette de). 182, 183.
La Vache (Jacques). 110, 186, 269, 320.
La Valee (Vincent de). 198.
La Villeneuve (Jean de). 179, 204, 299.
La Villeneuve-le-Roi (le prévôt de). 287.
La Warde-Mauger. 74, 194, 195, 301, 302.
Le Barbier (Colin). 179, 281.
Le Barbier (Sicart). 218.
Le Barreur (Pierre). 179, 300.
Leber (Jean). 200.
Le Bigot (Guillaume). 344.
Le Bigot (Jean). 346.
Le Boucher (Pierre). 216.
Le Bouchet, le Bochet-Saint-Marian, 190, 202, 287.
Le Bouchier (Henri). 299.
Le Bouchier (Jean). 203.
Le Boulanger (Jean). 69.
Le Bouquillon (Philippe). 178.
Le Charon (Jean). 334.
Le Charon (Oudin). 183.
Le Charpentier (Guillot). 220, 258.
Le Charron (Baudin). 190.
Le Charron (Guillaume), dit de Fercy. 195.
Le Choine (Simon) et Lorin, son fils. 217.
Le Cirier (Pierre). 193.
Le Clerc (Alphonse). 308.
Le Conte (Evrard et Thierri). 321.
Le Conte (Gui). 188.
Le Conversat (Geoffroi). 222, 290.
Le Coq (Adam). 205.
Le Coq (Robert), évêque de Laon. 46, 47, 49, 50, 98.
Le Cordier (Simon), de Château-Thierry. 185.

TABLE ALPHABÉTIQUE.   359

Le Cordier (Simon) de la Mare. 219, 288, 289.
Le Coustelier (Arnoul). 196.
Le Coustellier (Pierre). 242.
Le Fèvre (Michelet). 321.
Le Fèvre (Oudin). 213.
Le Fèvre (Phelippot). 143, 181.
Le Fèvre (Raoul). 181.
Le Flamanc (Jean). 178.
Le Forestier (Perrinet). 203, 204.
Le Freron (Jean). 71, 184, 296.
Le Gentil (Jean). 204.
Le Grand (Étienne), de Vitry. 321.
Le Grant (Jean). 200.
Le Haguais (Gilles). 85, 184, 297, 298.
Le Jaqueminart (Jean). 105, 106, 220, 268, 269.
Le Ladre (Jean). 234.
Le Limon-sur-Marne. 202.
Le Mabit (Raoul et Guillaume). 193.
Le Maçon (Pierre). 215.
Le Maçon (Warnier). 206.
Le Maire (Thiebaut). 206.
Le Maunier (Colart). 188.
Le Mesnil-Mautemps. 178.
Le Mesnil-Saint-Denis. 202.
Le Mesnil-Saint-Firmin. 71, 184, 202, 296.
Le Mesnil-Sainte-Honorine. 202.
Lendit (Bénédiction du). 219, 289.
Le Neubourg. Anglais cantonnés au N. 26.
Le Page (Raoulet). 192.
Le Pelletier (Guillaume). 209.
Le Pennetier (Henriot). 218.
Le Plessier. Voyez Plessis de Roye.
Le Plessis-Bouchard. 202.
Le Pontonnier (Warnier). 221.
Le Prevot (Jean). 321.
Le Prince (Clément). 320.
L'Ermite (Huet). 143, 181.
Le Roi (Lubin). 321.
Le Roi (Thibaut). 222.
Le Ront (Guillaume). 177.
Le Roux (Jean). 202.
Les Costes. 282.
L'Escrivain (Robert). 215.

Le Sené. 294, 295.
Le Sené (Perrot). 176.
L'Esglantier (Guérart de). 220.
Lesparre (Etienne de). 209.
Lesparre (Jean). 209.
Lespert (Jean). 216.
Lestre (Guillot). 203, 204.
Leurel (Mahieu de). 205, 333, 334.
Le Vasseur (Baudouin). 199.
Le Villain (Henri). 216.
Le Tanneur (Martin). 219.
L'Huillier (Jean). 299, 313.
Liancourt. 202.
L'Iaue (Jean de). 203.
Lierry. 239.
Ligne (Michel, seigneur de). 179.
Ligne (Basse de). 179.
Lignières. 71, 72, 197, 202, 203, 211, 245.
Ligny-le-Chatel. 203, 222.
Ligny-le-Ribault. 204, 208.
Ligon (Jean). 310.
Lions (Jean de). 95.
Liossiz. 203.
L'Isle (Jean de). 225, 226.
Lizy-sur-Ourcq. 203.
Loigny. 310.
Loigny (le sire de). 309, 310, 311, 312.
Loiret. 327.
Loisy-sur-Marne. 203.
Loivre-devant-Reims. 186, 203, 205, 213, 217.
Longjumeau. 203.
Longueville. 149, 343.
Lore (Gauchier). 206.
Lorrains (les). 268.
Lorris. 203.
Lorris (Gilles de). 206.
Lorris (Robert de). 115, 116, 137, 206, 348.
Louens (Pierre de). 249, 251.
Louveciennes. 203, 299.
Louvre (château du) à Paris. 244. — Occupé par les gens d'Étienne Marcel. 95.
Louys (Odin). 204, 221.
Lucy-le-Bocage. 204.

Machue (Raoul). 292.
Maçon. Voyez Moulin.
Mail (Héron de). 133.
Maillart. Voyez Du Hamel.
Maillart (Jean). 230, 232, 233.
Maisières (Philippe de). 338.
Maisons en Champagne. 204.
Malart (Philippot). 321.
Malesmains. Voyez Eu.
Maletrache (Roulant). 212.
Manecier (Ademin). 313.
Manecier (Colin). 319.
Manecier, Manessier (Robert). 240, 313.
Mantes. 211, 212.
Maquille (Jean). 218.
Marcel (Étienne). 220, 234, 237, 240, 263, 269, 347, 349. — Ses projets de réforme. 46-48, 117, 123-128. — Partisan de Charles le Mauvais. 49. — Complice du massacre des maréchaux. 49. — Sa lettre au régent, du 18 avril 1358. 97. — Il occupe le Louvre. 95. — Il essaie de s'emparer de Meaux. 96. — Il envoie des députés à Compiègne. 98. — Son rôle dans la Jacquerie. 93. — L'a-t-il encouragée ? 99-104, 118. — Sa participation aux effrois dans le Parisis. 105-117. — Son alliance avec le roi de Navarre. 120-123. — Frayeur qu'il inspire. 316. — Envoie des bandes attaquer le marché de Meaux. 136, 138. — Sa lettre aux Flamands, du 11 juillet 1358. 101, 118, 168, 218. — Distinction à établir entre les actes des diverses périodes de sa vie. 48, note. — Jugements portés sur lui. 118-128.
Marchés (Aimerigot). 17.
Marcilly. 135, 204.
Mareil-en-France. 195.
Maresquel. 68, 204.
Maresquel (Alleaume de). 68, 176.
Mareuil (le seigneur de). 26, 27.
Mareuil (Thibaut de). 68, 216, 222.

Marioles. 181.
Marly-le-Roi. 204, 299, 300.
Marolles-en-Hurepoix. 204.
Marrigny (Bensin de). 207, 238.
Marseillies. 196.
Martel (Guillaume). 346.
Martin (Jean). 178.
Martin (Michel). 214.
Martrey (Henri de). 321.
Massé (Tassone, femme de). 221.
Mauclerc. Voyez Du Val.
Maucreux (Jean de). 202.
Maugoubert. Voyez Clermont (Jean et Raoul de).
Mauquarré (Robert). 321.
Meaux. 95, 96, 276, 341, 348, 349. — Bailliage. 306. — Doyen et chapitre, 227, 230, 233. — Le marché. 129-132, 207, 220. — La ville alliée à la commune de Paris. 134. — Attaque du marché par les Jacques. 135-143. — Pillage de la ville. 143. — Suppression de la commune. 144. — Le dauphin à Meaux. 228, 229, 248. — Actes relatifs aux événements de Meaux en 1358. 227-244.
Mello. 77, 82, 83, 151, 192, 204, 217, 260, 261, 262.
Melun. 204.
Melun (Jean de). 324.
Mengecourt (Louis de) et ses sœurs. 221.
Mennecy. 205, 223.
Merly-le-Grand et le Petit. 155, 205.
Méry (Michelet de). 203.
Meschin (le Petit), chef de compagnie. 13.
Messy. 189, 205.
Meulan. 175, 279.
Meung-sur-Loire. 326.
Minart (Guillot). 217.
Michon (Colet). 203, 204.
Montataire. 81, 83, 178, 192, 205, 261, 276, 333, 334.
Montdidier. 69, 153, 198, 205, 206, 214, 340.
Montépilloy. 115, 206.

TABLE ALPHABÉTIQUE.

Montereau-Faut-Yonne. 139, 206.
Mongeroult. 279.
Montfort (le comte de). 192, 261.
Montfort (Pierre de). 66, 183, 292.
Montigny (Walle de). 180.
Montigny-Lencoupe. 206.
Montjoye. 218.
Montlhéry. 195, 206, 209, 217, 264.
Montmorency. 108, 206, 207, 220. — La châtellenie. 254, 255. — Soulèvement des habitants. 107.
Montmorency (le seigneur de). 202, 207, 344.
Montry. 207, 238.
Morant. Voyez Siréjean.
Morel (Jean). 65, 181, 270.
Moreuil. 207, 335, 336, 348.
Moreuil (Bernard de). 210.
Mouchy-le-Chatel. 207, 208.
Moulin (Raoulet de), dit Maçon. 218.
Multien (le). 203, 221, 252.
Murat (Henri de). 218.
Muret. 190, 191, 194, 208.
Mutel (Aubert). 249, 251.
Mutry (Gaucher, seigneur de). 192.

Naime (Jean de). 185.
Naquet (Regnaut). 219.
Navare (Jean de). 303.
Navarre (roi de). Voyez Charles le Mauvais.
Navarre (Martin de). 204.
Navarre (Philippe de). 212.
Nerenget (Jean). 64.
Nesle. Voyez Clermont (Jean et Raoul de).
Neuilly-Saint-Front. 208.
Neuville (Henri de). 227.
Noble (Jean). 249.
Noel (Jean et Regnaut). 192.
Nointel. 208.
Nolon (Étienne). 200.
Normandie. Tentative de Jacquerie à Caen. 67.
Normandie (Jeanne, duchesse de). 133, 137, 235, 240, 348, 349.
Noyon. 278, 344.

Noyonnais (le). 195.

Ocin dit Bruille. 176.
Oise (l'). 200, 211, 328.
Oncust (Colin). 313, 319.
Orgemont (Pierre d'). 112-115, 240, 313-320.
Orléans. 201, 208, 324, 325, 326, 327.
Orléans (Philippe, duc d'). 133, 141, 211, 301, 349. — Blanche, sa femme. 133, 141, 344.
Orsay. 208.
Ourcel, Oursel (Jean). 212, 328, 329, 330.
Oursois (le pays d'). 88, 191, 208, 256.
Oyn (Étienne). 190, 286.
Ozoir-la-Ferrière. 208.

Paignart (Benoit). 216.
Paillard. 209.
Painel (Nicole), dit Hutin. 344.
Paingnant (Pierre). 208.
Palaiseau. 107, 111, 209, 347.
Paris (Baudin dit). 191.
Picaut (Thibaud). 229.
Paris. Voyez Marcel (Étienne). — Députés de Paris aux États de Provins, en 1358. 94, 95. — Révolte de la ville contre le régent en 1357 et 1358. 46-50. — Des bandes de Parisiens ravagent le Parisis. 109-111. — Excès commis par elles à Gonesse. 112-115, 316. — Leur expédition à Ermenonville. 115. — Leur attaque du Marché de Meaux. 136. — Rémission accordée aux Parisiens par le régent. 229. — La bourgeoisie de Paris. 348.
Parisis (les effrois dans le). 105-117.
Paste (Colin). 204, 221.
Pate (Jean). 217.
Paumier (Guillaume). 304.
Paupein (Thevenot). 186.
Paysan (le) français au XIVe siècle. 29.

Péronne. 209.
Perthes. 91, 209, 293.
Perthois (le). 158, 159, 186, 194, 209, 247, 270, 284, 293, 340. — Effrois dans le P. 89-92.
Petit (Maynot). 192.
Petit Cardaine (Jean.) 72, 73, 245, 246.
Philippon (Simon). 217.
Picard (Henri). 321.
Picardie (la). 292. — Ravagée par les brigands. 22. — Théâtre des effrois. 70-88.
Picquigny (Ferry de). 344.
Picquigny (Guillaume de). 72, 73, 210, 245, 246. — Tué par les Jacques de l'Amiénois. 148.
Picquigny (Jean de). 73, 148, 149, 344.
Picquigny (Testart de). 68, 148, 176.
Pierrepont. 210.
Pilate (Jean). 306, 308.
Pillet (Jeannot). 203, 204.
Pinçon (Anquetin). 321.
Plainville. 209, 210.
Plaisel. Voyez Plessis-de-Roye.
Plancy (le seigneur de). 175.
Plessier (Regnaut de Trie, sire de). 25, 195, 201.
Plessis-de-Roye. 71, 210, 348.
Poignant (Philippe). 211.
Poissy. 218.
Poitiers (Guillaume de), évêque de Langres. 187.
Poix. 71, 72, 153, 197, 210, 211, 245, 303, 346.
Poix (château de). 26, 64.
Polet (Jean). 202.
Pommelain (Mathieu de). 189, 205, 222, 223.
Pomponne. 211, 306, 307.
Pomponne (Louis de). 143, 181.
Ponchon. 211.
Poncin (Lorin). 135.
Pondron. 211.
Ponquet (Soibert). 180.
Ponthierry. 205, 211.

Ponthieu (le). 68, 148.
Pontoise. 199, 211, 212, 279, 280.
Pontpoint. 212, 331, 332.
Pontruel (Jacquemart de). 70, 189.
Pont-Sainte-Maxence. 81, 83, 192, 212, 213, 261, 328, 329, 331, 332.
Popin (Philippe). 321.
Porete (Colin). 313.
Porel (Guillaume). 214.
Porticux. 200.
Possesse. 182, 199, 215.
Potin (Pierre). 199.
Pouillon. 155, 213.
Pourcel (Jean). 246.
Pralain. 175.
Praslin. 213.
Pré (abbaye du). Voyez Beaupré.
Préaux (le seigneur de). 344.
Précy-sur-Oise. 213.
Presles. 213.
Provins. 155, 213. — États réunis en 1358 dans cette ville. 49, 94.
Prusse (croisade en). 136.
Puiseux. 279.
Puisieux. 135, 213.

Quatre premiers Valois (Chronique des). 169. — Détails qu'elle fournit sur la Jacquerie. 342.
Quieret (Enguerran), dit Ramel. 207.
Quincy (Jean de). 220, 258.

Raie (Jean). 135.
Raies. 218.
Rainneval. 213, 214.
Rainneval (Raoul de). 26, 69, 210, 344.
Ramas (Henri), dit Wafflart. 176.
Ramel. Voyez Quieret.
Rançons imposées aux paysans par les compagnies de brigands. 15, 22, 23, 25.
Rassaut (Jaquet). 321.
Ravenel. 214.
Ravine (Thevenin). 203.
Ray. 346.

TABLE ALPHABÉTIQUE. 363

Rebours (Denisot). 196.
Reims (archevêque de). 219.
Relengues (Jean de). 218.
Rémission (Caractères des lettres de). 58.
Renart (Jean). 184.
Ressons (abbé de). 216.
Réveillon (Germain de). 81, 82, 192, 261.
Revel (le sire de). 133, 241.
Rhuys près de Verberie. 83, 214, 280.
Rigaud (Jean). 220.
Rivery (Bethys de). 183.
Robillart (Pierre). 198.
Roc-Amadour (Notre-Dame de). 157, 180.
Rogier (Jean). 204, 221.
Rogier (Pierre et Roger). 198.
Rogois (Robert). 207, 223, 335.
Romescamps (Jean de). 328.
Romilly (Guillaume de). 290, 291.
Ronnay. 284, 285.
Rony (Oudart). 195.
Rose (Guillaume). 233.
Rose (Jean). 79, 80, 185, 187, 218, 233, 237. — Jeanne, veuve de Jean R. 177, 272.
Rose (Jean), chevalier. 113, 317.
Rose (Pierre). 233.
Rose (prétendu Pierre), de Gonesse. 113, 114, 115, 317, 366.
Rose (Simon) le jeune. 232.
Rosemberg (le sire de). 213.
Rosny (Pierre de). 94.
Rousseau (Guillaume). 209.
Roussel (Jean). 306.
Roussel (Phelippot). 143, 181.
Roussi (le comte de). 153, 346.
Rouvroy. 179, 214.
Roye. 153, 214.
Roye (Gilles de). 206.
Roye (Jean de). 210.
Roye (Mathieu de). 71, 210, 314, 318.
Roye (Monseigneur de). 344.
Rubardie (Johannes). 313.
Ruffin, capitaine de brigands. 20, 21.

Sacy-le-Grand. 81, 192, 214, 261.
Sagy-la-Ville. 279.
Sailleville (Hue de). 106, 177, 253, 254.
Sains-Morainvilliers. 214.
Saint-Amand. 214.
Saint-Denis, 111, 214, 316, 317. — L'abbé. 259.
Saint-Denis (Jacques de). 249.
Saint-Dizier (Jean, seigneur de). 89, 90, 91, 185, 186, 209, 215, 247, 248, 269, 284, 293.
Saint-Erme (Hue de). 198.
Saint-Etienne (Marguerite de). 215.
Saint-Fargeau. 215, 223.
Saint-Germain-en-Laye. 83, 84, 218.
Saint-Germain près Compiègne. 79, 215.
Saint-Jean (Pierre de). 83, 84, 218.
Saint-Leu d'Esserent. 69, 189, 216, 342.
Saint-Lumier-en-Champagne. 216.
Saint-Martin (Jean de). 88, 256, 257.
Saint-Martin-en-Bière. 209.
Saint-Merrieu. 290.
Saint-Mesmin. 327.
Saint-Omer (Michelet de). 69, 216, 222.
Saint-Paul (le comte de). 27, 153, 199.
Saint-Quentin-en-Vermandois. 216.
Saint-Remi de Reims. 190, 191, 194.
Saint-Sauflieu (le sire de). 154, 276.
Saint-Sauveur-sur-Escole. 209.
Saint-Sulpice, au bailliage de Senlis. 216.
Saint-Thiébaut. 216.
Saint-Thierri. 155. — Mairie de S.-Th. 184, 186, 203, 205, 213, 217, 220, 223.
Saint-Vrain. 65, 91, 179, 181, 186, 215, 217, 271, 281, 282, 284.
Sainte-Aulde. 215.
Sainte-Aulde (Jean de). 215.
Sainte-Livière. 158, 215.
Saire. 285.
Sala (Regnierius de). 303.
Saleu (Pierre de). 176.

Santeuil. 217.
Sapience (Girard). 284.
Sapigneul (Guillaume de). 70.
Saquanville (Monseigneur de). 314.
Sauf-conduits vendus par les brigands. 23.
Saulieu. 323.
Saulx. 217.
Sauvale (Thomas). 182.
Saux (Jaquet de). 188.
Savignies. 217.
Savoie (Perrot), chef de grande compagnie. 13.
Sceaux. 110, 217.
Segretain. Voyez Ysart.
Senlis. 83, 84, 154, 194, 216, 217, 218, 219, 276, 277, 278, 288, 289, 297, 349. — Bailli. 273. — Bailliage. 204. — Echec infligé aux nobles par les bourgeois de S. 144-146. — Le roi de Navarre reçu à S. 153.
Sens. 133, 154 — Bailli. 286. — Bailliage. 215.
Sercot (Robert). 149, 151, 344, 345.
Sézanne. 188.
Silly-le-Long 219.
Silly-en-Multien. 139, 151.
Sirejean (Jean), dit Blondel. 198.
Sirejean (Jean), dit Morant. 198.
Sirejean (Nicaise). 199.
Sirejean (Pierre). 199.
Soisy (Colin de). 202.
Soissonnais. 86, 195.
Soissons. 208, 238, 241.
Soissons (Perrot de) et Isabelle, sa veuve. 219.
Solde des gens de guerre augmentée. 34.
Sologne (la). 326, 327.
Sompuis. 219.
Songeons. 219.
Songy-en-Champagne. 219.
Soulas (Jean), maire de Meaux. 133, 134, 136, 143.
Souvain (Jean). 346.
Sulaines (Oudart de). 213.

Tainguy (Raoul). Ses interpolations dans le récit de la Jacquerie par Froissart. 338.
Tas de Chaume (Le). 314.
Taverny. 107, 108, 186, 206, 219, 254, 255.
Therain. 211.
Thérines. 220.
Thiéblemont. 105, 220, 268, 269.
Thiers, près de la Chapelle-en-Serval. 220.
Thieville (Henri, sire de). 291.
Thil. 155, 220.
Thoix. 71, 72, 184, 190, 220, 296.
Thorette (Jean de). 283, 284. Voyez Thourotte.
Thorigny (Seine-et-Marne). 220, 307.
Thourotte (Jean de). 204. Voyez Thorette.
Thullier (Watier). 332.
Tonsor (Colinus). 282.
Torcy. 220.
Tournebu (Monseigneur de). 314.
Trappes. 107, 111, 220, 347.
Tremblay. 115, 139, 220, 258.
Tremibrit (Guiot de). 193.
Trespagne (Jean). 198.
Trézan. 221.
Tricot. 221.
Trie (Guillaume de). 201.
Trie (Lohier de). 344.
Trie (Regnaut de), sire de Plessier. 25, 195, 201.
Trocy. 204, 221.
Troussel (Pierre). 185.
Troyes. 222, 290, 291.
Trye. Voyez Trie.
Turelin (Jean). 322.

Ufert (Bricet). 143, 181.
Uyron (Colot d'). 284.

Vaillant (Jean). 115, 119, 136, 138, 139.
Vailly-sur-Aisne. 221.
Vaires près Lagny. 221. — Tassone, femme de Massé de V. 182.

Vallage (Effrois dans le). 89.
Valois (le). 86, 190, 192, 194, 196, 197, 201, 211, 338. — La comtesse de V. 343, 346.
Valricher (Vincent de). 178.
Vaudemont (Henri, comte de), sire de Joinville. 158, 182, 265, 267, 284.
Vaugelée (étang de). 311.
Vaugirard. 109, 222, 305.
Veage (Jean). 299.
Vémars. 222.
Vendôme (le comte de). 312.
Vendôme (Bouchart et Jean de). 309, 311, 312.
Verberie. 83, 156, 212, 214, 222, 280, 281.
Vermandois. 222, 341. — États de V. 50, 51.
Vermenton en Auxerrois. 222.
Verrigues (messire de). 64.
Vertus. 285. — États de Champagne tenus le 29 avril 1358 à V. 98.
Vienne en Val. 324.
Vignoel. 222, 290.
Vignory. 222, 247.
Vignory (seigneur de). 89.
Villaines (le Bègue de). 133, 349.
Villeneuil (Simon de). 227.
Villeneuve-Saint-Martin. 279.
Villeparisis. 189, 222.
Villeroy. 189, 222, 223, 310.

Villers (Hue de). 344.
Villers (Pierre de). 178, 338.
Villers-aux-Erables. 223, 335, 336.
Villers-Franqueux. 155, 223.
Villers près de la Ferté-Alais. 111, 179.
Villers-Saint-Paul. 154, 223, 276, 277.
Villers-Sainte-Anne. 155, 223.
Villers-Tournelle. 194.
Villiers (Pierre de). 195.
Villiers-aux-Nonnains. 205, 223.
Violete (Jean). 207.
Viroflay. 110, 111, 223, 225, 226, 305.
Vital (Colet). 203, 204.
Vitry (bailliage de). 282.
Vitry-le-François. 89, 194, 265.
Vitry-en-Pertois. 203, 293.
Vitry-sur-Seine. 110, 223, 224.
Vitry-la-Ville. 223.
Vitteaux. 191, 224, 322.
Vroil. 180, 224, 266.

Wafflart. Voyez Ramas.
Waleton (Raulin). 26.
Wallery (Gui de). 196.
Winsselore (Guillaume). 26.
Wisse (Thomas). 26.

Yerne (Robin). 203, 299.
Yon (Colet). 195.
Ysart (Jean), dit Segretain. 310.

ADDITIONS & CORRECTIONS

Page xvii. A la Bibliographie des travaux de Siméon Luce, il faut ajouter sous le n° 62 *bis* :

Collaboration à l'Album paléographique, volume grand in-folio, publié en 1887 par la Société de l'École des chartes. Siméon Luce a inséré dans ce recueil des notices sur les trois manuscrits suivants, conservés à la Bibliothèque nationale :

Chronique de Saint-Claude, ms. lat. 1558 des Nouv. acq. — Chronique de Guillaume de Nangis, ms. lat. 4918. — Grandes chroniques, ms. français 10132.

Pages 112-115. Un examen attentif de l'arrêt du Parlement publié aux Pièces justificatives (p. 313-320) doit faire supposer que, dans la phrase *tunc peticrat si domus dicti magistri Petri et Johannis Rose, militis, adhuc erant stantes* (p. 317), les mots *dicti magistri Petri* désignent, non pas un « maître Pierre Rose, » dont il n'est point question ailleurs, mais simplement « maître Pierre d'Orgemont. » Le récit des scènes de pillage qui eurent lieu à Gonesse doit être modifié en conséquence, et le nom de Pierre Rose peut être supprimé aux pages 113, 114 et 115.

Page 189. L'article relatif à Coutres est à supprimer. Il fait double emploi avec l'article Contre de la page 188.

Page 192, article Enghien. Le renvoi doit être fait à la page 347, n° LXVII des Pièces justificatives.

Page 220, ligne 4 en remontant. *Au lieu de* : Beli du Four, *lisez* : Reli du Four.

Page 258, ligne 3 du texte. *Au lieu de* : Relé du Four, *lisez* : Reli du Four.

Page 331, ligne 1 du sommaire. *Au lieu de* : Bouquel, *lisez* : Bouquet.

Pages 331 et 332. La pièce LXII est tirée du registre 96 du Trésor des chartes, n° 425.

TABLE DES MATIÈRES

Avertissement. v
Bibliographie des travaux de Siméon Luce. ix
Préface de la première édition. 1

PREMIÈRE PARTIE
DES CAUSES ET DE L'OCCASION DE LA JACQUERIE

Introduction. — Origine et étymologie du mot Jacquerie. — Objet de ce travail 3

Chapitre I. — Des Grandes Compagnies, de la puissance et du crédit de leurs chefs. — Du redoublement de leurs ravages après la bataille de Poitiers. — De la Jacquerie des brigands, première cause de la Jacquerie des paysans 9

Chapitre II. — De la décadence de la chevalerie française au xive siècle. — Du redoublement de l'oppression seigneuriale qui suivit le désastre de Poitiers. — De la haine et de l'indignation des vilains contre les nobles, surtout après cette défaite 31

Chapitre III. — Des principaux incidents qui signalèrent la lutte, d'abord sourde, puis ouverte, entre le régent et la commune de Paris, représentée et dirigée par Étienne Marcel. — De l'incident de cette lutte qui fut l'occasion de la Jacquerie . . . 45

DEUXIÈME PARTIE
DES EFFROIS

Chapitre I. — Du caractère général de la Jacquerie, d'après les chroniqueurs contemporains et surtout d'après Froissart. — De la condition des personnes qui y participèrent. — Des localités qui furent le théâtre de cette insurrection 57

Chapitre II. — Des effrois dans la Basse-Normandie, le Ponthieu et la Picardie 67

CHAPITRE III. — Des effrois à Compiègne, Clermont, Senlis, Beauvais, Soissons et aux environs de ces villes 77

CHAPITRE IV. — Des effrois en Perthois et dans la prévôté de Vitry 89

TROISIÈME PARTIE

RÔLE D'ÉTIENNE MARCEL DANS LA JACQUERIE. — FIN ET SUITES DE CETTE INSURRECTION

CHAPITRE I. — Du commencement des hostilités entre le régent et Étienne Marcel, et de leur coïncidence avec l'explosion de la Jacquerie. — Marcel fut-il le promoteur de ce soulèvement? 93

CHAPITRE II. — Des effrois dans le Parisis et de la part qu'y prit Étienne Marcel. 105

CHAPITRE III. — Expédition des Parisiens réunis aux Jacques contre le marché de Meaux, et des nobles contre Senlis 129

CHAPITRE IV. — Fin et suites de la Jacquerie. — Conclusion . . 147

APPENDICE

Indications et extraits de documents relatifs à divers épisodes de la Jacquerie, aux lieux qui en ont été le théâtre et aux individus qui y ont pris part 175

PIÈCES JUSTIFICATIVES

Pièces diverses tirées des registres du Trésor des chartes et des Registres du parlement. 225

Récit de la Jacquerie par Froissart : texte interpolé par Raoul Tainguy 338

Récit de la Jacquerie dans la Chronique des quatre premiers Valois 342

Récit de la Jacquerie dans la *Chronographia regum Francorum* 347

Note sur la Jacquerie insérée dans un manuscrit de l'abbaye de Froimont. 350

TABLE ALPHABÉTIQUE 351

ADDITIONS ET CORRECTIONS 366

BESANÇON. — IMP. ET STÉR. DE PAUL JACQUIN.

EXTRAIT DU CATALOGUE DE LA LIBRAIRIE H. CHAMPION

Jeanne d'Arc à Domremy, recherches critiques sur les origines de la mission de la Pucelle, accompagnées de pièces justificatives, par Siméon LUCE, membre de l'Institut . . . . **12 fr.**

Ce livre remarquable inaugure, dans l'étude de l'histoire, des procédés de critique dont l'auteur avait commencé l'application dans son beau livre sur Du Guesclin. Avec Jeanne d'Arc, le sujet était encore plus tentant ; aussi M. Luce nous donne-t-il une histoire de l'enfance et du milieu dans lequel s'est formée la jeune fille qui devait jouer un si grand rôle dans notre histoire nationale. L'ouvrage est divisé en deux parties : le texte et les documents, qui sont des plus importants, et que l'auteur a mis bien des années à réunir.

Origine de l'institution des intendants des provinces, d'après des documents inédits, par HANOTAUX. — Paris, 1884, in-8° . . . **6 fr.**

Ce livre est une histoire des origines de l'administration française. L'auteur a pu reconstituer, d'après des documents, les listes des premiers intendants pour toutes les provinces.

Questions mérovingiennes, par Julien HAVET. — Paris, 1885, in-8°.
I. La formule N., *Rex Francorum* . . . . **2 fr.**
II. Les découvertes de Jérôme Vignier . . . . **4 fr.**
III. La date d'un manuscrit de Luxeuil . . . . **2 fr.**
IV. Les chartes de Saint-Calais. . . . . **6 fr.**
V. Les origines de Saint-Denis. — Paris, 1893, in-8°. . . **5 fr.**

Ces études, toutes très remarquables comme érudition et critique, ont été couronnées à l'Institut. M. Delisle en a fait le plus grand éloge en les déposant en séance sur le bureau de l'Académie des inscriptions.

Les sciences et les arts au XVIe siècle. Corneille Agrippa, sa vie et ses œuvres, par PROST. — Paris, 1883, 2 in-8° br. . . . . **15 fr.**

Corneille Agrippa fut le personnage le plus singulier du XVIe siècle, en rapport avec tous les souverains, passant de l'Allemagne en Italie, vivant à la cour de Montferrat, en rapport avec les plus grands savants de son temps. Son histoire est un vrai roman de sorcier, de magicien et quelquefois d'homme politique.
La lecture du livre de M. Prost, qui a partout fouillé les archives pour faire une histoire vraie de ce singulier et célèbre personnage et de l'influence qu'il a eue sur son temps, est aussi agréable que la lecture d'une œuvre d'imagination.

Jeanne de France, duchesse d'Orléans et de Berry (1464-1505), par DE MAULDE. — Paris, 1883, in-8°. . . . . **8 fr.**

Ce livre, qui a eu le second prix Gobert à l'Académie française, est une histoire touchante du procès de divorce de Jeanne de France ; il nous montre, avec documents à l'appui, comment Louis XI s'y prit pour faire divorcer sa fille et le rôle que la sainte et digne Jeanne de France joua durant son existence. En Berry elle est encore connue sous la dénomination de la « Bonne Duchesse. »

Mémoire sur les opérations financières des Templiers, par M. Léopold DELISLE. — Paris, 1889, in-4° . . . . **10 fr.**

Mémoire fort important pour l'histoire financière du moyen âge.

Une petite-nièce de saint Louis, Mahaut, comtesse d'Artois et de Bourgogne (1302-1329), par RICHARD (Jules-Marie), ancien archiviste du Pas-de-Calais. Etude sur la vie privée, les arts et l'industrie en Artois et à Paris, au commencement du XIVe siècle. Paris, 1887, in-8° . . **10 fr.**

Ouvrage publié d'après un fonds inédit d'archives ; c'est l'histoire de la vie privée d'une grande dame féodale. Voici quelques-uns des titres de chapitres. L'Hôtel. — Les Voyages. — Les Relations. — Les Œuvres de piété et de charité. — Les Livres. — Les Divertissements. — La Cuisine, la Table. — Les Étoffes. — Les Tapis. — L'Imagerie. — La Peinture. — L'Orfèvrerie. — Le Mobilier, etc.

Gilles de Rais, maréchal de France, dit Barbe-Bleue (1404-1440), par l'abbé BOSSARD et René DE MAULDE. — Paris, 1886, grand in-8° . . **10 fr.**

Ouvrage très intéressant et qui sera recherché pour les fameux documents du procès.

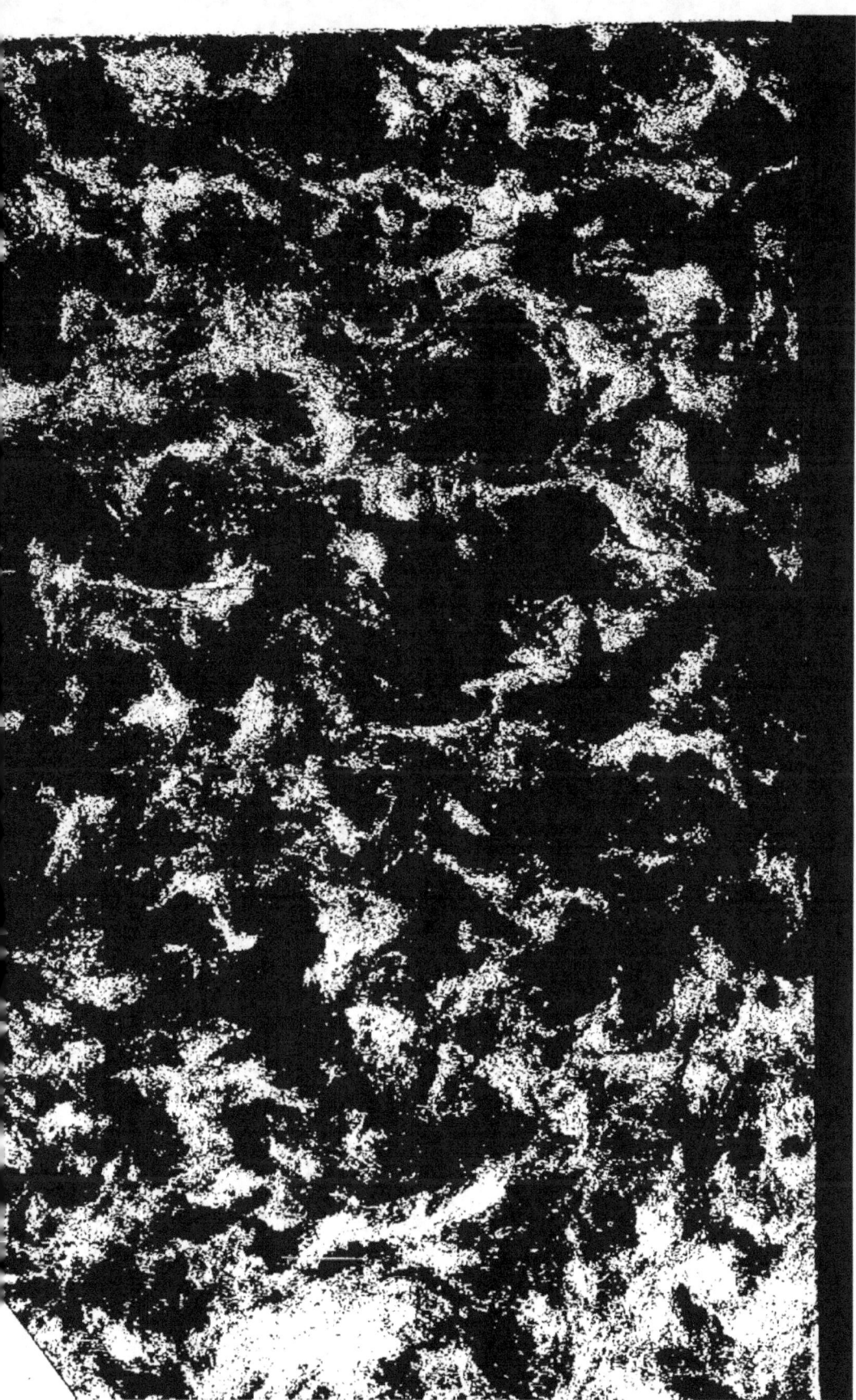

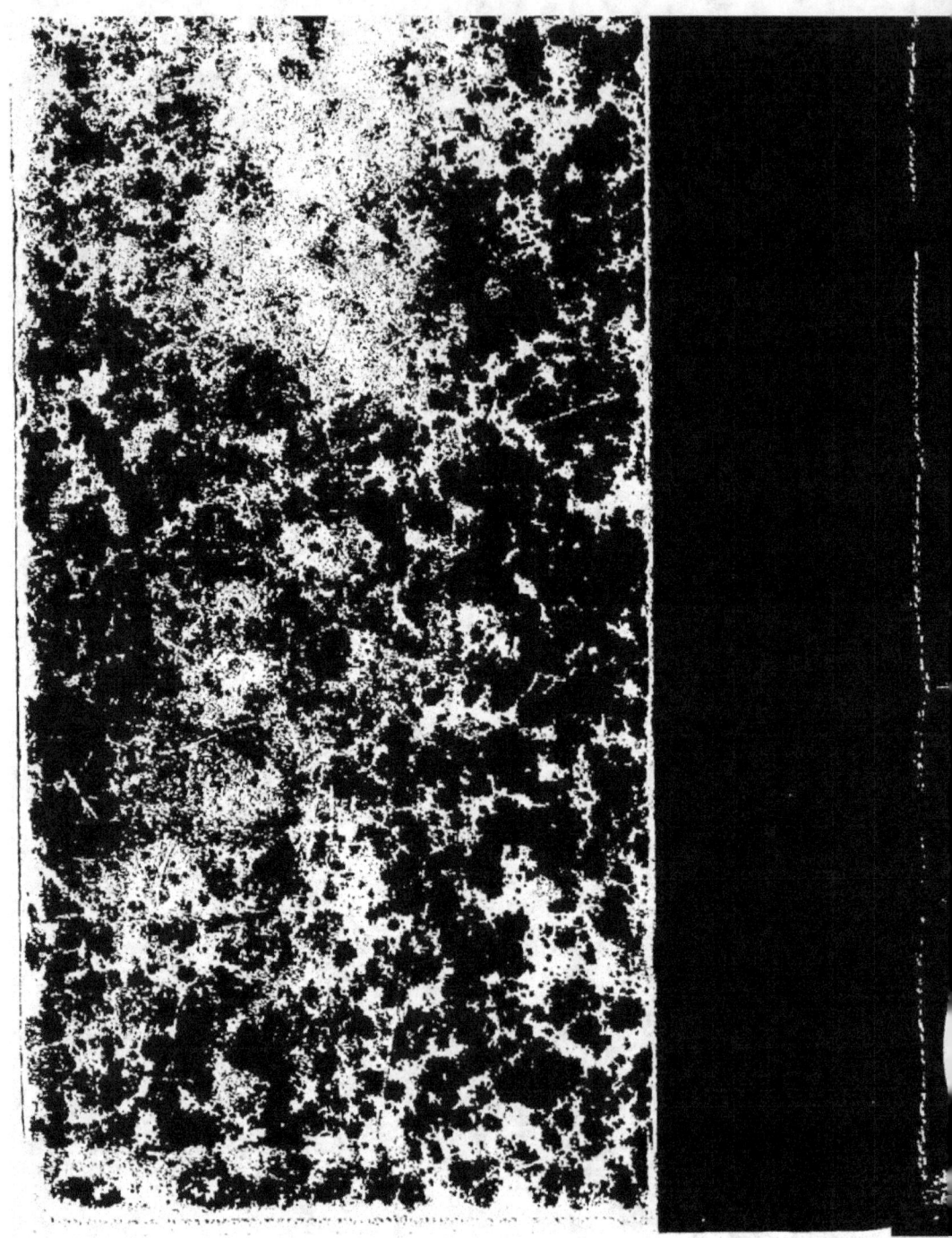

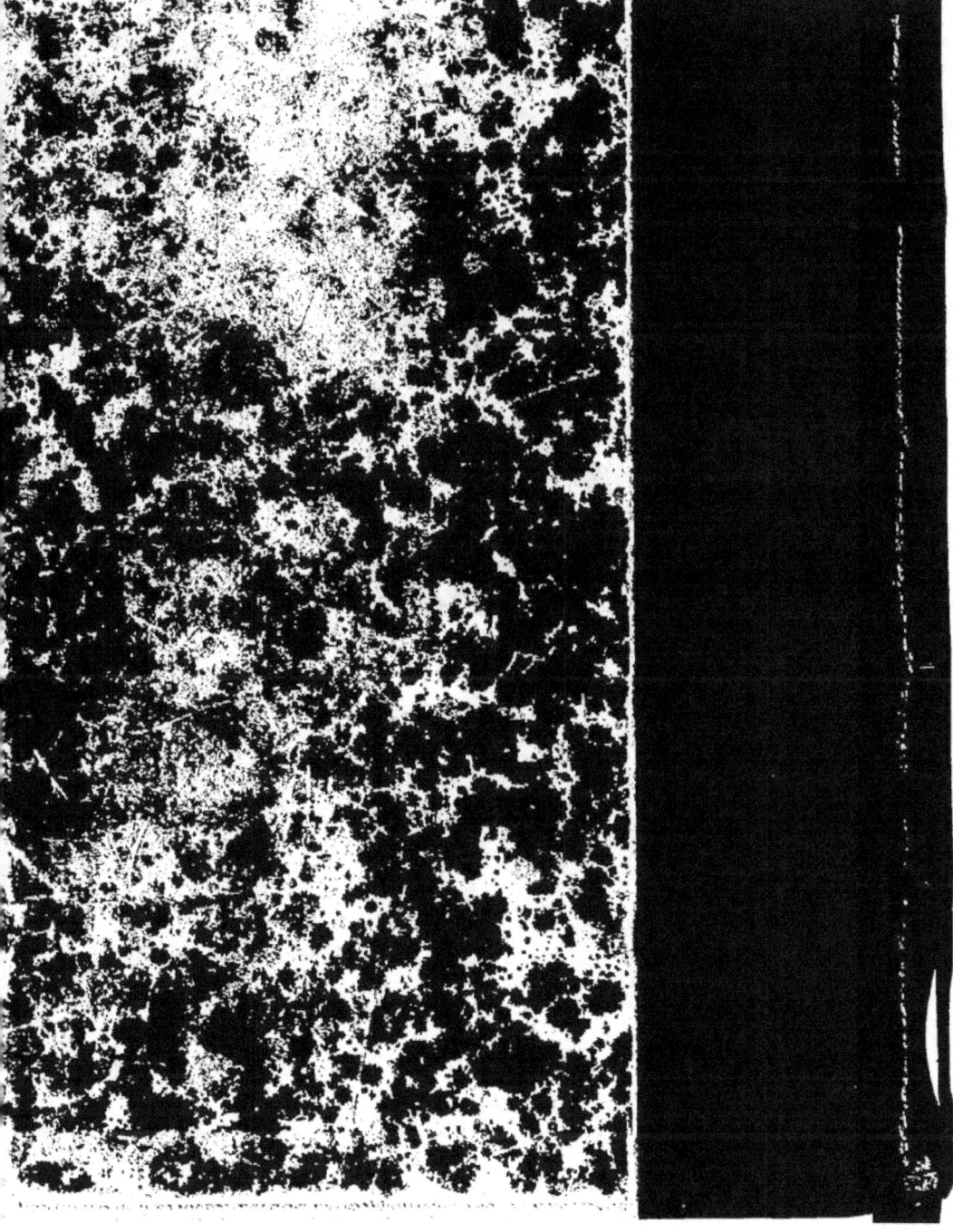

FIN

DE FRANCE

Entier

R 115108

Code: 18653　Volts: 117　: 8,5

www.ingramcontent.com/pod-product-compliance
Lightning Source LLC
Chambersburg PA
CBHW050908230426
43666CB00010B/2072